KB107734

일본
도자기
여행

개정증보판

규슈의
8대 조선 가마

CONTENTS

밤은 길고
나는 천년 뒤를
생각하네

가라쓰 꼬치구이 집
'마타베'의 돈소쿠

규슈九州 사가佐賀 현의 가라쓰唐津에서 제일 유명한 야키토리燒とり: 꼬치구이 집은 '마타베又兵衛'다. 쇼와昭和 35년, 1960년에 생긴 가게다. '마타베'는 원래 전국 시대의 유명한 무사 고토 모토쓰구後藤基次, 1565~1615의 별칭이다.

내 앞에는 먹음직스러운 '돈소쿠豚足'가 놓여 있다. '돈소쿠'는 족발이지만 한국의 그것과 많이 다르다. 푸석한 살은 생략하고 오로지 발 부분만을 레몬즙 등에 담가 누린내를 없앤 다음 불에 구워 콜라겐이 눅눅해져서 먹기 좋게 조리되면 내놓는다.

돈소쿠를 담아낸 접시는 평범하기 짝이 없는, 어디서나 흔하게 볼 수 있는 가장 싸구려 접시다. 그러나 나는 그 접시에서 바람처럼 흘러가 버린 기나긴 세월을 읽는다. 이곳이 바로 조선인 사기장들이 임진왜란 때 끌려와서 도자기를 만들던 가마들이 즐비했던 도자기 마을 '가라쓰'라서다. 가라쓰는 규슈 지역 8대 조선 가마 즉, 조선 사기장들이 가마터를 일구고 독창적인 도자기와 그릇을 만들던 대표적인 여덟 곳 중 하나다. 눈을 감으면 투박한 접시에서도 시공간을 뛰어넘어 흙을 어루만지는 조선인 사기장의 섬세한 손놀림이 느껴진다.

다도,
그 치명적인 아름다움

야마모토 겐이치山本兼一, 1956~의 장편소설 『리큐에게 물어라』에서 도요토미 히데요시豊臣秀吉, 1536~1598와 센노 리큐千利休, 1522~1591는 다도茶道의 아름다움에 관해 이야기한다.

> "사람은 왜 이리도 차에 매료되는 것이냐?"
>
> 히데요시가 고개를 갸웃하며 중얼거렸다.
>
> "차가 즐겁기 때문이겠지요."
>
> 이마이 소큐가 대답했다.
>
> "어찌하여 즐거운 것이냐? 그저 쓴 차를 마실 뿐이건만."
>
> 히데요시가 노려보았다. 소큐는 대답하지 못하고 몸을 움츠렸다.
>
> "역시 다구가 재미있기 때문이겠지요. 명물에 매료되어 사람들이 모여든 것이 아니겠습니까."
>
> 쓰다 소큐의 대답에 히데요시가 고개를 끄덕였다.
>
> "그렇지. 아무리 와비차侘茶를 일컬어도 명물이 없으면 손님은 기뻐하지 않는 법. 그렇다면 차는 역시 도구가 생명인가."
>
> 히데요시는 그렇게 중얼거리더니 얼마 있다가 고개를 내저었다.
>
> "아니. 방금 전 잇카에게는 명물 도구가 아무것도 없었으나 각별한 마음

말차(가루녹차) 한 잔에 담는
행다(行茶)의 마음가짐이란….

가짐이 있었다. 도구와는 다른 뭔가가 차에 있어. 그것이 무엇이냐?"

히데요시가 리큐를 보았다.

"너는 뭐라 보았느냐? 그저 차를 마시는 것뿐인데 왜 이리도 많은 사람이

모여드느냐, 사람들은 어찌하여 차에 푹 빠지는 것이냐?"

리큐는 천천히 고개를 끄덕였다. 모두가 리큐를 주시했다.

"차가 사람을 죽이기 때문일 것입니다."

리큐는 정색하고 중얼거렸다.

"차가 사람을 죽인다…. 묘한 소리를 하는구나."

히데요시가 전에 없이 날카로운 눈으로 리큐를 쏘아보았다.

"예. 다도에는 사람을 죽이는 한이 있어도 갖고 싶을 정도로 크나큰 아름

다움이 있습니다. 도구뿐만 아니라 행다行茶의 동작에서도 그런 아름다움

이 드러날 때가 있지요."

"과연…."

"아름다움은 결코 얼버무릴 수 없습니다. 도구든 행다든 다인茶人은 항상

목숨을 걸고 절묘한 경지를 추구합니다. 찻숟가락에 박힌 마디의 위치가

한 치라도 어긋나면 성에 차지 않고, 행다 중에 놓은 뚜껑 받침의 위치가

다다미 눈 하나만큼이라도 어긋나면 내심 몸부림을 칩니다. 그것이야말

로 다도의 바닥 없는 바닥, 아름다움의 개미지옥. 한번 붙들리면 수명마저

줄어듭니다."

리큐는 자신이 전에 없이 정직하게 이야기함을 느꼈다.

"너는 그렇게까지 각오하고 다도에 정진하고 있느냐?"

히데요시가 고개를 끄덕이고는 한숨을 쉬었다.

리큐는 일본 다도를 정립하고 완성한 인물이다. 다구茶具를 디자인하고 다실茶室 구조를 새로이 꾸미는 등 차 문화 전반에 걸쳐 혁신을 가져왔다. 또한 화경청적 和敬淸寂 즉 화합과 공경, 맑음과 고요의 선정禪定 상태를 이루는 마음을 강조해, '삶과 죽음을 초월한 정토淨土'를 뜻하는 '묘희妙喜'라는 글씨를 손수 써서 걸어 놓고 소박한 다도 세계의 이상향을 꿈꾸었다.

그는 일찍이 오다 노부나가織田信長, 1534~1582로부터 센千이라는 성을 하사받을 정도로 총애를 받았고, 그가 죽은 다음에는 도요토미 히데요시의 다도 자문 역할을 하며 차 스승으로서 최고의 지위를 누렸다. 도요토미 히데요시의 다두茶頭로서 그는 오기마치正親町, 1517~1593 천황으로부터 리큐 거사居士라는 칭호도 하사받아 천하제일의 명성을 얻었으나 히데요시의 질투를 받았던 차에 그의 정무에 반대하는 발언으로 노여움을 사서 할복 명령을 받고 자결했다.

센노 리큐의 초상
(히라도 마쓰라사료박물관 소장)

구로카미 슈텐도黑髮酒呑童, 1953~ 의 장편소설 『일본 도자기의 신, 사기장·01 이삼
평』은 리큐가 히데요시의 명령을 받고 죽음을 맞는 장면을 이렇게 묘사한다.

"인간 세상은 누가 평가하고, 지옥과 천국의 길은 누가 결정하는고?"
도요토미는 주라쿠다이에 있는 다실에서 불쑥 말을 꺼냈다. 상대는 센노
리큐다.
"특이한 생각을 하시는군요."
"나도 나이가 드니 앞날이 걱정되네."
"오우를 평정하고 일본 다이코가 되셨습니다. 앞으로는 황폐해진 국토를
정비하시고, 백성이 좋아할 나라를 만드셔야 할 것으로 사료됩니다."
"리큐가 다도 자리에서 그런 말을 하는 것도 처음이군."
"국내를 두루두루 다스리시고 진정한 다이코로 불리시어 후대가 전하의
생애를 참되게 평가하기를 바랍니다. 명나라 공격을 지금 재고해주시기
를 부탁드립니다."
"뭔 말이냐? 다도 자리에서 그런 말은 듣고 싶지 않군. 짐은 태양의 아들이
다. 아무리 너라 하더라도 내 정무에 참견하는 것은 절대 용서할 수 없다."
1591년 2월 28일 저녁, 거의 정례로 시행되고 있던 다도 자리였는데 도요
토미는 흥분한 나머지 손에 들고 있던 조선 찻잔을 벽에 던지고 화가 나

---

01 사기장이란 원래 조선시대 국가 기관인 사옹원(司饔院)에 소속되어 사기를 만드는 장인(匠人)을 이르는 말이었다. 조선시대에는 경기도 광주에 관영사기제조장(官營沙器製造場) 분원(分院)을 두어 왕실에서 사용하는 도자기를 만들게 했다. 조선후기에 들어 정부 관리하에 도자기를 만드는 관요(官窯)를 폐쇄하자 도공들이 문경·괴산·단양 등지로 흩어져 민간에서 도자기를 만드는 민요(民窯)가 번창하게 되었다. 오늘날에는 다루는 공예제품에 따라 제와장(製瓦匠)·옹기장(甕器匠)·도기장(陶器匠)·사기장(沙器匠)으로 구분하지만, 이 책에서는 도자기를 만드는 사람을 모두 사기장으로 통일해서 부르도록 하겠다.

얼굴을 붉히며 다실을 박차고 나왔다. 도요토미의 부하들은 다실에서 무슨 일이 있었는지 전혀 알 길이 없어 우왕좌왕할 뿐이었다.

센노 리큐는 그날 오후 7시에 근신 처분을 받고 사카이堺에 칩거하라는 명령을 받았다. 다음 날은 고다이로 마에다 도시이에가 직접 도요토미를 만나 센노 리큐의 근신을 풀어주기를 요청했다. 그러나 도요토미의 화는 좀처럼 가라앉지 않더니 보름 후에는 센노 리큐에게 할복을 명했다.

히데요시가 센노 리큐에게 할복을 명령한 배경에는 위 소설의 내용처럼 센노 리큐가 조선 침공을 반대했기 때문이라는 주장이 최근 들어 설득력을 얻고 있다. 리큐가 조선의 찻사발茶碗을 최고의 예술품으로 평가하면서 조선과 조선 문화에 대한 깊은 존경심을 갖고 있었기 때문에 조선은 침략할 수 없는 신성한 땅이라 생각하여 히데요시의 조선 출병을 강력하게 반대했다는 것이다.

과거 이런 주장은 역사적 사실과 관계없는 하나의 이야기로만 여겨졌다. 그러나 센코쿠戰國 시대에 오다 노부나가와 히데요시를 섬겼던 마에노 나가야스前野長康, 1528~1595 집안의 기록이 1987년 『무공야화武功夜話』란 제목의 책으로 출간되면서, 이 책의 내용에 따라 리큐와 히데요시의 충돌이 실제로 리큐가 조선 침공을 반대했기 때문이란 사실이 밝혀졌다.

현재 효고兵庫 현 북부에 해당하는 다지마국但馬国 이즈시出石 다이묘大名:영주였던 마에노 나가야스는 1593년 2월 여러 장수와 함께 행주산성을 공격했지만, 권율 장군의 완강한 저항에 부딪혀 대패하고 돌아간 장수이기도 하다.

히젠나고야 성과
'바다의 안개'

규슈 올레 12개 길 가운데 가라쓰 올레의 출발점이기도 한 히젠나고야 성肥前名護屋城은 임진왜란 당시 왜군이 출병한 전초기지였다. 한반도와 가장 가까운 위치인 가라쓰는 오래전부터 대륙 문물이 조선의 남해에서 쓰시마對馬섬과 이키壹岐섬을 거쳐 일본 본토로 유입되는 통로였던 까닭에 도요토미 히데요시는 이곳에 조선 침략을 목적으로 한 새로운 성을 쌓았다.

가토 기요마사加藤清正, 1562~1611와 데라자와 히로타카寺沢広高, 1563~1633 등이 축성의 책임을 맡아 1591년 10월에 공사를 시작했는데, 이들은 여러 다이묘의 군사 2만 8,000여 명을 동원해 일본에서 제일 큰 오사카 성에 버금갈 정도로 거대한 성을 고작 4개월 만인 1592년 2월에 완성했다.

성이 완성되자 히데요시는 전국 각지의 다이묘들에게 총동원령을 내려 군사들을 끌어모았다. 이로 인해 히데요시의 거처인 나고야 성 주변에는 다이묘들의 130여 개 병영이 건설되어 성 주변에 20만 명 정도가 거주하는 성시城市가 조성되었다. 성이 완성되고 한 달여가 지난 덴쇼天正 20년, 즉 1592년 음력 4월 1일 15만 8,000여 명의 왜군이 이곳에서 조선으로 향하는 배를 타니, 바로 임진왜란의 시작이었다.

히데요시는 임진왜란을 진두지휘하며 1년 2개월 동안 이 성에 머물렀다. 전쟁 초기 승전을 거듭하며 거칠 것 없이 파죽지세로 함경도까지 북진했던 왜병은 해군이 바다에서 이순신 장군에 의해 잇따른 참패를 당한데다 조선의 의병이 궐기하고 명나라 원군까지 도착하면서 교착 상태에 빠지고 말았다. 이에 따라 히젠나고야 성은 왜병에 물자를 전달하는 보급 기지 역할을 하게 되었다.

● 히젠나고야 성터의 유적지 안내 패널.
  이 바다 너머가 한반도다.

●● 히젠나고야성박물관의
  도요토미 히데요시 나무 조각상.
  오사카 성의 진품을 복제한 것이다.

그러나 1598년 8월 18일 히데요시가 질병으로 사망하면서 임진왜란부터 정유재란까지, 7년에 걸친 전쟁도 끝을 맺게 되었고, 나고야 성 역시 급속도로 허물어졌다. 히데요시에 이어 패권을 잡은 도쿠가와 이에야스德川家康, 1543~1616는 혹시나 히데요시 세력이 다시 일어날까 두려워 성을 완전히 파괴했다. 무너뜨린 성의 돌과 자재는 가라쓰 성唐津城을 쌓는 데 다시 사용했고, 이후 성은 400년이 넘도록 버림받았다.

히젠나고야 성터에 가기 위해서는 가라쓰 오테구치 버스센터大手ロバスセンター에서 쇼와버스昭和バス를 타면 된다. 한 시간쯤 걸려 히젠나고야성박물관 입구에서 내리면 박물관이 나타나고 그 앞의 언덕에 허물어져서 자취만 남은 널따란 성터가 드러난다. 축대를 쌓았던 돌의 규모도 엄청나고 성터도 매우 넓어서 거대했던 옛 성의 규모를 짐작할 수 있다. 성의 면적만 약 1.65㎢50만 평이고, 성곽 둘레는 6㎞에 달한다.

성터에 올라서면 드넓은 바다가 한눈에 내려다보인다. 현해탄이다. 현해탄 너머에는 한반도가 있다. 히데요시도 성의 높은 덴슈카쿠[02]에서 매일 바다와 그너머 조선 땅을 바라보며 자신의 야망이 실현되도록 독려했을 것이다.

당시 5층 7단 규모의 덴슈카쿠가 있던 자리에는 오늘날 커다란 비석이 하나 을씨년스럽게 서 있다. 이끼가 끼고 비바람을 맞아 글씨가 흐릿해진 이 비석에는 다음과 같은 하이쿠俳句가 쓰여 있다.

'太閤が睨みし 海の霞かな 다이코가 바라봤던 바다의 안개이려나'

---

02 天守閣: 천수각, 성의 중심부로 성주가 거주하는 곳

도요토미 히데요시에 대한
하이쿠가 새겨져 있는
히젠나고야 성터의 하이쿠 비석

다이코太閤의 정식 명칭은 다이코카太閤下로 섭정 또는 관백03직을 후계자에게 물려준 인물을 말한다. 우리 왕조의 상왕上王과 비슷한 개념이다. 경칭은 덴카殿下로, 직접 부르는 경우에는 다이코덴카太閤殿下라고 불렀다. 이 비문에서 다이코는 히데요시를 지칭하는 것이다. 히데요시는 1591년에 양자 도요토미 히데쓰구豊臣秀次, 1568~1595에게 관백을 물려준 뒤 다이코를 칭하였다.

그러므로 이 비석의 하이쿠는 '히데요시가 바라보았던 것은 바다의 안개이련가' 즉 조선 침략을 통해 대륙으로 진출하려던 히데요시의 야망이 바다의 안개처럼 헛된 꿈으로 끝난 사실을 말하고 있다.

이 하이쿠를 쓴 사람은 아오키 겟토靑木月斗, 1879~1949라고 하는 시인이다. 시지詩誌 「동인同人」을 주재하는 중진 시인이었던 그가 1933년, 나고야 성을 방문한 느낌을 하이쿠로 남긴 것을 그의 동인들이 1940년에 시비로 세웠다.

그러나 결과적으로 히데요시의 꿈이 바다의 안개처럼 실체 없이 사라지지는 않았다. 수만 명의 조선인 사기장을 일본으로 끌고 간 '전과'가 있었기에, 오늘날 일본이 도자 강국으로 우뚝 설 수 있게 된 것이니 어찌 이를 바다의 안개와 같다고 할 수 있겠는가.

임진왜란과 정유재란을 '도자기 전쟁'으로 지칭하는 것은 비록 한 측면이기는 하지만, 정확한 해석이라 할 수 있다. 물론 이를 더 명확하게 규정하려면 '조선 도자기 및 사기장 약탈 전쟁'이라 해야 한다. 한 나라의 문물이 다른 나라로 전파되는 과정은 보통 유학이나 전수 등의 형태로 습득되는 경우가 대부분이다. 그러나 일본은 조선의 사기장 대다수를 납치하고 도자기를 약탈함으로써, 다

03 關白: 왕을 내세워 실질적인 권한을 행사했던 막부의 우두머리

시 말해 도자산업 전체를 강탈해 자신들의 나라로 통째로 이전시키는 세계사에서 유례없는 도적질로 기간 산업을 발전시킨 것이다.

일본의 유명 저술가 도쿠토미 소호德富蘇峰, 1863~1957도 그의 책『근세일본국민사近世日本國民史』에서 도요토미 히데요시가 일으킨 조선 침략 전쟁은 '일본의 사치스러운 해외 유학이었다'라고 표현했다. 그만큼 조선 침략이 일본의 문화와 사상 발전에 획기적인 계기가 되었다는 의미다.

게다가 일본 도자기는 유럽으로 수출되면서 막대한 부를 이룩해 메이지유신明治維新이 추진될 수 있는 자본을 구성했고, 일본은 이를 근간으로 아시아 침략에 다시 나서게 되는 것이니 일본이 대한제국을 강제로 점령한 힘의 바탕에는 바로 도자기가 있다. 히데요시가 꿈은 이루지 못했지만, 도자산업 강탈로 이를 다시 추진할 수 있는 확실한 유산을 남겨놓았기에 일본 존황과 군국주의자들이 히데요시가 이루지 못했던 꿈을 실현할 수 있었던 것이다. 이러한 사실은 한일관계사의 수많은 학술서적이나 논문, 관련 세미나나 학회에서도 별로 강조된 적이 없는 내용으로 뒤에서 자세하게 서술하겠다.

일본의 군국주의 강경 노선을 추구하다 피살당한 아베 신조安倍晋三, 1954~2022 전 총리는 도쿄에서 태어났지만 정치적 고향은 메이지유신의 주역들이 즐비하게 탄생한 야마구치山口 현이다. 그가 제일 존경하는 인물들 또한 조선인들의 징용을 주도한 A급 전범이자 아베의 외할아버지인 기시 노부스케岸信介, 1896~1987 전 총리, 정한론征韓論을 주장한 메이지유신의 주역 요시다 쇼인吉田松陰, 1830~1859, 하급 무사들로 조직한 기헤이타이奇兵隊를 창설해서 도쿠가와 막부를 쓰러뜨리는 데 혁혁한 전과를 올리고, 후일 명성황후 살해를 담당하였으며 미우라 고로奇兵隊, 1846~1926를 휘하에 두었던 다카스기 신사쿠高杉晋作, 1839~1867 등이었다.

● 히젠나고야 성터 안에 있는 다원 '가이게쓰'

●● 센노 리큐가 실제로 갖고 다니며 사용했던 다구,
　　'리큐의 커다란 칼(利休大脇指)'이란 이름이 붙은 16세기 명물이다.

이런 아베 노선이 확고하게 자리잡은 자민당의 근원적인 자기 성찰과 반성이 없는 한, 한일관계는 그 어떤 사탕발림으로 호도한다고 해도 임진왜란 당시로부터 한 치도 나아지지 못할 것이다.

아베 신조와 그의 아버지 아베 신타로安倍晋太郎, 1924~1991 전 외상 모두 다카스기 신사쿠의 이름에서 '晋' 자를 따와서 자신들의 이름을 지은 '끔찍한 진실'을 알게 되면 이 사실이 더 명확해진다. 한일 양국의 정치가들이 각기 자신들의 권력 유지와 이익을 위해 국민적 합의와 상관없이 밀실에서 어떠한 정치적 야합을 하고, 국민들을 기만하는 어떤 미사여구를 늘어놓든 간에 한일관계는 '불가역적으로' 여전히 1592년의 상황을 이어가고 있는 것이다.

히젠나고야 성의 한쪽 구석, 전망 좋은 곳에는 '가이게쓰海月'라는 이름의 다원茶園 즉, 찻집이 있다. 잘 다듬어진 정원도 넓고 규모도 꽤 크다. 관광객이 많은 것도 아니고, 사람도 별로 찾지 않아 인적이 드문 이곳에 이렇게 큰 찻집이 있는 이유도 히데요시와 관련이 있다. 조선 침략에 나서기 전 히데요시는 이곳에 모인 전국의 다이묘들과 함께 연일 현란한 다회茶會를 개최했다. '가이게쓰' 찻집은 이를 기념하여 만든 장소다. 그러니 차에 대한 히데요시의 도락道樂 역시 이곳을 통해 계승되고 있는 것이라 할 수 있다.

앞으로 계속 나오겠지만 미천한 자신의 출신 계급을 감추는 동시에 열등감을 뛰어넘기 위한 노력으로 히데요시는 차와 찻잔, 다도에 지극히 관심을 기울였다. 또한 이를 자신의 권력을 유지하는 통치 수단으로 사용했다. 히데요시는 천하의 주도권을 쥐기 시작하면서 사무라이들을 장악하는 수단으로 '御茶湯御政道, 즉 다도가 곧 정치의 방도'라 표현하며 다도를 정치에 본격적으로 활용하기 시작했다. 예를 들어 다도를 좋아한 다이묘였던 시마즈 요시히로島

津義弘, 1535~1619는 원래 히데요시와 대립하는 관계였으나, 히데요시가 오사카 성에 만들어 놓은 다실에 불려갔다가 그곳의 화려함과 각종 다구 명물에 회유당하여 충성 서약을 했고, 이후 조선 침략에 앞장서 사천성에서 승리했다. 그의 셋째 아들 역시 조선 침략 당시 진지 안에 다실을 설치하여 다회를 즐겼다고 한다.

지금 관점에서는 잘 상상이 안 되겠지만 당시 일본에서 다회는 어지간한 세력의 다이묘가 아니면 감히 열 수조차 없을 정도로 '높은 자격을 갖는' 행사였고, 명물 찻사발⁰⁴은 성 한 채의 가격이 나갈 정도로 평가받았다. 거의 매일 생사가 엇갈리는 전쟁터에서 긴장된 시간을 지내야 하는 사무라이들에게 다도는 잠시나마 정신적 가치를 추구하고 마음의 평화를 얻는 특별한 세계로 인식되었기에 이와 관련한 다구들이 특별하게 대접받았던 것이다.

전국시대의 일본에서 어떤 다이묘가 어떤 찻사발 명물을 얼마나 갖고 있느냐는 곧 그 사람이 가진 세력의 크기와 정비례했다. 그러니 다이묘들은 히데요시의 더 큰 신임을 얻고자 전쟁 중에 사기장을 납치하거나 도자기를 약탈하는 데 혈안이 될 수밖에 없었던 것이다.

2016년은 일본 땅에서 희고 고운 조선백자가 처음으로 만들어진 지 꼭 400년이 되는 해다. 정유재란의 끝 무렵인 1598년선조 31년 김해에 주둔하던 나베시마 나오시게鍋島直茂, 1538~1618의 부대가 사기장들을 강제로 끌고 왔는데, 그중의 한 명이 이삼평李參平, 출생년 미상⁰⁵~1655이었다.

04 찻사발은 우리나라와 일본에서 똑같이 다완(茶碗) 혹은 차완으로 불리는데, 이 책에서는 찻사발이라는 우리말로 통일해서 지칭하겠다.
05 대략 1579년 출생으로 추정한다. 이의 근거는 뒤에서 얘기하겠다.

이즈미 산 근처 신사에 있는 백자로 된 이삼평상

그는 처음에는 가라쓰 근방 다쿠多久에 정착하여 '다쿠코가라쓰多久古唐津 도자기'라 불리는 것을 처음 만들었지만, 이에 만족하지 못하고 조선의 것과 같은 도자기를 만들 수 있는 흙을 찾아 이리저리 돌아다니다가 아리타有田의 이즈미 산泉山에서 백자광을 발견, 1616년광해군 8년무렵 변두리 시라카와白川에서 덴구다니 가마天狗谷窯를 열고 도자기를 굽기 시작했다. 이 같은 사실이 알려지자 일본의 다른 곳에서 도자기 제조 기술을 배우기 위해 이곳으로 사람들이 몰려들기 시작해 오늘날 도자기 마을 아리타가 생겨나게 되었다.

아리타 도조 신사의 '도조 이삼평비'에서
도자기 탄생 400주년 '도조제'를
지내고 있다.

도조 이삼평이 1616년 6월 아리타에서 찾아낸 백자광산. 원래 산 하나가 있었으나 그동안 도자기를 만드는 재료로 쓰여 거의 없어졌다.

흰 바위의 표면이 보이고 잘라 보니 틀림없이 백자의 원료가 되는 도석이

었다. 그 바위는 곳곳이 노출되어 상당히 큰 광맥이라는 것을 삼평 일행의

사기장 세 사람은 조금 걸어 다녀보았을 뿐인데도 확신할 수 있었다.

삼평을 비롯한 고미조의 사기장 아홉 명은 마침내 백자광산을 발견한 것

이었다. 1616년 6월 1일의 일이었다.

이윽고 큰 보름달이 히가시이즈미의 도석장이 있는 방향에서 떠오르자

낯선 사기장 한 사람이 일어서서 조선말로 큰 소리로 외쳤다.

"고국 조선에서 우리들의 가족도 이 달을 보고 있습니다. 아버지와 어머

니! 우리는 작별 인사도 못 하고 이별했지만 이렇게 일본 땅에서 살고 있습니다. 저는 일본에서 새로운 가족과 함께 조선에 있을 때 구웠던 것과 같은 도자기를 굽고 있습니다. 언젠가 우리 가족은 이 도자기를 가지고 반드시 조국으로 돌아갈 것입니다."

그 말이 끝나자 다시 이번에는 조용한 조선 노래가 흘렀다. 시라카와 쪽에서 들려오는 물절구 소리가 그 곡과 잘 어우러졌다.

– 『일본 도자기의 신, 사기장 이삼평』 중에서

봉건 영주 나베시마는 이삼평의 공로를 크게 치하하고, 당시 아리타 마을을 다스리던 다쿠 야스토시多久安順는 자신의 하녀를 이삼평과 결혼시켰다. 그 후 이삼평은 '가네가에金ヶ江'라는 일본 성씨로 바꾸고 일본인으로서 아리타에 영구히 정착해 살았다. 그와 함께 납치되었던 150여 명의 조선 사기장들은 아리타에서 자기 가마를 뜻하는 사라야마有田皿山의 지배권을 확립했다. 아리타는 대도향大陶鄕으로 번창하여 에도 후기에는 아리타·이마리 도자기가 일본 제일로 손꼽히게 되었고, 이마리와 나가사키를 통해 유럽 전역으로 수출되어 규슈의 근대화는 물론 자본 형성 및 축적에 제일 큰 기여를 했다.

현재 아리타에서는 이삼평을 도조陶祖로 우러르는 한편 신사를 건립해 이삼평을 모시고 있다. 신사가 위치한 산꼭대기에는 백자 탄생 300주년 다음 해인 1917년 '도조 이삼평비'라고 새겨진 큰 기념비를 세웠다. 이 비석 뒷면에는 이삼평을 '대은인'이라고 적었다. 이런 사실만 보아도 이삼평이 아리타에서 어떠한 존재인지, 일본 도자사에서 어떤 위치를 차지하고 있는지 알 수 있다.

지난 400년 동안
한국 도자산업은 무엇을 해왔는가

주지하다시피 임진왜란과 정유재란을 거치며 수많은 조선의 사기장들이 납치
된 까닭에 조선은 도자 기술의 명맥이 끊어지고, 산업 자체가 붕괴될 정도가
되었다. 반면에 아리타의 백자 기술은 발전에 발전을 거듭해 마침내 일본이 조
선을 추월하는 역전 현상이 벌어지고 말았다.

정조 이후 조선 지배층은 점점 아리타 자기에 빠져들기 시작했고, 조선 말에 이
르면 일본 도자기가 아름답기 그지없는 조선백자의 숨통을 끊어버리게 된다.

조선의 국운이 기울기 시작한 19세기 중반부터는 우리 궁궐에서도 아리타 백

2016년이 일본 자기 탄생과 아리타 도자기 창업 400년임을 알리는 아리타 도자기축제의 현수막

아리타 근처 하사미(波佐見)
도자기 축제 장소의 오름가마에서
뛰어노는 어린이들

자를 사용할 정도가 되었으니 그 참담함이란 이루 말할 수가 없다. 일제 36년의 강점기와 그 이후 한국전쟁을 거치며 우리 도자기가 겪은 상처와 단절은 더 말할 필요가 없다.

일본자기 탄생 400주년을 넘긴 이 시점에서 드는 생각은 온통 자책과 반성으로 점철된 것이라고 하면 너무 지나친 것일까? 광복 이후의 혼란과 전쟁이 어느 정도 면죄부를 준다고 쳐도, 도자산업 육성에 대한 정부 정책과 우리 국민의 관심도를 보면 우리가 이삼평을 내세우며 원조라고 우쭐거리거나 잘난 척할 이유를 도저히 찾을 수 없다.

일본 도자기가 한국에서 건너갔다고 하는 사실에 따른 자만심이 조금이라도 있다면, 그것이야말로 우리 도자산업을 망치고 있는 가장 커다란 방해물일 따름이다. 일본은 지난 400년 동안 눈부신 발전을 거듭해 그야말로 세계 최고 수준의 기술과 범국민적으로 도자기를 사랑하는 문화를 이룩해놓았는데 그에 비하면 우리는 아직 턱없이 부족한 것이 현실이다.

필자는 『유럽 도자기 여행』 동유럽 편, 북유럽 편, 서유럽 편 3부작의 완성과 함께 『일본 도자기 여행』 시리즈 3권으로 작업을 이어나갔다. 이는 서유럽 편 에필로그에서도 말한 바 있지만, 우리 도자산업의 전반적인 반성과 분발을 촉구하고 앞으로 나아갈 계기로 삼기 위함이다. 또한 수많은 국내 관광객이 일본 여행을 하고 있고, 일본에서 가는 곳마다 도자기를 마주하는데 그 도자기가 과연 무엇인지, 일본의 각 지역을 대표하는 도자기는 무엇이고, 그 역사는 어떻게 되는지 변변한 소개서 하나 없기에 길라잡이가 필요하다고 생각했다.

『유럽 도자기 여행』 시리즈를 출간하기 전까지 국내에는 유럽 도자기에 대한 개괄서 한 권이 없었는데, 일본 도자기 전반에 대한 책도 마찬가지 상황이었다.

우리와 가장 가까운 곳, 우리 조상들이 건너가서 오늘날의 문물을 만들어놓은 곳인데도 그렇다. 어떻게 개괄서 한 권도 없을 수가 있었을까…. 이것이 소위 도자기 종주국이었다는 자부심을 갖고, 세계 10위권의 경제 대국이라고 자랑하는 우리의 문화적 실정이다. 그러니 일본 도자기가 어느 만큼의 혁신과 진취를 이루었는지 모르고 있고, 얼마나 앞서 있는지도 모르고 있는 것이 당연하다. 이 땅의 일부 사기장들은 알고 있을지 모르나, 일반인들은 깜깜무소식의 우물 안 개구리 형국이다.

『유럽 도자기 여행』도 그랬지만, 이 책 역시 차라리 논문이나 다큐멘터리 형식으로 쓰면 훨씬 쉬웠을 것이다. 그러나 사진을 찍는 데 엄청난 노력과 시간, 비용을 들이면서 방대한 도판을 곁들이는 까닭은 이렇게 해야 관심을 조금이라도 더 끌겠거니, 하는 생각 때문이다. 조금이라도 더 일반 국민의 관심을 끌어내서 그것을 우리 도자산업에 대한 애정과 질책으로 연결시키길 희망하기 때문이다.

프롤로그의 제목에 인용한 하이쿠처럼 '밤은 길고, 나는 천년 뒤를 생각한다'[06]. 그때가 되면 뭔가 좀 변해 있으려나….

06 長き夜や千年の後を考へる. 마사오카 시키(正岡子規, 1867~1902)의 하이쿠

CHAPTER

01

첫 번째 가마

아리타·이마리,
이삼평과 백파선
그리고 3대 명가

문을 나서면 나도 길 떠나는 이, 가을 저물녘

門を出れば我も行人秋のくれ

–요사 부손与謝蕪村, 1716~1784의 하이쿠

조선을 침략한 왜군이 도요토미 히데요시에게 가장 먼저 보낸 전리품 중에는
경남 김해 향교의 도자기 제기祭器가 있다고 전해진다. 이런 사기 제기들은 우리
나라에서는 밥공기 즉 막사발이나 사발보다 조금 작은 그릇으로 김치와 깍두

하기 지방의 찻사발들

기를 담는 보시기였지만 일본에서는 히데요시가 좋아하는 찻사발로 용도가 달리 쓰였다. 일본 국보인 이도다완도 이런 막사발과 보시기의 하나였다.

그래서 일본 각지의 다이묘마다 서로 경쟁하듯 사기장은 물론이요 조선의 막사발을 약탈해서 깡그리 일본으로 보냈으므로, 이렇게 털린 곳은 김해뿐만이 아니었다. 임진왜란이 끝난 뒤 광해군 시절에는 궁중연례 때 사용할 청화백자 항아리가 없어 전국에 수배령을 내려 이를 구하고자 했다는 기록이 있다.

이는 왕실 수요의 도자를 생산하는 사옹원司饔院의 형편에서도 확인된다. 17세기 초 사옹원 분원에서는 외방의 사기장을 충원하려 했으나, 매년 그 수가 감축되어 외방 사기장이 남은 수가 겨우 10분의 1밖에 되지 않는다고 하고 있다. 이처럼 물력物力이 고갈하여 진상 사기의 조달이 힘들고 추루麤陋하여 과업을 널리 펼 수 없다고 보고하고 있다.[01]

이런 기록은 적어도 몇 가지 사실을 말해준다. 왕실 제사마저 지내기 힘들 정도로 제기는 물론 각종 도자 그릇들이 통째로 노략질을 당했다는 것이 그 하나요, 전란 후의 조선이 상당 기간 도자기를 굽는 가마를 운영하기 힘들 정도로 사기장이 드물게 되어 가마터는 파괴되고, 청화靑華 등의 안료마저 확보하기가 힘들었다는 사실이 그 둘째다.

웬만큼 이름난 사기장들은 거의 납치됐으므로 입에서 입으로, 손에서 손으로 이어지던 기술 전승의 맥이 끊어진데다, 관련 기록도 거의 남아 있지 않아 도자 산업 전체가 단절되고 괴멸될 지경에 이르렀다. 여기저기 저마다 추산치는 다 다르지만 임진왜란과 정유재란 10년 동안 강제 연행된 사람은 대략 10만 명에

---

01 『승정원 일기(承政院日記)』 1권, 인조 3년 6월 계사(17일)

서 30만 명에 이르는 것으로 추산하는 실정이다^{일본 주장은 1만에서 3만 명}.

이렇게 조선의 가마터는 피폐해지고 굴뚝의 연기마저 끊어질 정도가 됐지만, 규슈의 히젠 지역에는 산업혁명 시대의 영국 런던처럼, 혹은 한참 번창할 때의 도자기 도시 스토크온트렌트^{Stoke on trent}처럼 곳곳에 세워진 가마의 굴뚝에서 도자기를 굽는 연기들이 뿜어져 나왔다. 나카지마 히로키^{中島浩氣, 1871~1955}가 1936년에 지은 『히젠도자사고^{肥前陶磁史考}』에 들어 있는 히젠 지방의 옛 가마터에 대한 '히젠고요분포도^{肥前古窯分布圖}'에 의하면 조선 사기장들이 히젠에서 연 가마만 무려 370군데가 넘는다.

눈 아래로 집들이 빗처럼 촘촘하네
가마에서 피어나는 연기는 모락모락
솔바람은 예로부터 불어오는가
이씨 조상이 도산^{陶山}을 어루만지는구려
眼底家如櫛
窯煙起脚間
松風自萬古
李祖鎭陶山

1918년 당시 아리타가 속해 있는 사가 현 니시마쓰우라 군^{西松浦郡} 군수 가시다 사부로^{樫田三郎}가 언덕에서 아리타 마을을 내려다보며 읊었다는 이 「도산^{陶山}」이라는 한시는 도자기 가마들이 빽빽하게 들어서 있는 마을 전경을 잘 표현하고 있다.

이삼평 기념탑에서 내려다본
아리타 마을 전경

이 시에 나오는 '이씨 조상'은 바로 일본 도자기 종사자들이 도자기의 신으로 떠받들고 있는 도조 이삼평이다. 책의 서문에서 이미 얘기했듯, 사가 번의 초대 다이묘였던 나베시마 나오시게에게 붙잡혀 일본에 끌려온 조선의 사기장이다. 이때 함께 납치된 사기장의 수만도 대략 155명이었다고 한다.

나베시마 나오시게는 임진왜란 때 제2진 가토 기요마사加藤淸正, 1562~1611의 휘하 장수로 본대보다 더 많은 1만 2,000명을 이끌고 참전했다. 함경도로 진격해 조선의 왕자 임해군臨海君, 1572~1609, 선조의 맏아들과 순화군順和君, 1580~1607, 선조의 여섯째 아들을 붙잡는 등 기세를 떨쳤으나 북관대첩에서 의병장 정문부鄭文孚, 1565~1624에게 크게 패했다. 1597년 정유재란 때 제4진으로 황석산성 전투에 참전하였고 제1차 울산성 전투에는 기요마사를 구원하기 위한 8만 명의 구원병 총사령관으로 조선-명나라 연합군을 무찔렀다.

이삼평은 정유재란의 끝 무렵인 1598년선조 31년 일본에 끌려갔고[02] 처음에는 가라쓰 부근에서 도기를 제작하다가 나중에 나베시마 번주의 가노家老 다쿠 야스토시多久安順, 1566~1641에게 맡겨진 것으로 알려졌다. 다쿠 야스토시의 원래 이름은 류조지 가쿠龍造寺家久였으나, 나베시마의 둘째 딸을 며느리로 맞아들여 다쿠多久 읍의 초대 읍주邑主가 된 다음에는 이름을 다쿠 나가토 야스토시多久長門安順로 바꾸었다. 다쿠는 지금은 시市로 승격해서 사가 현의 한복판에 위치해 있다.

---

02 일본에 끌려간 시점도 1594년부터 1598년까지 저마다의 논문에 따라 다르지만, 이 책에서는 공주대 윤용혁 교수(역사교육과)의 이론에 따라 1598년으로 적시하겠다. 윤용혁 교수는 이삼평 가계의 문서 『가나가에 산베에 유서(金ヶ江三兵衛由緒書)』의 구절 가운데 이삼평이 나베시마 군대와 만난 것이 '게이초(慶長)' 연간 즉 정유재란 때였다는 사실과 나베시마 철군 때 함께 오게 되었음을 밝히고 있다는 사실을 근거로 제시하고 있다. 이에 근거해서 추정하면 이삼평이 일본에 잡혀온 시기는 전란이 종식되는 1598년이었을 가능성이 높다. 1598년이면 그의 나이 스무 살 남짓일 때다.

이삼평은 아리타로 옮겨가기 전에 가라쓰를 거쳐 다쿠에서 10여 년쯤 머무른 것으로 추정된다. 이 기간에 이삼평이 만들었던 가라쓰 도자기인 '다쿠코가라쓰多久古唐津'는 그냥 '다쿠가라쓰'라고도 하는데, 가라쓰 도자기의 종류인 '에가라쓰絵唐津' 혹은 '가라쓰미시마唐津三島'와 비슷하다고 생각하면 된다. 오래된 가마터에서 발굴된 '다쿠가라쓰' 도편들을 보면 이것과 '에가라쓰' 혹은 '가라쓰미시마'와의 차별성이 거의 없어 보인다. 이 점은 매우 중요한 사실로 조금 후에 자세히 살펴보도록 하겠다.

하여튼 이삼평은 다쿠에서의 작품에 만족하지 못하고 조선의 것과 같은 도자기를 만들 수 있는 흙을 찾아 이리저리 돌아다니다가 아리타의 이즈미 산泉山에서 백자광을 발견, 그의 나이 38세가 되던 1616년광해군 8년 무렵 변두리 시라카와에서 덴구타니 가마天狗谷窯를 열고 도자기를 굽기 시작했다.[03] 마침내 일본 최초의 백자 도자기, 이전의 일본 땅에서는 결코 만들 수 없었고 만들 엄두도 내지 못했으며, 만드는 방법도 몰랐던 그것이 조선 땅이 아닌 일본에서 만들어지기 시작한 것이다.

덴구타니 가마는 모두 계단연방식등요階段狀連房式登窯로 5기가 발견됐다. 가마 규모는 전장이 약 52m 정도이며 16개의 소성실과 연소실이 있다. 이 가마는 도기가 아닌 자기를 전용으로 굽는 것으로, 일본 최초의 자기 가마로서 역사적 가치가 높다.

이삼평은 이후 일가족 18명과 함께 이곳에 이사하여 도자기의 고향 아리타의

---

03 이삼평이 38세이던 1616년에 덴구타니 가마에서 처음 도자기를 생산하기 시작했다는 것은 이삼평 가문서인 「覺」에 나오는 내용으로, 이 문서는 1654년 이삼평이 직접 작성한 것으로 알려졌다. 이에 해당하는 기록의 원문은 '今年三十八年間, 丙辰之年口有田皿山之樣二罷移申候'이다.

● 백자로 만든 이삼평
(아리타 겐에몬박물관)

●● 아리타 이즈미 산
백자광 위치 안내판

새 역사를 열었다. 1631년에는 다케오武雄에서 도자기를 굽고 있던 종전宗傳의
부인 백파선白婆仙, 1560~1656이 일족 906명을 이끌고 이곳 아리타로 옮겨 왔다. 종
전과 백파선에 대해서는 뒤에서 설명하겠다.

이처럼 아리타는 이삼평이 가마를 연 이후 수많은 사기장이 집결하여 번영을
거듭했다. 일본의 다른 지역에서도 도자기 제조 기술을 배우기 위해 사람들이
몰려들기 시작해 1590년만 해도 깊은 산골짜기라 지도에 나오지도 않았던 '다
나카 마을田中村'이 30여 년에 걸쳐 팽창을 거듭해 번듯한 성시成市로 자리잡았
다. 1680년대 지도에는 '아리타'라고 하는 지명도 등장한다.

이렇게 이삼평에 의해 도자기 생산 공정이 현재의 분업제와 비슷한 작업 시스
템으로 정착하고, 도자기가 막강한 부를 창출하는 산업으로 성장해가자 나베
시마 번주는 크게 기뻐하며 이삼평에게 가네가에 산베에金ケ江三兵衛라는 성과
이름을 하사하고, 다쿠 야스토시는 자신의 하녀와 이삼평을 결혼시키기에 이
른다. 가네가에金ケ江라는 성은 이삼평이 금강金江 출신이라는 사실에서, 산베에
三兵衛라는 이름은 '삼평'의 발음을 차용한 것인데, 그의 고향에 대해서는 잠시
뒤에 자세히 살펴보자.

경이적인 돈벌이에 현혹된 일본인들도 도처에서 가마를 만들기 시작하는 등
아리타에 사람이 너무 몰려들자 나베시마 번청鍋島藩廳은 급기야 산림이 마구
잡이로 베어져 황폐화되는 것을 걱정해야 할 처지가 되었다. 1,000℃가 넘는
가마 불을 지피려면 땔감이 엄청나게 들기 때문이었다.

이에 따라 1635년에는 관리를 파견하여 아리타 사라야마有田皿山의 지배권을
확립하여 통제하기 시작했고, 1637년 3월 20일에는 조선 사기장이 아닌 일본
사기장을 쫓아내는 추방령을 발동한다. 그리하여 아리타에서 7개 가마, 이마

센고쿠 시대 모습을 재현한 아리타 도자기 축제의 퍼레이드(위)와 전통 복장의 군무(아래)

리에서 4개 가마를 합쳐서 11개 가마의 일본인 남녀 사기장 826명남자 532명, 여자 294명이 추방당한다. 이 사건을 계기로 아리타에서 값싼 도기는 없어지고 자기 중심의 생산체제가 확립된다.

일본인은 조선 사기장 밑에서 배운 내력이 확인된 사람에 한해 일부 면허증이 발급됐다. 그리하여 1647년 공식 기록에 남은 사기장 집안은 155가구였고, 이들은 모두 이삼평의 총괄 감독을 받았다. 1600년대의 시골 조그만 마을에 도자기를 굽는 가구 수만 155개라니 실로 경이로운 일이 아닌가!

당시 아리타는 활발한 자기 생산으로 인구가 크게 늘어나 총 1,300가구에 총인구는 5,500명에 달했다고 한다. 아리타 인구는 2만 148명이다2016년 2월 기준. 70, 80년대에는 인구 2만 3,000명 선까지 올라간 적도 있지만, 이후 계속 감소세다.

이삼평의 고향은
공주인가, 김해인가

자, 그럼 이삼평의 고향이 과연 어디인지 알아보기 전에 우선 그의 이름부터 보자. 이삼평은 그의 본명이 아닐 수도 있다. 『다쿠가문서多久家文書』에서는 이모李某라거나, 성씨 없이 산베에三兵衛라고만 하고 있기 때문이다.

이삼평의 집안 문서인 『가네가에가문서金ヶ江家文書』에는 출신이 금강金江이기 때문에 일본 이름을 가네가에 산베에金ヶ江三兵衛라고 했다고만 나온다. 가문서에 나오는 이름도 '參平' 또는 '三平'다. 메이지 시기의 사학자인 구메 구니타케久米邦武, 1839~1931는 이씨 삼평李氏三平이라고 표현하기도 했다. 즉 이삼평이란 이름이 그때까지만 하더라도 고착화되지 않고 있었던 것이다. 아리타 도자기 연구가인 오자키 요코尾崎葉子에 따르면 이삼평이란 말은 메이지 시기의 연구자들에 의해 사용되기 시작했다고 한다. 그러던 것이 다이쇼大正 6년1917년에 도조 이삼평비陶祖李參平碑가 세워지면서 그의 이름이 이삼평으로 굳어졌다는 것이다.[04] 이러한 이름의 혼동과 함께 그의 고향 역시 일본 기록에는 '금강 출신金江出身'이라고만 되어 있어 논란거리가 되고 있다. 현재 우리나라에서는 금강錦江이 흐르는 충남 공주公州가 그의 고향이라는 주장이 정설로 굳어지고 있는 듯하다. 이삼평의 고향을 충남 공주와 연결 지어 처음 주장한 사람은 1936년 일본 사학자 나카지마 히로키[05]다. 그는 계룡산 기슭 공주 학봉리 도요지가 임진왜란 이전부터 알려진 유명한 곳이고, 금강에서 가까운 위치라는 사실을 들어 이를 주장했다.

이 같은 근거에 의해 아리타 주민들은 지난 1990년 성금을 무려 1억 8,000만 엔당시 환율로 20억 원이 넘는다이나 모아 이삼평의 고향이라 여겨지는 공주시 반포면 온천리 박정자 조각공원에 이삼평 기념비를 세웠다. 그러나 이와 다르게 이삼평의 고향이 경남 김해金海라는 주장도 만만치 않아서 두 주장이 크게 엇갈리는 실정이다. 김해라고 주장하는 사람들의 논리는 다음과 같다.

첫째, 1937년 마와타리 하치타로馬渡八太郎는 금강이란 김해를 일본식으로 발음한 것을 히라가나로 표기하고, 이를 나중에 한자로 표기하는 과정에서 금강으로 바뀐 것이라고 주장했다.[06] 해방 후에도 미카미 쓰기오三上次男 등이 이를 거

---

04 노성환, 「일본 사가 현 아리타의 조선 도공에 대한 일고찰」, 『일어일문학회 42』 (2009, 대한일어일문학회), 307p. 단, 이 논문에서는 이삼평을 '이참평'이라고 쓰고 있는데, 이는 적절치 않다고 판단하여 필자가 이참평을 이삼평이라고 바꿨다.

05 나카지마 히로키, 『히젠도자사고』, 히젠도자사고간행회(肥前陶磁史考刊行會), 1936

06 마와타리 하치타로(馬渡八太郎), 「이씨는 일본 자기의 원조(李氏は 日本磁器の元祖)」, 『히젠사담(肥前史談) 10-4』, 히젠사학회, 1937

도자기 축제 때의 아리타 풍경

듭 확인하며 금강金江과 금강錦江은 글자가 다르므로 같은 지역이 아니고, 사실은 김해를 지칭한다고 강조했다. 재일 역사학자 이진희 와코대 명예교수도 가네가에金ヶ江 성은 김해金海의 다른 발음인 '긴가에'와 비슷하므로, 성이 '김해'에서 유래했다고 주장한다.

둘째, 나베시마의 임진왜란 때 경로는 부산-기장-울산-경주-영천-신령-의흥-용궁-죽령-한양으로 이어지고 있어 충청도를 지나지 않았다. 정유재란 때 역시 김해죽도성에 거점을 두고 있었고 그의 경로 가운데 공주는 들어 있지 않았다. 또한 정유재란 때 납치된 사기장 대부분은 경상남도의 김해나 진해웅천 출신이 아니면 전라도 사람으로 충청도 사람은 없다.

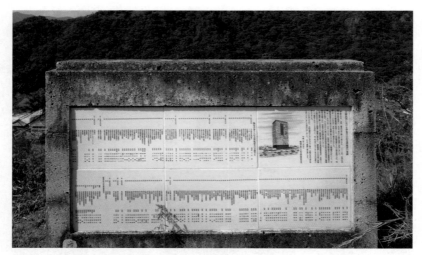

충남 공주에 이삼평기념비를 세울 당시 아리타 기부자 명단과 금액이 적힌 기념판. 아리타 이삼평기념비 근처에 있다.

셋째, 아리타의 초기 도자기인 백자의 특징 가운데 하나는 내화토耐火土 빚음받침[07]이다. 이 기술은 전라도와 경상도 같은 남부 지방에서만 보이고, 공주 등 충남 지방에서는 주로 굵은 모래받침이 사용됐다.

이 같은 반론에 따라 윤용이 명지대 석좌교수는 이삼평이 공주 출신이지만 아마도 경기도 광주廣州의 관요에서 일하며 백자와 청자 등을 만들던 인물이었을 것이라고 추정하기도 했다.

07 조선시대 자기를 구울 때 왕실용인 경우, 표면에 여러 가지 불순물이 묻는 것을 막기 위해 갑발(匣鉢)이라는 통에 넣어 구웠고, 그 외 일반 관청이나 민가에서 사용하는 그릇은 그냥 포개어 구웠다. 그런데 포개어 구울 때 그냥 굽게 되면 자기 표면의 유약이 흘러내려 자기들이 서로 붙게 되므로, 이를 막기 위해 태토받침, 내화토받침, 모래받침 등을 사용하였다. 포개어 구운 사발이나 대접의 경우 그릇의 안 바닥이나 굽 밑에 그 흔적이 남아 있다. 내화토 빚음받침은 결국 내화토 즉 고온에서 견디는 성질이 강한 모래흙으로 빚은 받침이라는 말이다.

그 근거로써 윤용이 교수는 첫째로 아리타 덴구타니 가마가 광주 선동리의 오름가마 구조와 유사하다는 점, 둘째로 갑발과 도지미^{도자기를 구울 때 사용하는 받침} 등의 가마 도구 역시 비슷하다는 점, 셋째로 덴구타니 가마터에서 나온 백자 사발, 접시, 병과 청화백자 접시, 청자 등의 도편과 광주 관음리 가마터에서 출토된 16세기 후반 백자, 청화백자, 청자의 형태며 굽의 모양이 일치하고 있다는 점을 들었다. 이렇게 가정하면 나베시마 부대가 충청도를 지나지 않았다는 문제 제기를 피해갈 수 있는 것이다.

그러나 윤용혁 공주대 교수는 아예 정유재란 때 나베시마 부대가 충청도를 지나지 않았다는 것은 사실과 다르다고 적시하고 있다. 이의 근거로써 윤 교수는 다음과 같은 연구와 자료를 제시한다.[08]

첫째, 나베시마 부대는 1597년 8월 이후 경상도 밀양, 대구를 거쳐 충청도 청주로 진군하고, 그 후 전북 김제에서 큰 피해를 주었다.[09]

둘째, 가토 기요마사의 우군右軍에 속했던 나베시마 부대는 1597년 하반기에 경상도에서 북상해 대략 9월경에 청주, 공주 등을 경유해 다시 전라도로 남하한 뒤 고니시의 좌군左軍과 합류했다.[10]

셋째, 『선조실록』에 다음과 같은 기록이 있다. '왜적 80명이 공주에 와 금강의 형편을 살피고 돌아갔다'^{선조 30년 9월 6일}, '청주와 공주의 두 곳에 크게 진을 치고 있던 왜적 무리들이 모조리 도망쳐 돌아갔는데, 호남으로 가거나 조령을 따라 사방으로 흩어져 퇴각했다.'^{선조 30년 9월 20일}

08 윤용혁, 「이삼평, 출신지를 둘러싼 논의」, 「공주학연구총서1: 공주, 역사와 문화콘텐츠」, 공주대학교출판부, 2016, p.125
09 「임진왜란 전후의 한일도자 비교연구」, 2003
10 이형석, 『임진전란사』, 신현실사, 1974

임진왜란 당시 일본 주요 다이묘의 침략 경로도와
이순신 장군 존영(히젠나고야성박물관)

넷째, 왜란이 끝난 직후인 1602년부터 5년여 동안 공주에서 유배 생활을 한 조익趙翊, 1556~1613 선생의 『공산일기』에는 정유재란 때 공주 지역의 피해 상황이 일부 나타나 있다. 예를 들어 계룡산 갑사도 '병화 후에 다시 지었다寺字兵火後重創'고 기록돼 있다는 것이다.

윤 교수는 이런 등등의 논거를 제시하며, 이삼평이 정말 공주 출신이라면 선조 30년 즉 1597년 9월께 납치되었고, 그가 사가 현에 도착하는 것은 히데요시의 죽음으로 나베시마 부대가 철수한 1598년 11월께가 되었을 것이라 주장한다. 그렇다면 정작 이삼평의 후손들은 이 문제에 대해 어떻게 생각하고 있을까? 이에 대해서는 이삼평의 14대손 가네가에 쇼헤이金ヶ江省平를 인터뷰했던 「신동아」 2005년 1월호 기사를 참조할 필요가 있다.

> 이삼평의 후손은 김해 출신설을 어떻게 생각할까? 14대 쇼헤이에게 물어보았다.
> "그건 처음 들어보는 말인데요. 우리가 김해 출신인지 충청도 금강가에서 왔는지 정확히 알 수는 없어요. 확실한 건 '金江'이라는 두 글자 기록밖에 없으니 해석이 다를 수도 있겠지요."
> 흡사 금강이면 어떻고 낙동강이면 어떠냐는 식이다. 기실 이삼평 자신이 그렇게 여겼던 것 같다. 한국식이라면 어디 이씨 성을 버리고 김씨 성이 될 법이나 한 것인가. 그러고 보면 아예 처음부터 성이 없는 신분으로 일본에 끌려왔을지도 모를 일이다.

이들에게 고향이 어디인지 묻는 것은 가라쓰에서 14대 또칠에게 고향을 물어

이삼평의 14대손
가네가에 쇼헤이

본 것만큼이나 의미 없는 질문인지 모르겠다. 이들의 속마음은 역시 '금강에서 왔다고 하나 지금은 여기서[일본인으로] 살고 있다' 정도가 아닐까.

충남 공주 학봉리 분청사기와 '가라쓰미시마',
그리고 나카자토 다로에몬 가마의 물고기 분청사기

이삼평의 고향이 공주라는 주장의 근거로 자주 등장하는 계룡산 기슭 충남 공주 학봉리 분청사기 가마에 대해서는 『세종실록지리지』에도 등장한다. 이에 따르면 "자기소가 2개 있다. 공주 북쪽 군지촌軍知村과 동쪽의 동학동東鶴洞이 그것이다. 품질은 중품이다"라고 돼 있다. 여기서 말한 동학동이 학봉리다. 분청사기란 분장회청사기粉粧灰靑沙器의 준말이다. 분청사기는 대체로 14세기 중엽, 고려 말기에 쇠퇴해가던 상감청자에서 시작하여 15세기 초 조선 왕조에 들어와 크게 발전하여 고려청자와는 미의 방향을 전혀 달리하는 활달한 서민적 미학을 한껏 발휘한다. 세종대왕 시절에는 다양한 기법의 분청사기가 제작되어 한반도 도자사에서 뚜렷한 위치를 차지한다. 그러나 15세기 후반에 접어들어 광주에 관요 분원이 설치되면서 국가에 상납하던 각지의 분청사기 가마는 서서히 쇠퇴한다. 16세기에 들어와서는 백토분장 기법과 귀얄분장 기법이 성행하여 분청사기 가마는 소규모 민영화되고 점차 백자로 변모하여 백자에 의해 흡수, 소멸된다.

학봉리 분청사기 가마터가 처음 발굴된 것은 일제강점기인 1927년의 일로, 한국에서는 최초의 가마터 발굴이었다. 왕릉을 비롯한 백제 유적조차 거의 조사되지 않았던 당시 상황으로 미루어 볼 때 일본인들이 학봉리 가마터를 먼저 발굴한 것은 이를 그만큼 중요하게 생각했다는 증거라 하겠다. 이 가마터에 대한 전문가 답사는 발굴 한참 전인 1918~1919년께 이미 이루어졌다.[11] 그만큼 일본은 이 가마터를 일찍부터 주목했던 것이다.

발굴 보고서에 의하면 당시 학봉리와 주변 온천리에는 하천을 중심으로 분청사기 가마 5개, 백자 가마 1개 도합 6개의 도요지가 확인되었다. 아울러 학봉리 가마터를 다른 분청사기 가마터와 구별해서 특징지어 주는 철화분청鐵畵粉靑의 연대가 15세기 후반부터 16세기 전반이라는 것도 정리되었다.

학봉리 가마는 특히 철화분청이 유명하다. 분청사기가 쇠퇴하는 1470년대부터 제작되기 시작한 계룡산 철화분청은 전면을 귀얄넓고 굵은 붓이나 솔로 백토 분장하고 짙은 철사鐵砂 안료를 사용하여 그린 그림은 여성적인 몸체에 남성적인 근

---

11 윤용혁, 「도조 이삼평, 그리고 아리타와 공주」, 『공주학연구총서1: 공주, 역사와 문화콘텐츠』, p.125

조선 초기 연지조어문(蓮池鳥魚文) 철화분청 장군(오사카 동양도자박물관 소장)

15세기 후반 조선 철화분청
연꽃무늬 항아리
(국립중앙박물관 소장)

육의 느낌을 준다. 철로 만들어낸 암갈색의 선은 힘줄이 돋아난 듯 힘이 넘친다. 그런데 학봉리의 철화분청은 우리나라 다른 도요지에서는 거의 발견된 사례가 없는 희귀한 종류다. 강경숙 전 충북대 교수는 학봉리와 같은 귀얄철화와 유사한 제품을 생산한 가마는 다른 지역에서는 발견된 적이 없다고 강조하고 있다.[12]

바로 이 사실과 일본인들이 '미시마三島'라 부른 학봉리 가마터에서 발굴한 철화분청사기가 지금도 여전히 가라쓰에서 만들어지고 있다고 하는 사실은 이삼평의 '공주 고향설'을 뒷받침하는 근거와 관련해 너무나도 중요한 시사점을 던져준다.

일본인들이 왜 학봉리 철화분청을 '미시마'라고 했는지 알 수 없으나,[13] 지금 가라쓰에서 활발히 만들어지고 있는 도자기의 종류인 '가라쓰미시마'나 '에가라쓰'는 학봉리 가마터에서 발굴된 사금파리들과 확실하게 닮아 있다. 또한 '가라쓰미시마'와 '에가라쓰'는 그 제조 기법이 조선으로부터 온 것임을 분명히 하고 있다. 누가 보아도 이들은 분청사기의 한 종류인 것이다.

그런데 학봉리 철화분청과 형제처럼 보이는 가라쓰의 가라쓰미시마나 에가라쓰는 이삼평이 아리타로 옮겨 가기 전에 만들었던 고가라쓰古唐津인 '다쿠코가라쓰'와 거의 흡사하다. 사실 똑같다고 해도 무방할 정도다. 그러니 '학봉리 철화분청 = 가라쓰의 분청사기 = 이삼평의 다쿠가라쓰'라고 하는 등식이 성립

---

12 강경숙, 「분청사기 연구」, 일지사, 1986

13 이 단어는 1565년의 일본 문헌에서 처음 나타났는데, 이와 관련해 몇 가지 설이 있다. 첫째로 미시마 다이샤(三島大社)란 신사(神社)가 발행한 달력과 상감 문양이 비슷하게 보였기 때문에 그런 이름이 붙었다는 가설이 있다. 둘째로는 생산지 또는 출항지의 명칭에서 유래하였다는 것인데, 이에도 두 종류가 있다. 하나는 미시마(三島)가 거문도(巨文島)를 의미한다는 것이고, 다른 하나는 미시마(三島)가 한반도(韓半島)를 가리킨다는 설이다. 그러나 많은 고려다완(高麗茶碗)의 명칭이 그렇듯 미시마(三島)의 유래 역시 추정에 머무르고 있다.

자유분방한 그림이 인상적인 15세기 후반 조선 철화분청 잎사귀 문양 항아리들(국립중앙박물관 소장)

된다. 필자는 바로 이 점이 이삼평의 고향이 공주임을 뒷받침하는 아주 강력한 증거가 될 수 있다고 생각한다. 한반도의 다른 지역에서는 만들어지지 않았던 철화분청이 가라쓰와 아리타로 이주하기 이전에 이삼평이 만든 도자기들에서 공통적으로 나타나고 있기 때문이다.

윤용혁 교수는 학봉리 도요지와 이삼평을 연결시켰던 나카지마 히로키의 가설이 보다 구체화되거나 일반화되지 못한 것은 학봉리 도요지의 분청사기와

● 학봉리 철화분청 사금파리(도편)들(국립중앙박물관 소장)

●● 가라쓰의 철화 '에가라쓰' 접시

초기 아리타 도자와의 계통적 연결성이 확인되지 않는다는 점 때문이었다고 강조했다.[14] 또한 아리타의 초기 도자기는 백자 특히 청화백자이고, 학봉리 요지는 그보다 시기가 앞서 있는 분청사기이기 때문에 이삼평을 공주와 연결 짓는 가장 중요한 문제는 아리타 도자기와 연결되는 도요지를 찾는 일이 된다고도 말했다.[15]

그런데 위와 같은 필자의 가설은 나카지마 히로키의 가설을 확연하게 뒷받침하면서 의문을 없애준다. 이삼평을 공주와 연결 짓는 데 꼭 아리타 도자기와의 계통적 연결성만을 찾을 필요는 없다고 본다. 아리타로 이전하기 전의 가라쓰와의 연결성을 찾아도 공주 학봉리와의 관계 문제는 말끔히 해소된다.

더군다나 노성환 울산대 교수 등은 이삼평이 덴구타니에서 자리잡기 이전에 이미 그곳에는 긴모산[16] 조선 사기장에게서 도예 기술을 배운 이에나가 이키노카미家永壹岐守가 백자를 지칭하는 '남경식南京式' 도자기를 생산하고 있었다는 점을 말하고 있다. 다시 말해 이삼평 일족은 다쿠에 살면서 아리타에 거주하고 있던 조선인 사기장들에 대한 정보를 갖고 있었고, 이를 바탕으로 아리타로 거주지를 옮기고 덴구타니에서 도자기를 구운 일본인에게서 실마리를 얻어 백토광산을 발견했다고 보는 것이다.

이러한 연관성에서 생각해본다면 이삼평은 아리타에 가서야 백자를 만들 수 있었던 누군가를 만나 기술을 습득했다고도 볼 수 있다. 다시 말해 아리타 이전에는 분청사기류의 도자기만 만들 수 있던 이삼평이 아리타 이후 백자 사기

---

14 윤용혁, 『공주학연구총서1: 공주, 역사와 문화콘텐츠』, p.76
15 윤용혁, 『공주학연구총서1: 공주, 역사와 문화콘텐츠』, p.87
16 노성환 교수는 긴모산을 금오산으로 보고 있지만, 윤용혁 교수는 이를 나베시마가 주둔했던 김해 죽도(竹島) 왜성으로 본다. 지금 부산 강서구 죽림동의 죽도 왜성이 당시 왜군들에게는 '긴무이(きんむい)'로 불리었다는 것이 그 근거다.

● 15세기 조선 분청사기 상감인화 풀꽃무늬 대접(국립중앙박물관 소장)
●● 가라쓰 나카자토 다로에몬 가마의 인화무늬 접시와 에가라쓰 사발

'다쿠코가라쓰' 고라이다니(高麗谷) 가마의 사금파리

장으로 변모했다는 가설도 생각해 볼 수 있다.

물론 필자는 도자기 전문가가 아니고, 이 분야를 평생 파헤쳐온 전문 학자는 더더구나 아니다. 따라서 필자의 주장에 섣부른 비약과 논리의 흠결이 있을 수 있다. 그러나 규슈 지방의 상당수 가마들과 박물관, 사료관 등을 샅샅이 훑고 다닌 그간의 경험으로 판단해볼 때 이삼평의 다쿠코가라쓰는 왠지 공주 학봉리 철화분청의 한 갈래라는 생각을 지울 수 없다.

필자는 학봉리 철화분청과 가라쓰야키와의 연계성과 관련해 또 한 가지 흥미로운 관점을 제시해보고자 한다. 철화분청의 무늬는 연꽃과 당초문, 모란문 등이 있지만 가장 상징적인 것은 역시 물고기 문양이라고 한다. 철화에 등장하는 물고기는 궐어鱖魚라고 하는 쏘가리류인데, 누치訥漁라고 하는 공주의 토산 물고기가 바로 이 궐어라고 한다. 물고기는 철화분청뿐만 아니라 인화印花분청, 박지剝地분청 등 다른 유형의 분청사기에서도 즐겨 사용되었던 소재다.

그런데 뒤에서 보게 될 가라쓰 제일의 도자 명가인 나카자토 다로에몬中里太郎右

衛門의 12대와 13대 또칠이 분청 도자기에 주로 그렸던 소재 중 하나가 바로 물고기였다. 이와 관련해 앞서 인용했던 1992년 「서울신문」 연재 기사의 일부를 다시 보도록 하자.

> 그는 더 이상의 질문 기회를 주지 않고 그가 직접 스케치했다는 화첩畵帖
> 을 보여주었다. 처음부터 끝까지 온통 물고기만 그려져 있었다.
> "이건 동네 사람들이 낚시로 잡은 물고기들입니다."
> 그게 무슨 소린가 했더니 자신은 죽은 물고기는 절대로 그리지 않는다고
> 했다. 살아 있는 물고기만을 화첩에 그려두었다가 작품을 제작할 때 문양
> 으로 삼는다는 것이다.
> 그러고 보니 그 도방엔 물고기 모양의 분청들이 꽤나 많았다. 방안에 장식
> 해놓은 것도 도기로 된 물고기들이었다.

이 기사에서 보듯 13대 또칠의 작품 가운데는 물고기를 그린 분청 계열 도자기들이 많다. 나는 공주 학봉리 물고기 철화분청을 보면서 아주 자연스럽게 또칠의 물고기 분청을 떠올렸다. 필자가 보기에 그 둘 사이에는 뭐라 형언하기 어려운, 아주 끈끈한 그 무엇인가가 흘렀다. 그들은 형제였다. 물론 이는 필자 개인만의 느낌이다. 가라쓰의 명장 나카자토 다로에몬 가문에 공주 철화분청의 어떤 추억이 대대로 이어졌는지 확실히 알 수는 없다.

그런데 한 가지 특이할 만한 사실이면서 매우 중요한 포인트는 13대 또칠 호안逢庵·아호이 다쿠코라이다니가마多久高麗谷窯와 고가라쓰 가마古唐津諸窯의 도편陶片 발굴조사단의 일원으로 참여했다는 사실이다. 더구나 그는 이 조사를 기반으

조선 인화분청을 닮은 국화 인화문(印花文)의 가라쓰 접시.
도장으로 찍은 뒤 백토로 분장하고 닦아내면 도장이 찍힌 부분에는 백토가 들어가
흰 무늬가 이루어지는 인화 기법은 일종의 상감기법으로 국화 무늬가 주를 이룬다.

● 13대 또칠의 물고기 문양 '가라쓰미시마(唐津三島)' 장군
●● 15세기 연꽃 물고기 철화분청 병(국립중앙박물관 소장)

로 도쿄의 일본도자협회日本陶磁協会가 발간하는 잡지인 「도설陶説」 No.636호2006
년3월호에 글을 쓰기도 했다. 이 잡지에 그는 두 개의 글을 썼는데, 하나는 도진
마치唐人町의 찻사발 어용 가마에 대한 「사이조 이나리 씨와 도진 마을 가마最上
位稲荷さんと唐人町御茶碗窯」이고, 또 하나는 「다쿠코라이다니 가마와 고가라쓰 가마
의 유사점 ―다쿠코라이다니 가마 도편 조사를 바탕으로多久高麗谷窯と類似の古唐津
諸窯―多久高麗谷窯の陶片調査より」라는 것이었다.

그러므로 그가 다쿠와 가라쓰의 옛 가마 사이의 유사점, 특히 공통적으로 등
장하는 물고기에 대해 어떤 식으로든 매력을 느꼈을 가능성은 매우 높다. 필
자가 보기에는 이들은 분명 시공간을 뛰어넘어 분청사기에 넣는 '물고기에 대
한 애틋한 기억'을 공유하고 있는 것이다.

분청사기는 관요 사기처럼 규격과 규정에 맞게 만들어 관청에 납품할 필요가
없어서 사기장의 마음대로 온갖 실험과 창의성을 발휘할 수 있었다. 청자의 질
태토이 나쁠라치면 백토를 묻혀 조금 말랐을 때 나뭇가지 하나를 꺾어 뾰족하
게 백토 위에 선을 긋거나음각 기법 굳은 백토를 긁어내 문양을 만들기도 했으며
박지 기법, 긁어내거나 파낸 부분에 다른 질을 채워 넣기도 했다상감 기법. 문양을 그
리는 것이 귀찮으면 꽃이나 빗방울 등의 문양을 새긴 도장을 만들어 신나게 찍
기도 하고인화 기법, 인생살이가 다 귀찮고 짜증날 때는 백토에 도자기를 덤벙 담
그기도 하고덤벙분장 기법, 돼지털이나 넓적한 붓으로 백토나 철화를 묻혀 마치 정
선이나 김홍도라도 되는 듯 일필휘지로 아무렇게나 휘둘러귀얄 철화 기법 그럴듯한
무늬를 만들어내기도 했다. 그렇게 서민의 해학적 정서와 사기장 자신만의 넘
치는 끼가 보란 듯이 발현된 결과물이 분청사기인 것이다.

그러니 버나드 리치가 "20세기 현대도예가 나아갈 길은 조선시대 분청사기가

13대 또칠의 '다다키(叩き)' 방식 '가라쓰 비취 가키오토시(搔落し)' 물고기 문양 납작 항아리

이미 다 했다. 그리고 그것을 목표로 해서 나가야 한다"라고 말한 것이 전혀 무리가 아니다. 바로 그러한 분청사기를 통해 이삼평과 공주 학봉리 그리고 일본 가라쓰의 핏줄이 서로 만나고 섞였으며, 지금도 그 인연이 줄기차게 이어진다. 두근! 가슴이 뛴다.

이삼평은 납치되었는가, 스스로 동행했는가

이삼평이 납치된 것이 아니라, 나베시마 부대가 퇴각할 때 제 발로 동행했다고 하는 주장은 이삼평의 가문서 내용 때문에 비롯된 것이다. 이는 일본 도자기에 관심이 있는 사람은 웬만큼 알고 있는 것이지만, 아직 이와 관련된 부분을 모르는 사람이 훨씬 더 많을 것이라 생각한다. 더구나 젊은 세대들은 거의 모를 이야기일 것이기에 다시 살펴보기로 한다.

앞에서 말한 이삼평의 집안 문서로 3대 삼평이 작성한 『가네가에가문서』에는 그가 어떤 연유로 일본으로 건너가게 되었는지 상세히 적고 있다. 그 내용을 정리하면 다음과 같다.

나베시마 나오시게의 군대가 산속에서 길을 잃었다. 길 안내자도 없어서 어찌 할 줄 모르고 있었을 때 저편 멀리 작은 집 한 채가 보였다. 나베시마는 길을 묻기 위하여 부하를 보냈다. 그러자 그 집에서 3명의 남자가 나왔다. 길을 묻자 그들은 말이 통하지는 않았으나 손짓 발짓하여 겨우 그 의미를 파악할 수 있었다. 그들이 가르쳐준 길을 따라 공격하여 대승리를 거두었다. 이윽고 전쟁이 끝나고 나베시마 군대가 일본으로 철수할 때 나베시마는 선착장에서 길을 안내한 조선인 3명을 불러 그들의 이름과 사는 곳 그리고 직업을 물었다. 이에 대답하기를 두 사람은 농부였고, 삼평이라는 사나이는 도자기를 만들며 생계를 꾸려가는 사기장이라고 대답했다. 이를 들은 나베시마는 "이번 전쟁에서 너희들은 일본 군대의 길 안내를 하였다. 그러므로 일본군이 철수해버리면 이를 지켜본 마을 사람들이 필시 너희들에게 보복을 가할지 모른다. 따라서 여기에 있는 것보다 우리와 같이 일본으로 건너가 도자기 굽는 일에 전념하는 것이 좋지 않겠느냐?" 하고 일본으로 옮겨와 살기를 권했다. 그러자 삼평은 그 말을 좇아 나베시마의 군대와 함께 일본으로 건너왔다. 나베시마 부대에는 다쿠 야스토

시도 부장으로서 출병하고 있었기 때문에 나오시게의 명령에 의해 삼평은 다쿠 가문에 위탁되었다. 그리하여 삼평은 다쿠 야스토시를 섬기게 되었고, 이야기 상대가 되기도 하였으나, 언어가 제대로 소통되지 않아 잠시 그 직을 고사하고 본래의 도기직을 맡고자 하였다. 야스토시도 삼평의 의견에 전적으로 동의하고 그의 청을 들어주었다. 삼평은 원래 금강 출신이었으므로 일본 이름을 가네가에 산베에金ヶ江三兵衛로 했고, 또 다쿠가의 가신으로 신분도 인정받고서, 1616년에 사기장 18명과 함께 아리타有田의

도자기 축제 때의 아리타 거리 풍경

미다레하시[亂橋, 현재 미다이바시(三代橋)]로 이주했다. 이들은 처음에는 생계를 위해 농업을 하면서 질흙을 찾았는데, 이윽고 이즈미 산에서 도석의 광상 鑛床을 발견했다. 그리하여 시라카와의 덴구타니[天狗谷]에서 가마를 설치하고 그림과 세공 기술을 자손들에게 가르치고 점차로 번영했다. 번주는 산베에의 공로를 치하하고, 야스토시는 하녀를 산베에와 결혼시켰다. 산베에는 주로 가마의 도자기 생산에 종사했고, 세공 및 그 밖의 기술을 가르쳤기 때문에 지역 사람들은 물론 타지에서도 기술을 배우러 왔고, 인가는 증가하여 점차로 번영의 땅이 되었다.[17]

이 기록대로라면 이삼평은 조국을 그리워하다 이국땅에서 쓸쓸히 죽어간 영혼도 아니고, 강제로 끌려간 사기장은 더욱 아니다. 길을 잃고 헤매고 있는 왜군에게 길을 안내해줘 왜군에게 대승리를 가져다주었고, 스스로 일본으로 간 사람이었다. 이와 관련해 일본인 도예연구가 미스기 다카토시[三杉隆敏]가 그의 저서 『도자기문화사[やきもの文化史]』에서 피력한 주장은 더 충격적이다.

'규슈의 가라쓰에는 임진왜란 이전부터 조선에서 사기장들이 건너와 도자기를 만들며 살았다. 임진왜란 때 조선으로 출병하는 일본군은 조선에 관해 전혀 모르는 상황이었다. 그리하여 당시 가라쓰에 와 있던 조선인 사기장을 통해 이삼평의 무리와 조선 상황을 어느 정도 알았을 것이다. 중략 전쟁에 진 일본군이 후퇴할 때 지금까지 일본군을 지원했던 조선인들은

---

17 아리타초역사편찬위원회(有田町歷史編纂委員會), 『아리타초사 도업편(有田町史 陶業編)1』, 아리타초, 1985

일본에 이주하기를 원했다. 그중 이삼평도 자신의 집단 이주에 관해 직접

일본군과 교섭하여 나베시마의 군대와 함께 일본으로 왔을 것이다.'

다시 말해 이삼평과 나베시마 부대는 조선에서 길을 잃고 방황하고 있었을 때 만난 것이 아니라, 그 이전부터 서로 내통하고 있었던 사이라고 주장한다. 즉 일본군이 조선으로 쳐들어가기 전에 이삼평의 무리들로부터 조선에 관한 정보를 입수하였을 것이라고 추정한 것이다.

우리는 과연 이를 어떻게 받아들여야 할까? 그러나 이러한 내용이 적힌 『가네가에가문서』는 전적으로 역사적 사실을 반영한 것이라고 보기 어려운 부분이 있다. 즉 이 가문서가 쓰이게 된 동기가 객관적 입장에서 자신의 가문을 정리하거나 자신들의 역사를 서술하는 차원에서 기록한 것이 아니라 이삼평이 발견

사가 현 문화재로 지정돼 있는
『가네가에가문서』

한 이즈미 산의 채굴권을 둘러싸고 사가 번에 소송하는 가운데 자신들이 소송에서 유리한 고지를 점령하기 위한 증거 자료로 제출하려고 쓴 것이라는 사실에 주목할 필요가 있다.

이 가문서는 일종의 소장訴狀이라 할 수 있다. 소송에서 이기려면 일본 번주에게 잘 보여야 하기에 이를 모두 사실로 받아들이기 어렵다. 이처럼 일본에 남은 많은 조선 사기장들은 이런저런 연유에 의해 타의가 아니라 자의로 현해탄을 건너 일본으로 갔다고 설명하는 경우가 적지 않다. 길 안내를 했다고 설명하는 것 자체가 일본에서 살아가야 하는 처지를 고려하여 고안해낸 고육지책일 가능성이 높다.[18]

설사 적군의 길 안내를 했다 하더라도 그것은 피치 못할 상황에서 본의 아니게 강제로 이루어졌을 가능성이 높다. 한 예로 가토 기요마사가 함경도로 들어가는 길을 몰라 안성에서 조선인 두 명을 붙잡아 길 안내를 부탁했다. 그들이 길을 모른다는 이유로 거절하자 그중 한 명의 목을 자르고 나머지 한 명에게 길을 안내하라고 위협했다. 이런 내용이 『에혼타이코키繪本太閤記』에 그림과 함께 나온다.[19] 내 눈앞에서 친구나 가족의 목이 달아나는 상황에 놓이면 누구든 겁에 질려 협조하지 않고 배겨낼 도리가 있겠는가. 그러니 이삼평이 길 안내를 했다거나, 자발적으로 일본으로 건너갔다거나 하는 주장에 대해 성급하게 결론을 내려서는 안 된다. 특히 그의 후손이 남긴 소장 내용을 그대로 믿고 그의 행적을 평가하기는 너무 섣부른 일인 것이다.

---

18 노성환, 「일본 사가 현 아리타의 조선 도공에 대한 일고찰」, 『일어일문학회 42』, 대한일어일문학회, 2009, 314p.
19 나카자토 노리모토(中里紀元), 『히데요시의 조선 침공과 민중, 문록의 역(秀吉の朝鮮侵攻と民衆, 文祿の役) 상』, 문헌출판(文獻出版), 1993, 271p.

이와 관련해서도 앞서 인용했던 「신동아」 2005년 1월호 기사를 다시 들여다보자.

> 만약 이렇듯 연행된 게 아니고 왜장 나베시마의 '앞잡이' 역할을 하다 건
> 너온 것이라면 얘기가 좀 복잡해진다. 이에 대해 단도직입적으로 14대 쇼
> 헤이에게 물었다.
> "아, 그건 저도 들어 알고 있는데요. 사가 현에서는 공식적으로 ^{강제} 연행이
> 라고 했습니다. 후손으로서는 행정 당국의 공식적인 해석을 존중할 수밖
> 에요."

3대 삼평은 무슨 생각으로 할아버지의 일을 정리했을까. 기술노예로 끌려왔
다고는 하나 이젠 정착했으며 고향은 다시는 돌아갈 수 없는 곳이 됐다. 그래
서 3대 삼평은 '살다 보면 미야코^{都, 서울}'라는 일본 속담 식으로, 등지고 온 조국
보다 대대손손 살아갈 일본에 유리하게 기록한 것이 아닐까.
실은 임진왜란 때 침략군의 선봉장으로 부산에 상륙해 곧 귀순한 왜군 장교
김충선^{일본명 사야카(沙也可), 우록 김씨의 시조}도 그랬다. 「모하당일기」라는 기록에 따르면
그는 조선의 문물에 홀딱 반해 버려 귀순했다는 것이다. 일본의 연구자들은
이 점을 의심한다. '어찌 유학적 기초가 없는 일본의 장교가 전투 중에 갑자기
이국의 문화와 문물에 반할 수 있었겠는가'라고. 따라서 그것은 귀순 정착자
가 내건 명분일 뿐이라는 주장이다.
다시 삼평의 경우를 생각해보자. 백 번 양보하더라도 길 잃은 왜병이 협박하지
않고서야 안면도 없고 일본 말도 모르는 터에 길잡이를 자청할 리 있었을까.
이 정도로 이삼평의 이름과 고향, 앞잡이 설에 대한 논란은 정리하기로 하자. 어

이삼평 묘

떤 결론이 나온다고 해도 '조선 출신'인 그가 아리타를 일본 최고의 도자기 마을로 이끌어 일본이 막대한 부가가치와 경쟁력을 지닌 하이테크 상품을 유럽에 수출하게 만든 그의 업적이 어디로 가는 것은 아니니까.

이삼평 집안은 자손대대로 번으로부터 부지를 받았고, 이시바石場의 쇼야庄屋: 지역 관리자가 되었으며, 자석광산의 채굴권도 부여받았다. 또 그 밑에는 150여 명의 조선 사기장들이 있었다.[20] 그야말로 아리타 도자산업 전체를 총괄하는 수령이 된 것이다.

20 김달수, '일본 속의 조선문화 9-히젠 외 히고(나가사키 현, 사가 현, 구마모토 현)-(日本の中の朝鮮文化 9-肥前ほか肥後(長崎県, 佐賀県, 熊本県)-', 「월간 한국문화4(月刊 韓國文化(4)」, 지유샤(自由社), 1988, 9p.

이 같은 사실로 볼 때 아리타 주민들의 대부분은 400여 년 전 임진왜란과 정유재란 때 끌려간 조선 사기장들의 후예임에 틀림없다. 특히 가네가에金ヶ江, 후카미深海, 도쿠나가德永, 마쓰모토松本, 후루타古田, 이와나가岩永, 히사토미久富 등의 성씨를 사용하고 있는 사람들은 의심할 여지없는 조선의 후예들이다.

이삼평은 조오承應 4년1655년 8월 11일 가미시라카와上白川의 자택에서 향년 77세의 일기로 고단한 삶을 마쳤다. 77세라는 나이는 그가 첫 백자를 만든 1616년에 38세였다는 기록에 따른 것이고, 이로 추정하면 그가 조선에서 태어난 것이 대략 1579년이 된다. 이를 다시 정리하면 1579년에 태어나 스무 살 무렵에 일본으로 끌려가 다쿠에서 10여 년을 지낸 다음 아리타로 이주해서 서른여덟 살에 일본 최초의 백자 생산에 성공하고 다른 조선인 사기장들과 합류하여 아리타를 일본 최고의 도향陶鄕으로 도약시킨 뒤 일흔일곱 살에 세상을 뜬 것이다.

이삼평의 묘비에는 '월창정거사月窓亭居土'라는 계명이 쓰여 있다. 세상을 떠날 무렵 불교에 귀의한 것이다. 아마 목탁 소리와 향 내음에 기대지 않으면 고향에 대한 간절한 그리움을 진정시키지 못했을 것이다. '달빛 창이 있는 정자에 서서 조선의 고향 땅을 그리는 거사'라는 계명에서 애절함까지 느껴진다. 그런데 1959년 그의 묘비를 시라카와 공동묘지에서 발견했을 때는 그것이 이삼평 묘비인지 몰랐다. 그러다가 1967년에서야 사찰에 보존된 기록을 통해 '월창정거사'는 곧 이삼평임이 확인되어 마을 사적으로 지정됐다.

아리타에서 생산한 도자기는 1651년부터 네덜란드 동인도회사를 통해 유럽으로 수출되기 시작했다. 이후 1653년에는 2,200개, 1664년에는 4만 5,000개를 수출하는 등 가파른 상승 곡선을 그리며 방대한 수입을 올렸다. 이러한 세상의 변화를 말년의 이삼평도 지켜볼 수 있었을 것이다.

그러나 참 안타깝게도 이삼평 집안은 가문의 영광을 제대로 전승하지 못한다. 5대 산베에?~1769까지는 자기를 구웠고, 산베에라는 이름도 계속 이어받았다. 그런데 어쩐 일인지 6대?~1806에 이르러 폐업하고 이후에는 농사만 지었다. 이름도 소타유想太夫로 바꿨다. 5대 때에 이르러 이미 자기를 제작하는 사기장이 아니라 단순히 그림을 그리는 화공으로 신분이 떨어졌다는 얘기도 있다. 이후 산베에라는 이름은 7대에 다시 쓰였다가 그다음부터는 쓰이지 않았다.

이후 가세도 기울어 산베에 이름을 부활시킨 13대 삼평 요시토義人 씨의 어릴 적 생활은 빈궁하기 짝이 없었다고 한다. 그는 농업학교를 마치고 당시만 해도 선망의 대상이던 철도기관사가 되어 40년을 일했다.

> "도조 이삼평의 자손임을 가슴에 새기고 있지만 우선 먹고사는 게 급했으니까요."[21]

그는 정년퇴직 후 퇴직금을 털어 가마터를 닦았다. 1975년이었다. 일본 경제의 고도성장과 더불어 요업도 번성했다. 나이 쉰여섯에 새롭게 출발한 그는 완전히 아마추어로 도자기 기술을 새로 배우고 익혀 대전엑스포에 기념 출품도 했다. 가업을 이어가려 차남 쇼헤이曾平, 1961~에게도 단기대학의 도예학과를 다니게 했다. 쇼헤이의 아내도 그림을 배워 자기에 밑그림을 그렸다. 그런데 이렇게 가업 계승의 기틀을 다지고 나니 일본 경기가 곤두박질쳤다. 그게 지금까지다. 이삼평 후손의 처지는 비슷한 경로로 일본에 끌려온 가고시마鹿兒島 심수관沈壽

---

21 앞의 「신동아」 13대 삼평의 인터뷰 내용

아리타 창업 400주년을 기념해 만든 14대 삼평 갤러리의 가네가에 쇼헤이 작품

⑪ 가문과 대조를 이룬다. 이삼평 가문은 좋은 대접과 보호를 받았다. 결혼도 모두 일본인과 하면서 현지에 스며들었다. 반면에 사쓰마薩摩 도자기 심수관 마을인 나에시로가와苗代川는 조선인 자치촌이다. 그런데 지금 형편은 정반대다. 심수관 가문은 가고시마 현 미야마美山에 '대한민국명예영사관'이라는 명패를 단 멋진 도원을 꾸며놓고 많은 한국인 관광객을 맞고 있는 반면, 이삼평 후손들은 생계를 걱정해야 할 처지다.

현재 14대 삼평 쇼헤이 씨는 도조 이삼평 가마toso-lesanpei.com를 운영하고 있다. 5~6평 규모의 영세한 갤러리다. 그는 딸 한 명만 두고 있어 가업이 계속 이어질 수 있을지 우려하고 있다.

아리타의 '도조 이삼평 가마'. '도조 이삼평'을 내세웠지만 가게는 매우 작고 옹색하다.

● 14대 삼평 가네가에 쇼헤이의 작품들

●● 아리타 백자 탄생 400주년 도조제에서 공주시 '이삼평 송덕회' 관계자들과 기념 촬영하고 있는 가네가에 쇼헤이

일본 유일의 청화백자
도리이가 있는 도잔 신사

이삼평을 모시는 도잔 신사陶山神社는 아리타 마을이 내려다보이는 얕은 산 중
턱에 있다. 도잔 신사는 아리타 역보다는 가미아리타 역上有田駅 즉 후쿠오카에
더 가까운 아리타 위쪽에서 가는 게 더 쉽다. 아리타 역에서 가미아리타 역까지
2.5km인데 철길은 마을을 내려다보며 약간 높은 언덕에 이어져 있고, 철길 밑
이 마을이다. 그러니 아리타 역에서 가미아리타 역까지 길의 양쪽으로 각양각
색의 도자기 가게들이 2km 넘게 계속 이어지고 있다고 보면 된다.

도잔 신사는 마을에서 올라가다 보면 우선 계단을 오르고 중간에 특이하게도
철길 건널목을 지나야 한다. 철길을 건너면 조그만 광장이 나오고 다시 가파른
계단이 이어진다. 그 계단을 거의 다 올라서면 비로소 아름다운 청화백자 도리
이가 나타난다. 연한 블루의 당초무늬가 있는 일본 유일의 백자 도리이다.

메이레키明暦 2년1656년 아리타 주민들은 니리무라二里村의 오자토大里에 있는 하
치만구八幡宮의 오진 천황應神天皇 22 신체神體를 받아서 오타루大樽 언덕에다 아리
타야마쇼묘하치만구有田山宗廟八幡宮를 건립할 때 이삼평과 나베시마 나오시게
를 합사하여 모셨다.

그러나 이 신사는 1828년 대화재로 인해 건물과 기록이 소실되고 만다. 그리하
여 조그마한 형태의 사당으로 이시바 신사石場神社의 경내로 옮겨져 안치되고 있
었다. 그러다가 메이지 시대에 접어들어 현재의 장소로 옮기고 이름도 도잔 신
사로 개칭했다. 1880년에는 건물도 새롭게 지었다. 정면의 편액은 당시 유명한

---

22 오진 천황은 일본 제15대 천황이며, 일본 『고사기(古事記)』에 수록된 전설에 따르면 왕위에 오르기 전 그의 어머니 진구 황
후(神功皇后)와 함께 신라를 정벌했다는 고대 인물이다.

서예가 나카바야시 고치쿠中林梧竹가 썼다. 제일祭日은 10월 17일로 정하고, 순번을 정하여 각 지역이 맡아서 행하도록 했다.

그리하여 1887년 아카에마치赤繪町 지역은 이마에몬 가마今右衛門窯의 명공 이데 긴사쿠井手金作가 만든 자기의 고마이누狛犬 한 쌍을 바쳤고, 그다음 해인 1888년에는 히에코바稗古場 지역이 이와오 히사키치岩尾久吉가 만든 백자 도리이, 그 이듬해는 나카노하라中野原 지역이 이데 긴사쿠, 고야마 나오지로小山直次郎, 가와나미 기사쿠川浪喜作 등이 합작하여 만든 커다란 물동이를 바쳤다. 높이 3.65m, 폭 3.9m의 도리이는 1956년 태풍으로 상부가 피해를 입었으나 4년 후에 보수되었다.

일본 최초의 백자 탄생 300주년이 되는 1917년에는 드디어 아리타 시내를 내려다보는 렌게이시 산蓮花石山 정상에 '도조 이삼평비陶祖李參平碑'를 세웠다. 이후 이곳에서는 매년 5월 4일에 도자기의 번영을 기원하는 '도조제陶祖祭'가 열린다. 물론 이를 세울 때 문제가 없었던 것은 아니다. 조선인의 기념비를 일본 신인 하치만八幡 신을 모신 신사 위에 세우는 것에 대하여 반대 의견이 만만치 않았다. 그러나 아리타 주민들은 이를 감행했다. 나베시마 후손들의 찬조를 얻어 이씨 송덕회李氏頌德會를 조직하고, 송덕회 명예 총재로 사가 현 출신이자 8대와 17대 총리를 지낸 거물급 정치인 오쿠마 시게노부大隈重信, 1838~1922를 추대했다. 그러자 순식간에 거액의 기부금이 모여서 그해 12월에 이 기념비가 세워지게 된 것이다. 당시가 일제강점기라는 사실을 생각해보면 이 일이 얼마나 대단한 '사건'이었는지 실감될 것이다.

이때 비문의 「도조이참평지비陶祖李參平之碑」라는 글씨는 나베시마 가문 12대 당주였던 후작 나베시마 나오미쓰鍋島直映, 1872~1943가 썼다. 비석 뒷면의 찬문撰文은 도잔 신사 입구의 청화백자 도리이.
높이 3.65m에 폭은 3.9m다.

● 이마에몬 가마의 명공 이데 긴사쿠가 만든 자기 고마이누
●● 도잔 신사의 입구에는 이렇게 백자 도자기가 봉헌돼 있다.

당시 사가중학교 교장으로 있던 센주 다케지로千住武次郞가 지었고, 이를 글씨로
옮긴 것은 사와이 조스이澤井如水였다.

비문 앞의 내용은 어떻게 이곳에 왔는지 소개하는 부분이니까 생략하고, 내
용의 뒷부분을 소개하면 다음과 같다.

> … 그리하여 겐나연간元和年間, 마쓰라 군松浦郡 아리타향有田鄕 미다레바시
> 亂橋에 와서 도업을 종사하여 드디어 이즈미야마泉山에서 자석瓷石을 발견
> 했다. 그 후 시라카와白川로 이주하여 처음으로 순백의 자기를 제작한 것
> 이다. 실로 이것이 일본에서 자기 제조의 시작이다. 그 후 줄곧 그 제조법
> 을 계승하여 오늘의 성황을 볼 수 있게 된 것이다. 이러한 것을 생각하면
> 이 씨는 우리 아리타의 도조일 뿐만 아니라 일본 요업계의 대은인大恩人이
> 다. 그리하여 도자기업에 종사하여 그 은혜를 입고 있는 자는 누구나 다
> 이씨가 남긴 공적을 존경하는 것이다.

이러한 내용이 담긴 기념비를 세운 다음 아리타 사람들은 이삼평이 도토陶土를
발견한 곳에 이삼평발견지자광지李參平發見之磁鑛地라는 대형 기념비를 세웠고,
또 이시바 신사의 경내에 백자로 만든 이삼평 상을 만들어 모셨다. 그리고 이삼
평의 무덤을 찾지 못해 히에코바稗古場 호온지報恩寺의 묘지에다 그의 가묘를 세
우기도 했다. 앞에서 말한 것처럼 그의 무덤을 확인한 것은 나중의 일이었다. 이
처럼 이삼평은 아리타 사기장들의 수호신으로 받들어 모셔졌던 것이다.

1760년경 이 지역 출신의 유학자 다니구치 시오타谷口鹽田는 다음과 같은 한시
를 지어 이삼평을 칭송했다.

만산에 구름처럼 도자기가 종횡하고

滿山如雲石縱橫

만국에 좋은 도자기가 서로 이름을 다투며 전한다.

滿國爭傳良器名

이백 년 전 이러한 일을 시작한

二百年前開此業

조선의 명사기장 이삼평

朝鮮名手李參平

이삼평이 도자기를 생산했던 덴구타니 유적을 발굴하고 그에 대한 조사 보고서를 쓴 아리타 군수도 보고서 서문에 다음처럼 썼다.

'나는 여기 집대성되어 간행을 보게 된 이 보고서를 제일 먼저 도조 이삼평 월창정심거사月窓淨心居士의 무덤 앞에 바치고자 합니다. 그리하여 우리 아리타 군이 고래의 도자업으로 번영하였으며, 또한 장래에도 생생하게 발전해갈 터전을 열어준 도조 이삼평에게 찬양과 경모의 성의를 다하여 바치고자 합니다.'

이처럼 조선인 이삼평은 누가 뭐래도 일본 도자기의 번영과 관련해 영원히 잊을 수 없는 대은인大恩人의 존재인 것이다.

심해종전과
백파선

이삼평의 백자석白磁石 도광 발견은 경남 김해 출신 백파선白婆仙, 1560~1656이란
조선 사기장들의 대모代母이자 지도자도 아리타로 불러들인다. 임진왜란 직
후인 1593년 36세의 나이에 사가 현 다케오武雄 영주 고토 이에노부後藤家信,
1563~1622에게 끌려간 사기장 중에는 김태도金泰道라는 인물이 있었다. 그의 부
인이 바로 백파선이다.

김태도와 백파선의 자손들이 '후카미深海'라는 성을 사용하는 것은, 김태도와
백파선의 고향이 경남 김해金海였기 때문이다. 김해는 경상도 방언으로 '심해'
혹은 '짐해'로도 불린다. 그렇게 김해를 지칭하는 방언이 성씨로 굳어져 김태
도는 심해종전, 후카미 소덴深海宗傳이라 불리게 되었다. 여기서 소덴宗傳은 한
종파의 조상이라는 뜻으로 심해종전은 심해씨의 조상이라는 말이다. 김태도
의 이름은 신타로新太郎였다. 즉 후카미 신타로深海新太郎가 김태도의 일본 이름
이다.

김태도는 사가 현 내에서 도자기를 구울 수 있는 곳을 찾아 처음 긴류무라金立
村 즉 지금의 사하 시 긴류마치金立町에, 다음으로 다쿠로 이주했다가 다시 기시
마 군杵島郡 다케우치무라武内村 우치다 산内田山에서 906명을 거느린 커다란 가
마를 열었다. 이곳에서 김태도는 백파선과 함께 고려다완찻사발과 향로 등을 만
들어 우치다 가마内田窯 또는 구로무타 가마黑牟田窯의 원조가 되었다. 이에노부
영주에게 상납된 그의 찻사발과 향로는 걸작이었다고 한다. 사가 현 역사인명
사전은 심해종전 역시 '우리나라 가마업계我國窯業界의 대은인大恩人으로 전해야
한다'라고 기록되어 있다.

김태도는 우치다 산에서 가라쓰 계열 도자기를 굽다가 '소메쓰케染付, 청화백자'를 만들었지만, 흙이 나빠서 성공하지 못했다. 소메쓰케는 코발트 안료를 사용해 유약을 바르기 전 밑그림을 그리는 하회下繪 기법으로 그린 것을 가리킨다.

그러던 중 김태도는 1618년 10월 29일 세상을 떠났고, 남편이 죽은 후에도 백파선은 아들 종해宗海, 일본 이름으로는 헤이자에몬平左衛門과 함께 백자 제작에 몰두했다. 그러나 역시 조선과 다케오 지방의 토질이 달라 원하는 작품을 만들 수가 없었기에, 영주의 허가를 얻어 사기장 일족 906명을 데리고 아리타 히에코바稗古場로 옮겨 도자기 제작을 계속했다.

백파선이 데리고 온 906명이 김태도가 거느리던 사기장 일족의 전체는 아닐 것이다. 백파선이 떠난 이후에도 다케오 계열의 구로무타黑牟田나 우치다內田에 서는 계속 도자기가 생산되고 있었기 때문이다. 그러나 일족 906명이란 정말 대단한 숫자다. 이삼평의 경우는 일족 18명을 데리고 다쿠에서 아리타로 이주 했다.

한편 다케오 시 관광협회는 지난 2018년 김태도, 즉 후카미 소덴에 대한 헌창 사업을 벌였다. 다케오의 20여 개 가마에서 그를 기리는 기념배를 만들어 JR 다케오온센武雄溫泉 역에서 이를 500~1000엔에 팔았다. 이 기념배들은 김태도 가 다케오에 상감 기법을 전수한 것에 착안해, 상감을 넣어 만든 잔들이었다. 다케오 시 관광협회는 이의 판매 수익으로 김태도 송덕비를 건립하는 비용을 마련하는 한편, 모금 활동도 벌였다.

이에 따라 마침내 2018년 10월 29일 다케오 다케우치초武內町 다케코바竹古場 '키린노모리 공원キルンの森公園' 입구에 헌창비를 세울 수 있었다. 키린, 즉 klin은 가마를 뜻한다.

지난 2018년 10월 29일 다케오 시 관광협회 회원들이 다케오 다케우치초 다케코바 '키린노모리 공원' 입구에 헌창비를 세우고 기념 촬영을 하고 있다.

이렇듯 다케오 시의 경우, 다케오 도예인들이 아니라 관광협회 관계자들이 주축으로 김태도 송덕사업을 벌이는 것은 매우 이채로운 일이다. 이는 김태도가 다케오에서 처음으로 자기를 만듦으로써 다케오에 가마들이 생겨나게 되었고, 이로써 온천과 시너지를 낳는 도자산업이 발전해 더욱 많은 관광객이 방문하는 데 대한 감사의 표시라 할 것이다.

다케오 시 관광협회는 송덕비 건립에 그치지 않고 송덕비를 세운 10월 29일이 되면 매년 송덕비 앞에서 김태도를 기리는 행사를 진행하고 있다.

백파선은 아리타에서 40년 가까운 세월 동안 이삼평과 함께 백자 도자기를 만

김태도 송덕비 앞에서 그를 기리는 추모행사를 하고 있는 다케오 시 관광협회 관계자들

다케오온센 역에서 전시 판매되고 있는 다케오 지역 사기장들의 작품들

들면서 후계 양성에 여생을 바쳤다. 그러던 1655년 이삼평이 세상을 떠난 이듬해 3월 10일에 백파선 역시 96세라는 긴 인생의 여정을 마감했다. 백파선은 온화한 얼굴에 귀에서 어깨까지 내려오는 귀걸이를 했으며, 큰 소리로 웃었고, 사람들을 편안하게 감싸주는 덕을 지녔다고 한다. 효심이 깊은 손자가 그 자취와 덕을 기려 '백파선'이라 칭했는데, 그게 이름처럼 되어버렸다. 그 이름에서 백발이 성성하고 성스럽고 자애로운 느낌의 모습을 연상할 수 있다.

백파선은 아리타 호온지報恩寺 안의 동쪽 땅에 묻혔다. 백파선을 기리는 법탑 '만료묘태도파지탑萬了妙泰道婆之塔'이 그가 죽은 지 50년이 지난 1705년 3월 10일, 증손인 심해종선深海宗仙에 의해 세워졌다. 심해종전과 백파선 이야기는 140㎝ 정도 높이의 이 탑에 자세히 기록돼 있다. 백파선의 법탑 옆에는 아들 종해의 '심암종해거사지탑深菴宗海居士之塔'과 손자 종선의 '담구기여연선사지탑湛丘寄与然禅士之塔'이 나란히 세워져 있다. 호온지의 주지 스님은 매월 말 아침 독경 시간에 백파선을 기리는 마음을 담아 "아리타의 은인이시여! 수호신이여! 도자기가 번성하도록 지켜주소서"라고 기도한다고 한다.

이삼평과 백파선 외에도 수많은 조선 사기장이 아리타로 이주해 살았으나 이름이 오늘날까지 전해지는 이는 드물다. 그들은 호온지 안에 있는 작은 바위산인 관음산에 올라 고향 쪽 하늘을 바라보며 향수를 달랬고, 그 한을 도자기 제작에 쏟아부었다고 한다.

백파선의 후손은 13대에 이르러 가마의 불을 끈 것으로 보인다. 메이지유신 때 어용 가마가 폐요된 이후 후카미 다쓰지深海辰治, 1911~가 도자기용 안료용품을 판매하는 심해상점深海商店을 창업하는 것으로 조상들의 뜻을 받드는 일을 대신했다.

● 아리타의 백파선 기념관과 백파선 기념상
●● 백파선 상에 『일본 도자기 여행 규슈의 7대 조선 가마』를 봉헌했다.

한편 아쿠타가와상芥川賞을 수상한 일본 작가 무라타 기요코村田喜代子는 백파선을 주인공으로 해 조선 사기장들의 기질과 미학을 담은 장편소설『용비어천가龍飛御天歌』를 썼다. 이 소설은 1999년 일본 문부성으로부터 '예술선장 문부대신상'을 받았다. 이 소설은 다시 요시모토의 각본 연출로 극단 '와라비좌'에서 뮤지컬「햐쿠바百婆」로 제작됐다. 2005년 5월 8일 아리타에서 초연된 후, 일본 전역에서 150회 상연됐다.

이 뮤지컬은 일본에 끌려간 조선 도기장의 후손들이 겪는 세대 간, 민족 간 갈등을 그리고 있다. 남편 김태도가 죽었을 때 백파선이 조선식 장례를 원하면서 일어나는 혼란과 후손들이 일본인과 혼인하기를 원하면서 발생하는 갈등을 풀어냈다. '죽음'과 '결혼'이라는, 사람의 일생 중 가장 중요한 두 가지 일에서 조선과 일본의 이질적 문화와 생각이 충돌한다. 후손들의 생각도 세대 간에 차이를 보인다. 그것을 풀어가는 과정을 담은 뮤지컬이다.

일본어로 까치는 '가사사기カササギ'다. 일본에서 까치는 유독 규슈 지방에서만 서식한다. 사가 현과 후쿠오카 현 평야에서만 살고 있는 것이다. 규슈에 사는 까치의 수는 대략 1만 5,000마리 정도라고 하니 꽤 희귀한 새인 셈이지만, 사가 현 주민들에게는 매우 친숙해서 1965년 5월에 사가 현 '현의 새縣鳥'로 지정되었다. 더군다나 이 지역에서는 까치를 표준말인 '가사사기'라고 부르지 않고 '가치가라스カチガラス'라고 부른다. 즉 '까치 가라스'인 것이다. 이 밖에 '조센가라스朝鮮ガラス' 혹은 '고라이가라스高麗ガラス'라고도 한다.

이 명칭이 의미하는 바는 너무나 명확하다. 이 말은 '가라쓰唐津의 까치'인 것이다. 왜 까치가 규슈에서만 살고, 그 이름도 '가라쓰의 까치'일까?

이에 대해 아주 흥미로운 이야기가 있다. 임진왜란 당시 왜군의 진영에 까치 한

● 경남 김해 출신의 심해종전과 백파선은 900여 명의 일족을 거느린 거대 사기장 집단을 이끌었다.

●● 1670~1690년대에 제조된 것으로 추정되는 아리타 도자기 인형(왼쪽)과 다이묘를 묘사한 1700년대 초기의 이마리 도자기 인형(오른쪽)

마리가 들어와서 시끄럽게 울기 시작했다. 그런데 '가치'라는 말이 일본어로는 '승리' 내지는 '이겨라!'라는 뜻이다勝ち!勝ち!. 그래서 이 새의 소리를 들은 한 왜장이 길조로 생각해서 이 '승리의 새'를 잡아다가 사가 현에 풀어주었다고 하는 이야기다.

여기서 나오는 왜장이 바로 나베시마 나오시게다. 숱한 조선 사기장을 붙잡아간, 제일 악명 높은 그가 바로 까치도 잡아다가 일본에 풀어놓은 장본인인 것이다.

아리타의 하늘에도 까치들이 날아다닌다. 까치 가라스다. 조선 사기장들도 아침마다 까치 가라스의 울음소리를 들을 수 있었을까? 그 울음이 그들에게는 어떻게 들렸을까? 그들도 그 울음을 들으면서 누군가 찾아올 것이라고 기대했을까? 혹, 버선발로 뛰쳐나갈 어머니 목소리로 들리지는 않았을까?

아리타가 가진
역사의 무게

아리타 도자기는 크게 '고이마리古伊万里', '가키에몬柿右衛門', '이로나베시마色鍋島'계의 3가지 유형으로 나뉘진다.

고이마리계는 에도 시대의 아리타 도자기가 아리타 마을에서 멀지 않은 이마리 항구에서 선적되었기 때문에 붙은 이름이다. 유럽에서도 아리타 도자기를 아리타가 아닌, 이마리라고 주로 불렀고, 각종 표기에도 이마리 이름을 사용했으므로 지금도 유럽에서는 아리타가 아닌 이마리가 보통 명사로 돼 있다. 고이마리 작풍은 가키에몬과 이로나베시마계를 제외한 막부 말기 이전의 아리타 제품 전체를 포함한다.

고이마리계는 왕성한 시대감각과 활력이 향하는 대로 다양한 그림을 그리는 것이 특징으로 에도 시대 아리타 사기장의 창의성이 숨쉬고 시대와 함께 아름답게 변모한다. 또한 장식에 금과 은을 대담하게 사용하고 용, 국화, 모란, 소나무, 대나무, 매화 등을 호화롭고 현란하게 나타냈다. 이는 중국의 영향을 받은 데다, 유럽 수출 길이 열리면서 유럽의 바로크나 로코코 문화를 반영해 그들이 좋아하는 도자기를 만들고자 했기 때문이다.

가키에몬계의 특징은 유백색 바탕에 좌우의 균형을 일부러 무너뜨리고, '에쓰케繪付'를 한, 다시 말해 붉은색, 금색 등 다양한 색채의 안료로 완성된 기물 위에 '상회上繪'를 한 것이다. 이렇게 여러 색채의 유약을 상회로 칠한 도자기를 일본에서는 '아카에赤繪'라고 부른다.

이로나베시마계는 번주의 비호 아래 왕실이나 장군의 헌상품, 여러 다이묘의 증정품 또는 성주의 일용품으로 만들어졌으며 시판은 허용되지 않았다. 봉건제도가 무너진 후에야 일반인들에게 판매되었다. 귀족적인 단정함과 우아함이 이로나베시마계의 특징이다.

여러 색채의 유약을 상회로 칠한 도자기 생산은 1640년대에 히젠에서 시작되었다. 백자 아니면 청화백자 일색이던 아리타가 하얀 질에 울긋불긋한 색채들이 뛰어노는 기술을 습득한 것은 나가사키에 온 중국인 덕택이었다.

사카이다 가키에몬酒井田柿右衛門 가문에 남겨진 문헌에 따르면, 한 이마리 상인이 나가사키에서 은화 열 냥으로 중국인으로부터 여러 색채의 유약을 상회로 칠하는 기술을 배웠다는 것이다. 아리타 사기장들이 그 기술을 개량한 후 이마리 상인은 1647년 6월에 가가加賀, 북쪽으로 동해를 바라보고 있는 현재의 이시카와石川 현 가나자와金澤 다이묘에게 여러 색채의 유약을 상회로 칠한 도자기를 팔았다.[23] 이후 이마리는 이 이로에陰繪 도자기를 중국과 네덜란드 상인들에게도 팔게 되었다.

다시 한 번 정리해보자면, 1620년대 중반 아리타에서 조선 사기장으로부터 백자 제조 기술을 전수받은 사카이다 가문이 1640년대에는 다시 이마리 상인에게서 중국의 '에쓰케' 기술을 전해 받아 오늘날 우리가 보고 있는 가키에몬 양식이 시작된 것이다.

이렇게 생겨난 가키에몬의 이로에 도자기가 유럽에 수출되어 독일 드레스덴 선제후 아우구스트 2세를 사로잡고, 이로 말미암아 유럽 최초의 경질자기가 만들어지는 스토리는 『유럽 도자기 여행 동유럽 편』에서 서술했다. 자세한 내용은 이 책을 참조하자.

이 사실은 1647년 이전 아리타의 다색채 유약을 상회로 칠한, 아카에 도자기는 완성되지 않았음을 의미한다. 조선에서는 볼 수 없었던 새로운 양식의 도자기가 17세기 중반 히젠에서 나타난 것이다. 일본은 이렇게 조선과는 다른 자신만의 길을 가기 시작한다.

이리하여 아리타 사기장들은 1660년대부터 1680년대까지 유럽의 왕후장상과 귀족들의 수요에 부응해 만든 가키에몬 도자기로 유럽 시장을 완전히 장악하는 것은 물론, 프랑스와 영국 도자기 회사들에 지대한 영향을 미치게 되는 것이다.

해외 시장의 수요 차이는 히젠의 도자기 생산 시스템에도 영향을 주었다. 유럽을 대상으로 한 고품질 도자기는 오로지 아리타의 중심지에 해당한 '우치야마內山, 안쪽에 있는 가마'에서만 제작되었다. 그리고 1660년대 이후 아리타의 아카에마

---

23 와타나베 요시로, 「히젠(肥前) 도자기의 해외 수출과 나가사키 항」, 『로컬리티 인문학 10』, 부산대학교 한국민족문화연구소, 2013, 241~255p.

아리타 도자기를 선적하던
이마리 나루터 풍경.
다리의 도자기가 전형적인
고이마리계 문양과 형태다.

● 에도 시대의 가키에몬 모란과 국화무늬 아카에 단지(가키에몬 전시관)
●● 에도 시대의 가키에몬 모란무늬 아카에 사물함(가키에몬 전시관)

치赤絵町에서는 여러 색채의 아카에가 집중적으로 제작되었다.

반면에 동남아시아 시장을 대상으로 한 값싸고 대량생산한 도자기는 아리타 주변의 '소토야마外山, 바깥에 있는 가마'와 '오소토야마大外山, 더욱 바깥에 있는 가마'에서 만들었다. 해외 수출의 황금기에는 도자기 생산 지역이 지금의 구마모토 현 히고 아마쿠사肥後天草까지 확대되었다.

이처럼 히젠에서 도자기 생산 지역은 도자기의 품질 차이에 따라 분리되어 있었다. 이는 외국과 내국의 다양한 수요에 대응한 결과이다. 다시 말해 나가사키에 전해지는 외국 상인들의 도자기 품평이 아리타 중심의 히젠 도자기 생산 시스템에 반영되어 큰 영향을 미쳤다고 할 수 있다.

이렇게 아리타 자기가 해외에서 각광을 받으면서 아리타가 당시 일본의 최대 산업 중심지가 된 것은 물론이다. 은과 실크 아니면 별다른 수출 품목이 없었던 당시, 도자기야말로 '황금알을 낳는 거위'였다. 이에 따라 도자기 마을 아리타에 실리는 무게도 엄청나게 커졌고, 그에 따른 부작용도 속출했다.

다음의 두 예는 당시 일본에서 아리타가 가진 정치, 경제, 사회적 의미의 중요성을 잘 보여준다.

도미무라富村 가문은 원래 사쓰마 번 지금의 가고시마 성 아래의 호상豪商으로 2,000여 석石24의 거선 5, 6척을 소유하고 인도와의 무역을 영위하다가 초대 겐베에源兵衛 때 이마리로 옮겨왔다. 16세기 말 사쓰마 번 영내에서는 정토진종淨土真宗 문도에 대한 탄압이 심해졌기 때문에 문도였던 도미무라 가문은 가재를 배에 싣고 또 다른 집이 있던 이마리 항으로 도망쳐온 것이다.

24 우리나라의 섬(10말) 혹은 재목 등의 체적 단위(10입방척, 0.28m³)

도미무라 가문이 이마리로 이전한 지 약 40년 후인 간에이寬永 12년1636년에는 쇄국 체제로 인해 해외무역을 할 수 없게 되지만 막대한 재력을 배경으로 그 후에도 자산가이자 호상으로 번영한다.

이렇게 순풍을 탄 듯한 도미무라 가문이었지만, 4대 간에몬勘右衛門 때 비극이 일어난다. 간에몬은 아마 무역으로 재물을 모은 조상들을 생각하며 금기를 깨고 싶은 마음을 억제할 수 없었을지 모른다. 간에몬은 가문 상점 지배인인 우레시노 지로자에몬嬉野次郎左衛門과 함께 막부의 금제를 어기고 아리타 도자기의 해외 무역을 획책한다.

간에몬은 이마리 항에서 도자기를 싣고 지로자에몬이 기다리는 히라도平戸 항으로 향했다. 이곳에서 히라도 이마즈야今津屋 상점 시치로에몬七郎右衛門의 도움을 받아 인도로 밀항, 인도에서는 도자기를 팔고 인도에서 구입한 물건을 국내에서 판매해 큰돈을 벌었다.

그러나 이런 성취에 취해 있던 것도 잠시다. 지로자에몬이 오사카에서 판매한 외래품이 고발을 당해 히라도 시치로에몬과 이마즈야 관계자까지 모두 체포되었다. 지로자에몬은 나가사키 옥사에서의 가혹한 고문을 견디면서 간에몬이 관여한 사실을 부정했지만 간에몬은 죄책감에 못 이겨 쿄호享保 10년1725년 5월 아리타초 오타루의 자택에서 할복자살한다.

간에몬이 죽은 사실을 알게 되자 지로자에몬은 자신의 죄를 인정하고, 시치로에몬 등과 함께 나가사키에서 십자가에 못 박혀 죽음을 당하니, 종국에는 '사라시쿠비晒し首25'가 되고 말았다.

25 에도 시대에 죄인의 머리를 옥문에 내걸어 여러 사람들에게 보이던 일. 또는 그 머리. 우리나라의 효수(梟首)에 해당한다.

네덜란드 상선의 히라도 도착을 묘사한 삽화.
1609년 처음으로 두 척의 네덜란드 상선이
히라도에 도착했다.
도쿠가와 이에야스는 그해 9월 20일 히라도에
네덜란드 상관의 설립을 결정했다.

De Logie op FIRANDO.

18세기 아리타에서는 명공 후지마 유시치府島裕七가 '사라시쿠비'를 당하는 일
이 또 벌어졌다. 후지마 유시치는 사라야마 최고의 명공으로 1780년대에는 오
카와우치야마大川内山의 번 가마藩窯에서 일했다. 오카와우치야마에는 뛰어난
장인들이 모여 있어 기술 유출을 막기 위해 번은 검문소를 설치, 장인들의 출
입을 엄격히 관리했다.

후지마 유시치는 본직이었던 물레 세공 외에도 원료 조합과 조각, 비틀기 세공,
가마 쌓기까지 도자기 만들기에 정통했다. 또한 독특한 묘미가 있는 작품들은
칭송을 받았다.

그러나 유시치는 자유가 없는 생활에 불만을 느끼고 번 가마의 답답한 제도를
시정하라며 관리들에게 항의했다. 그 태도가 눈에 거슬려 번은 유시치에게 여
러 차례 근신을 명했지만, 탁월한 기술을 가진 유시치를 놓아줄 수는 없어 관
대한 대우를 계속했다.

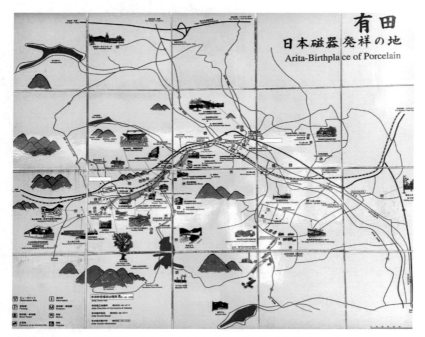

'일본자기발상지'라고 쓰인 아리타 도판 지도. 17세기에서 19세기 중반에 이르기까지 아리타는 양쪽의 입구에 검문소를 세워 출입을 통제했고, 아리타 내에서도 지역별로 구획을 나눠 가장 중요한 장인들은 제일 안쪽에 배치, 삼엄하게 경비했다.

그럼에도 유시치가 오만불손한 태도를 멈추지 않자, 번에서도 더 이상 봐줄 수가 없어 마침내 유시치는 어용장인 자격을 박탈당했다. 일자리를 잃고 곤궁해진 유시치는 간세이^{寬政} 9년^{1797년} 처자를 버리고 도주하고 만다.

이후 교토의 시장에서 세토야키^{瀬戸焼} 중에 아리타의 나베시마 이로에 제품을 모사한 것이 발견되었는데, 그로 인해 도쿠가와 세 가문^{德川御三家} 중 하나인 오와리^{尾張} 영내 세토에 숨어 지내는 것이 발각됐다.

이에 사가 번의 시모메쓰케^{下目附, 하급 감찰직} 고바야시 덴나이^{小林伝内}는 안료 장사꾼으로 감쪽같이 변장해 유시치에게 접근, 그를 붙잡는데 성공하고 사가 성으로 호송해왔다. 이에 유시치는 생명만은 살려달라고 탄원하고 번주 하루시게^{治茂}도 죄를 감형하고 싶은 마음은 있었지만, 번의 법을 어길 수는 없었다. 그리하여 간세이 12년^{1800년} 12월 28일 유시치는 참수당하고 본보기로 오카와우치 길의 고개에 목이 내걸렸다.

지금의 관점에서 보자면 도미무라 간에몬이나 후지마 유시치는 진취적인 성품을 가진 사람들이다. 만약 쇄국정책을 강하게 추진했던 에도 시대가 아니라 막부 말기나 메이지 초기에 태어났다면 크게 활약한 인물일 수도 있었다.

어쨌든 이 두 사람의 죽음은 그만큼 아리타가 얼마나 중요한 장소였고, 그로 인한 재화가 얼마나 컸으며, 또한 그래서 도자기를 얼마나 중시하는 사회였는지 역설적으로 말해준다. 아리타야키의 역사적 무게를 보여주는 것이다.

가키에몬의 탄생

초대 사카이다 가키에몬의 아버지인 사카이다 야지로^{酒井田弥次郎, 1573~1651}는 원

● 1670~1690년대 아리타 난가와라야마(南川原山)에서 제조된 것으로 추정되는 아카에 제품(규슈도자문화관)

●● 아리타 가키에몬 가마의 전시관 전경

가문의 이름을 가져다준 가키에몬 감색(가키에몬 전시관)

12대 가키에몬이 1958년에 제작한 니고시데 풀무늬 사물함(가키에몬 전시관)

래 이름이 엔세이円西다. 현재 후쿠오카 현 남부 야메 시八女市 사카이다酒井田에
해당하는 지쿠고筑後 지방 영주의 아들로 태어났다. 1582년 히젠의 류조지龍造寺
가문과의 전투에서 패배하여 인질로 잡혀가 히젠의 시로이시白石에 정착한다.
초대 가키에몬인 아들 기자에몬喜三右衛門이 태어난 것은 1596년이었다. 사카이
다 집안은 이삼평이 일본 백자를 최초로 만든 1616년부터 10년이 지난 1626년
부터 4년 동안 아리타 난가와라南川原에 와 있던 도요토미 히데요시의 어용사
기장이었던 조선 출신 다카하라 고로시치高原五郎七에게서 도자기 만드는 법을
배운 것으로 돼 있다. 이는 이 집안의 연보에 따른 것인데, 다른 문헌과 약간의

차이가 있다.

히데요시 어용사기장이면서 백자와 청자 제조의 스승으로 유명했던 다카하라 도안高原道庵의 아들 고로시치에게서 우타 곤베에宇田権兵衛라는 일본인이 백자 기술을 전수받았는데, 우타 곤베에가 나중에 사카이다 가문에게 이를 다시 가르쳐주었다는 학설도 있다.

어쨌든 1628년 나베시마 번이 아리타의 이와타니 가와우치岩谷川内에 어용 가마를 만들자, 조선 사기장으로부터 백자 제조 기술을 습득한 사카이다 부자는 1635년 시로이시를 떠나 아리타로 이주한다.

1643년 초대 사카이다 가키에몬酒井田柿右衛門, 1596~1666은 처음으로 아카에를 만들었고, 1646년 나가사키에 팔기 시작해 1647년에는 최초로 수출이 이루어진다. 1658년에는 금과 은으로 장식한 '긴긴노에쓰케金銀の絵付' 제조에도 성공하고, 1659년부터 네덜란드 수출이 본격화되었다. 1661년에는 나베시마 번의 어용가마로서 가키에몬 가마가 난가와라야마南川原山로 이주한다.

사카이다 가문에 가키에몬柿右衛門이란 이름이 붙은 것은 파란색 청화 안료와 대비되는 주황색을 도자기에 입히는 데 처음으로 성공한 데서 유래한다. 그래서 '감나무 시柿'가 이름에 들어간 것이다. 1643년 일본에서 처음으로 도자기에 짙은 오렌지 빛깔의 감색을 입히는 데 성공하자 사가 번주가 "앞으로 너희 가문을 가키에몬으로 부르게 하라"고 지시했다고 한다.

'니고시데濁手'의 유백색 표피에 붉은 꽃들이 화사하게 피어난 가키에몬 양식은 4대1640~1679까지 지속적으로 발전했다. 4대까지를 초기 가키에몬이라 한다. 이 시기 독일 마이슨은 이의 모방품을 만들기에 여념이 없었고, 중국 최고의 도요지 징더전景德鎮에서도 소위 '짝퉁'을 만들어 유럽에 수출할 정도였다. '니고시데'

는 일반적인 백자와 달리 낮은 온도에서 구워 백자의 푸르스름한 빛 대신 미끄러운 감촉의 우유처럼 은은한 유백색을 나타내는 가키에몬 집안의 비법이다.

17세기 후반부터 18세기 전반에 걸친 중기 가키에몬은 5대부터 7대까지의 약 90년이다. 이 가운데 5대는 기량이 크게 떨어져 나베시마 번에서 지속적으로 발주를 금지할 정도였다. 그러나 6대^{1690~1735}에 이르러 의장과 세공이 뛰어난 삼촌 시부에몬^{渋右衛門}에 힘입어 식기 외에도 화분, 향로 등 다양한 도자기 제품을 다시 높은 수준으로 양산하는 데 성공했다. 그리하여 1724년에는 번에 탄원서를 발주하여 번이 임시 발주한 어용자기 일부를 만들 수 있게 되었다. 그렇지만 7대에 이르러 높은 기술이 요구되었던 니고시데 제품은 생산이 중단된다.

18세기 전반부터 19세기에 걸친 후기 가키에몬, 8대부터 10대까지의 기간에는 주로 '소메쓰케^{染付 26}' 도자기를 제작했다. 7대와 8대에는 제품 사각형 중심에 '복^福' 자가 들어간 '가쿠후쿠^{角福}' 표시를 한 것이 많다. 이것은 중국 명나라와 청나라의 영향을 받은 것이다. 근대 이후 11대^{1845~1917}는 '가쿠후쿠' 마크의 상표등록 여부를 다투는 소송 등으로 경제적으로 궁핍했지만, 해외에 적극적으로 출품했다.

12대^{1878~1963} 때의 1922년에는 초등학교 국어 교과서에 「도공 가키에몬^{陶工柿右衛門}」이란 글이 게재되었다. 또 1919년에는 자본을 대는 사업가와 공동으로 가키에몬합자회사를 설립하고 아카에 기술과 '가쿠후쿠' 마크를 공여했다. 그러나 예술품 제작을 지향하는 12대의 성향과 회사 경영 방침이 서로 맞지 않아 이 관계는 1928년에 해소되었다. 이후 각자 가키에몬 작품을 제작하다가 1969

---

26 코발트 안료로 문양을 하회(下繪, 유약 바르기 전의 밑그림) 기법으로 그린 제품

13대 가키에몬이 1980년에 제작한 니고시데 꽈리 문양 대접시

● 14대 가키에몬의 니고시데 앵두꽃나무 가지 무늬 큰접시(가키에몬 전시관)
●● 14대 가키에몬의 니고시데 앵두꽃 무늬 팔각 사발(가키에몬 전시관)

크루즈트레인(Cruise Trian)
'규슈의 일곱 개의 별(ななつ星 in 九州)'
화장실의 가키에몬 세면대

년에 서로 합의해서 더 이상 합자회사 이름의 제품은 생산하지 않게 된다. 1958년 12대는 벨기에 브뤼셀 만국박람회에서 그랑프리를 수상했다.

12대와 13대^{1906~1982}는 1947년부터 니고시데의 부활을 목표로 했고, 1953년에 드디어 재현에 성공한 작품을 발표했다. 니고시데 제작 기술은 1955년 국가 기록을 작성해야 하는 무형문화재로 선택되며, 1971년에는 중요무형문화재로 지정되었다. 아울러 가키에몬도자기술보존회柿右衛門製陶技術保存会가 이 기술의 보유단체로 인정받았다.

14대^{1934~2013}는 2001년 중요무형문화재인 '이로에자기色絵磁器' 기술을 보유한 인간 국보로 지정되는 등 뛰어난 활동을 했으나, 암으로 갑자기 세상을 떠나면서 JR 규슈의 크루즈트레인Cruise Trian인 '규슈의 일곱 개의 별ななつ星 in 九州27' 화

---

27 2013년 10월부터 운행을 시작한 관광침대열차로 열차 이름은 규슈 7개 현(후쿠오카 · 사가 · 나가사키 · 구마모토 · 오이타 · 미야자키 · 가고시마)과 규슈의 주요 7개 관광 소재(자연 · 음식 · 온천 · 역사 문화 · 파워 스팟 · 인정 · 열차) 그리고 7량 편성의 객차를 표현한 것이다. 1인당 가격은 1박2일에 15만~40만 원, 3박4일에 38만~95만 원 선이다. 스마트 캐주얼의 드레스 코드가 지정돼 있어, 청바지와 샌들 차림으로는 승차할 수 없다.

15대 가키에몬의 엉겅퀴꽃 무늬 꽃병(가키에몬 전시관)

장실과 샤워실의 세면기가 그의 유작이 되었다.

현재의 15대[1968~]는 아버지가 세상을 떠난 다음인 2014년 2월에 가키에몬 이름을 승계받았다. 현재 규슈산업대학 대학원 예술연구과 객원 교수, 일본공예회 서부지부 간사로 활동 중이다. 그 역시 전통적 기법을 활용해 빨강, 초록, 노랑, 보라, 군청색의 5가지 색깔을 담아 가키에몬만의 비전秘傳을 계승한 고품격 도자기를 만들고 있다.

세계 최고의 도자기 '이마에몬'

왕실이나 장군의 헌상품, 여러 다이묘의 증정품 또는 성주의 일용품으로 쓰였던 '이로나베시마色鍋島'계를 대표하는 가마는 이마에몬今右衛門 가문이다. 가히 일본 최고의 도자 가문이라고 불러도 결코 지나치지 않다.

이마에몬 가문도 중국으로부터 아카에 기법이 전해진 1640년대부터 아카에 도자기를 만들기 시작한 것으로 추정된다. 17세기 후반 아리타 사라야마의 가마는 150개 내외였는데, 간분寛文 연간[1661~1672년]에 나베시마 번은 이 중 아카에 야赤絵屋, 아카에를 만드는 가마 11개나중 16개로 증가를 모아 아리타 우치야마에 집중 배치하고 보호함으로써 아카에마치가 형성되었다.

그중에서도 가장 기술이 뛰어난 이마이즈미 이마에몬今泉今右衛門은 번의 아카에 어용화가로서 아카에 제조 하명을 받았다. 나베시마 어용 가마는 시장에는 전혀 내놓지 않는 헌상품과 증정품선물, 성에서 사용할 도자기 제작을 위해, 번주의 영을 받은 '도키카타야쿠陶器方役'로 뛰어난 사기장 31명을 선정하고 채색화 부착은 이마에몬 가문이 맡도록 했다.

귀족 취향에 맞는 우아한 아름다움을 뽐내는 이마에몬 도자기들

아리타 400년 역사를 보여주는
이마에몬 가마의 굴뚝

이에 어용 아카에야로 지명받은 이마에몬 가문은 목욕재계한 다음 가마 주위에 나베시마 번의 문장이 들어간 장막을 높이 두르고, 또한 초롱을 밝혀서 번 무사들의 경호 아래서 가마불을 지폈다.

에도 중기 『다쿠가고문서多久家古文書』에 따르면 이마에몬 가문 아카에 기술의 우수성을 비교할 수 없는 정통本朝無類으로 표현하면서 인정했다고 한다. 특히 번은 아카에 비법이 다른 번에 새는 것을 막기 위해 '가독상속법家督相続法'을 만들어 '잇시소덴一子相伝'으로 보호했다. 이렇게 승계자나 장남 한 사람에게만

누구도 따라올 수 없는 신묘하고 우아한 색채와 느낌이 특징인 이마에몬 도자기들

● 이마에몬 가마의 아카에들

●● 가키에몬과는 또 다른 느낌의 이마에몬 아카에

비법을 전수하도록 보호하는 아카에야의 '잇시소덴'은 나중에 다른 가마들과 심각한 분쟁의 원인이 된다. 이는 잠시 뒤에 살펴보기로 하자.

메이지가 되면서 나베시마 어용 가마도 없어지고, 아카에야 제도도 사라졌지만 10대 이마에몬1848~1927은 1873년 지금의 가마를 만들고 '이로나베시마'는 물론 '고이마리' 양식 도자기 제조에 나선다. 시대의 전환기였기에 여러 어려움이 많았지만 이를 극복하면서 뛰어난 아카에 기법을 확립했다.

그림 그리기가 특기인 11대 이마에몬1873~1948은 이로나베시마와 고이마리의 전성기 작품을 복원하는 데 많은 노력을 했고, 이를 통해 과거의 명성을 되찾기 위한 작품의 질 향상을 도모했다. 1933년에는 히로히토 왕의 동생인 지치부노미야 야스히토秩父宮雍仁 가문에 작품을 납품했고, 그다음 해인 1934년 데이메이 왕비貞明皇后가 옛날 전통기술의 보전을 위해 그를 친히 궁궐로 불러들였다. 이후 궁내성宮内省과 왕족 집안의 어용품 납품을 받으면서 오늘날 이마에몬 가마의 기초를 재건했다. 또한 1937년에는 영국 조지 6세의 대관식에 참여해 영국 귀족의 집에서 사용할 도자기 납품을 의뢰받았다.

12대1897~1975는 이로나베시마의 현대화와 부흥에 평생을 바친 장인이다. 특히 히젠 옛 도자의 시대 고증과 심사에 관한 한 날카로운 감식안의 소유자로 명성이 났다. 1952년 이로나베시마의 '우와에쓰케上絵付' 기술이 무형문화재로 선정되었고, 1971년에는 이로나베시마기술보존회의 대표로서 국가 중요무형문화재 종합지정을 받았다.

1959년 왕세자 성혼에 즈음해 그릇 한 세트를 주문받아 납품했고, 1975년에

궁극의 미를 보여주는 이마에몬 꽃병

는 일왕 부부의 미국 방문에 맞춰 포드 대통령에게 선물할 꽃병과 기타 선물을 궁내청으로부터 주문받았다. 1967년에 훈장인 '자수포장紫綬褒章28'을, 1972년에 '욱일소수장旭日小綬章29'을 받았다.

13대1926~2001는 젊은 시절부터 창작적인 이로나베시마 제작에 몰입하여 현대적인 재창조를 이룩해냈다. '소메쓰케 후키즈미染付吹墨'와 '우스즈미 후키즈미薄墨吹墨'라는 새로운 기법을 만들어내 이를 적용한 작품으로 일본전통공예전 NHK 회장상1979년, 일본도예전시회 지치부노미야 상배 최우수작품상1981년, 매일예술상1988년, 일본도자협회 금상1989년을 수상하는 등 높은 평가를 얻었다. 1989년에 이로에 도자기色繪磁器 인간 국보 인증을 받았다. 1983년 이후 일본전통공예전 심사위원을 지냈고, 1993년 사가 현립 아리타 요업대학교 교장으로 취임해 후학 양성에도 힘을 쏟았다.

2002년에 계승한 14대1962~ 역시 2014년에 아리타도자기협회 회장에 취임하는 등 다양한 활동을 전개하고 있는데, 그는 13대에 이어 세계 최고의 도자기라고 해도 절대 과언이 아닌 작품들을 만들어내는 자신만의 창작 기법을 발전시켜 주목받고 있다.

이는 에도 시대부터 흰색의 문양을 만들 때 사용하는 '스미하지키墨はじき 혹은 墨彈き'라는 기법에 착안하여 이를 현대적으로 새롭게 변형한 것이다. '스미하지키'는 먹물을 이용하여 흰색의 문양을 그리는 기법이다. 우리말로 표현하자면, '먹 튕기기 기법'이라고나 할까. 일반적으로 도자기 표면에 하얀 선을 나타날 때 사용한다.

28 학문·예술 등에 공적이 있는 사람에게 일본 정부가 주는 자줏빛 리본의 포장
29 훈4등(勳四等)에 해당하는 매우 높은 휘장

‘스미하지키’ 방식으로
꽃문양을 만드는 모습

제작 공정은 질에 먹으로 문양을 그려넣고, 그 위에 청화 안료를 착색하면 안료의 아교 성분이 먹을 흡수하지 않고 튕겨낸다. 이다음에 유약을 바르고 높은 온도에서 구워내면 먹이 밑으로 빠져버리고 먹으로 그린 문양만 희게 남는다. 푸른색이 필요 없는 부분에 번지거나 착색되는 것을 방지하기 위해 먹으로 경계를 지음으로써 결과적으로 먹 부분이 백자의 흰색을 보여주는 것이다.

이러한 '먹 튕기기'는 히젠 도자기의 경우 1650년대부터 1660년대에 출현하는데, 중국 도자기의 영향에 의한 것인지 여부는 분명하지 않다. 18세기 청나라 도자기에도 이와 비슷한 것이 있지만 그 수가 적고, 다양한 표현으로 완성도가 높은 것은 히젠 도자기에서 나타난다.

이 기법이 쓰인, 옛 가마터에서 출토된 도자기 사금파리로는 이삼평이 열었던 덴구타니 가마에서 출토된 '大明成化年製'라는 글씨가 쓰인 접시 등이 있다. 이 기법이 일반적으로 쓰이기 이전에 흰색 문양을 만들려면 하얗게 칠을 해서 남겨두거나, 청화 위에 손톱 등으로 선을 만들고 청화를 긁어서 없애는 원시적 방법이 사용되었다.

14대 이마에몬이 만들어낸 새로운 스미하지키에는 '아이이로스미하지키藍色墨はじき', '스미이로스미하지키墨色墨はじき', 레이어층위들이 거듭되는 '소소스미하지키層々墨はじき', 미묘한 흰색 분위기를 자아내는 '유키바나스미하지키雪花墨はじき' 등이 있는데, 이런 단어로는 절대로 알 수 없고 표현할 수 없는 결단코 최고의 작품이 만들어지고 있다. 청화에 먹을 섞어 만든 안료를 입으로 불어 도자기 전체에 색을 입히는 '이로에 후키가사色絵吹重·ふきがさ' 기법도 이마에몬만의 새로운 백자 세계를 창출한다.

이 작품들은 실제로 보면서도 '도대체 어떻게 이런 것을 만들 수 있을까'라고

최고봉의 경지를 보여주는 '유키바나스미하지키' 접시들

● 뛰어난 조형미의 이마에몬 '유키바나스미하지키' 팔각형 접시
●● 이마에몬의 장점이 여지없이 잘 드러난 가키에몬 고마이누
🐾 '스미하지키'의 특색과 장점이 잘 살아난 이마에몬 꽃병

눈을 의심할 수밖에 없는 그런 예술의 경지를 보여준다. 귀족적인 단정함과 우아함이 이로나베시마의 특징인데, 이 특징이 가히 초월적 수준에 올랐다고 할 수 있는 것이다.

이마에몬 가마의 작업실 앞에는 도자기 채색에 쓰이는 천연 안료를 파는 곳이 있다. 17세기에 생겨난 이곳의 역사도 300여 년이 넘는 전통을 자랑하는데, 예전의 방식 그대로 안료를 만들어 판다. 아리타의 명문 도자기 가마들은 여전히 이 집의 안료를 사용하기 때문이다. 이렇게 이곳 흙과 안료가 아니면 구현할 수 없는 아름다움이야말로 아리타의 자부심이다.

'고이마리'를 복원하는 '겐에몬'

대략 300여 개가 넘는 아리타 도자기 공방 중 최고의 훈장을 수여받은, 아리타 3대 명문 도자 가문에서 이미 두 곳을 보았다. 가키에몬과 이마에몬에 이어 마지막으로 겐에몬源右衛門을 볼 차례다.

앞서 가키에몬은 말할 필요도 없이 가키에몬류를 대표하고, 이마에몬은 이로나베시마류를 대표했다. 그런데 겐에몬은 마치 짜 맞추기라도 한 듯 고이마리류의 대표 가마다. 겐에몬은 왜 고이마리를 선택했을까?

초기 이마리의 흰 자태와 청화의 청초한 표정은 17세기 중반 네덜란드 동인도회사에 의해 바다를 건너 17세기 말부터 18세기 초까지 당당한 문양과 아름다움으로 유럽인들을 매혹시켰다. 그러나 중국의 도자기 수출 재개와 함께 1757년 동인도회사의 공식적인 수출이 끊어지면서 아리타는 수출에서 내수로 전환해야만 했다.

● 유럽으로 수출된 고이마리 자기는 주로 장식용 대형 항아리나 접시였다(하우스텐보스도자기박물관).
●● 겐에몬 가마는 네덜란드 동인도회사와 불가분의 관계인 고이마리 양식의 부활에 초점을 맞췄다.

● 고이마리는 해외 수출이 끊기면서 일본 식탁 문화의 주역으로 떠올랐다.

● 1670~1690년대에 제조된 고이마리 당초문 이로에 사발(겐에몬고이마리전시관)

● 고이마리를 훌륭하게 재현하고 현대적으로 재해석한 겐에몬의 대형 사발

●● 겐에몬은 페르시아 분위기의 제품에서도 매우 매력적이다.

🐾 다른 도자 명가들처럼 겐에몬 역시 색채를 뽑아내는 솜씨가 탁월하다.

해외시장을 겨냥한 화려한 채색화의 큰항아리나 접시를 대신하여 아름다운 블루의 소메쓰케 접시나 그릇 등의 식기가 생산품의 주류가 되었다. 이후 고이마리는 가이세키懷石 요리 등 일본 고유의 음식 문화 발전에 기여하고 주방의 주역으로서 칠기와는 다른 기능과 문양의 아름다움으로 식탁을 화려하게 장식했다.

한편 수요가 높아질수록 엄격한 규제와 보호에도 도자기 제조기술 유출을 막는 것은 어려워져 갔다. 1828년 '아리타 천 개 가마의 대화재有田千軒の大火'에 의한 파멸적인 타격과 장인의 유출로 인해 에도 시대 후기부터 막부 말기에 걸쳐 마침내 대소비지도쿄나 오사카에 가까운 아이치愛知 현에서 세토야키瀬戸焼, 기후岐阜 현에서 미노야키美濃焼 등 저렴하고 대량으로 도자기를 굽는 곳들이 출현했다. 이리하여 아리타의 시장 독점이 무너지기 시작해 고이마리는 점차 본래의 아름다운 광택과 활력을 잃어갔다.

그러한 수난의 계절이 100년도 더 지난 1970년, 유럽을 탐방하던 6대 다치하야시 겐에몬舘林源右衛門, 1927~1989은 '수출 이마리'의 아름다움을 재발견하게 된다. 고이마리의 기법과 작풍에 관심을 가지던 그는 1971년 에도 시대에 해외로 건너간 일본 도자기를 조사하기 위해 독일 드레스덴국립미술관 소장 고이마리 1차 조사원에 참가하고, 그 성과로 '고이마리 귀향전' 개최에 협력한다.

선대 장인들의 기술과 열정에 깊은 감동을 받은 그는 현대 생활에 맞는 고이마리를 부활시키겠다고 결심했다. 1982년에는 미국 미니애폴리스, 시카고, 샌프란시스코에서 개인전을 개최했다. 이렇게 그는 겐에몬 가마 특유의 방식으로 고이마리에 새로운 생명을 불어넣어 훌륭하게 부흥시켰다. 이러한 공로로 그는 1989년 일본문화진흥회의 국제예술문화상을 받았다.

겐에몬은 일찍부터 식기부터 생활소품 방면으로도 사업을 다양화시켰다. 겐에몬의 식기, 인테리어 소품, 컵, 꽃병 등

1620년대 이마리 도쿠리는 조선의 술병, 바로 그것이다!

21세기를 맞이한 지금 겐에몬 가마는 에도 시대 사기장들의 정신과 높은 수준의 기술, 6대 겐에몬의 유지遺志를 제대로 이어받아 시대와 삶을 직시한 도자기의 기능과 아름다움을 추구한 '진짜 고이마리'를 만들고 있다.

가키에몬이나 이마에몬에 비교하면 역사가 짧아 260여 년에 불과하지만, 겐에몬은 뭐라 형언할 수 없는 매력적인 색감과 디자인의 생활 도자기로 자리를 굳혔다. 그래서 도쿄 등 대도시 백화점이나 도자기 상점에서 가장 먼저 눈에 띄는 것은 겐에몬의 그릇들이다. 겐에몬은 1943년 일본 정부로부터 공예기술품 문화재로 선정되었다.

겐에몬은 아리타의 다른 두 명가와는 많이 다르다. 우선 원조로부터 몇 대 후손이라고 자랑스럽게 내세우지 않는다. 6대 겐에몬으로부터 가업을 물려받은 현재의 가네코 마사시金子昌司, 1957~는 겐에몬이라는 이름을 승계하지 않았다. 이름에 여자들이나 쓰는 '가네코金子'가 들어간 것이 몹시 독특하다.

직함도 그냥 사장이다. 좋게 보자면 아리타에서 가장 진취적인 가마다. 우선 그부터가 아리타의 전통적인 분위기를 좋아하지 않는 듯하다. 그를 인터뷰한 한 기사를 보면 그는 장인이라기보다 디자이너나 사업가에 가깝다.

> '나도 도예가라는 생각은 없다. 겐에몬의 작품은 각각의 전문 분야 도공들
> 이 만들어내는 종합적인 것이기 때문에 내 자신은 디자이너와 기획자의
> 감각으로 일을 하는 부분이 많다.'

그리하여 그는 양식 테이블웨어에 고이마리 기법을 도입하거나, 텍스타일 제품과 의복과 인테리어, 공예품 등에 고이마리의 디자인을 되살린 '근원 컬렉

중국 시장의 요구에 따라 중국풍 그림을 그린 고이마리 접시

션源コレクション’을 발표한다. 그릇 이외의 제품을 개발하는 것은 당시 도예계에서는 매우 이색적이라고도 할 수 있는 ‘독특한’ 행동이었지만, 상품은 순식간에 널리 알려졌다. 지금은 협조 관계에 있는 전국 13개 회사와 근원 그룹을 형성하며 생활과 관련한 다양한 제품을 잇달아 공동 개발하는 ‘토탈 프로듀싱’의 선구적 존재로 자리매김하고 있다.

아울러 세계 4대 유명 도자기 브랜드로 꼽히는 헝가리 헤렌드Herend와의 협업이나 미국 티파니Tiffany와의 공동 개발 등 타업종 기업과의 제휴도 착실한 성과를 거두고 있다. 또한 자기 만화경이나 만년필 등 새로운 분야에도 과감하게 도전하여 시공을 초월한 고이마리 본연의 미학 창출을 목표로 나아간다.

겐에몬 가마는 고이마리를 추구하는 만큼 전시관 옆에 ‘고이마리 자료관’을 따로 만들어놓았다. 이곳에서는 아리타가 시작된 이후 400년에 걸친 역사를 추적할 수 있는 귀중한 자료를 볼 수 있다. 이 자료관은 일반 애호가가 수집한

고이마리 도자기를
전시하고 있는
‘고이마리의 마음’ 전시관과
6대 겐에몬이
이의 의미를 말한 비문

명품의 수준을 떠나 사료적 가치가 높은 제품들을 소장하고 있어, 각 시대마다 사기장들의 마음을 엿볼 수 있게 전시돼 있다. 그래서 전시관의 이름도 '고이마리의 마음古伊万里の心'이다.

초기 이마리 접시로는 조선에서 온 사기장이 만든 물건이 있다. 아리타에서 처음으로 도자기를 만들었던 덴구타니 옛 가마에서 발굴된 항아리는 조선의 우아한 디자인과 무늬가 그려진 초기 아리타의 모습을 간직하고 있다. 이 무늬는 '후키즈미ふきずみ' 기법으로 그린 것으로, 청화를 스프레이처럼 불어 도안을 표현한 것인데, 당시 어떤 도구를 사용하고 있었는지는 여전히 수수께끼다. 초기 이마리 이후에는 이렇게 후키즈미로 만든 제품이 매우 적다.

또한 전형적인 중국풍의 그림을 그린 고이마리도 많다. 이것은 당시 일본 시장이 중국산 도자기를 요구했기 때문이다. 중국 도자기를 모방한 것으로 보이는 옛 가마터에서 발굴된 도자기 사금파리도 전시하고 있다.

일본 최초
왕실 어용자기 '직납(直納)'

호에이宝永 3년1706년, 아리타 가미 고헤이上幸平의 쓰지 가문辻家 4대 기헤이지 아이주喜平次愛常는 조정으로부터 자기를 직납直納하라는 명령이 담긴 일왕의 말을 쓴 '윤지綸旨30'와 '천배天杯31'를 받는다.

이를 쓰지 가문의 '금리어용달직납禁裏御用達直納'이라 한다. 여기서 '금리禁裏'는 함부로 들어가면 안 되는 궁궐御所, 즉 천황의 거처인 황거皇居를 뜻한다. 옛날

---

30 왕의 칙지를 받아 근시(近侍), 즉 측근 시종이 내리는 문서
31 임금이 내리는 술잔

14대 쓰지히타치의 향로 제품. '궁내청용달'이라고 강조해놓았다.

일본에서는 천황을 '긴리사마^{禁裏樣}'라고도 불렀다.

또한 '어용달^{御用達}'은 어용상인, 즉 황거에 납품하는 사람에 대한 높임말이다.

따라서 금리어용달직납은 황거에서 사용하는 사물을 담당하는 궁내청^{宮內厅}에 직접 납품하는 지위가 됐다는 뜻이다.

쓰지 가문이 금리어용달직납이 된 계기를 만든 사람은 센다이^{仙台} 번주 다테 쓰나무네^{伊達綱宗, 1640~1711}였다. 쓰나무네는 에도 도자기 상점 '이마리야'의 고로베에^{五郎兵衛}를 통해 쓰지 가문 3대 기에몬^{喜右衛門}이 만든 소메쓰게^{청화백자}를 손에 쥐자 그 정교함에 감탄하여 즉시 왕실에 바친다.

이를 받은 112대 레이겐 천황^{靈元天皇, 1654~1732}은 매우 기뻐하며 사가 번주 나베

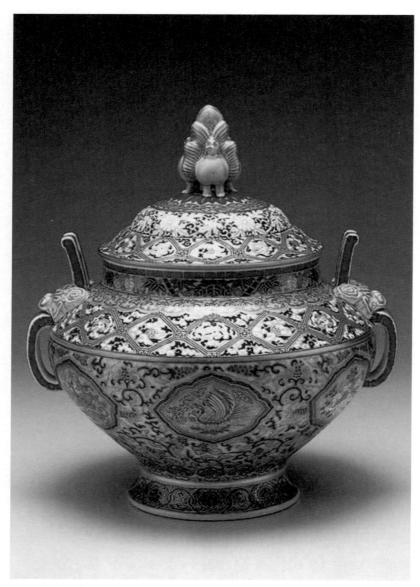

14대 쓰지히타치 긴란데 국화문양향로, 1999년

15대 쓰지히타치 사군자 큰 항아리, 2017년

시마 미쓰시게鍋島光茂, 1632~1700에게 명하여 쓰지 가문의 자기를 금리어용달로 하는 조칙勅詔을 내렸다.

쓰지 가마는 현재 '쓰지히타치 가마辻常陸窯'라고 불린다. 일본 역사상 처음으로 황실 어용 '가마모토窯元32'가 되면서 레이겐 천황이 '히타치常陸'라는 관직을 하사했기 때문이다. 이렇게 쓰지 가마는 정식으로 '금리어용요禁裡御用窯, 긴리고요 가마'가 됐는데, 이는 황거와 마찬가지로 아무나 이 가마에 출입하는 것을 금지한다는 의미도 지닌다. 설사 쇼군 도쿠가와 이에야스德川家康라 할지라도 이곳을 드나들 수 없었다.

이후 일본 왕실에서 사용되는 그릇은 모두 아리타에서 만든 선명하고 아름다운 청화백자가 된다. 물론 쓰지 가마만 '직달'의 어용가마인 것은 아니었고, 이마에몬 등 몇 개 가마가 더 추가되었다. 현재 쓰지 가마의 제품은 이마에몬이나 가키에몬 등 몇몇 걸출한 가마와 비교했을 때 더 우월다고는 할 수 없다. 전통은 있지만 그 이름값만큼 훌륭한 제품을 만들지는 못하고 있다. 성역으로서의 쓰지 가마 지위는 1989년 궁내청에 의해 해금됐고, 그 후에야 민간에도 개방되었다.

어쨌든 350여 년 역사의 쓰지히타치 가마는 15대 쓰지히타치인 쓰지 미키오辻満喜男가 세습한 현재도 왕실에서 사용하는 자기를 굽고 있으니, 왕실 가마로서의 지위를 획득한 기간만 316년이다.

쓰지히타치 가마에서는 왕실에 헌상하는 자기를 만들기 위해 1811년 8대 히타치 때 '극진소極真焼, 교쿠신야키'라는 기법을 도입했다. 이 기술은 제품과 같은 질의

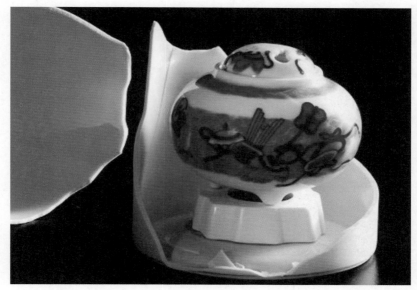

갑발을 이용한 쓰지히타치 가마의 제품

자토로 하나의 갑발(匣鉢, 일본 말로는 '사야')을 만들고 그 안에 제품을 담는다. 그 후 녹기 쉬운 유약을 바르고 굽기 공정에 들어간다. 갑발에 의해 완전히 기체가 차단됨으로써 불이나 재에 의한 초벌구이 질과 유약의 파괴나 손상을 방지한다. 소성이 완료되면 망치로 갑발을 깨고 안에서 제품을 꺼낸다.

진공 상태에서의 소성은 '보카시조메(暈し染め, 빛깔을 점차 여리게 바림하거나 두 빛깔이 만나는 경계선을 바림하는 염색법)'에 의한 우아하고 투명한 청색을 만들어낸다.

극진소 기법은 외부에 절대 비밀로 했던 쓰지 가마 비전의 기술로, 이로 인해 쓰지히타치 가마는 '환상의 명가마', '환상의 극진야키'라는 명성이 높았다. 그

쓰지세이지샤로 이름이 바뀐
쓰지히타치 가마 홈페이지

러나 이 기술은 9대 쓰지히타치 때 바로 실전됐고, 1985년 14대 쓰지히타치에 의해 150여 년 만에 복원에 성공했다.

이로써 헤이세이 2년¹⁹⁹⁰ⁿ 아키히토明仁 일왕 즉위 기념식과 2001년 나루히토 德仁 일왕의 장녀 아이코愛子 공주內親王 탄생 기념식 등 왕실의 중요한 경축 행사 때에는 쓰지히타치 가마에서 구운 자기를 사용하고 있다.

쓰지히타치 가마는 현재 쓰지세이지샤辻精磁社로 이름이 바뀌었다. 메이지 초기 11대 쓰지히타치가 고란샤香蘭社 창설에 참여한 후, 얼마 지나지 않아 세이지샤 精磁社를 설립했고, 세이지샤가 전쟁 이후에 '쓰지' 성을 넣어서 쓰지세이지샤로 변했다.

쓰지세이지샤가 된 쓰지 가마는 3대 이전의 역사에 대해서는 알 길이 없다. 쓰

14대 쓰지히타치 제품들

지 가문과 가마에 대한 모든 기술은 3대 이전에 대해서는 나와 있지 않다. 쓰지 세이지샤의 홈페이지에도 3대부터의 역사만 소개하고 있다.

이에 대해서는 두 가지 해석이 가능하다. 그 하나는 3대 이전의 가문서가 소실되었거나, 가문서를 남기지 않았기 때문일 것이다. 또 하나는 어떤 연유에서든 3대 이전의 역사는 감추고 싶어 할 수 있다는 사실이다. 사실 후자가 가능성이 매우 높다. 3대 때부터 자세한 역사가 등장하는 가문인데, 그 이전이라고 해서 기록을 남기지 않았을 리가 없다.

만약 일부러 3대 이전의 역사를 감추고 있는 것이라면, 그 이유는 하나밖에 없다. 쓰지 가문 역시 이삼평 공과 마찬가지로 조선에서 강제로 끌려온 사기장의 후손이기 때문일 것이다. 생각해보라. 일본 왕실에서 사용하는 그릇을 직접 헌상하는 최초의 가마를 운영하는 영예로운 가문인데, 어떻게 조선이 뿌리임을 밝힐 수 있겠는가.

비록 추론이지만 이런 추정에 힘이 실리는 강력한 증거가 바로 이 가문의 비전 기술이라는 '갑발'의 사용이다. 쓰지 가문은 갑발의 사용을 비전 기술이라고 하는데, 사실 조선에서는 오래전부터 광범위하게 사용되었던 아주 평범한 방식이다.

위에서 약간 설명했지만, 갑발에 대해 다시 자세하게 알아보자. 갑발은 자기를 구울 때 가마 속에 날아다니는 장작의 재로부터 기물을 보호하거나, 가마 천장으로부터 그동안 붙어 있던 각종 혼합물이 가마 속 열기에 녹아떨어지며 기물에 상처를 내거나 부수는 것을 방지하는 용도로 사용한다. 아울러 유약의 변질을 막는 기능도 있다. 열에 강한 내화토로 제작한 일종의 기물 보호 장치다.

갑발의 사용은 동일한 원통형이나 사각형의 균일 사이즈로 제작하기 때문에

조선 시대 광주 분원에서 사용했던 백자 갑발

좁은 가마라 할지라도 첩첩이 쌓아올려 대량생산을 가능하게 하는, 당시로서
는 일종의 산업혁명이라고 할 수 있는 발명품이었다.

우리나라의 경우 지금까지 발굴된 것으로 원통형이 가장 많지만, 고려청자를
구운 가마터에서는 M자형의 갑발이 발견되기도 했다.

이 갑발을 사용하여 번조하는 것을 조선 시대에는 '갑번匣燔'이라 하여, 청화백
자나 상등품의 자기 제작 때 사용했다. 이렇게 갑번으로 제작한 그릇 일체를
'갑기匣器' 혹은 '갑번기匣燔器'라 했다. 『조선왕조실록』에 갑기, 갑발, 갑번 등의
용어가 동시에 등장하는 것도 이 때문이다.

『승정원일기』숙종 3년 11월 21일의 기록에는 사헌부에서 어용 자기인 갑번 자
기를 사적인 용도로 만든 사옹원 제조 화창군花昌君 이연李㳕을 파직하도록 청
한 내용이 있다. 이후 17세기 후반에 이르러 사사로이 갑번이 늘어나자 급기야

정조 연간에 이르러서는 이러한 폐단을 근절하려는 움직임이 나타났다. 정조는 갑번 자기를 사치품으로 지정하여 제작을 중지시키고 국가적으로 검소함을 실천하였다「정조실록」정조 17년 11월 27일.

당시 갑기 사용이 중단되어 일시적으로나마 백자 가격이 하락하고 문양 장식이 단조로운 백자들이 제작되었지만 얼마 안 되어 종친과 관료들의 지속적인 구매 욕구가 이어져 갑번 자기는 다시 제작되었다.

그런데 중요한 사실은 우리나라의 경우, 갑발의 사용이 고려청자 때까지 올라간다는 점이다. 다시 말해, 1616년에야 이삼평 공에 의해 최초의 백자를 만들었던 일본이 그 이전에 갑발의 사용을 알았을 리 만무하고, 일본의 갑발은 결국 임진왜란이나 정유재란 당시 조선에서 끌려간 사기장들에 의해 전수된 것이라 할 수 있다.

쓰지 가문이 어용 가마가 된 것이 4대 때인 1706년이므로, 선대 3대를 감안한 이 가문의 시작은 대략 임진왜란이나 정유재란 당시와 맞아 떨어진다.

결국 조선에서 갑발을 사용해 고급 자기를 만들던 사기장의 후손이 8대에 이르러 가문에서 내려오던 '비전 기술'을 일본 땅에서 재현해보았고, 다음 대에는 전수에 실패했다가 나중에 다시 성공한 것이라 보는 것이 타당하다. 만약 8대 무렵에 조선이나 중국에서 갑발 기술이 전해졌다면, 쓰지 가문만이 아닌 같은 지역의 가마에서도 이를 도입했을 텐데 다른 가마에서는 갑발을 사용하지 않았기에 더더욱 그렇다.

쓰지 가문이 조선의 후예라 생각하는 또 하나의 이유는 이 가문 역사가 아리타에서 시작한 것으로 보이기 때문이다. 일본 가문은 자신들의 뿌리가 일본 땅 어느 지역에서 비롯됐는지 밝히는 것이 통상적이다.

일본 사무라이들은 칼을 들고 결투를 할 때나, 심지어 매복 암습을 할 때도 '나는 어느 땅, 어느 가문의 아무개다'라고 밝히고 공격했을 정도다. 따라서 쓰지 가문의 연원이 일본 어느 곳이라면 당연히 이를 자랑스럽게 소개했을 것이다. 그런데 이를 밝히지 않는 연유 역시 아리타가 이 가문의 출발 장소이기 때문이라 보인다.

게다가 이삼평 공이 아리타에서 자기를 만들던 1620년대의 아리타는 지도에 존재조차도 없었던 산골짜기였다. 아리타라는 지명이 일본 지도에 등장하는 것은 1680년대 이후다. 다시 말해 아리타는 이삼평 공이 백자를 만들기 시작하면서 마을이 형성된 것이라 할 수 있다. 그러니 쓰지 가문이 1600년대 이전부터 아리타에서 거주하던 토착주민이었을 확률은 거의 없다.

더구나 쓰지 가문의 집 담장은 일본 전통의 담과 확연하게 다르다. 바로 조선의 민가에서 볼 수 있던 토담, 흙돌담인 것이다.

쓰지 가문의 담은
일본에서는 사용하지 않았던
조선의 흙돌담이다.

● 15대 백합무늬 접시(위)와 14대 커피잔 세트(아래)
●● 14대 쓰지히타치 접시들

이렇게 보면 일본에서 최초로 백자를 만든 것도 조선인이고, 일본 왕실에 그릇을 헌상한 최초의 어용 사기장으로 지금까지 납품하고 있는 가문도 조선인 후예일 가능성이 매우 높다. 파고들면 들수록 기가 막힌 역사의 아이러니다.

야마시나 가문의
어용 그릇들

2022년 다자이후太宰府 시에 있는 규슈국립박물관이 사상 최초로 일본 왕실에서 사용하던 그릇들을 공개했다. 2022년 9월 27일부터 11월 20일까지 '왕실

규슈국립박물관 '왕실 그릇 특집전' 포스터

그릇 특집전'을 열고 왕실에서 사용하다 야마시나^{山科} 가문에 하사한 그릇들을 소개했다.

일본 왕실에서 과거 사용하다 보존하고 있는 그릇이나 현재 사용하는 그릇에 대한 공개는 일종의 금역^{禁域}이어서 이렇게 귀족에게 하사한 그릇에 대한 공개로 그 일단을 알아볼 수 있는 것이다. 물론 일본의 박물관이 왕실 그릇 전시회를 연 것도 이번이 처음이다.

최초 공개 전시회를 연 장소가 도쿄국립박물관이 아니라 규슈국립박물관인 것도 매우 이채롭다. 이 까닭은 일본 왕실이 오로지 규슈 아리타 자기만을 그릇으로 사용했기 때문인 것으로 보인다. 다른 지역의 자기는 사용하지 않고 오직 아리타의 장인들이 만든 그릇만을 식기로 사용한 사실도 주목할 만하다. 아주 특별한 경우, 교토에서 만든 것도 예외적으로 사용하기는 했다.

왕실에서는 얼마 동안 그릇을 사용하다가 싫증이 나거나 그릇이 조금이라도 상하게 되면 조정의 귀족 가문, 몬제키^{門跡, 왕가나 귀족의 자제가 법통을 잇는 사찰의 주지}, 궁에서 일하는 관리 등에게 하사했다. 규슈국립박물관의 '왕실 그릇 특집전'에서 소개한 것은 야마시나 가문에 내려오는 그릇들이다.

야마시나 가문은 헤이안 시대 말기부터 구교^{公卿}³³였으니, 그 역사가 정말 오래된 귀족 가문이다. 헤이안 시대 쥬나곤^{中納言34}이었던 후지와라 이에나리^{藤原家成}의 여섯 째 아들 후지와라 사네노리^{藤原実教, 1150~1227}를 초대로 한다. '야마시나'라는 가명은 대대로 영지가 있던 교토 야마시나 장원^{山科荘}에서 유래했다.

현재 교토 인근의 야마시나에는 매우 넓은 도자기 마을이 형성돼 있는데, 이

---

33 조정에서 정삼품·종삼품 이상의 벼슬을 한 귀족
34 옛날 벼슬의 하나, 태정관(太政官)의 차관

야마시나 가문에서 소장하고 있는
메이지 일왕의 부인
쇼켄(昭憲) 왕비가 입었던
궁중 예복

는 교토 기요미즈데라^{淸水寺} 밑에 모여 있던 전통 가마들이 공해 문제로 모두 옮겨가서 형성된 곳이다.

야마시나 가문은 남북조 시대에는 대대로 조정의 재정을 운영하는 장관인 '구라노가미^{內蔵頭}'를 배출하여 세도가 막강했으나, 전국 시대가 되면서 다이묘들에게 연공을 빼앗겼고 가세가 기울었다.

에도 시대에는 도쿠가와 이에야스와 친분이 두터웠고, 가문의 녹봉은 300석이었다. 가업은 왕실과 귀족들의 복장을 담당했다. 메이지유신 이후, 메이지 14년^{1884년} 7월 7일의 화족령 시행으로 백작이 되었다.

2018년에 메이지 이후 최초의 생전 승계가 이루어져 현재 도키카즈^{言和}가 29대 당주를 맡고 있다.

금채왕실국화 사케 술잔. 20세기 메이지 왕의 생일 축하연에 사용

금채왕실국화·학무늬 사케 술잔. 19세기 다이쇼(大正)~ 쇼와(昭和) 일왕의 왕실 행사에서 사용

청화왕실국화·대나무마디무늬 접시. 에도 시대 18세기 후반~19세기 전반. 18점이 한 벌. 20점 가까운 그릇이 한 벌로 내려오는 궁중사용 식기는 매우 드물다. 1788년 '텐메이(天明) 대화재' 이후 만든 식기로 추정된다.

청화왕실국화연결무늬 접시와 주발. 에도 시대. 중형접시 3개, 소형접시 5개, 중형주발 6개, 소형주발 3개가 한 벌을 이룬다.

청화왕실국화·원연결무늬 접시와 주발. 접시 2점, 주발 13점이 한 벌을 이룬다. 모던한 디자인이지만 18세기 중엽 제조로 추정된다.

청화거북등·학무늬 뚜껑 달린 주발. 메이지 시대 19세기. 뚜껑 달린 주발이 17점 있고, 나머지 3점은 뚜껑만 남아 있으므로 원래는 20점이 한 벌이었을 것으로 추정된다.

청화국화무늬를 흩뿌린 접시. 고카쿠 일왕(光格天皇, 재위 1780~1817)이 사용한 국화무늬를 배치. 에도시대 19세기 전반

청화센토국화·오려낸 거북등·종이학무늬 접시. 고사쿠라마치 상왕(後桜町上皇, 재위 1762~1770)이 사용한 센토국화무늬에 유소쿠 문양인 종이학과 오려낸 거북등무늬를 배치. 에도 시대 18세기 후반~19세기 전반

청화왕실국화·학·오려낸 거북등무늬 밥사발. 막부 말기~메이지 시대 19세기

청화왕실국화·봉황·거북등·마름모꼴 꽃무늬 주발. 막부 말기~메이지 시대 19세기

청화왕실국화·삼중사선무늬 주발. 막부 말기~메이지 시대 19세기. 삼중사선무늬는 사선을 교차한 뒤 그 안에 마름모꼴을 배치하고, 다시 그 안에 마름모꼴 꽃무늬 등을 넣은 문양이다. 마름모꼴 꽃무늬는 네 잎 꽃을 마름모꼴로 디자인한 문양이다.

청화왕실국화·모란·문드러진 나무무늬 접시. 에도 시대 19세기

청화왕실국화·봉황·분동연결무늬 소형 주발. 막부 말기~메이지 시대 19세기

청화왕실국화·매화 핀 가지·접시꽃무늬 입 행굼용 주발. 에도 시대 19세기

청화왕실국화·봉황·곡선 안 구름무늬 주발과 접시. 메이지 시대 19세기(큰 접시). 청화왕실국화·원형등꽃·곡선 안 구름무늬 접시. 막부 말기~메이지 시대 19세기. 대기가 피어오르는 모습을 나타낸 '곡선무늬' 사이에 구름 모양을 배치한 문양을 '구모타테와쿠(雲立通)'라고 했다. 격식 있는 문양으로 헤이안 시대에는 왕을 비롯해 지위가 높은 사람들이 사용했다. 각각 원형 동물과 봉황을 조합했다. 생겼다 하면 사라지고 눈 깜짝할 사이에 모양도 변하는 구름은 숭고한 이미지가 있어 '곡선 안 구름무늬'를 매우 선호한 것으로 여겨진다.

청화왕실국화·봉황·접시꽃무늬 접시. 막부 말기~메이지 시대 19세기

청화왕실국화·접시꽃·국화·패랭이꽃무늬 접시. 메이지 시대 19세기. 헤이안 시대 수필집 『마쿠라노소시(枕草子)』에 '풀꽃하면 패랭이꽃, 중국 패랭이꽃은 말할 것도 없고, 일본 패랭이꽃도 매우 훌륭하다'고 적혀 있을 만큼 헤이안 귀족에게 사랑받았다.

청화왕실국화·둥지에 격자무늬 주발과 접시. 에도 시대 18세기 후반~19세기. 꽃잎 모양의 원형 안에 당화 등의 무늬를 넣은 디자인을 '둥지무늬'라고 한다. 사각형을 번갈아 배열하여 바둑판 같은 격자로 된 바탕무늬에 둥지무늬를 배치한 것이 '둥지에 격자무늬'이다.

청화왕실무늬·둥지무늬를 흩뿌린 접시와 작은 주발. 에도 시대 19세기. 여러 설이 있으나 둥지무늬는 실크로드에서 유래한 '단화문(団花文)'이 변용된 것으로 여겨진다. 아주 오래 전부터 능직물의 문양으로 사용되었다.

왼쪽은 청화왕실국화·오동잎무늬 뚜껑 달린 주발. 가운데는 왕실국화무늬 뚜껑과 주발. 오른쪽은 청화왕실국화무늬 술주전자. 모두 에도 시대 19세기. 이 제품들은 매우 이례적으로 아리타가 아니라 교토의 아와타 가마에서 만든 것이다. 질의 색채가 노란 빛을 띠고 있어 아리타 순백의 몸체와 금방 대비된다. 아와타 가마는 청색과 갈색의 두 가지 색으로 왕실국화무늬를 나타냈다.

재떨이와 불씨 그릇, 곰방대. 야마시나 가문에 전해져 온 담배 도구다. 누가 소지했던 물건인지 알 수 없으나 담뱃대부터 재를 정리하는 쓰레받기까지 도구 전체를 갖춘 귀중한 전래품이다. 재떨이와 불씨 그릇에는 '乾山製'라고 쓰여 있어 역시 도쿄의 교야키 제품이다.

나무 받침이 딸린 청화왕실국화·봉황·국화·패랭이꽃무늬 손난로. 메이지 시대 19세기 교야키

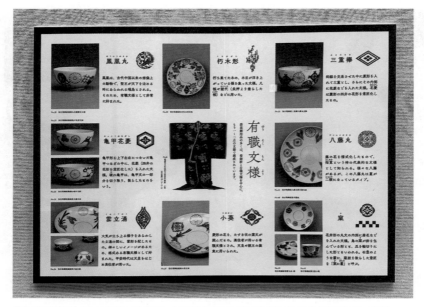

왕실 그릇에 사용된 유소쿠 문양들. '유소쿠'는 조정이나 무가(武家)의 예식 혹은 이에 밝은 사람을 뜻하는 말이다.

아카에야에 대한
특혜가 불러온 두 사건

앞에서 잠깐 말한 것처럼 이마에몬이나 가키에몬과 같은 어용 아카에 가마는 다른 가마들과 비교해서 번의 특수한 보호를 받았으므로 이에 대한 불만이 적지 않았다. 그래서 다음과 같은 사건들이 벌어지게 된다.

네덜란드 상인들은 순백의 질과 가볍고 마치 달걀 껍데기처럼 얇은 도자기 '란가쿠데卵殻手'를 좋아했다. '란가쿠데'를 만들려면 아리타보다 미카와치야키 질이 더 적합했다. 그래서 히사토미 요지베에久富与次兵衛는 외국인을 위한 커피세

달걀 껍데기처럼 얇은
'란가쿠데' 도쿠리와 잔

트 등 일반 제품을 미카와치에 질을 주문하고, 거기에 아카에 그림을 그리는 것은 아리타에 주문했다. 물론 이것은 사가 번의 금제를 어기는 행위였지만, 나가사키 부교는 번의 이익을 위해 못 본 척하고 있었다. 다시로 몬자에몬田代紋左衛門도 미카와치 질을 구입하고 몇 개의 아카에 가게들에 외국인들이 좋아하는 아카에 그림을 그리도록 주문했다.

이에 다시로 몬자에몬의 독점을 반대하고 있던 가마들은 1866년 아카에 그림을 그린 아직 굽지 않은 질을 구해 증거 효력이 없어지지 않도록 그 위에 종이를 붙여 사라야마 다이칸代官에 고발했다. 이때의 다이칸 대표는 이즈미 산의 후카미 마사노스케深海政之助, 오타루大樽의 데즈카 구라스케手塚倉助와 히라바야시 이헤에平林伊兵衛 3명이었다. 그런데 다이칸들은 "종이를 붙인 것은 다이칸이 증거를 인멸하는 것이 아닌가 의심하는 처사다"라고 하면서 성을 내며 고발한 세 사람을 거꾸로 체포했다.

그러자 이에 항의하는 가마들이 지금의 도잔 신사 사무소 자리에 있는 간조지勸請寺에 모여 다이칸에 저항하기 시작했다. 그들은 번의 공정한 판결을 받으려고 전원 사가 번청에 몰려가려고 했기 때문에, 이에 당황한 다이칸들은 대표 세 사람을 석방해 소동을 가라앉혔다.

한편, 다시로의 아들 스케사쿠助作도 체포되어 다시로의 의뢰로 미카와치 질에 그림을 그려넣은 네 사람 즉 아카에마치의 기타지마 겐고北島源吾, 오타루大樽의 고지마 리베에小島理兵衛와 가라시마 고스케辛島弘助, 히에코바의 후루타 모리요시古田森吉 등은 대나무 감옥에 갇혔다.

다시로가 추궁당하지 않았던 것은 에도 시대에 공이 있는 평민에게 특별히 허용해서 성씨를 쓰고 칼을 차고 다닐 수 있게 허가하는 제도인 '묘우지타이토고

아리타 개혁을 이끈 장본인인 8대 후카가와 에이자에몬(深川栄左衛門)의 금채이로에 국화무늬 란가쿠데(金彩色絵菊花紋卵殻手) 접시와 잔

멘苗字帯刀御免'으로 용서받을 수 있는 신분이었고, 무역은 아들인 스케사쿠 이름으로 하고 있었기 때문이었다. 게다가 다시로는 미카와치 질의 재고품을 근처의 야겐 강에 몰래 버리는 성의를 보여주었기 때문에 스케사쿠도 겨우 풀려났다. 매우 호기로운 다시로였지만, 이 사건의 충격으로 사업을 포기할까 생각한다. 이것이 첫 번째 사건이다.

1862년 나가사키 부교 다카하시 미마사카노카미高橋美作守에게서 아리타 사라야마의 다이칸 이시바시 산우에몬石橋三右衛門의 공문이 도착했다. '분세의 대화재' 이후 아리타야키에 조악한 제품이 있어 네덜란드 상인에게서 이런저런 비판이 일고 있으니 충분히 주의해 달라는 내용이었다.

다이칸은 아카에야赤絵屋와 가마들을 시급히 모았다. 그리고 외부에서 불만이

제기되는 것은 나베시마 번의 불명예이며, 특히 그림을 넣는 마지막 마무리에

대한 기술적인 비판은 아카에야의 책임이라고 경고했다. 그런데 이 사건이 계

1660~70년대 아리타에서 제조된 부용 무늬 아카에(겐에몬 고이마리 전시관)

기가 되어 엉뚱한 방향으로 문제가 발전했다. 아카에야 제도의 본질적인 부분에 대해 가마들 사이에서 개혁론이 나왔고, 사라야마는 벌집을 쑤신 것처럼 소동이 일어났다.

나가사키 부교를 비판하고 나선 이즈미야마의 후카미 헤이자에몬深海平左衛門, 쓰루타 지베에鶴田次兵衛, 혼지헤이本寺平의 후카가와 에이자에몬深川栄左衛門은 "번의 두터운 보호를 받는 '잇시소덴一子相伝'의 아카에야는 신분과 생활이 보장되어 있기 때문에 기술 연구를 게을리하고 있다. 이대로 가면 아리타의 명성은 더럽혀지고, 아카에의 전통은 없어질 것이다. 따라서 아카에야 제도를 재검토해야 한다"라고 사라야마 다이칸의 분업 폐지 및 가마와의 합병을 주장했다.

놀란 것은 아카에야들로, 이마이즈미 이마에몬今泉今右衛門·9대 등 16명은 사활이 걸린 문제라면서 근처의 케이운지桂雲寺에 모여 토미무라 모리사부로富村森三郎를 대표로 선정해 개혁파와 협상에 나섰다. 그들은 "나가사키 부교의 경고는 아카에야만의 책임이 아니다. 트집을 잡아서 아카에야의 비법을 공개하라고 하는 것은 월권행위"라고 반박했다.

개혁파도 지지 않았다. "기술이 우수한 세공인細工人이나 그림과 글씨를 넣는 사람 모두 번이 등용하고 있지만, 이는 한 대一代에 그치고 있다. 아카에야는 무사와 마찬가지로 세습하면서 응석 부리고 있다. 우리가 아카에를 넣는다면 더 훌륭한 아카에 도자기를 만들 자신이 있다. 외국에서 버림을 받는다면 아리타 야키는 어떻게 될까"라고 되받았다.

형세가 불리해진 아카에야들은 토미무라 모리사부로의 매형인 기타지마 타치바나지로北島橘次郎를 다이칸에게 보내 다쿠多久의 읍주邑主인 나베시마 시게쓰구鍋島茂族에게 "우리 번의 대리권名代札은 이백 년 가까이 나베시마 채색 도자기

중국풍의
고이마리 아카에 꽃병
(규슈도자문화관)

의 아카에 넣는 비법을 지켜왔는데, 일부 이상분자들이 번의 정책을 비판하고 아카에야 제도를 고치려 계획하고 있다"는 직소를 하게 했다. 이 직소에 의해 사라야마 다이칸은 시게쓰구에게 불려가 보고를 요구받았다. 다이칸은 자신의 정치력이 문제가 될 수 있으므로 다쿠에서 돌아오자마자 즉시 '윗선에 대한 정치 비판은 절대 안 된다'고 개혁파를 엄격하게 꾸짖어 겨우 잠잠해졌다. 이렇게 번의 압력에 의해 아카에야 제도는 겨우 존속하게 되었다.

하지만 이것도 잠시였다. 7년 뒤에 메이지유신이 일어나자, 이 날을 기다렸다는 것처럼 가마들은 1871년^{메이지 4년}에 후카가와^{深川} 등을 대표로 '천하는 이미 바뀌었다. 아카에 넣는 비법을 공개하라'고 아카에야를 압박했다. 그러자 이마에몬^{今右衛門} 등은 "비법을 공개하는 것은 간단한 문제가 아니고, 세공인과 가마에 불을 때는 사람 등 분업이 있어야만 훌륭한 도자기가 만들어질 수 있다"라고 제안하고 다시 케이운지에 모여 농성하면서 가마와의 협상에 일체 응하지 않았다.

이에 격노한 가마의 백여 명은 "독점 아카에야 제도를 폐지하라. 도자기는 아카에야만 만드는 것이 아니다"라고 외치며, 죽창과 낫 등을 들고 케이운지를 둘러쌌다. 다이칸은 이미 군리에^{郡令}로 이름이 변경되었기 때문에 막부 말기와 같은 권력을 행사할 수 없었다. 그러나 이를 간과할 수 없어 햐쿠타케^{百武} 군리에^{郡令}가 중재에 나섰다. 이 중재에 의해 가마도 아카에를 넣을 수 있고, 아카에야도 가마구이를 할 수 있는 것으로 겨우 양측을 설득했다.

이렇게 아리타 요업의 변화를 이끌어낸 개혁파의 후카가와 에이자에몬은 몇 년 뒤 일본 최초의 합자회사로 출범한 고란샤^{香蘭社} 사장이 된다.

고란샤, 애자(碍子) 제조로
일본 전신산업과 근대화에 기여하다

초대 후카가와 에이자에몬深川栄左衛門은 겐로쿠元禄 2년[1689년] 아리타에서 처음 도자기를 굽기 시작했다. 고란샤를 창립한 후카가와 에이자에몬은 8대[1832~1889]다.

앞에서 잠깐 언급했던 것처럼 8대 후카가와 에이자에몬[이하 후카가와]이 막부 말기부터 메이지 시대에 아리타 사라야마를 견인했던 한 사람임은 의심할 여지가 없다. 「히젠도자사고肥前陶磁史考」에 '후카가와 시대'라는 말이 등장할 정도다.

당시 사가 번의 방침으로 네덜란드 상관이나 중국 상인에게 가는 무역품 아리타 자기를 관리하는 감찰은 1명뿐으로, 다시로田代 가문이 이를 독점하고 있었다. 다시 말해 다시로 가문이 무역품을 결정하는 모든 권한을 가지고 있어 그 폐해가 적지 않았다.

8대 후카가와 에이자에몬

이에 후카가와는 게이오 4년[1868년]년 봄, 참수당할 각오로 번청에 들어가 무역의 권리 확대를 탄원한다. 그 결과 감찰권이 10명으로 확대되어, 아리타 자기의 수출에 문이 활짝 열리게 됐다. 그 스스로도 무역상으로 나가사키 데지마에 출점해 외국과의 직접 협상을 시작했다.

부국강병에 총력을 기울였던 메이지 정부는 전신 사업에도 힘을 쏟았다. 메이지 4년[1871년] 나가사키-상하이, 나가사키-블라디보

8대 후카가와 에이자에몬이 만든 일본 최초의 애자

스토크의 해저 케이블 부설이 완료되어, 일본과 유럽이 통신으로 연결되었다.

사가 번사 출신으로 당시 공부성工部省 전신 사업의 우두머리였던 이시마루 야스요石丸安世는 나가사키-도쿄를 잇는 전신선 가설 공사를 추진하는데, 공사에 필요한 애자는 영국에서 수입해 가격은 비쌌지만 품질은 나빴다.

사정이 이러하자 아리타 도자 기술의 수준을 높게 평가하고 있던 이시마루는 후카가와에게 애자 제조를 부탁했고, 연구를 거듭해 애자 제조에 성공한다. 그리하여 곤경에 봉착했던 나가시키-도쿄 전신 공사는 메이지 6년1873년에 완성될 수 있었다.

애자 제조에 성공한 공로로 후카가와는 메이지 10년1877년 정부로부터 포상을 받았고, 1879년부터는 고란샤의 저압애자가 러시아와 중국에 수출되기에 이른다.

게이오 3년[1867년]의 파리만국박람회와 메이지 6년[1873년]의 비엔나만국박람회 때 아리타 자기는 정부와 번의 전폭적인 지원으로 호평을 받을 수 있었다. 그러나 메이지 9년[1876년]의 필라델피아 엑스포는 자비 출품으로 방침이 바뀌면서, 자금력이 없는 아리타 가마들은 출품을 주저할 수밖에 없었다.

이때 메이지 4년[1871년]과 다음해에 걸친 미국·유럽으로의 대규모 사절단 대표였던 전권대사 우대신右大臣 이와쿠라 토모미岩倉具視와 함께 순방을 다녀온 구 사가번사 쿠메 구니타케久米邦武가 후카가와에게 '유럽과 미국에는 여러 명이 함께 자금을 출자해 개인으로는 이룰 수 없는 큰 사업을 실시하기 위한 회사가 있다'며 합자회사 설립을 촉구했다.

이에 따라 후카가와는 유력한 가마들과 상인으로 구성한 일본 최초의 회사인

11대 쓰지히타치, 카츠조

고란샤를 설립, 후카가와는 사장으로 추대된다. 이에 참여한 사람들은 후카가와를 비롯해 테즈카 카메노스케手塚亀之助, 후카미 스미노스케深海墨之助, 후카미 타케하루深海竹治 그리고 11대 쓰지히타치인 쓰지 카츠조辻勝蔵, 1847~1929였다. 카츠조의 동참은 카츠조의 누나 세이セイ가 후카가와에게 시집을 간 것도 큰 요인이었다. 후카가와 가문과 쓰지 가문이 사돈이 된 것이다. 고란샤가 창업 때부터 궁내청 어용달이

되어 메이지·다이쇼·쇼와로 이어지는 격동의 시대를 지나며 크게 약진할 수 있었던 이유 중 하나는 쓰지 가문의 정교한 염색 기술을 계승할 수 있었던 사실도 작용했다.

고란샤라는 회사명은 '군자의 교분은 난초의 향기와 같다'는 중국 『역경易経』에서 따온 것이다. 이렇게 회사 설립으로 참여한 필라델피아 엑스포에서 아리타 자기는 높은 평가를 얻어, 미국으로 수출하는 계기를 마련했다.

그중에서도 쓰지 가문에서 출품한 높이 약 75cm의 '이로에 국화·흐르는 물무늬 투각 받침 큰 꽃병色絵菊花流水紋透台付大花瓶'이 500달러에 팔렸다. 1876년이므로 당시 500달러는 엄청난 금액이었다.

쓰지 가마의 1876년
필라델피아 엑스포 출품작,
이로에 큰 꽃병

아리타 도자기 축제 때 고란샤 건물. 메이지 시기에 세워진 건물이 그대로 유지되고 있다.

필라델피아 엑스포에 쓰지 가마는 34점을 출품, '어려움을 피해 일본 고유의 장식을 절묘하고도 우아하게 잘 표현했다陶造絶妙ナリ`難製ノ痕跡ヲ見セズ形状良好`日本固有ノ装飾ヲ著ス`温雅ニシテ成效アリ'고 하여 기술상을 수여받았다.

후카가와의 고란샤는 메이지 11년^{1878년} 파리엑스포에서 1등 금패에 올랐다. 그러나 경영 방침을 둘러싼 대립으로 분열되어 합자 회사로서의 고란샤는 오래가지 못했다. 카츠조는 기존의 멤버 외에 유럽의 제도·기술에 정통한 가와하라 타다지로川原忠次郎와 이즈미야마 도토 채취장의 책임자였던 모모타 츠네에몬百田恒右衛門을 더 끌어들여 새롭게 세이지샤를 설립했다. 이로 인해 고란샤는 후카가와 가문이 단독 회사가 되어 오늘에 이르고 있다.

한편 쓰지 가문 등의 세이지샤는 최고 기술자가 빚어낸 우수한 기교로 우아한 장식품 및 양식기를 제작, 명성을 얻었다. 그러나 수출이 정체되고 재고품이 증가한데다 가와하라와 후카미 스미노스케의 잇따른 사망 등으로 메이지 20년 대 중반 더 이상 회사가 존속하기 어렵게 됐다. 그리하여 카츠조는 메이지 22년1889년에 퇴사한 후 간코우샤完巧社를 만들었고, 메이지 36년1903년에는 쓰지 합자회사를 설립했다.

카츠조는 메이지 42년1909년부터 다이쇼 2년1913년까지 아리타초장有田町長을 맡아 행정가로 일하기도 했다.

이와 별도로 메이지 시기의 고란샤는 엑스포나 국내 권업박람회 등에서 많이 입상해, 아리타 자기의 우수성을 세계에서 인정받게 하는 데 큰 공헌을 했다. 뿐만 아니라 후카가와는 사재를 쏟아 넣어서 시라카와 소학교白川小学校와 일본 최초의 도자기 공예학교인 '면수학사勉脩学舍'를 세우고. 현지 은행 설립에도 크게 기여했다. 게다가 그는 이삼

평 공의 송덕비를 세우는 데 지대한 공헌을 한 '이씨송덕회' 의 대표를 맡았다. 우리로서도 결코 소홀히 할 수 없는 후카가 와 가문과 고란샤다.

도잔 신사陶山神社 경내에는 그 공적을 기리는 '후카가와 비碑' 가 있다. 비의 글씨는 이삼평 공 송덕비와 마찬가지로 총리를 지낸 사가 현 출신의 오쿠마 시 게노부大隈重信가 썼다.

고란샤 건물 2층에는 오래된 제품들이 진열돼 있다.

● 앞의 것은 고란샤에 전시된 '베네치안 레터' 라인의 찻잔과 와인잔

●● 오래된 제품들을 진열해 놓은 고란샤 2층 전시실

● 1900~1920년대 이로에 벚꽃·잉어무늬 홍차잔(고란샤)

●● 1887년 이로에 산수무늬 손잡이 달린 찻주전자(고란샤)

1880~1890년대 이로에 반려견·국화무늬 세발 향로(고란샤)

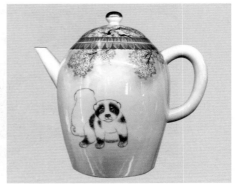

1880~1890년대 이로에 반려견·벚꽃무늬 포트(고란샤)

1880~1890년대 이로에 메기·벚꽃 큰접시(고란샤)

1910~1920년대 이로에 헤엄치는 검은잉어무늬 큰접시(고란샤)

1870년대 이로에 가을풀무늬 꽃병(고란샤)

1910~1930년대 이로에 눈 맞은 소나무 풍경무늬 꽃병(고란샤)

1900~1920년대 유약 아래에 그린 모란·잉어무늬 큰주발(고란샤)

1868~1875년 이로에 무사·꽃그림 항아리. 8대 후카가와 에이자에 몬 작품(고란샤)

아리타 축제 때 고란샤 판매소(위), 고란샤 본관 전시실(아래)

1869년 대정봉환·폐번치현,
그때 아리타에는 바그너가 있었다

지금으로부터 150여 년 전 아리타를 방문한 독일인 화학자 고트프리드 바그너^{Gottfried Wagener, 1831~1892}는 오늘날 일본 도자산업의 근대화에 공헌한 가장 중요한 인물 중 한 명이다. 도쿄공업대학^{당시의 도쿄직공학교}, 교토부립도서관, 아리타 역 세 곳에 그의 공적을 기리는 기념비와 상이 있는 것은 바그너가 가는 곳마다 사랑받고 존경받았음을 말해준다.

바그너가 나가사키에서 아리타 자기를 접하고, 그 생산지에 가려고 생각하지 않았다면, 오늘날의 아리타의 산업 발전은 그만큼 늦어졌을 것이다.

바그너는 1831년 독일 하노버에서 태어나 괴팅겐 대학에서 21세라는 젊은 나이에 박사 학위를 취득했다. 그 후 프랑스에서 어학 개인 지도나 스위스 공업학교에서 교직에 종사하다가 36세 때 존 월시라는 미국인 사업가의 권유로 비누공장을 만들기 위해 나가사키에 왔다.

바그너가 나가사키에 도착한 것은 에도 막부에서 왕실로 정권이 반환된 대정봉환 이듬해인 1868년 5월이었는데, 이 무렵 바그너의 고향 독일에서는 북독일 연방이 성립한지 얼마 되지 않았고, 그 중심이 된 프로이센은 나폴레옹 3세가 다스리는 프랑스와 보불전쟁을 시작했다. 이 시대 유럽에서도 정변이 많았고 정치적 이유로 본국을 떠

고트프리드 바그너

난 사람들도 적지 않았는데, 바그너도 그 중 한 명이었다고 추정된다.

그러나 신천지를 찾아 방문한 나가사키에서의 비누 사업은 잘 되지 않았고, 이 이듬해인 1869년 바그너는 나가사키 월드상회에 고용되었다. 거기서 바그너는 아리타야키와 만난다. 월드상회에서의 바그너 일은 나가사키 상회로부터 수출용 자기를 사들이는 것으로, 이·화학 지식을 이용하면서 품질 검사 같은 일도 했다.

아리타야키에 대한 지식이 깊어짐과 동시에 아리타에 대한 흥미가 고조된 바그너는 '아리타로부터 열의가 있는 사람을 데려와 주었으면 한다'고 나가사키 상회에 부탁했다. 이에 이로에 장인 니시야마 마코이치西山孫一와 가마모토窯元, 야마구치 요지로山口代次郎가 사가 번 아리타 군령 모모타케 사쿠에몬百武作右衛門의 허가를 얻어 나가사키 바그너 실험실을 방문했다.

이 방문에 바그너는 금을 왕수농염산과 농질산을 3:1로 혼합한 액체로 녹여 보이거나, 부족하기 쉬운 장작이나 목탄 대신 석탄을 연료로 사용하는 방법을 알려주기도 했다.

이런 과정에서 바그너의 열의는 더 높아져 '어떻게든 아리타야키 산지에 시찰하러 가고 싶다'고 말하기 시작한다. 당시 아직 외국인이 자유롭게 일본 국내를 여행할 수 없었고, 외국인에 대해 적개심을 가진 양이파 사족들이 곳곳에 도사리고 있어 언제 기습당할지 몰랐다. 그러한 높은 장벽에도 불구하고, 바그너의 생각은 모모타케를 통해 번주 나베시마 나오마사鍋島直正에게 전해져 흔쾌히 인정받았다. 식산흥업殖産興業에 힘쓰고 있던 당시 사가 번에게 고도의 이·화학 지식을 가진 바그너의 제의는 고대했던 바였을 것이다.

1867년 파리엑스포에 참가한 이래 요업 관계자들은 아리타야키에 유럽의 화려한 도자기를 재현하고자 시행착오를 거듭했다. 아름다운 그림을 그릴 수 있는 최고의 솜씨를 가진 장인은 있어도 유럽 도자기의 선명한 색채를 재현할 만한 과학적 지식을 가진 사람은 없었기 때문이다.

바그너가 아리타에 체류한 기간은 1870년 4월 하순부터 8월 상순까지로 4개월이 채 되지 않는 기간이었다. 그러나 그는 그동안 쓰지 카츠조나 후카미 스미노스케·다케하루 형제와 같은 젊은 도예가와 함께 다양한 실험을 시도해 아리타야키의 약진에 크게 공헌했다.

그 공적은 크게 세 가지를 들 수 있다. 하나는 코발트 안료의 사용, 다른 하나는 유약의 연구, 마지막으로 석탄 가마의 개발이다. 모두 경쟁력 있는 상품을 만들어 가는데 중요한 기술이었다. 사회경제가 크게 변화하는 가운데 국내외 자기 산지와의 경쟁이 심화되고 아리타야키가 가마산업으로 살아남기 위해서는 다양한 기술 혁신이 필요했던 때였다.

당시 아리타는 염색을 위해 고가의 회청特須.고스을 중국에서 수입해 사용하고 있었다. 바그너는 아리타 사기장들에게 공업적으로 제조한 코발트 안료를 이용함으로써 대폭적으로 비용을 절감할 수 있다는 사실을 알려주었다. 또한 유약에 대해서도 다양한 실험을 실시하여 당시 아리타에서 사용되던 유약의 과학적 조성을 밝혀 비용 절감과 재현성 향상에 기여했다.

아울러 장작이나 목탄보다 저렴한 비용으로 양산화에 적합한 석탄 가마 보급에도 힘썼다. 장작이나 목탄은 번이 산림을 관리하는 동안은 괜찮았지만, 폐번치현으로 번에 의한 관리가 제대로 되지 않게 되면 산림 남벌을 초래하여 산사태 등 재해의 위험이 높아진다. 그런데 사가 번을 비롯한 규슈에는 탄광이 있어 석탄을 입수하기 쉬운 환경이었다.

이때 바그너가 아리타에서 시작한 석탄 가마 소성은 성공하지 못했지만 그가 제시한 실험 방법과 과학적 탐구심은 아리타 가마업계에 계승되었다. 바그너의 첫 방문 이후 약 40년이 지나 1909년 그의 지도를 받은 후카가와 에이자에몬 등에 의해 본격적인 석탄 가마가 고란샤 공장 내에 축조된다. 석탄 가마는 장작이나 목탄을 사용하는 오름 가마에 비해 30% 이상 연료비를 절감할 수 있어 전선 부품의 애자 제조에 큰 도움이 되었다.

1870년 8월에 바그너와의 계약이 만료되자 사가 번 모모타케 군령은 다시 그와 장기계약을 맺을 것을 시도하지만 폐번치현廃藩置県, 메이지유신에 의해 전국의 번이 없어지고 현으로 바뀌는 정책으로 모모타케가 직위를 잃게 되면서 계약은 성사되지 못했다. 아리타를 떠난 후에도 바그너가 제자들과 계속한 요업의 연구 성과는 아리타는 물론 일본 전역의 도자기 제조에 기여했다.

아리타를 떠난 다음 그는 1870년부터 교토 사밀국솔密局[35]에서 일했는데, 공업화학 관련 제품 제조기술 보급도 그의 직무에 포함되어 있어 교야키京焼 장인 에이라쿠 와젠永樂和全, 1823~1896의 협력을 얻어 도자기, 칠보, 유리 제조법 등을 지도했다. 시간이 촉박했던 아리타에서와 달리 교토에서는 충분한 시간이 있었으므로 그는 장작과 석탄을 동시에 연료로 사용하는 가마를 발명했다. 2단계로 구성된 그의 가마는 1단으로 본 소성, 2단으로 초벌구이를 할 수 있는 새로운 소성 가마로, 내화벽돌을 이용하여 축조했다.

바그너는 1877년부터 1년간 칠보 연구에 전념한 결과, 그 성과를 물려받은 칠보 회사가 1881년 제2회 국내 권업박람회에서 명예상을 수상했다. 1878년 월

---

[35] 세이미쿄쿠. 메이지 시기 화학기술을 연구하고 교육하던 부서

급 400엔에 교토부京都府에서 일하
게 된 그는 1879년에는 고조자카
五条坂에 도자기 실험공장을 건립하
여 청자 소성을 시도했다.

아울러 기존 칠보의 불투명유를
대체하는 투명유를 개발하여 교
토 칠보에 선명한 색채를 도입하는
성과를 올렸다. 투명유는 일본 칠
보의 아름다움을 비약적으로 높
여 4년 뒤 파리박람회에서 다나가
와 소스케濤川惣助가 명예대상, 나미
카와 야스유키並河靖之가 금상을 수
상해 국제적으로도 큰 평가를 받
게 된다.

바그너가 개발한 투명유를 이용해 국제적 명성을 얻
게 된 나미카와 야스유키의 칠보 꽃병

이러한 경험을 거친 후 1883년부터 새로운 도자기를 연구하여 아사히야키旭燒
를 개발했다. 아사히야키는 지금까지의 자기가 주로 유약을 뿌리고 소성한 후
에 그림을 그려 다시 소성한 방식과 달리, 먼저 그림을 그린 후 유약을 뿌려 소
성하는 유하채釉下彩36라 불리는 방법으로 만들어졌다.

이에 따라 도자기를 굽는 과정에서 일어나는 요변窯變과 일그러짐 현상을 싫어
하는 유럽의 기호에 맞는 제품이 만들어지자, 1890년에는 시부사와 에이이치

일본공업대학이 소장하고 있는 바그너의 아사히야키 제품들

渋沢栄一 등의 출자로 아사히야키 조합이 설립되어 스토브 장식 타일 등이 수출되었다.

그러나 이는 생산 단가가 높았기 때문에 바그너가 사망한 이후 1896년 조합은 해산되었고, 도쿄공업학교의 생산도 같은 시기에 종료했다.

시비사와 에이이치 등에 의해서 설립된 도쿄 후카가와구深川区 히가시모토마치 東元町에 있던 '아사히야키 제조소'는 1986년 고토구江東区의 사적이 되었다.

바그너는 도쿄대학의 전신인 가이세이開成 학교에 고용되어 62세에 사망할 때

● 바그너 아사히야키

●● 도쿄공업학교에서 바그너(중앙)와 그의 제자들(1890년 9월)

까지 화학 교육에 종사했다. 또한 비엔나와 필라델피아 엑스포 때는 구미에 일본을 소개하는 외교관 역할을 하는 동시에 일본 장인들이 유럽의 앞선 기술을 배우기 위한 유학을 주선하는 등 헌신적으로 일했다.

대학 강의가 없을 때는 자기 산지를 찾아 과학적 조성을 조사하고, 대학에 조수를 고용할 예산이 없을 때는 사비로 조수로 고용하는 등의 모습은 많은 일본인에게 영향을 주었다.

민간 최초의 시멘트 회사인 오노다小野田 시멘트를 창설한 카사이 신조笠井眞三는 "도자기와 선생님, 선생님과 도자기, 둘인지 하나인지 모르는 느낌이 든다"며 바그너에 대한 흠모를 드러냈다. 카사이는 바그너 권유로 독일에 유학했는데, 유학지 선택에서도, 유학 전 지도에서도 따뜻한 배려에 감격했음을 말하고 있다.

1892년 11월 도쿄 스루가다이대학駿河台 자택에서 사망하자 본인의 희망에 따라 아오야마 묘지에 묻힌다. 그의 사망 후에도 바그너를 흠모하고 그 공적을 후세에 전하고 싶은 열의를 가진 사람은 많았고 1937년에는 바그너 기념사업회 발기인 203명에 의해 바그너가 창설에 관여한 도쿄공업대학에 기념비가 세워졌다.

일본의 도자산업은 메이지 초에 근대화 물결을 타지 못했다면 쇠퇴하여 과거의 유물로 남았을 가능성도 있었다. 일본과 구미와의 경쟁 시점에서 바그너가 생산비용을 억제하는 기술을 젊은 도예가나 가마모토 경영자들에게 전한 것은 아리타야키가 메이지나 다이쇼 시대를 살아남는데 결정적으로 중요했다.

만약 바그너가 일본의 전통공예를 탐미적으로 사랑하기만 하는 '호사가'였다면 이루지 못했을 일이었다.

교토 오카자키 공원에 있는
바그너 현창비

바그너는 메이지 정부에 고용된 수많은 '고용 외국인'과도 달랐다. 바그너는 일본 전통공예의 예술성을 매우 중시하면서 그것이야말로 서구인들이 절대 흉내 낼 수 없는 일본 산업 경쟁력의 원천이 된다고 말했다. 유사품을 싸게 만드는 것만으로는 자본력이 큰 서구 기업들이 설비투자를 하면 금방 잠식당할 것이라며, 문명을 넘어 보는 이들을 매료시키는 예술성을 살려 연마해야 한다고 역설했다.

게다가 일본의 독자적인 예술성은 전통적인 생활양식이나 그 속에서 길러져온 미의식의 산물로, 그것을 신장시키기 위해서는 일본인으로서의 개성도 존중받아야 한다고 생각했다.

아리타 도자기와 만국박람회,
일본 부국강병의 출발점

아리타가 만국박람회에 출품된 것은 1867년 파리박람회가 처음이다. 프랑스에서 출품을 권유받은 막부는 각 번에 이를 전달하고 참여를 촉구했다. 그러나 당시는 막부 붕괴 직전으로 각 번 모두 정세가 요동치고 있었고, 쇄국 관념이 여전히 뿌리 깊어서 이에 응한 곳은 오직 사가 번佐賀藩과 사쓰마 번薩摩藩뿐이었다. 특히 평소부터 국산품의 해외 수출과 공개를 기대했던 사가 번은 이를 절호의 기회로 여기고 즉각 찬성의 뜻을 표했다.

게이오慶応 2년1866년 사가 번주는 사라야마의 다이칸代官에 출품 도자기를 수집하도록 명령했다. 이에 따라 다이칸 이시바시 산에몬石橋三右衛門은 사기장들과 상인에게 재고를 제출하도록 명령하여 견본을 가미코 히라上幸平의 사이코지西光寺에 진열했다.

제품은 무려 1만냥에 달하는 것으로 사노 에이쥬자에몬佐野栄寿左衛門 집안사람들이 출장을 와서 정리했는데, 막대한 양의 도자기를 두 달이라는 짧은 기간에 싸서 발송해야 했으므로 사이코지 부근의 민가 몇 채를 빌려 출하 작업장으로 사용했다. 설 무렵이어서 일은 몹시 힘들고 뒤죽박죽이었다. 만 리가 넘는 항해 길의 파도와 피로를 견뎌야 했으므로 도자기는 이중으로 된 나무상자에 넣어 엄중하게 포장했다.

출품물은 나가사키에서 요코하마横浜로 배로 옮겨져 여기서 다시 영국 상선 이스트 룩킹East Looking, イーストルクイン호에 실렸다. 이 배는 남아프리카 케이프타운을 거쳐 프랑스 마르세유에 도착했다. 이 물품들은 후발 사노佐野 일행이 파리에 도착한 때의 전후로 당도했다.

네덜란드 상인을 위한 나가사키 데지마를 묘사한 젠에몬 도판

사노 등 사가 번 일행은 1867년 3월 8일 나가사키에서 떠난 영국 선박 히론^{ヒーロン} 호에 승선했는데, 수에즈 운하를 통해 5월 5일 마르세유에 도착했다. 파리에 도달한 것은 5월 7일이었다. 막부 사절단은 쇼군 도쿠가와 요시노부^{慶喜}를 대신하여 동생인 도쿠가와 아키타케^{德川昭武}를 단장으로, 가이코쿠부교^{外国奉行} 무코야마 하야토^{向山隼人} 이하 수행원 30명을 거느린 대규모 방문단이었다.

사가 일행은 사노 단장 아래에 판매주임으로 사가의 호상인 노나카 모토에몬 ^{野中元右衛門}, 부주임은 후카가와 초에몬^{深川長右衛門}, 비서 격으로 정련^{精錬} 부서의 후지야마 후미이치^{藤山文一}, 통역으로 나가사키 출장소^{致遠館} 조교수 고이데 센노스케^{小出千之助}까지 5명이다.

또한 근년에 사가 번주 칸소우^{閑叟}의 은밀한 명령으로 당시 나가사키에 있던 하사토미 요헤이^{久富与平}가 알선해서 글로버[37]의 구라바상회^{グラバ-商会} 범선에 승선해 비밀리에 영국으로 건너가 몇 년 동안 유학하고 있던 이시마루 토라고로^{石丸虎五郎}와 마와타루 하치로^{馬渡八郎} 2명도 통역으로 파리에 초청되었다.

당시 프랑스는 나폴레옹 3세 전성기로 거국적 행사였기 때문에, 행사장 넓이만 해도 12만 평이라는 미증유의 규모에 호화 그 자체였다. 일본관은 사가 번과 막부가 동일한 위치에, 사쓰마는 다른 장소에 있었다. 일본의 찻집에서는 머리채를 좌우로 고리처럼 갈라붙인 소녀 머리 모양의 하나인 '모모와레^{桃割れ}'를 한 아름다운 일본 여성이 서비스를 했기 때문에 폭발적인 인기를 끌었다.

사가 번 진열점은 금칠을 한 나베시마 가문의 살구 잎 문장이 아리타의 현란한 니시키에^{錦絵,풍속화를 색도 인쇄한 목판화}를 배경으로 중앙 드높이 빛나고 있었다. 사쓰마의 총책임자 이와시타 지에몬^{岩下治右衛門}은 자신들의 진열 자리에 일장기와 시마즈^{島津} 가문 문장의 깃발을 교차해서 걸었다. 그러자 사가 번도 역시 이를 따라서 사가 번주 문장 깃발과 일장기를 교차해서 걸었다.

막부의 전권대표 도쿠가와 아키타케가 이에 대해 항의했지만, 이미 막부 토벌 의지를 다지고 있던 사쓰마는 막부를 무시하고 계속 밀고 나갔다. 반면 사가 번은 항의에 유연하게 대처하여 막부와의 우호 관계를 유지했다.

그래서인지 막부의 출품 관리자인 요코하마 무역상 시마다 소베에^{島田惣兵衛}는 사가 번에 다양한 조언을 제공했다. 그 예로 엽차 잔으로 사용하는 작은 접시

---

37 Thomas Blake Glover(1838~1911). 스코틀랜드 출신의 영국 상인으로, 사실상 '일본 근대화의 아버지'다. 나가사키 시내에 있는 글로버가든(Glover Garden)은 그의 이름에서 유래했다. 그는 당시 일본에서 가장 번성하던 사가 번과 사쓰마 번에 신식 무기들을 판매하였으며, 그 무기들은 소위 보신전쟁(戊辰戦争, 1868~1869)이라 일컬어지는 메이지유신의 왕정복고 전쟁에 사용되었다.

아리타 창업 400주년 기념으로 열린 '만국박람회 시대,
메이지 아리타의 초절정의 미' 전시회 포스터.
만국박람회에 출품되었던 작품들을 모은 전시회다.

를 커피 잔, 작은 찻잔으로 사용하는 높이가 있는 중간 접시를 모닝컵, 통통한 5촌 접시를 수프 사발로 소개하게 하는 기지를 발휘했다. 이런 이상한 소개가 오히려 대단한 인기를 끌었다. 또 큰 접시는 장식용 접시, 큰 사발은 세면대, 밥 그릇은 물을 채워 씻는 핑거볼, 도쿠리술병는 꽃병이라고 설명했다.

특히 기발했던 것은 아카에 미인 그림의 술잔을 버터를 넣는 그릇이라고 태연하게 소개한 것이다. 그중에서도 가장 인기를 얻은 것은 아가리가 좁은 도쿠리술병이었다. 너무 평판이 좋아 사람들이 이의 용도를 물었을 때 쇠 장식을 붙여 램프 스탠드라고 알려 주었다.

이렇게 아리타 도자기가 압도적 인기를 모은 후, 눈이 휘둥그레질 만큼 유럽의 미술전문가들을 놀라게 한 것은 고귀한 페르시아 융단을 보는 것처럼 정밀하고 단아한 나베시마 색조 도자기, 이로나베시마色鍋島였다. 유럽인 취향이나 용도도 전혀 연구하지 않고 기존 재고품을 맹목적으로 모아 온 아리타 도자기는 예상치 못한 호평을 거두어서 이의 매출로 사가 번은 막대한 이익을 거두었다.

박람회는 6월 30일에 끝나고, 7월 1일 안데스토리 궁전アンデストリー宮殿에서 성대한 수상식이 거행되었다. 사가 번은 최고 영예의 그랑프리 트로피를 받고 참가자들은 이름이 새겨진 메달을 수여받았다. 의외의 성공을 거두고 임무를 완수한 사노 일행은 돌아오는 길에 네덜란드에서 군함 닛신마루日進丸를 주문하고 의기양양하게 귀국했다.

저명한 경제사학자 나라모토 다쓰야奈良本辰也는 그의 저서『근대 도자기업의 성립近代陶磁器業の成立』에서 아래와 같이 기술하고 있다.

메이지유신의 변혁은 우리나라 도자기 산업에 걸려 있던 일체의 봉건적

술 마시는 서양 상인을 묘사한
이마리 다리

● 에도 시대 일본과 서양과의 조우는 이렇게 매우 중요한 오브제가 된다.
➡ 영어 알파벳 'O' 자와 'A' 자가 들어간 수출용 고이마리 주전자 (하우스텐보스도자기박물관)

제약을 풀어버림으로써 해외 시장에 적극적으로 나가고 수출을 장려하기에 이르렀다. 도자기 생산성과 해외시장의 관계를 생각할 때 무엇보다 먼저 메이지 6년^{1873년}의 오스트리아박람회를 떠올려야 한다. 물론 이전에도 고베^{神戸}나 요코하마의 외국 상관에서 각 산지에 주문을 했었지만, 우리나라 도자기의 특색이 부동의 지위를 확립한 것은 분명히 오스트리아박람회다. 메이지 원년^{1868년}부터 메이지 7년^{1874년}에 이르는 도자기의 수출 통계는 오스트리아박람회의 의의를 숫자로 충분히 설명하고 있다. 메이지 6년의 수출은 메이지 5년보다 일약 2배 반 이상 증가했다^{메이지 5년 4} ^{만5천 엔, 6년 11만6천 엔}. 이 박람회에 수행원으로 건너간 도쿄기립공상사^{東京起} ^{立工商社}의 마쓰오 기스케^{松尾儀助}가 보고서에서 "박람회장을 통해 우리가 얻은 커다란 성과는 유럽 사람들이 원하는 바가 막대한 주문으로 쏟아졌다는 것이다"라고 말한 것은 바로 박람회가 초래한 결과이다.

1873년 비엔나엑스포의 혜택을 가장 많이 받은 것은 아리타였다고 해도 과언이 아니다. 박람회 총재는 사가 현 출신 정치인으로 당시 코우부쿄우^{工部卿, 통상장}^관였던 오쿠마 시게노부^{大隈重信}이며, 현지 주재 전권공사 겸 부총재는 파리 세계박람회에서 사가 번의 단장이었던 코우부타이죠^{工部大丞, 통상차관} 사노 쓰네타미^{佐野常民}였다. 또한 판매 담당자는 앞서 나온 마쓰오 기스케^{松尾儀助}다.

아리타에서는 이마리상사^{伊万里商社}의 요코하마 주임인 가와하라 추지로^{川原忠次}^郎가 오기^{小城}의 노토미 카이지로^{納富介次郎}와 교토의 단잔 로쿠로^{丹山陸郎}와 함께 도예연구원으로 참여하고 있다. 이처럼 면면이 아리타야키에 유리한 사람들로만 구성된 사실을 알 수 있는 것이다.

아리타야키의 출품은 그 전해에 다시로 케이우에몬田代慶右衛門과 히라바야시 이헤이平林伊平가 실무자로 임명되어 도쿄의 박람회사무국에서 자세한 설명을 받아 이루어졌다. 이 두 사람이 선정된 것은 다시로가 이미 막부 말기부터, 히라바야시가 이해부터 요코하마에 지점을 개설하고 있었기 때문인 관계로 생각된다.

그리고 사무국 임시관리가 된 노토미 카이지로納富介次郎가 제작 감독을 위해 아리타로 출장을 왔다. 이렇게 메이지 5년 아리타 내외 사라야마는 박람회 출품물의 제조에 쫓겨 연말부터 새해까지 제품을 속속 요코하마에 보냈다.

사노 일행 70여 명이 출품물을 탑재한 영국 선박 말라카 호에 올라 요코하마를 출발한 것은 메이지 6년 2월 25일이었다. 이들은 4월 14일 오스트리아 비엔나에 도착했다. 박람회는 5월 1일부터 시작해 11월 말까지 성황리에 개최되었다.

명예의 대상을 수상한 아리타야키는 엄청난 호평을 얻었는데, 특히 유럽 사람들을 놀라게 한 것은 대형 제품들이었다. 시라카와白川의 이에나가 쿠마키치家永熊吉가 만든 6척약 1.8m여의 큰 꽃병과 5척1.5m의 단지立壺, 이와야가와치岩谷川内의 야마구치 토라사부로山口虎三郎가 만든 5척의 대형 꽃병, 쿠로무타야마黒牟田山의 가지와라 유타로梶原友太郎가 만든 3척의 히키라火皿,담배통 등이다.

또한 후카가와 에이자에몬深川栄左衛門이 출품한 얇은 미카와치三河内 질素地의 노래하는 여섯 신선이 그려진 아카에赤絵 홍차 컵이 불티나게 팔렸다. 미카와치 질을 사용해서 다시로야田代屋의 아카에 제조 공방들이 번의 법령에 의해 엄중하게 처벌받았던 7년 전의 사건을 생각하면 정말 격세지감이다.

박람회 폐막 후 가와하라 추지로는 노토미 카이지로, 단잔 로쿠로 등과 함께 유럽 도자기 제조기술 습득을 명령받아 한 달 동안 연수를 받으며 지냈다. 이

서양 취향에 맞게 황동 장식을 덧붙인 18세기 고이마리 술잔(하우스텐보스도자기박물관)

들이 가장 먼저 놀란 것은 기계 물레의 월등한 성능과 석고 주물에 질을 따라서 만드는 성형법成形法이었다. 다음은 코우바치匣鉢, 갑발의 합리적인 형태로 구울 제품을 쌓는 방법이었다. 아리타에서는 한 개씩 뚜껑을 덮거나 혹은 머리 위에 씌우는 방식을 사용하고 있었지만, 유럽에서는 겹침重ね 방식을 사용하고 있었다.

그 외에 표면에 직접 문양을 그려 넣던 종래 방식에서 탈피해 그림을 찍어내는 방법으로 공정을 단순화하고 기계화한 전사법轉寫法, transfer printing 등 여러 가지 신기술을 습득하여 가와하라 일행은 다음 해 2월에 돌아왔다. 가와하라는 새로운 기술을 가마구이窯燒와 아카에야赤絵屋에 적용하여 직접 현장에서 지도했다. 메이지 전기 이후의 세계 박람회는 다음과 같다.

1876년 필라델피아 박람회	1875년 일본 최초의 합자회사로 출범한 고란샤(香蘭社) 소속의 후카가와(深川), 후카미(深海), 쓰지(辻) 공장이 총력을 기울여 자비로 참가해 출품했다. 그리하여 데즈카 가메노스케(手塚亀之助), 심해종전의 후손인 후카미 스미노스케(深海墨之助), 후카가와 우사부로(深川卯三郎, 야시로의 사위)가 도미하여 미국 시장에 본격적인 진출을 시작했다. 그때 미국 진출을 도모하는 도쿄기립공상사(東京起立工商社)의 마쓰오 노리스케가 뉴욕 지사를 개설했다. 여기서도 명예 대상을 수상한 일행은 다음 해인 1877년에 귀국했다. 귀국할 당시 후카가와는 미국에서 대량의 코발트를 구입해서 돌아갔는데, 이로 인해 아리타에서 고스(코발트)의 일대 전환이 이루어졌다. 이번 박람회 참여는 아리타 도자기 업체가 정부에 매우 열심히 요청하여 실현된 것으로, 이때부터 정부 지원이 아니라 업체가 자비로 출품하는 계기가 생겨났다.
1878년 (메이지 10년) 파리 박람회	고란샤 사장 후카가와 에이자에몬(深川栄左衛門)이 참여해 금메달을 획득했다. 후카가와는 박람회 후 유럽의 도요지 지역을 시찰하고 도자 제조 기계를 구입해 돌아갔다.
1883년 암스테르담	가와하라 추지로가 참석했다. 당시 유럽은 심각한 불황에 있었기 때문에, 박람회 성적은 의외로 매우 나빴다. 하지만 금메달은 획득할 수 있었다. 폐회 후 가와하라는 프랑스 리모주(Limoges)를 방문해 당시 세계에서 가장 앞서 있던 요업기계 일체를 계약했다. 아리타는 이렇게 몇 차례의 박람회에 참여하여 구미 시장을 확보하면서 앞선 기술과 기계화를 도입할 수 있었다. 아리타가 도업의 근대화를 촉진한 것은 실로 획기적인 일이었다.

아리타 도자기가 도쿠가와 막부 붕괴와
메이지유신 성공의 원동력이었다!

막부 말기는 가에이嘉永 6년1853년 페리호가 우라가浦賀 항구에 들어온 때부터
게이오慶応 3년1867년의 타이세이호칸大政奉還 왕정 복고까지의 15년 동안을 일컫
는다. 이 짧은 시간 동안 아리타는 분세이文政의 대화재와 그에 이은 덴포天保 기
근에 의해 파괴나 다름없는 곤경을 훌륭하게 극복하고 가장 충실한 번영 시기
를 형성하고 있다. 그 원동력은 무엇이었을까?

그것은 번에 의한 유통의 통제 덕택이었다고 할 수 있다. 즉 가에이 원년1848년
번은 코쿠산카타国産方38를 설치해 나가사키의 네덜란드인에게 아리타 도자기
를 중심으로 한 번의 특산품 판매를 적극적으로 시작했다. 이듬해 6월에는 아
리타의 생산을 장려함과 동시에 사라야마와 오카와치大川内 도자기 유통에 직
접 관여하는 독립 부서를 만들었다. 1854년에는 나가사키부교長崎奉行의 인가
아래 나가사키의 분고마치豊後町에 사가상회佐嘉商会를 만들어 직접 수출의 길을
열었다. 1855년 4월에는 나가사키 키키야쿠聞役, 번의 나카사키 주재 연락 책임자인 나베시
마 신자에몬鍋島新左衛門이 그 단속을 지시받았다.

한편 사라야마도 이 시기 부흥에 따라 이름난 도자기 작가를 다양하게 배출
하고 있다. 킨리禁裏, 궁궐에 납품을 하던 쓰지 키헤이지辻喜平次와 심해종전의 후
손인 이즈미야마의 후카미 헤이자에몬深海平左衛門과 오나지 오토키치同乙吉, 오
타루大樽의 다시로 한지로田代伴次郎, 시라카와의 난리 가쥬우南里嘉十 등이다.

번의 무역 감찰은 나가사키 오무라초大村町 지점의 히사토미 야지베에久富与次兵

---

38 에도 시대의 영내 특산물을 취급하는 관공서 또는 관리

衛가 얻어, 히사토미 요헤이久富与平가 그 뒤를 이었지만, 갑자기 늘어난 세금으로 가산이 기울자 경영에 대해 고민하다가 1856년에 감찰권을 혼지헤이本寺平의 다시로 몬자에몬田代紋左衛門에게 양도했다. 이렇게 다시로는 영국에 대한 아리타 수출의 이권을 차지하게 되었다.

이 점유에 대해 다른 동료의 반발도 있었다. 하지만 호기로운 다시로 몬자에몬은 이에 굴하지 않고 사업을 더욱 확장하여 동생인 케이우에몬慶右衛門에게 나가사키 니시하마노마치西浜町 지점의 운영을 맡겼다. 또 1859년 가나가와神奈川 개항 후 요코하마까지 지점을 설립하기에 이르렀다.

그 후 나가사키 사가상회佐嘉商会의 감독인 마쓰바야시 겐조松林源蔵가 10대 번주인 나베시마 칸소우鍋島閑叟, 1815~1871의 뜻을 받들어 상하이 진출을 기획하고 이를 히사토미 요헤이久富与平와 다시로 몬자에몬田代紋左衛門에게 논의했다.

히사토미는 그 무렵 영국인 글로버와 함께 다카시마高島 탄광 경영에 전념하고 있었기 때문에 이를 고사해서 다시로 혼자 사안을 처리해야 했다. 그래서 다시로 형제는 나이는 어리지만 다소 장사 경험도 있고 영어도 조금 말할 수 있는 데다, 한학의 소양이 있기 때문에 중국인과 필담을 할 수 있는 데즈카 고헤이手塚五平를 지점장에게 추천했다.

게이오慶応 3년1867년 오기小城번에서 베어낸 통나무 200톤과 다카시마 탄광의 석탄을 아래에 싣고, 위에는 아리타 도자기를 실은 배가 나가사키에서 상해를 향해 떠났다. 그 배에는 데즈카 고헤이와 일행 30여 명이 타고 있었다. 이들은 네덜란드 영사의 주선으로 영국 조계의 소동문小東門과 삼마로三馬路에 지점을 열었다. 하지만 유신의 대격변에 의해 지점은 다시로 몬자에몬이 단독으로 경영하게 되고, 상호도 다시로상회田代商会로 바꾸어 아리타 도자기를 독점 판매

● 1600년 4월 19일 규슈 북동쪽 우스키 만에 상륙한 네덜란드 상선 '데 리프더' 호 모형(하우스텐보스)

●● 서양과의 무역을 묘사한 겐에몬 도판(도자기 패널)

하면서 그 성가를 높였다.

이상이 막부 말기 아리타 도자기 수출의 개황이다. 국내 유통에 대해서도 번의 전매제도는 1849년 무렵부터 본격화되었다. 그 대상 지역은 교토, 오사카, 사카이堺, 아마가사키尼ヶ崎, 니시노미야西宮, 효고兵庫 현의 오미近江, 야마토大和, 가와치河內였다.

오사카 쿠라야시키蔵屋敷[39]에 모인 아리타 도자기는 번이 지정한 39명의 중개상 입찰을 통해 판매했다. 그러나 이마리伊万里 상인들은 아리타 도자기의 자유판매를 계속 주장했다.

또한 왕정복고 후 메이지 원년1868년에 당시 개혁파로 알려진 후카미 헤이자에몬深海平左衛門, 모모타 타베에百田多兵衛, 후카가와 에이자에몬深川栄左衛門 등의 주장에 의해 번은 유학자 출신 한방의사인 니시오카 하루마스西岡春益의 이익을 알선하려고 나가사키 무역 감찰의 수를 10개로 늘렸다.

이로써 다시로 이외에도 후카미 헤이자에몬, 모모타 타베에, 쓰루타 지베에鶴田次兵衛, 카미코히라上幸平 사카야酒屋의 이시카와 타자에몬石川太左衛門, 오타루大樽의 히라바야시 이헤이平林伊平, 혼지헤이本寺平의 후카가와 에이자에몬, 다케다 야키치武田弥吉, 아카에마치赤絵町 아카에야赤絵屋의 토미무라 모리사부로, 이와야가와치岩谷川内의 야마구치 이에몬山口伊右衛門의 9명이 감찰권을 획득했다상호가 없는 사람은 가마가 없는 중개상인.

도자기의 전매제도에 대해 아리타초 역사는 『나베시마 나오마사 공전鍋島直正公伝』에서 이렇게 인용하고 있다.

---

39 에도 시대에 지방 영주들이 도쿄와 오사카에 설치한 창고 딸린 저택. 여기에 영내(領内)의 쌀과 생산물 등을 저장하였다가 화폐로 바꿨다.

중국과 서양과의 교역을 묘사한 젠에몬 도판

최신식 화포를 동원한 신정부군과 막부군의 우에노 전투를 묘사한 그림

사가 번주 나베시마 나오마사는 덴포 원년^{1830년} 가문의 상속인으로서 10년간 재정이 어려운 시대를 헤쳐 세비에 여유가 생기고, 10년의 노력을 한층 더 기울여 군용금 저축 여력이 발생했기 때문에 1849년 코쿠산카타^{国産方}를 독립시키고 그 경비로 순은 5천관을 10개년 동안 지출하여 식산흥업정책^{殖産興業政策}을 실시하기로 했다. 코쿠산카타는 이익금으로 포대^{砲台} 구축이나 총포^{銃砲} 제조 자금을 만드는 것을 목적으로 설치된 것이 아니고 전적으로 식산흥업을 위해 만들어진 것이다.

이렇게 코쿠산카타에서의 판매를 통해 얻은 수익금은 군사력 강화에 충당하지 않고 식산흥업에만 충당했다고 강조하고 있지만, 이는 어디까지나 겉치레 말에 불과하다. 사실 수익금을 식산흥업에만 썼다고 강조한 사실부터가 무엇인가 감추려는 의도를 가졌다고 의심을 살 만한 일이다.

아리타초 역사를 편집한 미야타 코타로宮田幸太郎에 의하면 막부 말기 15년의 무역에 관한 자료는 한 조각도 남아 있는 것이 없이 모두 고의로 '인멸모르게 없애 버리는것'된 것으로 생각한다고 한탄했다.

저명한 소설가로 일본의 국민작가이자 사상가로 통하는 시바 료타로司馬遼太郎,
1923~1996도 같은 내용을 지적한다.

> "20년 남짓한 시기에 사가 번의 군사력은 경이적으로 강화되고 발달했다.
> 반사로反射炉, 금속 제련을 위한 가마도 도쿠가와 막부보다 7년 빨리 완성해 신예
> 총포를 제조하고, 최신예 암스트롱 포砲40 3문을 영국으로부터 구입하는
> 한편 동일한 제품을 만드는 데 성공했다. 또한 군함도 몇 척 구입했다."

그리하여 막부 말기 사가 번의 군사력은 당시 세계 최강 프로이센과 필적했다
고 시바 료타로는 쓰고 있다. 또한 사가 번주 나베시마 칸소閑叟 자신이 측근에
게 말하기를, 우리 번이 다른 번과 싸워도 우리는 한 명의 병사로 수십 명의 적
에게 대항할 수 있다고 호언장담했다.

이를 위해 막대한 자금과 무기를 구입하는 사람의 경로가 필요하다는 사실은
두말할 필요가 없다. 시바 료타로는 무기 구입 금액이 연간 15만 석에 해당한다
고 보았는데, 그 대부분이 번이 전매하는 아리타 도자기의 밀무역을 통해 얻은
것으로 추정하고 있다. 또한 무기 구입 루트는 나가사키에 상주하는 가게와 사
무실을 번에 제공한 히사토미 요헤이久富与平와 안세이安政 5년1858년부터 나가사
키에 정착한 글로버Thomas Blake Glover, 1838~1911 사이에 형성된 것으로 추정된다. 스
코틀랜드 출신의 무역상이자 무기상이었던 글로버에 대해서는 7장에서 자세

40 Armstrong Artillery, Armstrong 砲. 강철로 만든 포신에 내부가 나선형으로 되어 있는 대포. 영국의 조지 윌리엄 암스트롱
이 1855년에 발명하였으며, 앞이 뾰족한 포탄을 쓴다. 기존에 몇 분이 걸리던 대형포의 장전 시간을 10분의 1로 단축시켰다. 포
신은 연철 제품으로 여러 통을 포개어 총을 이루는 포신으로 주조 포에 비해 가벼운 것이 특징이었다. 이러한 특징으로 동시대
의 화포와 비교해 뛰어난 성능을 가지고 있었다.

히 살펴보기로 하자.

히사토미 요헤이는 무역 감찰권을 다시로 몬자에몬에 양도한 것으로 되어 있다. 하지만 이것은 어디까지나 다시로를 겉으로 내세운 위장술에 불과하다. 무기 구입 등에 관련된 상행위는 실제로 히사토미 등의 협력을 얻어 번이 직접 참여한 것이다.

아리타 사라야마가 이 시기에 공전의 번영을 이룩한 데에는 바로 이러한 도자기와 무기의 밀거래가 주된 요인으로 작용한다. 막부 붕괴 직후 무역 감찰을 9개나 늘린 것도 눈치를 봐야 할 대상인 막부가 사라졌으므로 더 이상 쉬쉬하면서 은밀하게 거래할 필요가 없어졌기 때문에 그때까지 협력한 사람들을 표면에 내세운 데 불과하다고 할 수 있다.

여하튼 우에노 전쟁上野の戦争41으로 막부군을 괴멸시키고, 막부가 마지막 거점으로 삼은 아이즈会津 와카마쓰성若松城을 함락시킨 것도 사가 번의 암스트롱 포였다. 또한 막부의 마지막 세력으로 해군인 에노모토 다케아키榎本武揚 함대를 하코다테函館 고료카쿠五稜郭에서 패배시키고 막부 토벌전을 끝낸 것도 사가 번 해군이었다. 아리타 역사는 이 대목의 마지막을 이렇게 쓰고 있다.

  "이 대포도, 군함도 우리 아리타 도자기가 가져온 것임을 우리 아리타 마

---

41 1868년 7월4일 도쿄 우에노(上野)에서 막부군의 쇼기타이(彰義隊) 등과 삿초 연합(사쓰마-조슈 번 연합)군 중심의 신정부군 사이에서 일어난 전투. 1868년 도바·후시미 전투(鳥羽·伏見の戦い)에서 막부군이 신정부군에게 패하면서 도쿠가와 요시노부(徳川慶喜)는 오사카 성을 탈출하여 에도 우에노 간에이 사에서 근신했다. 그러자 신정부군은 에도로 진군했다.
1868년 4월5일 신정부군 대총독부 참모인 사쓰마 번의 사이고 다카모리(西郷隆盛)와 막부 육군 총재인 가쓰 가이슈(勝海舟)가 회담을 통해 도쿠가와 요시노부의 미토 근신과 5월3일 에도 무혈입성을 결정해 에도 총공격은 회피되었다.
그러나 에도 막부의 항전파가 쇼기타이를 결성하고, 도쿠가 가문의 위패가 있는 우에노 간에이 사(현재의 우에노공원 도쿄 국립박물관)로 집결하여, 친왕을 옹립하자 7월4일 신정부군의 선전포고가 떨어졌다. 조슈 번의 오무라 마스지로(大村益次郎)가 신정부군을 지휘해 쇼기타이는 거의 전멸하고, 잔당들은 멀리 도주했다.

우에노 전투에서 마지막 막부군을 궤멸시킨 사가 번의 암스트롱 대포

을 주민은 명심해서 기억해야 할 것이다.

この大砲も軍艦も吾が有田の磁器がもたらしたものである事は有田

町民として銘記すべきことと思うのである°"

하기萩와 사쓰마薩摩 단원에서 다시 얘기하겠지만, 지금까지 우리는 메이지유신 성공의 배경으로 주로 삿초 동맹사쓰마 번과 조슈 번의 동맹이나 사카모토 료마坂本龍馬, 1836~1867에 대해서만 이야기해왔다.

그러나 앞에서 우리가 지켜본 사료로 볼 때 도쿠가와 막부를 무너뜨리고 왕정 복고를 통해 메이지유신을 성공시킨 가장 강력한 배경이 사가 번의 최신식 무기와 함선 덕택임을 분명히 알았다. 일본 서쪽 규슈의 일개 번에 불과한 사가 번의 무력이 당시 세계 최강이었던 프로이센 군대와 맞먹을 정도였다니 더 이상 말이 필요 없다. 또한 사가 번의 군비, 그 막강한 총과 대포와 군함의 구축 자금이 아리타 도자기에서 나왔다는 사실 그리고 사가 번이 이를 감추기 위해 도자기 무역에 대한 15년 동안의 문서를 일부러 없애버렸다는 사실도 확연히 알게 되었다. 이러한 내용들은 이제껏 우리나라의 어떠한 논문이나 책, 방송 등에서 단 한 번도 제대로 언급되거나 밝혀지지 않은 사실이다.

다시 말해 우리 선조가 그 기틀을 만들어준 아리타 도자기가 사가 번의 암스트롱 포로 변신해서 일본이 근대국가로 변신하고 조선과 아시아 침공으로 나아가는 발판을 닦아준 것이다. 이 얼마나 참담하고, 분통한 일인가! 정말 혀를 깨물고 피눈물을 흘려도 풀리지 않을 통한의 심정이다.

필자는 그동안 일본 도자기 역사를 공부하면서 일본이 유럽과의 도자기 무역으로 얻은 구체적인 수익에 대해 알아보려고 무진 애를 썼다. 그러나 이를 파고들면 파고들수록 마치 밑 없는 모래 구멍에 빠진 것처럼 어느 순간이 되면 확연한 실체가 나타나지 않고 신기루처럼 흩어지곤 했다. 필자는 이를 단순히 필자의 무지와 노력 부족이라고만 생각했는데, 전부는 아니더라도 이제야 그 이유를 알았다. 자료를 없앴기에 일본인들도 이에 대해서는 구체적으로 모르고 있는 것이다!

이 대목은 한일관계사에서 매우 중요한 위치를 차지하는 부분이라고 생각한다. 이에 대한 철저한 연구가 없다면 한국과 일본의 국제 역학상의 자리 전도에 대한 깊은 성찰을 놓치고 있는 것과 마찬가지다. 이에 대한 학자들의 깊은 연구가 따라 주길 열렬히 소망한다.

인위적으로 조성한 하이테크 단지, 오카와치야마

몇 차례 얘기했지만, 아리타 등 유명 어용 가마를 관할하고 있는 번의 제일 큰 골칫거리는 이른바 기술 유출 문제였다. 히젠 지역은 제조 비법만 알아내면 팔자를 고칠 수 있는, 도자기가 넘치는 '엘도라도'였기에, 일본 전역에서 모여든 산업 스파이들이 호시탐탐 기회를 노리고 있었다. 백자는 물론 1645년 무렵 이제 막 중국에서 전해진 아카에를 만드는 방법은 가장 많이 노리는 대상이 되었다.

그리하여 나베시마 번청은 장남 등 한 사람에게만 비법을 전수하는 '잇시소덴 一子相伝'의 시행은 물론, 백자를 만드는 도토를 엄격하게 관리하고 다이칸代官들로 하여금 가마를 철저하게 통제하도록 했다. 이러고도 모자라 나베시마 번은 간분寛文 연간1661~1672년에 150개의 아리타 가마 가운데 우수 아카에야赤絵屋 11개를 추려 마을의 가장 안쪽 우치야마內山에 배치해 아카에마치赤絵町를 만들고 더 철저하고 효율적인 보호를 기했다.

그러나 이렇게 하고도 안심하지 못했던지 나베시마 번은 1675년 아리타 최고의 어용 가마들을 가까운 오카와치야마大川內山로 인위적으로 옮겨 더욱 통제하기 시작했다. 그러니까 처음 출발부터 자생적인 민요民窯가 아니라 번요藩窯 즉 관요官窯로 출발한 오카와치야마는 아리타나 미카와치보다 더 호리병 모양의 지세가 심한 곳이었다. 그러므로 뒷산에 보초들을 세우고 입구에 검문소를 설치하면 거의 완벽하게 외부 세계와 차단되는 장소였다. 이곳이야말로 비밀리에 최고의 하이테크 제품이 만들어지고 있는 실리콘밸리였던 것이다.

이곳에서 생산되는 도자기는 다이묘나 영주, 조정에 헌상하는 특별한 것으로

● 오카와치야마 입구의 나베시마 다리 너머로 사기장들의 무덤이 보인다.
●● 30여 개 가마들이 있는 마을 입구의 안내판

1871년까지 일반인은 접할 수도 없었다. 이 도자기가 이른바 '나베시마야키鍋島燒'의 출발이다. 앞서 본 것과 같은 '이로나베시마色鍋島', '나베시마 청자', '나베시마소메쓰케鍋島染付' 등이 대표적인 상품들이다.

오카와치야마는 어용 가마로 출발한 장소답게 이곳에 있는 공방들은 한결같이 높은 수준을 보여 준다. 생활 식기를 만들기도 하지만, 대부분은 매우 예술성 높은 빼어난 장식용 도자기들이다. 특히 우아한 청자의 현대적 감성을 느낄 수 있는 가마가 있어 매우 반갑다.

효율적인 감시와 통제를 위해 산간벽지에 인위적으로 조성한 오카와치야마 마을

오카와치야마는 매우 뛰어난 예술성을 지닌 도자기를 보여 준다.

에도 시대의 오카와치야마 도자기는 인근 아리타야키나 이마리야키에 묻혀 자신의 이름으로 불릴 기회가 없었다.

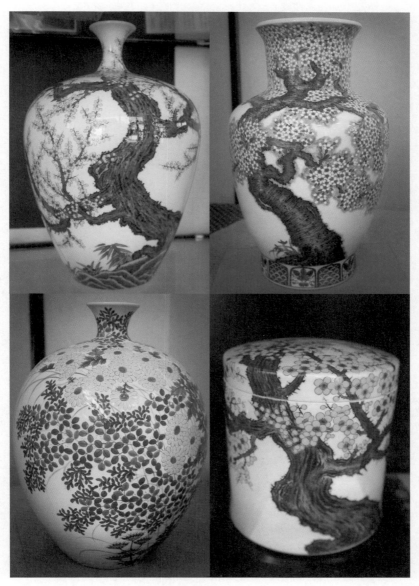

이로나베시마의 전통이 잘 살아 있는 오카와치야마의 도자기들

• 청자에 꽃 등의 무늬를 넣는 하사미의 전통 기법은 오카와치야마에서도 전승되고 있다.

•• 오카와치야마에는 잘 단장한 멋진 산책 코스가 있다.

오카와치야마는 행정구역상 이마리에 속하므로 현재 30여 개의 가마들이 이마리야키伊万里燒의 중심을 이루고 있다. 또한 오카와치야마 일대는 '오카와치나베시마가마아토大川內鍋島窯跡'라는 이름으로 일본의 사적으로 지정되었다. 마을 내에는 나베시마번 도자기 공원, 이마리-나베시마야키 전통산업회관 등이 있으며 도자기 제작 과정을 설명하고 전시, 판매도 하고 있다. 이렇게 340여 년의 역사와 전통을 자랑하는 오카와치야마는 봄4월 1일~5일과 가을11월 1일~5일에 도자기 축제가 열린다.

각종 사금파리나 타일로 장식한 멋진 산책 코스도 있어 마을을 내려다보면서 여유를 갖는 것도 커다란 즐거움이다.

아리타 톤바이 담

아리타의 명물 톤바이 담

아리타 관광지도에 반드시 게재돼 있는 '톤바이 담(トンバイ塀)'은 아리타에서 가장 전통적인 풍경의 하나다. 담에 둘러싸인 골목길에 들어가면 독특한 분위기로 시간여행을 하는 듯한 착각에 빠진다.

이 톤바이 담은 사용하지 않는 가마의 굴뚝 폐기물과 깨진 도자기의 사금파리 등을 적토로 굳혀 만든 것이다. 이즈미야마의 커다란 은행나무에서 오타루(大樽)의 규슈 도자미술관까지 '톤바이 담이 있는 골목길(トンバイ塀のある裏通リ)'이라고 하는 가장 유명한 거리가 있지만, 가마 근처와 이즈미야마 채석장 거리 등 곳곳에서 톤바이 담을 볼 수 있다.

에도 시대에 상가는 큰길에 점포를 두고 있는 반면 가마와 그림 그리는 화공들은 모두 덜 붐비는 뒷골목에 거주지를 두었다. 높은 톤바이 담은 역시 앞에서 말했듯 집이나 직장을 가려 외부에서 보이지 않도록 하고 제조 기법이 새지 않도록 보호한 방책의 하나다.

사가현립 규슈도자문화관

아리타에 가는 사람이라면 반드시 들려야 하는 성지 같은 곳이다. 도자기 전문 박물관으로 1980년에 문을 연 이 박물관은 규슈 각지에 있는 도자기 문화유산의 보존과 도예 문화의 발전을 위해 지어졌다. 규슈의 옛 도자기를 비롯해 현대 규슈 도자기, 에도 시대의 아리타야키(有田焼)를 수집한 시바타(柴田) 부부 컬렉션 등 약 1만4천 점의 도자기를 소장하고 있다.

박물관은 제1전시실부터 제5전시실까지 있다. 제1전시실은 개인전과 그룹전에 사용되는 일반 전시실과 다실로 구성된다. 제2전시실은 현대 규슈 도자기를 전시하는 곳으로 규슈 각 현(県)의 중요 문화재 및 예술원 회원을 비롯한 일본 공예 정회원, 일본 국전(日展) 입선 10회

이상의 뛰어난 도예가들의 작품을 전시한다.

제3전시실에서는 규슈 각지의 옛 도자기를 볼 수 있다. 사가 현의 고가라쓰야키(古唐津燒)를 비롯해 이마리야키(伊万里燒), 나베시마야키(鍋島燒), 나가사키(長崎) 현의 가메야마야키(亀山燒), 후쿠오카 현의 다카토리야키(高取燒) 등을 소개하고 있다. 제4전시실은 간바라(蒲原) 소장품으로 17~18세기 유럽에 수출되어 왕후, 귀족을 매료시킨 히젠 도자기 101점을 소개하며, 제5전시실은 시바타 부부의 소장품 1만 311점 중에서 1천 점을 매년 순환하여 전시한다.

규슈도자문화관 입구

전시실 입구의 도자기로 만든 가라쿠리(자동인형) 오르골 시계 알람은 꼭 들어보길 추천한다. 높이가 무려 193cm에 폭이 180cm, 무게가 300kg이나 되는 이 오르골 시계는 오전 9시부터 30분마다 소리를 낸다.

- 주소: 有田町戸杓乙3100-1
- 전화: 0955-43-3681
- 홈페이지: www.saga-museum.jp
- 이용 시간: 월요일은 휴관
            오전 9시부터 오후 5시까지 개관

시바타 부부의 컬렉션 가운데 청자 제품

JR아리타역에서 도보로 12분, 택시로 4분 걸린다. 사가 공항에서는 자동차로 약 1시간 20분 거리다.

후카가와세이지의 '차이나 온 더 파크'
'차이나 온 더 파크(China On the Park, チャイナ・オン・ザ・パーク)는 아리타 명문 어용 가마의 하나였던 후카가와세이지(深川製磁) 가마의 도자기 공원이다.

후카가와세이지는 앞에서 아리타 역사를 소개하면서 말한 바 있는 일본 최초의 합자회사 고란샤(香蘭社)의 사장이었던 후카가와 에이자에몬(深川栄左ヱ門)의 차남 후카가와 츄지(深川忠次)가 1894년에 설립했다.

이 회사는 1900년(메이지 33년) 파리만국박람회에 자사 도자기를 '후카가와 포슬린(フカガワポースレイン)'이라는 이름으로 출품해 최고 명예인 금상을 획득했다. 현재 도자기 제조 판매를 주로 하고 있으며, 제품의 고급화에 주력하고 있다.

'차이나 온 더 파크'는 네 부분으로 나뉘어 있다. '츄지칸

'츄지칸' 내부. 유리관 안의 커다란 화병이 1900년 파리만국박람회 금상 수상작이다.

(忠次館)'은 후카가와 츈지의 작품과 양식을 계승하고 있는 작품을 볼 수 있는 랜드마크가 되어 있다. 전시실에는 1900년 파리만국박람회에서 금상을 수상한 대형 꽃병을 비롯해 백여 년 동안 소장품으로만 머물러 있던 작품들을 공개하고 있다.

츈지칸을 나오면 2대 사장 후카가와 스스무(深川進)의 아내 토시코(敏子)를 기념하는 '토시코 메모리얼 가든'이 조성돼 있다. 여름이 되면 온통 라벤더 꽃으로 뒤덮인다. 토시코는 1905년 홋카이도 아사히카와(旭川) 출신으로 도쿄여학교 시절에 스스무를 만나 19살에 결혼을 결심하고 1923년 48시간이나 걸려 작은 시골마을 아리타에 도착했다. 기모노가 일반적인 옷차림이었던 시절에 손에 바이올린을 들고 새빨간 장미를 붙인 모자를 쓰고 나타나 시부모에게 인사한 그녀의 옷차림은 아직도 이 지역의 유명한 일화다. 이웃들은 그녀의 모습을 천사로 기억했는데, 토시코는 세 아들을 낳고 결혼 10년 만에 정말 천사가 되었다. 해마다 가득 피어나는 라벤더가 토시코에 대한 추억으로 소중히 길러지고 있다.

'크린토(究林釷)' 레스토랑에서는 후카가와세이지의 그릇과 지역 특산물을 활용한 가네호리(金堀) 셰프의 창작 프렌치를 맛볼 수 있다. 가네호리 셰프는 전국 유명 백화점에서 발표회를 할 때마다 후카가와세이지의 독특한 그릇을 사용해 명성을 높이고 있다. 자연 속에 자리한 프렌치 레스토랑에서 사계절에 따라 변화하는 경치와 함께 제철 현지 음식을 즐기는 식도락도 커다란 즐거움을 준다.
공원 입구에는 공장 직영 아울렛인 '자기창고'에서 절판 품목이나 세트 제품 등을 저가에 제공한다.

• 주소: 有田町原明乙111
• 전화: 0955-46-3900
　　　 레스토랑 크린토(究林釷) 0955-46-5000

후카가와세이지 그릇에
유명 셰프가 만드는 제철 음식을
즐길 수 있는 '크린토' 레스토랑

• 홈페이지: www. fukagawa-seiji. co. jp
• 본점: 有田町幸平1-1-8/ 0955-42-5215

오전 9시부터 오후 5시 30분까지 매일 문을 열지만, 레스토랑과 '츄지칸'은 화요일에 문을 닫는다. 입장료는 없다.

아리타 아카에초에 있는
이마에몬 고도자미술관은
도자기 축제 때마다
특설회장으로 변한다.

아리타 3대 명문가마 우에몬 집 찾아가기
1. 이마에몬 고도자미술관(今右衛門古陶磁美術館)과 이마에몬 가마는 모두 아리타 중심지인 아카에초에 있어 찾기가 매우 쉽다. JR아리타역에서 택시로 5분 거리에 있다.

이마에몬 고도자미술관
• 주소: 佐賀県西松浦郡有田町赤絵町2-1-11
• 전화: 0955-42-5550
• 영업시간: 오전 9시 30분~오후 4시 30분까지
　　　　　　월요일 휴관
• 입관료: 상설전 300엔, 학생은 무료

이마에몬 가마
• 주소: 佐賀県西松浦郡有田町赤絵町2-1-15
• 전화: 0955-42-3101
• 홈페이지: www.imaemon.co.jp

2. 가키에몬(柿右衛門) 가마와 가키에몬 고도자참고관(古陶磁参考館)은 시내에서 멀리 떨어져 있어 걸어갈 수 있는 거리는 아니다. JR아리타역에서 역시 택시로 5분 거리다.

• 주소: 佐賀県西松浦郡有田町南山丁352
• 전화: 0955-43-2267
• 영업시간: 오전 9시~오후 5시까지 연중무휴
• 홈페이지: www.kakiemon.co.jp

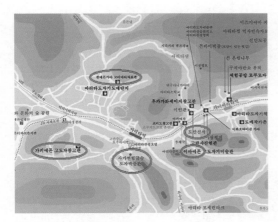

아리타 지도와 3대 명문가 위치

3. 겐에몬(源右衛門) 역시 시내에서 멀리 떨어져 있어 찾아
가기 불편하다. JR아리타역에서 역시 택시로 6분 거리다.

• 주소: 佐賀県西松浦郡有田町丸尾丙2726
• 전화: 0955-42-4164
• 영업시간: 오전 8시~오후 5시 30분까지. 연중무휴.
          일요일은 오전 9시부터 오후 5시까지.
• 홈페이지: www.gen-emon.co.jp

도자기 무역항으로서의 나가사키와 회청(回靑)의 수입
일본 도자기 분류에서 소메쓰케(染付), 에쓰케(繪付), 이로
에(色繪)는 반드시 알아두어야 할 단어다. 도자기 명칭에
반드시 이런 단어들이 들어가기 때문에 이 뜻을 알아야
그 도자기의 특성을 알 수 있다. 다시 한 번 복습하자면,
소메쓰케(染付)는 코발트 안료로 하회(下繪: 유약 바르기 전의
밑그림) 기법으로 그린 것 즉 우리나라의 청화백자다. 에
쓰케는 붉은색, 금색 등 다양한 안료로 상회(上繪: 유약을 발
라 구운 도자기 위에 다시 그림) 기법으로 그린 것이며, 이로에

서양인들이 면도할 때 받침 용도로
만든 '소메쓰케 접시'

(色繪)는 도자기 표면에 그림을 색칠해 구운 것이다.

그런데 일본 역시 조선과 마찬가지로 소메쓰케를 위한 코발트블루는 중국으로부터 수입할 수밖에 없었다. 특히 아리타를 중심으로 한 히젠 도자기는 주로 소메쓰케를 생산했으므로, 이 지역에서 '고스(吳須)'라고 부른 산화코발트의 수입은 매우 중요했다. 히젠으로의 고수 공급은 전적으로 나가사키를 통했다.

도쿠가와 이에야스에 의해 시작된 도쿠가와 막부는 처음에는 해외 무역을 적극적으로 추진했지만, 기독교 확산과 일본 남서부(주로 사가 번과 사쓰마 번)를 거점으로 한 다이묘의 경제력 상승을 차단하고자 1641년부터 해외 무역을 제한하고 일본인들의 해외 도항을 금지하는 쇄국 정책을 시작했다.

그러면서도 홋카이도(北海道)의 마쓰마에(松前), 쓰시마(対馬), 나가사키(長崎), 류큐(琉球, 현 오키나와)의 네 곳 창구는 제한적으로 열어두었다. 마쓰마에는 '아이누(アイヌ·홋카이도에 사는 선주민)'를 대상으로 하였으며, 간접적으로는 중국과 러시아를 대상으로 한 항구였다. 쓰시마는 조선을 대상으로, 류큐는 중국을, 나가사키는 네덜란드와

나가사키 항구의 데지마 섬과 네덜란드 상선을 묘사한 그림

중국을 대상으로 했다. 이 중 세 곳은 해당 번의 다이묘
에 의해 통치되었고, 오로지 나가사키만이 도쿠가와 막
부에 의해 직접 관리되었으며, 유럽 무역을 담당하는 유
일한 항구였다.

일본의 해외 무역은 1570년에 시작되었는데, 도쿠가와
막부는 1638년에 해외 무역 금지를 강화했으므로, 앞에
서 본 것처럼 포르투갈 상인들은 나가사키에 있는 '데
지마(出島)'라는 작은 인공섬으로 강제적으로 이동하게
되었다. 그런데 도쿠가와 막부는 그 이듬해부터 포르투
갈 선박이 나가사키에 오는 것을 금지했다. 이에 따라
1641년에 히라도(平戶)에 있었던 네덜란드 상관이 데지
마로 이전하고, 나가사키는 네덜란드와의 무역항으로
확립되었다. 1689년에는 당시 나가사키 시내에 거주하
던 중국인을 '도진야시키(唐人屋敷·중국인 거주 지역)'에 모
여 살게 하였으며, 일본인과의 접촉을 엄격하게 제한했
다. 나가사키에서 벌어진 이러한 상황은 1858년 일본
개국까지 유지되었다.

1690년대 나가사키에서
50여 년 동안 존속하다가 사라진
우쓰쓰가와야키(現川燒).
현재 복원 노력 중이다.

앞의 히라도 항목에서 잠깐 이야기했지만 중국 선박에
의한 히젠 도자기의 최초 해외 수출은 1647년에 이루
어진 것으로 알려져 있다. 174포대의 거칠게 만들어진
도자기가 시암(현 태국)을 거쳐 현 캄보디아로 수출되었
다. 1650년에 한 네덜란드 회사가 히젠 도자기를 동남
아시아로 수출하기 시작했으며, 1657년에 3,040점의 히
젠 도자기와 '다양한 샘플이 들어 있는 상자'를 네덜란
드에 보냈다. 1659년에는 네덜란드, 동남아시아, 인도
그리고 아라비아 지역에 33,910점의 히젠 도자기가 네
덜란드 선박에 의해 수출되었다. 이로써 일본은 자기 수
입국에서 수출국으로 변모했다. 아시아 시장에서는 중
국 도자기와 경쟁하기 시작했다. 1659년부터는 채색자
기도 수출했다.

1663년부터 대량의 자기 수출이 이루어졌다. 그해 10월

에는 네덜란드에 수출한 3,543점을 포함하여 4만 2,000점에 가까운 도자기가 수출되었다. 이때부터 1682년까지 23년 동안 네덜란드 동인도회사에 수출한 도자기는 19만 점이 넘었다.

수출이 증가하면서 히젠은 대량생산 체제를 갖추었다. 1672년에는 180개가 넘는 곳에서 도자기를 생산했고, 여기서 일하는 노동자만 해도 4,000명이 훨씬 넘었을 것으로 추정된다. 생산 공정의 분업화도 촉진되었다. 공정은 도자기 빚기(성형), 그림 그리기, 세공, 불 지피기 등으로 분화되었다. 특히 디자인의 중요성이 인식되면서 서양인이 선호하는 디자인이 개발되었다.

마침 일본은 1680년에 접어들면서 전무후무한 호황기를 구가했다. 이에 따라 대도시 상인들 사이에 다도가 유행했고, 경제적으로 부유해진 상인들은 사치스러운 생활을 했다. 에도 막부는 빈번히 사치 금지령을 내렸지

복숭아와 구름 그림에 '목숨 수(壽)' 자 를 넣은 청자 소메쓰케 큰 접시
(이마리 오카와치에서 1690~1740년경에 제작)

만 별 효과를 거두지 못했다. 이런 경제적 호황과 사치 풍조에 의한 다도의 유행으로 히젠 자기산업은 급성장 했다.

일본이 중국에서 회청(回靑)을 수입하기 시작한 것은 1650년이다. 일본에서 자기가 생산된 지 30여 년 만에 히젠의 자기산업이 확대되어 양질의 안료를 중국에서 구입하게 된 것이다.

일본 고문헌에서 산화코발트는 '차완 구스리(찻잔 약·茶碗薬)'라고 불리기도 했는데, 18세기 초기 중국 선박에 의한 '차완 구스리'의 수입량의 한 단면을 살펴보면 다음과 같다(1근=0.6kg).

코발트블루 타일과 도자기로
장식한 나가사키 카스테라의 명가
이즈미야(和泉屋)

- 1711년(6월부터 11월): 4척 선박으로 2,200근(1,332kg)
- 1712년: 9척 선박으로 16,050근(9,630kg)
- 1713년: 3척 선박으로 4,500근(2,700kg)

보다시피 엄청난 양의 코발트블루가 나가사키를 통해 사가 번에 쏟아져 들어왔고, 이는 히젠 도자기의 성업과 연결되었다. 그러나 18세기 후반이 되면 '차완 구스리'의 가격이 상승함에 따라 수입량이 감소하고 도자기 생산이 어려워졌다. 또한 청나라와의 무역 재개로 1757년 네덜란드 동인도회사의 공식적인 히젠 도자기 수입이 중지되면서(그러나 민간 무역은 계속되었다), 히젠 도자기의 주요 시장도 일본 국내시장으로 옮겨감에 따라 코발트블루 수입량도 감소했다.

19세기에는 도자기 생산이 세토(瀬戸), 현재의 아이치(愛知) 현과 일본의 여러 곳에서 시작되었기 때문에, 히젠에 의한 도자기 시장의 독점 상태는 와해되었다.

CHAPTER

02

두 번째 가마

조선에서 사용한
요강 대부분을 만든
하사미

국화의 이슬 물 대신 받아서 긴 벼루 목숨

きくの露受し硯のいのち哉

-요사 부손의 하이쿠

하사미波佐見는 미카와치三川內와 마찬가지로 사가 현이 아닌 나가사키 현에 속한다. 그러나 아리타에서 자동차로 십여 분이면 갈 수 있는 매우 가까운 거리이기 때문에 거의 한 묶음으로 취급된다. 도자기 축제가 열릴 때는 아리타와 하사미를 오가는 무료 셔틀버스가 운행될 정도다.

하사미는 인구 1만 5,000여 명의 작은 마을이다. 그러나 나가사키 현에서는 가장 크고, 일본 전국적으로 보아도 3번째로 큰 규모를 가진 도자기 생산지다. 이 작은 마을에 무려 150여 개의 가마가 있고, 그곳에서 일본 식기의 15%를 생산한다. 생활자기의 메카가 바로 하사미인 것이다.

그런데 하사미는 우리에게 전혀 익숙한 이름이 아니다. 아마 대부분 이 지명을 모를 것이다. 이유가 있다. 에도 시절에는 하사미 도자기도 아리타와 마찬가지로 40분 거리의 이마리 항구를 통해 외부에 유통됐다. 메이지유신 이후에는 가까운 아리타역을 통해 기차로 팔려 나갔다. 그러니 하사미는 자신의 이름이 불릴 기회를 잃고 이마리야키 아니면 아리타야키로 통칭된 것이다.

하사미에서 처음으로 가마를 연 것은 1598년 조선 사기장 이우경李祐慶으로 돼 있다. 여기서 "돼 있다"라고 표현한 것은 일본인들이 그렇게 하기로 정했기 때문이다. 그 과정이 몹시 흥미롭다.

이우경이 기록에서 처음으로 등장한 것은 1930년대다. 1933년 하사미가 속한

● 일본 생활식기 생산량의
   15%를 담당하는
   하사미 도자기 축제

●● 하사미 도자기 축제는
   주민들이 그릇을 사고 즐기는
   생활밀착형 축제다.

하사미 도자기 축제에서 작품 만들기 실습에 나선 주민들과 어린이

히가시소노기군東彼杵郡 중부지방직원회中部地方職員會가 당시 이 고장의 어린이들에게 지역 사정을 알리기 위해 간행한 『향토독본鄕土讀本』에서다.

> "나카오 사라야마中尾皿山의 기원은 이세키사토井石鄕에 겐나연간元和年間 고려인 우경을 선생으로 맞이하여 가마窯를 열었습니다. … 고려와 관계가 얕지 않은 것은 지금도 지명으로 남아있습니다. 예를 들면 우치우미內海, 가와하라川原, 가와우치川內는 원래 고라이가와우치高麗川內라 하여 나카오산中尾山의 원료를 여기에서 취하고 있었습니다."[01]

01 노성환, 「하사미 도자기와 조선 도공」, 『일본어문학 제45집』, 296p.

즉 이 지역의 가마는 우경을 비롯한 조선 사기장에 의해 시작되었고, 그 기술을 일본인들이 배웠다는 것이다. 그런데 보다시피 여기에서는 우경의 성씨에 대해 기록하지 않고 있다. 아마도 이때까지 이우경의 성이 분명치 않았다고 할 수 있다.

이 내용은 1936년대의 학술서적에도 등장하는데, 앞에서 이미 언급된 적이 있는 나카지마 히로키의 『히젠도자사고』다. 그것에 의하면 이우경은 나카노 유케이中野祐慶라는 일본 이름으로 다음과 같이 서술되어 있다.

> 이 지역의 가마는 게이초 연간慶長年間, 1596~1615 번주 오무라 스미요리大村純
> 賴의 때에 한인 도공 우경 형제에 의해 시작되었다고 전해진다. 나카노 유
> 케이는 귀화하여 나카노 시치로우에몬中野七郎右衛門이라 개칭하였고, 이
> 나카노 일족이 나카오산中尾山과 나가오산永尾山으로 분포하였다고 하며,
> 가와하라·가와우치川原川內의 청자 원료도 또한 한인들이 발견하였다고
> 전해진다.[02]

여기에서도 우경은 성씨가 기록되어 있지 않으며, 또 그에게는 형제가 있었고 그에 관한 사항은 어느 일정한 문헌에 나오는 것이 아니라 지역에서 전해지는 구비전승임을 드러내고 있다.

이처럼 기록상 분명치 않은 이우경이 역사적 인물로 등장한 것은 1955년의 일이다. 그해 오무라 스미타다공 전기간행회大村純忠公傳記刊行會가 오무라 스미타다

---

02 中島浩氣, 『肥前陶磁史考』〈復刻本〉(靑潮社, 1936), 293~294p.

大村純忠의 전기를 간행할 때 부록으로 덧붙인 「오무라번연보大村藩年譜」에 다음
과 같이 기록했다.

> 게이초 3년 11월 19일 각 장수가 탄 배가 순천을 출발하여 26일에는 부산
> 포를 출발하여 귀국했다. … 이때 데리고 온 조선인에 의해 미카와치三河
> 內, 하사미波佐見의 제도업은 시작되었다. 우경은 나카노 시치로베에中野七
> 郎兵衛라 개명하고 나카오야마中尾山로 옮겼다.

라고 기록한 것이다. 그동안 이우경에 대해 오무라大村 번주인 오무라 요시아키
大村喜前에게 순천에서 형제와 더불어 연행된 인물이라고 결론지은 연구들은 이
기록에 의한 것이다.

그런데 여기에서도 우경은 성이 없다. 그가 성을 가지게 된 것은 1968년부터다.
그해 이곳 사람들은 하사미 도자기 창업 370주년을 맞이하여 기념사업의 일환
으로 그들이 살고 있는 마을이 내려다보이는 코신엔甲辰園이라는 산 정상에다
전설로 내려오는 우경을 하사미 도자기의 개조로 인정하고 그의 기념비를 커다
랗게 세웠는데, 그때 그의 성을 이씨로 한 것이다.

그 후부터 오늘날까지 매년 5월 1일이 되면 도조제陶祖祭를 지내고 있다. 이로 말
미암아 우경은 이우경이 되었으며, 또 전설상의 인물이 아닌 명실공히 공적으
로 인정하는 역사적 인물로 하사미 도자기의 개조가 됐다. 뿐만 아니라 1976년
하사미정사 편찬위원회波佐見町史編纂委員會가 편찬한 『하사미사波佐見史』는 이렇게
기록했다.

棚板づみ

ホシ

● 하사미 옛 가마터에서 출토된 생활식기 사금파리들
●● 하사미 옛 오름가마는 길이가 무려 55.4m에 달하는 초대형이었다. 가마를 이용한 하사미 도자기 디스플레이

요시아키가 귀국할 때 조선인 도공 이우경을 비롯한 5~6명 혹은 5, 6세대를 데리고 왔다.

임진왜란에 의해 일본군의 포로가 된 조선 사기장 이우경을 정식 기록으로 인정한 것이다. 이렇게 해서 조선인 사기장 '우경'은 명확한 근거가 불충분함에도 일본인들에 의해 하사미의 공식 개조인 이우경이 된 것이다.

하여튼 이우경이 처음으로 가마를 개설했다는 곳은 무라키村木의 하타노하라畑の原인데, 이곳은 하사미에서 가마를 열었다고 전해지는 또 다른 조선인 사기장 박정의의 백관요百貫窯와 가까운 곳이다.

그런데 이 지역의 가마 형태는 조선식 등요登窯로 되어 있고, 또 그곳에서 출토되는 사금파리들이 히라도계平戸系 가라쓰唐津의 것과 흡사하다. 또한 기록에서도 요시아키가 조선인 5~6명혹은 세대을 연행해 갔다는 사실을 고려할 때, 하사미에서 도자기의 터전을 일군 제작자들은 조선에서 건너간 사기장들임에 틀림없다고 보인다.

이들은 한 명이 아니라 여러 명의 집단을 이루고 공동 작업을 하였을 것이며, 이들 가운데 구전으로 전해지는 이름이 이우경뿐인 것으로 보아 그 이름은 일개 사기장이 아니라 아리타의 이삼평처럼 사기장 집단을 관리 감독하는 우두머리였을 수도 있다.

이우경이 처음으로 가마를 열었다는 하타노하라에 대한 발굴 조사는 1981년에 시작되었다. 그 결과 조선식 오름가마로 된 방의 수가 24개 이상이나 되고, 그 방 하나의 폭과 길이는 모두 2m 정도였다. 가마 전체 길이가 55.4m나 되는 초대형으로, 1620년에서 1630년경까지 사용한 것으로 추정되었다.

즉 박정의의 시모히에코바下稗木場 가마보다 후대의 것이다. 여기서도 출토된 것이 대부분이 도기였고, 자기도 약간 섞여 있었다. 자기는 청화 23점, 백자 45점, 청자 6점 등이 나왔다. 그리고 자기제품은 초기 단계의 특징을 가지고 있었다. 이러한 점으로 미루어 박정의는 도기 단계에 머물러 있었으며, 이우경은 도기의 중심을 이루되, 자기 생산은 실험적인 단계에 머물러 있었음을 확인할 수 있다.[03]

현재 하사미 도자기라 하면 무라키 지역에서 생산되는 것이 아니다. 이 지역에서 동남쪽으로 떨어진 이세키井石 지역에 속하는 나가오永尾, 나카오中尾, 미마타三股에서 생산하고 있는 것을 말한다. 이는 무라키 조선 사기장들이 이세키 지역으로 옮겨 갔음을 의미한다.

그중 가장 오래된 곳이 미마타다. 그곳에는 사기장들이 산신을 모신 산신사山神社가 지금도 있고, 그 옆에는 '고라이 가마高麗窯'라 불리우는 옛 가마터가 남아있다.

이 지역에서는 지게를 일본어 '쇼이코'라 하지 않고, 한국어 '지게'라고 한다. 바로 이러한 흔적은 이곳에서 그릇을 구웠던 사람들이 조선인임을 나타내는 상징이라 할 수 있을 것이다.

조선 도공들이 무라키에서 이세키로 옮긴 것은 대략 1630년경으로 추정된다. 이때부터 하사미는 종전과 달리 본격적인 자기 생산이 이루어진다. 청자가 중심이었다.

미마타 가마터는 1997년에, 나가타야마長田山 가마터는 1996년에 각각 발굴

03 노성환, 「하사미 도자기와 조선 도공」, 『일본어문학 제45집』, 298p.

● 하사미 가마터에서 발견된 옛 하사미 사금파리들. 희고 푸른 꽃 그림을 넣은 희귀한 청자도 있다.

●● 1630~1650년대 하사미, 매화나무 문양을 붙인 청자 찻잔 받침

조사가 이루어졌는데, 두 곳 모두 청자가 대거 출토된 것이다. 미마타는 하타노하라의 다음 단계인 1630~1650년에 걸쳐 사용된 가마로 추정되고, 또 나가타는 1690~1740년경까지 사용한 것으로 추정되었다.

미마타 청자는 그릇과 접시, 향로, 항아리 등 다양한 제품이 많았으며, 그중에서는 접시가 가장 많았다. 문양은 초화草花가 기본이었으며, 음각, 양각, 선각線刻, 첩화 등 고도의 기술을 사용했다. 이러한 청자가 미야기宮城 현의 센다이仙台, 도쿄의 와키사카脇坂 가옥터, 시가 현 히코네성彦根城 가노家老의 집에서도 발견되는 것으로 보아 당시 상당한 고가로 팔리는 고급 제품이었음을 알 수 있다. 나가타야마 생산 제품도 청자가 주를 이루는데, 간혹 청자 위에 희고 푸른 꽃 그림을 그려 넣은 것도 발견된다. 이곳 사금파리는 18세기 전반 하사미 청자를 이해하는 데 매우 중요하다.

하사미 도자기의 급속 성장은 아리타처럼 해외 수출과 밀접한 관련이 있다. 앞에서 몇 번 말했듯 17세기 중엽 명·청 교체기의 혼란으로 중국의 많은 도요지가 파괴되고 무역금지령이 내려지면서 네덜란드 동인도회사가 이를 타결하기 위해 일본에 눈길을 돌린 것이다.

이로 말미암아 하사미는 아리타와 함께 유럽으로부터 쇄도하는 주문을 감당하지 못할 지경이었고, 간분寬文 연간1661~1672년에 새로운 가마들이 집중적으로 생겨났다. 이에 오무라 번은 하사미에 사라야마 야쿠쇼皿山役所를 설치해 미마타, 나카오, 나가오를 관리하며, 도자기를 오무라 번의 특산품으로 삼았다. 주요 수출품은 청자 큰 접시와 밥그릇, 대접 등이었다.

이러한 그릇은 나가사키를 통하여 인도네시아 등 동남아시아로 대량으로 팔려 나갔다. 하사미 도자기의 호경기는 17세기 중엽부터 말까지 40여 년이나 지속되었다.

그러나 중국이 다시 도자기 수출을 재개하자 그 타격이 이만저만이 아니었다. 그리하여 이들은 수출품 대신 값싼 일용잡기를 개발하여 국내로 판매망을 개척하게 된다. 이때는 청자가 아닌 백자로 바꾸었고, 제품에다 푸른색으로 여러 문양들을 그려 넣었다. 이 시기에 만들어진 밥그릇과 접시 등을 비롯해 다양한 종류의 제품들이 만들어졌다. 그러니 서민들의 생활식기 생산 중심지로서의 하사미 역사는 이때부터 시작된 것이다.

한편 값비싼 장식 도자기가 아닌, 술병과 간장병 수출은 지속되었는데 바로 '곤푸라 병 コンプラ瓶'이라 부르는 것이다. '곤푸라'라는 말도 '중매'를 의미하는 포르투갈어 콤푸라돌Comprador에서 왔다. 일명 '난병蘭瓶'이라고도 불린 흰색 자기의 이 병은 주로 네덜란드와 포르투갈 사람들을 상대로 중계무역을 하는 '곤푸라 상사金富良商社'를 통하여 수출되었기 때문에 그와 같은 이름이 붙여졌

간장과 술 등을 담은
'곤푸라 병'

지금은 관광용 배만 오가는 요도가와 뱃길. 사진의 배가 가장 일반적인 '산짓고쿠후네'다.

다 한다.

곤푸라 병에는 네덜란드어로 일본 술이라는 의미의 ' 'JAPANSCH ZAKY^{야판}^{세 사키}', 또 일본의 간장^{醬油}이라는 의미로 'JAPANSCH' ZOYA^{야판세 소야}'라고 적혀 있다. 이들은 일본과 네덜란드 간의 무역이 성행했던 1650년경부터 메이지 말기까지 나가사키의 데지마^{出島}를 통하여 동남아시아와 네덜란드 등지로 수출되었다. 이는 프랑스 루이 14세부터 러시아 문호 톨스토이까지 애용할 정도였다고 하니, 얼마나 많은 양이 유럽으로 수출되었는지 알 수 있다.

하사미의 서민 식기 생산량은 일본 내 1위였다. 나카오^{中尾} 지구의 노보리가마에 대한 1992년 발굴 조사 결과, 소성실만 33개에 전체 길이가 160m에 이르는 세계 최대 규모의 가마였음이 밝혀졌다.

덴포天保 연간1830~1843년에 편찬한 『향촌기鄕村記』에 의하면 전체 길이가 100m
를 넘는 대규모 가마만 하더라도 8기나 있었고, 또 연간 4만 8,446가마니를 생
산했다고 되어 있다. 실로 엄청난 규모였던 것이다.

이마리에서 선적되어 바닷길을 통해 오사카大阪로 옮겨진 일용잡기들은 요도
가와淀川라는 강을 따라 다시 오사카에서 교토京都로 수송되어 팔려나갔다. 요
도가와는 에도 시대부터 교토와 오사카를 잇는 가장 주요한 통로였다.

에도 시대 교토에서 오사카로 가려면 육지의 도카이도東海道를 걷는 것보다 교
토 후시미伏見 선착장에서 배를 타고 가는 것이 가장 보편적이었다. 걸으면 하루
종일 걸렸지만, 배를 이용하면 반나절에 도착했다. 그래서 사람과 말은 물론,
많은 짐도 운반됐다.

이처럼 요도가와가 가장 편리한 교통수단이 되었기에 여행자를 위한 선박 운
송업과 숙박업을 겸하는 '후나야도船宿'가 성업을 이루었는데 상류의 후시미
는 52개 업소가, 하류 오사카에는 24개의 가게가 있었다. 1866년 3월 9일 사카
모토 료마坂本龍馬가 습격을 당해 겨우 목숨을 구해 도망쳤던 가게로 유명해진
데라다야寺田屋도 후시미에 있는 후나야도의 하나다. 아마 그도 요도가와에서
배를 타고 오사카와 교토를 오갔을 것이다.

당시 가장 일반적인 운송선으로 30섬의 쌀을 실을 수 있다 하여 '산짓고쿠후
네三十石船'라고 이름이 붙여진 배의 경우, 보통 28명의 손님이 타면 콩나물시루
처럼 빽빽하게 들어찼다. 교토에서 오사카로 십리40km 하행에는 6시간, 반대의
상황에는 3명의 인부가 밧줄을 끌어 10시간이 걸렸다. 그런데 배에는 화장실
이 없었으므로 늘 악취가 진동했다.

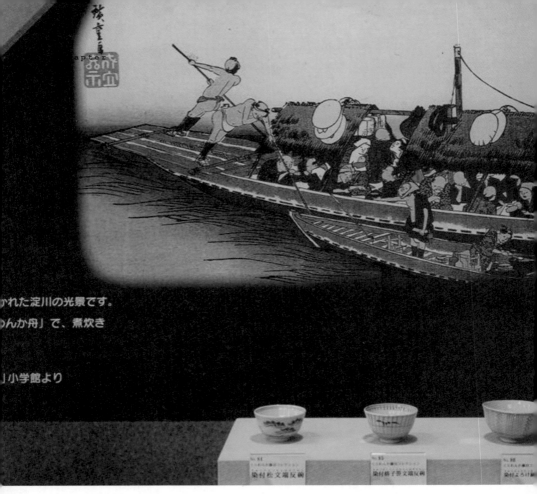

かれた淀川の光景です。

のんか舟」で、煮炊き

」小学館より

교토와 오사카를 잇는 요도가와 뱃길의
'구라완가 배'에서 장사를 하던 모습을 재현한 그림과
당시의 하사미 그릇들

이 수로를 따라 배들이 매우 빈번하게 다녔으므로 그 배에 다가가 술이나 음식을 담아서 파는 장사꾼들이 있었다. 그들은 조그마한 배를 타고 큰 배에 다가가 승객들에게 "떡 드세요, 술 드세요餅くらわんか, 酒くらわんか"하며 팔았다 한다.

이처럼 음식과 술을 먹지 않겠느냐くらわんか, 구라완카고 호객 행위를 했다고 해서, 그런 배를 '구라완카 배くらわんか船', 사용한 그릇은 '구라완카 다완茶碗'이라 했다. 그런데 바로 그 때의 '구라완카 다완'이 하사미에서 만든 그릇들이었다.

먹고 마시고 난 뒤 그릇들은 그대로 요도가와 바닥에 버려졌다. 그리하여 일회용으로 사용되는 대량 생산의 싼 그릇을 총칭하여 '구라완카데くらわんか手'라고 부르게 되었다.

이처럼 하사미 구라완카데의 값싼 일용잡기는 오사카와 교토의 서민들에게 보급되어 큰 인기를 끌었다. 간단한 문양의 하사미 그릇들이 인기를 끌자, 다른 도자기 산지에서 너도나도 이를 따라 만들었고 이런 경향이 곧 전국으로 퍼져나갔다. 이것들은 값싸고 실용성이 강조된 것으로 대량 생산된 것이기 때문에 예술적 가치는 없었지만 서민용으로는 안성맞춤이었다.

일본 서민의 식탁에서 밥그릇과 접시 등을 비롯한 다양한 사기그릇들이 사용되면서 비로소 식탁의 모습이 완성된 것은 이처럼 하사미 덕택이었다. 그릇의 사용은 음식 만드는 행위에도 영향을 미치기 때문에 지금 볼 수 있는 음식문화의 상당수도 이에 기인하고 있다고 할 수 있다. 하사미야키의 400년 역사는 바로 일본 음식문화 400년의 역사이기도 하다.

서민용 그릇이 보급되기 시작했다는 것은 일본의 대중식당에서도 사기그릇을 사용하기 시작했다는 의미이기도 하다. 오늘날 일본에서는 어떤 대중식당이라도 플라스틱 그릇을 사용하지 않고 반드시 사기그릇을 사용한다. 하다못해 거

리의 노점상이나 앉지 못하고 서서 음식을 먹는 간이식당에서도 사기그릇은
필수적이다. 음식은 비싼 도자그릇이 아니더라도 적어도 사기그릇에라도 담아
야 한다는 손님 존중의 마음이 살아 있다.

가볍고 씻기 쉬운 편의성을 생각하거나 혹은 그릇 장만 비용을 줄이기 위해,
고급 한정식 식당이 아니고서야 거의 모든 식당에서 플라스틱 그릇을 사용하
는 우리나라와는 다른 분위기다. 일본의 이러한 전통이 바로 하사미 그릇, 우
리 선조가 바탕을 일궈낸 하사미 구라완카데가 결정적인 역할을 한 것이다.

'왜사기'가
조선에서 범람하다

오무라 번은 1665~1873년 약 200년 동안 '사라야마 야쿠쇼皿山役所'를 통해 하
사미 사라야마의 발전에 주력
해 지금과 같은 융성을 구축하
는 초석을 놓았다. '곤부라 상
사金富良商社'도 사라야마 야쿠
쇼의 지원으로 빠르게 성장하
고 해외에 진출해 하사미와 해
외를 잇는 큰 다리가 되었다.

메이지유신으로 1871년 폐번
치현이 실시되면서 모든 번이
사라지고 번 차원의 지원도 없
어지자, 큰 가마는 폐지되고 개

현대 하사미 도쿠리와 술잔

● 값싸고 경쟁력 있는 하사미 생활식기들은 조선 후기 개항 시기에 물밀 듯 쳐들어와 시장을 잠식했다.
●● 조선에 요강까지 수출하던 하사미의 경쟁력은 여전히 이어지고 있다.

인 소유의 작은 가마밖에 남지 않게 되는 등 위기가 닥쳤다.

그러나 두 가지 요인이 곤경에 처한 하사미를 다시 구출해냈다. 그 하나는 사케나 소주를 담아 마시는 술병인 도쿠리德利와 방에 두고 오줌을 누는 요강의 대량 생산이었다. 에도 시대 식기에 이어 또 한 번 서민의 생활 속으로 들어간 것이었다. 기록에 의하면 1884년 한 해에 하사미에서 생산한 도쿠리만 10만 1,376개나 되었고, 한창 전성기에는 연간 35만 개라는 어마어마한 양이 만들어졌다.

하사미를 구한 또 하나의 요인은 바로 조선으로의 수출이었다. 하사미는 1887년 무렵부터 조선으로 사기그릇을 대량 수출하기 시작했다.

물론 일본이 일반적인 사기그릇食器을 조선으로 수출한 것은 그 이전부터 있었다. 1878년 이마리, 아리타의 상인 야나세 로쿠지柳瀨六次가 조선에 직접 와서 보고 값싼 식기의 수요가 크다는 것을 파악하고 자기를 대량으로 제작하여 수출한 바가 있다. 1885년 서울에서는 후치가미 큐베이가 이마리로부터 그릇을 수입하여 팔았다.

이들이 보급한 그릇이 상당히 널리 퍼져 있던 사실은 1884~1885년까지 조선 주재 영국영사를 역임한 W. R 칼스가 평양을 여행할 때 그곳의 상점과 노점에 일제 식기가 팔리고 있다는 사실을 알고 조선에서 일본 식기의 침투가 매우 빠르게 확산되어 간다고 지적한 것에서도 알 수 있다.

그러나 이들 제품의 질은 좋지 않았다. 그것들이 얼마나 조잡했는지, 1888년 당시 인천 주재 일본영사가 외무성에 보낸 글이다.

"그릇의 경우 곧 깨어지는 것이 많으며, … 악평으로 인해 일본 잡화 전체

• 구리로 만든 옛 요강
  (경남 고성 수로요 소장)
•• 일제강점기 부산에 설립된
  '일본경질도기'에서 제작한 사기 요강

일제강점기에 가장 대중적으로 사용되던 백자 식기(경남 고성 수로요 소장)

를 신용하지 않게 된다."

그럼에도 일본의 그릇 수입은 늘어나기만 했다. 여기에는 일본 상인뿐만 아니라 조선 상인들도 가세했다. 1889년 조선의 상인 항춘호^{恒春號}와 정치국^{丁致國}이 직접 일본으로 건너가 우레시노^{嬉野}의 가마들과 계약을 맺고 거래를 개시했다. 그 후 이들과 거래가 끊어지자 야마구치 마타시치^{山口又七}는 직접 인천에 지점을 개설하여 사업을 벌였다. 이처럼 조선 후기 개항 시기에 하사미를 비롯한 규슈의 사기그릇은 물밀듯이 조선으로 들어와 보급되었다.

1895년에 발행한 『조선휘보^{朝鮮彙報}』라는 문헌에 의하면 1892년 당시 조선의 일본도기 수입 금액은 총 4만 2,000원에 달하였고, 그것의 대부분은 일용잡기였으며, 개항장 부근의 조선인들은 모두 일본도기를 사용하여, 자국의 것을

생활 식기래도 디자인은 매우 우수하다.

하사미 도자기는 일상생활에서 손쉽게 사용할 수 있는 식기들이 주를 이룬다.

사용하는 사람은 거의 없을 정도라고 했다.[04] 급기야 조선의 서민들이 사용하는 그릇마저도 일본이 담당하게 된 것이다.

1891년경의 기록인 『하제일기荷齊日記』는 일본도자기 수입에 대해 다음과 같이 서술하고 있다.

> 김정호가 요강, 제사 접시 등 일본 그릇 수천 금 어치를 사들였다. 기전器廛[05]의 도중에서 시비가 없지 않을 것이고, 나 또한 곰곰이 생각하니 말을 하지 않을 수 없었다. 그러므로 "기전에서는 이전부터 일본 그릇을 사고 판 적이 없었는데 지금 갑자기 보이니, 만약 이것을 중지하지 않으면 분원의 그릇은 피차간 서로 상관이 없을 것이니, 전후 회계를 깨끗이 청산한 뒤에 다시 거래하지 않을 것이다"라고 하니 김정호가 몹시 두려워하고 겁을 내면서 나에게 무사하게 해달라고 애걸복걸하였다.[06]

이에서 보듯 19세기 말 서울 사기그릇 가게에서 일본 도자기를 대량으로 수입하여 판매하려다 저지당하는 사건이 있었다. 다시 말하여 이 기록은 당시 일본 도자기가 물밀듯이 조선으로 들어왔으며, 이를 수입하는 업자가 있었다는 사실을 의미한다. 그래서 일본 그릇을 계속 판매하면 더 이상 분원 그릇을 보급하지 않겠다고 엄포를 놓았다는 이야기다.

그러나 당시 일본의 수출 식기 가운데는 품질이 불량한 제품도 많았던 것으로

04 방병선, 「한일시대 한일 도자교류」, 『한일 문화교류-그 새로운 역사의 장을 열며-』 부산박물관(2008), p 281
05 그릇을 파는 가게
06 貢人池氏, 『국역 하제일기(國譯 荷齊日記)』, 이종덕 역, 서울시사편찬위원회(2005), pp.203-204.

하사미 세이이 가마 작품(2019년 '현대의 명장(現代の名工)' 수상)

보인다. 여기서 판매한 그릇이 일본 어느 지역에서 생산된 것인지 자세한 기록이 없어 알 길이 없으나 값이 매우 저렴하고 그다지 품질이 좋지 못하였다면 거기에는 분명히 하사미 제품이 대량으로 섞여 있었을 것이다. 앞에서 보았듯 값싼 구라완카 상품으로 위기를 극복한 곳이 바로 하사미이기 때문이다.

특히 조선 수출용 요강을 제조한 곳은 일본에서는 하사미와 인근 지역인 시오타鹽田 뿐이다. 그러므로 위의 그릇장수 김정호가 판매하려는 일본 요강은 필시 하사미에서 생산되었을 가능성이 매우 높다. 하사미는 조선에서 이전까지 구리나 놋쇠 요강을 사용했던 것이 사기로 바뀌는 데 결정적인 역할을 했다.

이처럼 도쿠리와 요강으로 활로와 활기를 다시 되찾은 하사미 도자산업은 1902년 도자기의장전습소陶磁器意匠傳習所를 설립하여 기술자들을 양성하고, 1905년에는 도자기신용조합을 결성하여 업계 진흥에 노력을 기울였다. 생산 제품도 일용 잡기를 계속 중심에 두되 동판전사銅版轉寫의 전사법轉寫法, transfer printing 기술을 도입하고 정밀한 문양이 들어가는 찻잔과 접시를 만들기 시작했다.

다이쇼 시대에 들어가면 주물과 석고형石膏型, 기계 물레를 도입했고, 쇼와 시대의 대불황 이후에는 석탄 가마가 속속 들어서 양식기와 술통을 활발하게 만들었다.

전쟁의 어려움을 딛고 다시 일어서 1978년 하사미야키가 통산성 선정 전통공예품으로 지정되었고, 1987년에는 초·중학교의 급식용 식기인 '스쿨웨어 schoolware'를 개발하는 등 품종 다변화를 통한 저변 확대에 계속 노력을 하고 있다. 400년 넘게 명맥을 이어온 일본 생활식기 메카로서의 역사를 지키고 있는 것이다.

부산 영도의
일본경질도기주식회사

부산 자갈치 시장에서 영도 쪽을 보면 영도대교 건너편에 '미광마린타워'라는
고층 아파트가 보인다. 지금은 대단위 아파트 단지이지만 일본강점기에 이곳
에는 일본 도자기 공장이 있었다. 회사 이름은 '일본경질도기주식회사日本硬質陶
器株式会社'로 본사도 그 자리에 있었다.

일본이 전쟁에 패하고 항복하면서 회사가 철수하고, 빈 공장은 한국인 손으로
다시 운영되었으니 그게 바로 '대한도자기'다.

일본경질도기는 1908년순종 2년, 쇼와 10년 가나자와의 쿠타니야키九谷燒 판매상인
하야시야 지사부로林屋次三朗와 가나자와의 다이묘 마에다前田 가문을 중심으로
한 지역 유지의 결합으로 자본금 80만 엔에 설립되었다. 주력 생산품은 서양식
식기를 중심으로 한 생활용 도자기였다.

이후 1917년에 부산 지역의 재력가였던 가시이 겐타로香椎源太郎, 1867~1946의 주도
로 부산부 영선정釜山府 瀛仙町, 현재의 부산광역시 영도구 봉래동에 일본경질도
기 분공장 건설을 추진했다. 부산에 공장을 건설하기로 결정한 것은 가시이 겐
타로가 이토 히로부미伊藤博文, 1841~1909의 이복처남이었으므로, 조선총독부의
적극적인 유치 활동이 있었다. 또한 물류 입지가 대륙과 동남아 수출에 있어
유리한 조건이었고, 주위의 풍부한 원료와 조선인 노동력의 싼 임금을 생각하
면 경제성에 있어서 가나자와 공장을 능가할 것이라는 자체 경영 판단이 선 것
이다.

이리하여 본사를 능가하는 자본금 100만 엔최초 불입 35만 엔의 독립 자회사가
1917년 9월 9일에 정식 인가를 받았고, 12월 3일에 조선경질도기朝鮮硬質陶器가

● 일제강점기 부산 영도에 세워졌던 일본경질도기주식회사 전경

●● 현재 아파트 단지로 변한 영도의 옛 일본경질도기주식회사 터

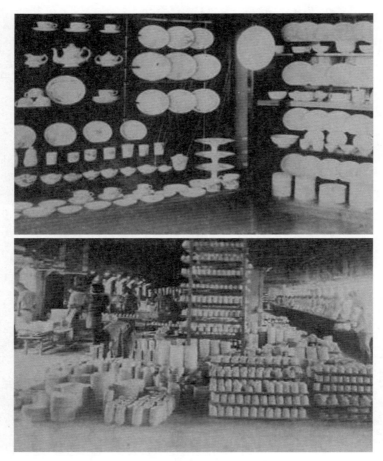

일본경질도기주식회사는 서구적 생산설비를 갖추고 양식기들을 생산했다.

공장	부지	건평	직공	연간 생산액
부산	15,500평	6,000평	300명	200만 엔
가나자와	3,000평	4,500평	600명	150만 엔

가나자와 본사와 영도 지사의 규모 비교

설립됐다. 35만 평의 부지에 당시로서는 건물 면적만 1만 5,500평에 달하는 동양에서 세 번째로 큰 회사였다. 규모는 종업원 300명, 사용 동력 250마력, 연간 70만 엔어치의 제품을 생산하며, 주로 대륙과 동남아 시장에 수출하는 것을 목표로 삼았다.

이 회사는 건립 초기부터 우수 기술자를 확보하기 위해 도쿄공대 교수를 기용했을 뿐 아니라 이들을 영국 웨지우드Wedgwood사에 파견시켜 견문을 넓히도록

일본경질도기주식회사의
화백자 타원형 접시
(사진 제공: 부산근대사박물관)

● 일본경질도기의 꽃무늬 접시와 재떨이

●● '공출보국(供出報國)'과 '결전(決戰)'이라 쓰인
일본경질도기 제작 식기.
비행기와 어뢰, 직사포 등의 그림이 그려져 있다.
놋그릇 등 금속제품을 공출하고 그 대용으로
지급한 보급용 식기다.

했다. 부산 공장은 가나자와보다 모든 면에서 월등한 시설이었다.

일본경질도기의 설립으로 가나자와 공장은 고급 기술에 의한 고가 제품을 생산하여 미국 및 유럽 수출과 내수에 충당하고, 조선경질도기는 낮은 기술로도 가능한 저가제품을 생산하여 중국 및 동남아시아로 수출하는 전략이 실현되었다. 이때 생산된 도기는 주로 동양적인 풍속화나 풍경이 주류를 이루었다.

1920년대 중반 품질이 향상돼 해외시장에서 큰 호응을 얻게 되면서 사세가 급격하게 확장됐다. 일본에는 가나자와 지사 외에 도쿄와 오사카에 판매소가 있었고, 이외에도 만주·하와이·인도네시아 수라바야·싱가포르·필리핀 마닐라에 판매소를 두거나 해외주재원을 파견했다.

1925년에는 가시이 겐타로가 직접 전면에 나서서 경영권을 인수하여 본사를 부산으로 이전했다. 제1차 세계대전 종전 이후 불황에서 시작된 1920년대 장기 불황의 영향으로 일본경질도기가 심각한 경영난에 직면해 있었기 때문이었다. 또한 당시 조선총독부가 직접적인 보조금 지급을 단행하는 등 적극 개입에 나선 상황도 작용했다.

일본경질도기의 경영난은 그 이후로도 장기간 지속되었지만, 1930년대 중반 이후 일제의 대륙 침략에 의한 만주·중국 시장의 새로운 개척과 세계 경제의 대공황 탈피에 따라 수출이 다시 활성화되고 경영 정상화 궤도에 올랐다. 그러나 경영 상황은 1940년대에 들어 다시 악화되기 시작했다. 일제의 전시 경제 구축 때문이었다. 군수 산업에 자원을 집중하는 상황에서 도자기는 군수 산업에 포함되지 못했다. 자원의 제약 속에 생산이 위축되고 판로가 막히는 상황에서 일본경질도기는 태평양전쟁 직전인 1941년부터 다시 경영난이 표면화되었다.

일본 패망과 함께 일본경질도기는 적산 재산으로 분류되어 적산 관리인 노병기가 관리하게 되었다. 회사 이름도 대한경질도기로 변경되었다. 1950년 11월 30일에는 지영진^{양산지역 3, 4대 자유당 의원}이 4억 5,000만 환에 불하받아 대한도기로 개칭했고, 1960년 부산내화공업 대표였던 최유상에게 경영권이 이전되어, 대한도자기로 명칭을 변경하였다. 대한도자기는 1972년에 폐업했다.

태평양전쟁 때 만든 도기 수류탄과
묻어버린 하사미 그릇들

2022년 4월 하사미에서 '다카야마^{高山} 가마'를 운영해온 다카스카^{高塚} 가문에서는 가마 부근에 묻혀 있던 대량의 그릇들을 꺼냈다. '발굴'이 아니라 '꺼냈다'는 표현을 쓴 것은 이 그릇들이 버려진 것이 아니라 일부러 묻어놓았던 것들이기 때문이다.

모든 가마가 그렇듯 하사미에서도 A급 제품이 아닌 B급 제품들은 깨서 가마 부근에 버렸다. 하사미에서는 이를 '모노하라^{ものはら}'라고 불렀다. 그러나 이들이 묻은 그릇은 '모노하라'가 아니었다.

그럼 다카스카 가문에서는 왜 많은 제품을 묻었을까. 그것은 80여 년 전 태평양전쟁과 관련 있다. 전쟁 당시는 통제경제로 도자기 만드는 숫자를 제한했다. 도자기를 굽기 위해서는 목재나 석탄을 대량으로 사용해야 하므로, 이런 물자를 군에 보급하기 위해 생산량을 제한했다.

그러나 어떤 연유에서 당시 다카야마 가마에서는 정해진 숫자보다 훨씬 많은 제품을 만들었고, 이 사실이 들통 나 처벌을 받을까 두려워 몰래 묻었다. 그렇게 쉬쉬하다가 80여 년의 세월이 지난 지금에서야 더 이상 묻어두기 곤란하다고 판단해 꺼낸 것이다.

발굴의 계기는 가마모토의 사업 승계 문제였다. 다카야마 가마는 후계자가 없어 2021년 12월 '사이카이도우키西海陶器'로 사업을 넘겼다. 그 과정에서 부지 돌담을 헐어 공간을 넓히자는 의견이 나왔고, 그러다가 담 부근 공터에 전시 중 묻었던 도자기가 있다는 이야기가 나왔던 것이다.

일반인도 참여한 발굴 작업은 2022년 4월에 열렸는데, 땅을 판 지 10분도 안돼 대량의 도자기가 드러났다. 대부분 하사미다운 소메츠게 찻사발이었다. 너무 많아서 한 번의 이벤트로는 발굴할 수 없었다. 「나가사키신문」에서는 4,000개 이상이라고 보도했지만, 1만 점이 넘을 가능성도 있다. 계속 파헤쳐봐

태평양전쟁 초기에 묻어놓았던 하사미 다카야마 가마의 찻사발들

야 그 전모를 알 수 있을 만큼 대량이다.

이 찻사발들은 쇼와 16~17년 태평양전쟁이 시작될 무렵의 것으로 추정된다. 태평양전쟁 막바지에는 가마모토 이름이 일시적으로 없어지고 하사미의 첫 글자와 나라에서 할당한 숫자가 합해져 '波11'로 표기됐다. 그런데 꺼낸 찻사발의 높은 굽高台 밑에는 '高'자가 제대로 찍혀 있었다.

찻사발의 그림들은 간단하고 살짝 그려져 있다. 전쟁 중이기 때문에 세세한 그림이 들어간 제품은 사치품으로 여겨져 만들지 못했다. 이렇게 매우 간단한 그림은 '쓰케다테つけたて'라고 불리는 하사미의 전통적인 기법으로, 윤곽을 그리지 않고 붓의 강약과 물감의 농담만으로 힘차게 붓을 옮겼다.

수는 적지만 찻사발 이외에도 도쿠리와 술통 파편, 또한 전쟁 중 사용한 도자기 수류탄, 조선으로 수출하던 요강おまる 등도 발견되었다. 도기 수류탄은 오키나와沖縄 전투에서 실제 사용됐다.

높이 25cm, 지름 25cm 정도의 요강은 조선에 변기의 일종으로 수출한 것이지만, 다카스카 가문에서는 채소 절임용 통으로 사용했다. 사실 이를 절임용 통으로 사용해도 전혀 무리가 없다. 그러나 조선에서는 요강으로, 하사미에서는 절임용 통으로 사용한 현격한 용도의 차이가 참 이채롭다.

수출뿐만 아니라 직접 조선으로 건너가 가마를 개설하고 그릇을 생산하는 사람도 나타났다. 1910년 한국이 일본에 병합되던 시기에 하사미의 바바 마타이치馬場亦市는 대구에서 직접 도자기 공장을 차렸다. 이렇게 수출되거나 조선에서 만들어진 일본 생활자기들이 조선의 생활상에 얼마나 영향을 끼쳤는지 1924년 「경성일보」는 다음과 같이 보도하고 있다.

80여 년 만에 모습을 드러낸 하사미 다카야마 가마의 찻사발들

● 하사미에서 도기로 제조된 태평양 전쟁 당시의 수류탄 몸체
●● 하사미에서는 채소 절임용 통으로 사용하기도 했던 하시미 요강. 구한말부터 요강은 일본 제품으로 거의 잠식당했다.

'조선인의 식기와 변기에 금속기를 사용하는 습관이 근래에 들어서 점차
도자기를 사용하는 경향으로 바뀌었다.'

이처럼 하사미 조선 사기장들의 후예는 선조의 나라에 사기그릇으로 돌아와
생활문화가 바뀌게 하는 결정적 역할을 담당했던 것이다.[07]

---

07 방병선, 「한일시대 한일도자교류」, 『한일문화교류 −그 새로운 역사의 장을 열며』(부산박물관, 2008), 281p.

CHAPTER

03

세 번째 가마

가라쓰,
또칠의
나카자토 가마

이슬비 내리는 바다에 봄 기러기 날아왔네

沖に降る小雨に入るや春の雁

-구로야나기 쇼하^{黒柳召波, 1727~1771}의 하이쿠

이름에서부터 조선의 냄새가 물씬 풍기는 가라쓰^{唐津}는 원래 해적 즉 왜구들의 본거지였다. 본디 해적이란 노략질할 재화들이 풍부한 곳이 있어야 들끓기 마련이다. 따라서 풍요로운 한반도에서 가장 가까운 가라쓰야말로 해적들이 자리 잡기에 가장 좋은 장소였다. 실제 가라쓰 인근 요부코^{呼子}는 유명한 해적인 히젠마쓰우라토^{肥前松浦党} 하타^{波多} 가문의 거점 지역이었다. 서문에서 말했듯 임진왜란 때 가라쓰가 조선 침공의 전진 기지가 된 것도 다 이런 역사적 배경이 있다.

임진왜란 이전 가라쓰에서 일본의 도기 생산이 시작된 것은 이들이 한반도와 중국의 해안 지역을 침탈하면서 수완 좋은 사기장들을 잡아갔기 때문이다. 일본의 도자기 역사에서 1,200℃ 이상의 높은 온도에서 유약을 발라 자기를 구운 시기는 16세기 이전으로 올라가지 못하는데, 임진왜란 이전에 유약을 바른 고급 도기를 만들었던 곳은 일본 전체를 통틀어서 오직 가라쓰뿐이었다. 그러니 일본의 도자기 역사는 임진왜란 이전부터 왜구의 납치에 의해 이미 시작되었다고 할 수 있다.

16세기에서 17세기 전기까지 가라쓰 일원의 가마터는 자기만을 구운 가마가 140개, 도기와 자기를 모두 만든 가마가 58개, 모두 198개가 발견되었다. 좁은 한 지역에서 이처럼 많은 가마터가 확인된 사례는 세계적으로 드문 일이다.

가라쓰성 시내 전경

14세기부터 16세기까지의 왜구 출몰도(히젠나고야성박물관)

그런데 가라쓰의 원래 이름은 한진韓津이었다고 한다. 아마도 고대 가야 사람들이 처음에 이곳과 교류하면서 '한민족의 나루'라는 뜻에서 붙여진 이름일 것으로 추정한다. '한진韓津'을 '가라쓰唐津'라고 쓰기 시작한 것은 1368년 무렵부터다.[01] 그러니 가라쓰는 일본 도자기의 발생지로서 조선의 영향을 부인할

---

01 이는 명지대 윤용이 교수의 학설이다.

수 없다. 일본에서 도자기를 '야키모노燒き物'라는 말 대신에 '가라쓰모노唐津物'라고 흔히 사용하는 것도 이러한 역사의 한 발현이다.

가라쓰에서 제일 먼저 도요지가 조성되고 사기그릇이 생산되었던 곳은 키타하타무라北波多村의 산록에 위치한 키시타케岸岳라는 지역이다. 지금도 이곳은 한도가메가미 가마飯洞甕上窯, 한도가메시모 가마飯洞甕下窯, 호바시라 가마帆柱窯, 키시타케사라야 가마岸岳皿屋窯라고 불리는 옛 도요지가 흩어져 있다. 이곳에서 생산되었던 그릇의 대부분은 텐몬天文 연간인 1532년부터 1555년까지로 추정되며, 그 특징도 조선의 것과 크게 다르지 않다. 센노 리큐가 소지했던 것으로 알려져 있는 네노코모치ねの子餅라는 찻사발도 바로 이때 이곳에서 만들어진 것으로 알려져 있다.[02]

이 중 한도가메시모 가마는 사가 현에서도 가장 오래된 가마로 북한의 할죽식 등요割竹式登窯의 양식을 띠고 있다. 여기서 '등요'는 한반도의 가장 전형적인 가마 즉 산이나 언덕의 경사면에 쌓아 올린 규모가 큰 '오름가마'를 뜻한다. 또한 '할죽식'이란 대나무를 반으로 나눈 듯한 모습의 가마를 말한다.

이들 도요지에서는 짚으로 만든 재유灰釉, 철유鉄釉, 장석유長石釉 등 이전 일본에 없었던 고도의 기술을 사용하여 생활 자기와 다기를 구워 냈다. 이러한 그릇을 일반적으로 '키시타케 고가라쓰岸岳古唐津'라고 한다. 고가라쓰를 좀 더 세분화하면 유약 기법에 따라 한도가메 가마계飯洞甕窯系와 호바시라 가마계帆柱窯系로 나뉘는데, 이때 만들어진 도자기를 임진왜란 이후의 것과 구분하기 위해 보통 '오쿠고라이 다완奧高麗茶碗', 즉 '고려다완찻사발'이라 한다. 조선의 다기와 가장 닮

---

02 泉滋三郎, 「唐津燒と織部燒について」, 『基礎科学論集 教養課程紀要(23)』(神奈川歯科大学. 2006年), p.102

가라쓰 성에 있는 가라쓰야키 고려다완

아 있기 때문에 붙여진 이름이었다.

그러나 이들은 이곳에서 오랫동안 생산 활동을 하지 못하고 단절되고 만다. 이는 조선 사기장들을 납치해 그릇을 굽게 한 키시타케岸岳 성주이자 하타 가문의 17대 당주인 치카시波多親를 도요토미 히데요시가 임진왜란 발발 다음인 1594년분로쿠 3년, 영지를 몰수하고 유배 보냈기 때문이다.

왜 히데요시가 하타를 미워했는지, 명확한 이유는 밝혀진 바가 없다. 조선 출병 당시 하타가 독단적으로 행동하여 미움을 샀다고도 하고, 그의 부인 야스코安子가 절세미인이어서 히데요시가 탐했지만 그녀가 거부해서 살해하려다가 실패하여 남편인 하타마저 망하게 되었다는 이야기도 있다.

그러나 히데요시가 나베시마 나오시게에게 보낸 슈인죠朱印狀 03에는 하타가 병을 핑계로 김해 부근에서 은거하여 출전도 하지 않고 눈치만 보고 있으니 그야말로 전대미문의 겁쟁이여서 벌을 내리는 것이라고 적혀 있다. 전쟁에 미온적 태도를 보여 일벌백계했다는 것이다. 그런데 이런 이유는 하타 입장에서 보자면 매우 억울한 내용이다. 그는 약 3,000명의 병사를 이끌고 조선 땅에 내렸는데, 거의 2,000여 명이 사망할 정도로 나름 열심히 싸웠다고 하니까 말이다.

하타 가문의 멸망과 함께 찾아온
'가라쓰 엑소더스'

아무튼 하타 가문의 멸망과 함께 조선 사기장들을 관리하고 통제하던 장본인이 사라져 버렸으므로, 이들은 자유로운 신분이 되었지만 보호막도 사라진 셈

03 쇼군(將軍)의 주인(朱印)을 찍은 공문서

이었다. 그리하여 소위 '가라쓰 엑소더스^{exodus}'가 시작된다. 당시 사기장은 최첨단 기술자였기 때문에 이들을 필요로 하는 곳은 얼마든지 있었고, 계속 가라쓰 인근에 남아 그릇을 굽는 사람도 있었지만, 수요를 찾아 멀리 이주하는 사람도 많았다.

가깝게는 사가 현의 시이노미네^{椎ノ嶺}, 다쿠^{多久}, 다케오^{武雄}에서부터 조금 멀리는 나가사키^{長崎}의 나가하야마^{長葉山}, 더 멀리는 오와리국^{尾張國}의 미노^{美濃}까지 일본 전역으로 뿔뿔이 흩어져 퍼져 나갔다. 이에 따라 이 지역 주민들 사이에서 구비 전승되어 "키시타케에서 오가와라^{大川原}를 넘어 흩어지는 고려인들"이라는 표현까지 생겨났다.[04] 오가와라 언덕까지는 한 가닥으로 가지만, 고개를 넘어서면서 사방으로 흩어졌다는 말이다. 오늘날 사가 현의 이곳저곳에 수많은 가마들이 생겨난 데에는 이처럼 '가라쓰 엑소더스'로 인한 분파가 큰 요인으로 작용한 것이다.

한편 이 같은 '가라쓰 엑소더스'와 더불어 임진왜란을 기점으로 끌려온 새로운 조선 사기장들 역시 속속 자리를 잡기 시작하는데, 대표적인 장소는 역시 조선에서 가장 가까운 가라쓰, 히라도^{平戸}, 시이노미네^{椎ノ峰}, 아리타^{有田}와 이마리^{伊万里}, 다케오^{武雄} 등이었다.

임진왜란 때 가라쓰 영주 데라자와 히로타카^{寺澤廣高, 1563~1633}가 히젠^{肥前}의 나베시마 나오시게를 따라 조선으로 출병하여 납치해 간 사기장들은 나카자토 마다시치^{中里又七} 즉 또칠^{又七}을 비롯하여 윤각청^{尹角清}, 야사쿠^{彌作}, 히코에몬^{彦右衛門}, 킨에몬^{金右衛門}, 도코로자에몬^{所左衛門}, 기자에몬^{喜左衛門} 등이 있었다. 이 중 뒤의

04 寺崎宗俊, 『肥前名護屋城の人々』, p.233 (佐賀新聞社, 1993年)

唐津焼

総合展
Karatsu potter
카라쯔 도자기

唐津焼協

가라쓰야키
종합 전시장

나베시마 나오시게
초상

세 명은 후사가 없어 당대에 단절되었고, 윤각청의 오시마^{大島} 가문도 12대에
이르러 대가 끊겼다. 이들은 나베시마 부대 점령지에서 잡혀 온 사람들이므로
지금의 웅천, 진주, 김해, 경주 등에서 납치되었을 가능성이 크다.[05]
이러한 사기장들은 계단식 오름가마를 설치하여 고온을 유지하며 도자기를
대량 생산했다. 제작 방식도 물레를 발로 돌리면서 손으로 두드리는 조선의 기
법 그대로였다. 이렇게 조선의 감각과 미학으로 소박하고 질박한 느낌으로 초
반에는 식기나 옹기 등 주로 생활자기를 만들었으나 곧 고급 도자기를 생산하
기 시작했는데, 이것이 겉모습으로 '와비^{侘び}'를 추구하는 도요토미 히데요시
와 도쿠가와 이에야스 시대의 대다수 다이묘와 주류 계급의 취미에 딱 맞아떨
어졌다. 막부의 실력자들은 임진왜란 이전부터 이미 조선의 찻사발^{고려다완}에 매

05 구태훈, 「일본에서 꽃핀 조선의 도자기 문화 –임진왜란 당시 납치된 조선인 도공 이야기」, 『역사비평(85)』, 역사비평사,
2008년

막부에 헌상한 '겐조 가라쓰' 항아리(위쪽)와
접시(아래쪽), 가라쓰성 소장

● 타일로 만든 나베시마 번 내의 가마 지도
●● 시이노미네처럼 산으로 둘러싸인 이마리의 오가와마치(大川內町) 도자기 산지

혹당해 있던 터라 가라쓰의 찻사발들은 인기를 얻으며 일본 전역으로 팔려 나갔다.

일본에서는 최고의 찻사발을 선택하는 기준으로 '첫째 라쿠樂, 둘째 하기萩, 셋째 가라쓰唐津' 혹은 '첫째 이도井戸, 둘째 라쿠樂, 셋째 가라쓰唐津'라는 말이 예부터 전해져 내려왔다. 앞의 말은 제일 가치가 높은 찻사발이 교토의 라쿠樂 가마에서 만든 것이고, 두 번째가 하기萩, 세 번째가 가라쓰에서 생산한 것이라는 뜻이다. 뒤의 말에서 첫째 '이도'는 '이도다완', 곧 조선의 찻사발을 지칭한다. 위에서 보듯 어느 말을 선택한다 해도 가라쓰는 빠지지 않고 등장한다. 조선 사기장들의 피땀 흘린 노력으로 인해 가라쓰야키唐津窯는 일본 3대 다기로 성장하면서 그 유명세가 높았다.

라쿠 가마樂窯는 특이하게도 회전판을 사용하지 않고 주걱으로 형태를 만들어 특수 가마에서 한 개씩 구워서 찻사발을 만들어 냈는데, 이 역시 센노 리큐의 안목 아래 계획된 조선 출신 사기장의 작품이다. 이에 대해서는 이 책의 2권인 『일본 도자기 여행: 교토의 향기』에서 설명했다.

시이노미네의 융성과 쇠퇴

그런데 에도 시대에 접어들고 대량의 도자기 생산으로 말미암아 산간의 나무 벌채가 함부로 자행되어 임야가 황폐해지자 나베시마는 자신의 번藩 안의 가마 통합을 단행하여 사기장들을 아리타有田와 시이노미네椎ノ峰로 집약시키는 정책을 폈다. 나베시마의 가신인 가라쓰 영주 데라자와도 이 정책을 따르지 않을 수 없었으므로, 1615년 그는 일부 어용 가마를 남겨 두고 나머지 가마들은

현재 이마리伊万里市 미나미하타南波多町의 시이노미네로 이주시켰다.[06]

데라자와가 일부 어용 가마를 가라쓰에 남긴 것은 앞에서도 말했듯 가라쓰 다기가 전국적인 유명세의 상품 가치를 지니고 있었기 때문이다. 가라쓰 다기들은 막부에도 대량으로 헌상되어 '겐조 가라쓰献上唐津'라는 용어까지 나왔다.

가라쓰 기시타케岸岳에 있다가 분로쿠 시기文祿年間, 1592~1596에 이마리 오가와마치大川町에 다시로 가마田代窯를 열고, 터를 잡았던 또칠又七의 후손도 2대 나카자토 다로에몬 때 시이노미네로 옮겨 갔다. 또한 데라자와가 대마도에 있었던 조선 사기장 이경李敬과 시치베에七兵衛를 이곳으로 초빙하고, 역시 조선 사기장 야사쿠彌作와 그의 아들들인 도자에몬藤左衛門, 타자에몬太左衛門 등을 역시 이곳에 정착시키기도 했다.

이마리의 시이노미네가 전략적 생산지로 선정된 것은 순전히 그곳의 지형적 조건 때문이었다. 그곳은 사방이 산으로 에워싸여 있어서 사기장들이 다른 곳으로 도망가는 것을 방지하기 위한 통제와 감시에 효율적이어서 기술 유출을 막을 수 있었던 것이다. 이로 인해 몇몇 조선 가마가 불을 때며 조용히 모여 살았던 한적한 마을 시이노미네는 사가 전역에서 모인 사기장들로 인해 번성을 이루게 되었다. 최고 전성기 때에는 가구 수가 350여 호에 이르렀을 정도였으니, 아리타에 버금가는 히젠 서부지역 최대의 도자기 산지로 이름을 알렸다.

이렇게 발전을 거듭하던 시이노미네 마을도 17세기 말에 이마리 상인들과 시이노미네 사기장들 사이에 소송 사건이 벌어지면서 쇠락의 길을 걷게 된다. 이마리에 있는 도자기 상인들로부터 차용금을 얻어 쓴 시이노미네 조선 사기장

가라쓰야키 종합 전시장의 〈가라쓰 도자기 가마 분포지도〉

들이 돈을 갚지 못하자 이마리 상인들이 관청에 소송을 제기한 것이었다. 이 사건으로 말미암아 8명의 우두머리 사기장들이 가라쓰 번 내의 여러 지역으로 추방되면서 사건은 매듭지어졌다.

이때 많은 사기장이 시이노미네에서 추방되었지만 오가타^{小形}, 오시마^{大島}, 나카자토^{中里}, 후쿠시마^{福島}, 후쿠모토^{福本} 다섯 성씨의 사람들은 그대로 남아 있으라는 명을 받았다. 시이노미네의 '5대 어용 가마^{藩窯}'는 바로 이들 다섯 집안을 일컫는 말이다.

그러나 1726년에는 나카자토 5대 당주 기헤이지^{中里喜平次}[07]와 4대 오시마 야지베^{大島彌次兵衛}도 가라쓰 성 아래에 있는 보즈마치^{坊主町}로 이주하라는 명을 받고 시이노미네를 떠났다. 이들은 가라쓰 번의 어용 도자기 공급자^{御用燒物師}로 인정받아 대대로 어용 가마를 운영하며 도자기를 공급했다. 이렇게 나카자토와 오시마 가문이 다시 들어오면서 쇠퇴의 길을 걷고 있던 가라쓰는 도자산업 부활의 계기를 맞이했고, 그와 반대로 시이노미네는 사기장들이 하나둘씩 떠나가며 점차 쇠락하게 되었다. 현재의 시이노미네에는 옛 도요 중심지로서의 흔적이 별로 남아 있지 않다.

한편 가라쓰의 보즈마치는 해안과 너무나 가까이 붙어 있어서 바닷바람의 영향이 강해 도자기 제조에는 적절치 못했다. 그리하여 이곳 사기장들은 1734년에 도진마치^{唐人町}로 가마를 옮겼다. 이 가마는 1870년^{메이지 3년}에 관요제도가 철폐되었어도 다이쇼^{大正} 말기까지 사용했고[08] 지금도 여전히 가마터가 남아 있다.

---

07 울산대학교 노성환 교수의 논문에는 5대 또칠의 이름이 다로에몬으로 기재되어 있으나, 이는 일종의 계승 직함으로, 나카자토 가계도의 원이름 '기헤이지'를 사용했다.

08 田島龍太, 「唐津市-唐人町と御用窯」, 『海路(2)』(海路編輯委員會, 2004年)

가라쓰의 도자 명가 나카자토 다로에몬 전시장 입구

앞에서도 얘기했듯 도자기를 뜻하는 '야키모노'라는 말 대신에 '가라쓰모노'라는 말이 사용될 정도로 가라쓰야키는 일본 도자기의 대명사였다. 가라쓰 시내를 관통하는 마쓰라松浦 강 유역에서 발견된 가마터만 무려 800여 개에 이를 정도다. 그러나 이는 메이지 이후 20세기에 들어와 거의 전멸되었고, 1960년대에 다시 도예 붐이 일어나면서 '가라쓰야키'의 극적인 부활이 이루어진다. 지금의 가라쓰에는 시내에만 40여 개의 도자 명문들이 성업을 이루고 있다. 이렇게 가라쓰야키의 전성시대를 다시 일으킨 사람, 바로 그가 또칠의 12대 후손인 무안無庵 나카자토 시게오中里重雄, 1895~1985다.

12대 또칠[09]은 일본 도자문화 발달에 기여한 공으로 훈4등勳4等의 서보장瑞寶章을 받았고, 인간 국보로 숭상되었다. 또한 13대 또칠인 호안逢庵 나카자토 타다오中里忠夫, 1923~2009는 300년 동안 끊어졌던 '고가라쓰古唐津'의 기술을 전승해 재현한 공로로 중요무형문화재로 인정받았고, 일본예술원 회원이 되었다. 명실공히 가라쓰를 대표하는 전승도예 명인이자 실력자였다. 13대 또칠의 장남인 현재 14대 당주 나카자토 다다히로中里忠寛, 1957~는 2002년 다로에몬을 승계하고 2007년 일본공예회 정회원, 2010년 사가현 도예협회 부회장에 취임하는 등 활발한 활동을 하고 있다.

그렇다면 또칠은 과연 조선의 어디에서 끌려왔을까? 이와 관련해 앞의 다카토리 팔산 가문을 말할 때 인용했던 1992년「서울신문」의 '일본에서 꽃핀 한국 도자기' 연재기사 일부를 다시 보도록 하자. 당시 취재진은 13대 또칠을 만나 인터뷰를 했었다. 다음은 당시 기사의 일부분이다.

"초대 되시는 분이 임진왜란 때 건너온 조선인이라고 들었는데 맞습니까?"
"모릅니다."
으레 그런 질문이 나올 줄 알았다는 듯 말이 떨어지기가 무섭게 대답이 나왔다. 이래 가지곤 아무래도 인터뷰가 제대로 될 것 같질 않았다. 그래서 필자도 다분히 의도적으로 입을 다문 채 얼굴만 쳐다봤더니 아니나 다를까 먼저 입을 열었다.

09 이들은 팔산 가문처럼 대대로 이름에 '또칠'을 넣지는 않았지만, 편의상 그냥 이렇게 부르도록 하겠다. 이들의 이름에 공통적으로 들어가는 다로에몬(太郎右衛門)은 이름이라기보다는 일종의 직책이자 습명(襲名)으로 가마 계승자들이 계속 대물림하는 것이다. 그래서 이들은 '12대 다로에몬, 13대 다로에몬…'이런 식으로 사용한다.

"두 가지 섞여 있습니다."

그러면서 종이를 꺼내 '釜山市 郊外 中里區 出身, 唐津市 中里松浦窯 部將'이라고 적어주었다.

"일본인인지 조선인인지 본인도 모르신다는 말씀인데 핏줄의 부름이라는 것도 있는 게 아닌가 합니다. 심정적으로는 어느 쪽으로 기울어지신다고 생각하는지…."

나카자토 씨는 잠시 곤혹스러운 표정으로 입을 다문 채 필자를 바라보았다.

13대 또칠이 '부산시 교외 중리구 출신'이라는 글과 '가라쓰시 나카자토 마쓰라 가마 부장'이라고 쓰면서 "두 가지가 섞여 있다"라고 말한 것은 아마도 자신들의 선조는 부산 외곽의 중리中里에서 왔지만, 나는 지금 가라쓰의 나카자토 마쓰라 가마 부장으로 있다는 의미인 것으로 보인다. 다시 말해 조선 출신이지만 지금은 일본에서 살고 있는 일본 사람이라는 뜻이 맞을 듯하다. 고향의 지명인 부산 외곽의 '중리中里'가 현재 이들의 성인 '나카자토中里'가 된 것만 봐도 고향을 잊지 않게끔 하려는 초대 또칠의 의도는 확실해 보인다. 따라서 기사에서 '일본인인지 조선인인지 본인도 모르신다는 말씀인데'라고 얘기한 것은 조금 지나친 발언이지 않나 싶다.

다만 12대 또칠과 13대 또칠은 조국에 대한 정체성을 인식하는 데 약간 차이가 있어 보이고, 이는 자연스러운 일이다. 앞에서 12대 또칠에게서 사사한 민영기 씨를 언급한 적이 있는데, 12대 또칠은 민영기 씨에게 이런 말을 했다고 한다. "너도 한국에서 왔고, 내 선조도 한국에서 왔다. 이제부터 네가 해야 할 일은 한국의 선조들이 일본 땅에 남긴 모든 것을 배워서 한국으로 돌아가는 일이다." 민

영기 씨는 12대 또칠의 이 말을 유언처럼 지금도 간직하고 있노라고, 여러 매체
와의 인터뷰에서 반복적으로 강조했다. 그러나 「서울신문」 기사 중 13대 또칠의
다음과 같은 말을 보면 그 역시 한국에 대한 애정이 모자라지는 않은 듯하다.

"한국의 도자기를 어떻게 생각하십니까?"

"내가 먼저 물어봅시다."

조금은 화가 난 듯 갑자기 언성이 높아졌다.

"한국에 도자기 하는 사람으로서 인간문화재가 있습니까?"

몰라서 묻는 말이 아니라 알면서 묻는 말이 분명했다.

"본인 스스로 인간문화재를 자처하는 사람이 있는지 모르지만 같은 도예
인은 물론 정부도 지정을 안 하는 걸로 알고 있습니다.[10] 한국에서 만들어
진 청자를 보면 유약이 엉망이에요. 계산으로 함량을 재선 안 됩니다. 마
음가짐이 문제예요. 한국 스타일은 교토 스타일입니다. 교토 스타일은 조
선 스타일이 아닙니다."

"왜색이 넘치는 게 바로 한국 도자기입니다. 왜 그렇습니까? 외국에 팔기
위해서 외국 것을 모방해 봤자 이미 늦습니다. 한국의 것을 만들어야 해
요. 한국 고유의 것을 만들어야 합니다. 나는 한국에 지금 전승된 것은 김
칫독밖에 없다고 생각합니다."

물론 13대 또칠의 이 같은 말은 1992년의 것으로 지금의 현실과는 차이가 있

---

10 우리나라에선 1996년에 백산 김정옥 씨를 처음으로 무형문화재 105호로 지정했다.

13대 또칠의 '가라쓰 비취 카키오토시(搔落し)'
물고기 문양 납작 항아리.
'카키오토시(搔落し)는 재료에
유약, 안료 등을 바른 후 표면을 깎거나 긁어내서
디자인하는 방법을 말한다.

● 13대 또칠의 가라쓰청자다채상감(唐津靑瓷多彩象嵌) 꽃무늬 향로
●● 13대 또칠의 '미시마카키오토시(三島搔落し)' 물고기 모양 쌀 항아리

다. 그렇지만 여전히 새겨들어야 할 말임은 분명하다. 특히 왜색倭色을 모방하지 말고 스스로의 것을 창조하라는 비판은 두고두고 명심해야 할 말이다.

또칠의 고향과 관련해서는 역시 임진왜란 400주년이던 1992년 4월 14일 「동아일보」에도 기사가 실렸다. 다음은 그 기사 전문이다.

> "10년 전만 해도 이곳 시이노미네의 고려사高麗祠에서는 시루떡을 해 놓고 제사를 올렸습니다. 가마도 많았습니다만 이제는 한 곳밖에 없고 신전神殿도 퇴락했습니다. 그러나 공동묘지에 가 보면 '또칠又七'의 후손인 나카자토中里 씨와 윤각청尹角淸 씨의 후손인 오시마大島씨의 무덤이 가득합니다."

13대 나카자토 다로에몬中里太郎右衛門의 사촌 동생으로 자신의 뿌리를 찾기 위해 고등학교 역사 교사직을 10년 전에 사임했다는 나카자토 노리모토中里紀元.60 씨는 그의 조상들이 도자기를 제작했던 이마리 시의 시이노미네 마을로 안내하여 10년간의 연구 결과를 조사단에게 자세하게 설명했다. 그가 준 명함의 표지에는 '가라쓰역사민속연구소 사무국 책임자'라고 돼 있었으나 뒷면에는 '조선 도공의 도래渡來 분포와 역사 및 민속 전승의 연구'라고 좀 더 분명히 밝히고 있었다.

일본에 온 자신의 선조가 '또칠又七'이었음을 최초로 밝혀낸 것도 자신이라고 밝힌 그는 10년 전 연구를 시작할 때만 해도 '唐津당진'이란 지명 때문에 중국일 것으로 추측했으나 각종 옛 문서에서 '또칠'을 발견, 「又七」로 변했음을 확인했다고 말했다.

나카자토 씨가 안내한 고려사 입구에 있는 3m 높이의 도리이鳥居를 지나

입구에서 10분쯤 걸어 올라가자 일본식 건물에 안치된 고려신高麗神 석비가 옛 모습 그대로 세워져 있었다. 내려오는 길에 그가 가리킨 곳을 보니 산등성이를 향해 뻗은 5개나 되는 대형 조선식 등요瓷窯,가마터가 잡초더미에 가려 있지만 한눈에 들어왔다.

"도공들은 도자기만 만들었을 뿐 자료를 남기지 않아 연구에 어려운 점이 많습니다. 이곳 규슈는 임진왜란 이전부터 한반도와 깊은 인연이 있었지만 그 후에는 각종 문물을 받아들여 산업과 문화가 급속히 발달했습니다. 힘 닿는 대로 자료를 모아 조선 도공의 분포와 역사 연구에 평생을 바칠 각오입니다."

나카자토 씨는 고려사 입구 도리이 밑에서 조사단과 작별하며 한국에서 도자기를 생산했던 「中里」라는 지명이 있는지 확인해 달라고 당부했다.

이렇게 13대 또칠과 그의 사촌 동생 나카자토 노리모토가 말한 '중리'는 오늘날 경남 울주군 청량면 중리라는 게 설득력이 있다. 거리가 약간 있기는 하지만 부산의 외곽이고, 중리가 분청과 옹기로 유명했던 마을이기 때문이다. 이곳은 지금도 옹기마을로 유명해서 '옹기골 도예 예술촌'이 있다.

바로 뒤의 4장에서 자세히 설명하겠지만 아리타 인근의 유명한 도요지로 미카와치三河內가 있다. 미카와치 지명에 '우치內'라는 한문이 들어가 있는 것은 역시 시이노미네처럼 앞은 개천, 뒤는 높은 산으로 막힌 지형임을 말해준다. 이마리에는 오가와치大川內라고 하는 유명 도요지도 있다. 미카와치에서 가마를 처음 연 것은 울산 출신 에이嬰라고 하는 여자 사기장으로 남편 이름이 나카자토 모

13대 또칠의 '다다키(叩き) 기법'의 흑채 미즈사시(위)와 귀붙임 미즈사시(아래)

● 14대 또칠의 조선 '다다키(叩き : 두들김) 기법'으로 만든 귀붙임 미즈사시(水指)

●● 14대 또칠의 탄화(炭化) '모깎기(面取り)' 항아리　　🐾 14대 또칠의 두들김 기법 가라쓰 항아리

에몬中里茂衛門인데, 그의 고향 역시 울주군 청량면 중리라서 성이 나카자토가
되었다고 한다. 나중 '고려 할머니'라 불리는 에이에 대해서는 4장에서 자세히
보자.

나카자토 다로에몬 종가가 있는 집 주변은 일왕이나 대다이묘들에게 진상하
던 어용 도자기를 만들던 가마가 있다는 뜻에서 거리 이름도 '오차완가마도리
御茶盌窯通'다. 집에 들어서면 전시장은 모두 이층에 있는데, 커다란 집 두 채 중
간을 나무다리 난간으로 이어 놓았고, 그 밑은 잉어들이 노니는 조그만 연못이
다. 한 채는 13대와 14대 다로에몬의 걸작만을 따로 전시해 놓았다.

필자가 나카자토 가마 종가에 갈 무렵에는 하루 종일 비가 촉촉이 내렸다. 가
라쓰역에서 나카자토 종가까지는 약 10분 거리지만, 나는 우산이 없었으므로
종가에 도착했을 때는 몸이 거의 젖어 있었다. 다행히 종가에는 앉아서 쉴 수
있는 공간이 있었고, 안내원이 따뜻한 차 한 잔을 가져다주었다. 덕분에 비오
는 나카자토 전시실 정원을 바라보며 상념에 젖어들었다.

또칠 가문은 앞서 본 다카토리 팔산 가문이나 아가노-고다야키의 존해 가문
처럼 한국에서 건너온 조선 사기장이라는 사실을 드러내 놓고 강조하지는 않
는다. 그러나 나는 부산 외곽 중리에서 왔다는 사실과 지금 현재 가라쓰의 다
카토리 가마에 있다는 사실 두 개 모두를 강조한 13대 또칠의 심정을 충분히
이해할 수 있었다. 다만 그 사실이 양쪽 어느 곳에도 완전히 속해 있기 어렵다
는 정체성의 혼란이 아니라, 양쪽의 장점만을 두루 섭렵해 자신만의 독특하
고도 미학적 가치를 높이는 하이브리드의 특혜로 이어지길 바랄 따름이었다.
400년이나 뿌리를 이어 내려왔으니 그럴 가치가 충분하지 아니한가!

조선 장독의
옹기 만들던 방법이 이어지다

가라쓰를 다니다 보면 왠지 이곳이 일본이라는 느낌이 잘 들지 않는다. 분명 보이는 글자며 귓가로 들리는 말이 모두 다르지만, 그와 상관없이 조선 땅의 한 구석에 와 있는 듯한 느낌이 드는 것이다. 우리네 마음을 가깝게 당기는 친숙함은 이곳 도자기 종류에 조선가라쓰^{朝鮮唐津}가 있다는 사실에서도 우러난다.

가라쓰야키는 에가라쓰^{絵唐津}, 마다라가라쓰^{斑唐津}, 구로가라쓰^{黒唐津}, 미시마^{三島}, 고히키^{粉引き} 그리고 조선가라쓰의 6종류로 구분된다. 그래서 조선가라쓰는 항아리나 단지의 경우 '朝鮮唐津 壺', 조그만 술잔이나 찻잔을 뜻하는 '구이노미^{ぐい吞}'는 '朝鮮唐津ぐい吞'이라고 표기한다. 미시마^{三島} 역시 조선에서 유래한 기법이라고 한다. 그만큼 이 땅에서 만드는 그릇들은 조선에서 우리 조상들이 사용하던 것과 똑같은 것이 많다는 이야기다.

앞에서도 말한 '다다키^{叩き} 기법'도 그렇다. 이는 한반도에서는 흔한 기법인 타날법^{打捺法}을 말한다. 우리 장독에 놓이는 항아리처럼 커다란 옹기를 만들 때 사용하는 기법인 타날법은 그릇 벽의 조직을 치밀하게 하고 두께를 고르는 방법으로, 두드리는 도구^{打捺具}나 안에서 기벽을 받칠 때 쓰는 받침모루^{內拍子}에 새겨진 무늬가 두드리는 과정에서 그릇 표면에 장식적인 무늬를 남긴다. 이러한 타날 문양은 중국에서는 신석기 초기부터 보이지만 한반도에서는 철기시대 점토대토기^{粘土帶土器} 단계부터 나타나서 이후에 대유행하게 된다.

그런데 이런 타날법이 일본에는 전해지지 않고 있다가, 임진왜란 전후로 사기장들의 납치와 함께 건너가서 일본 땅에 자리 잡으며 '다다키^{叩き}'라는 이름이 붙여진 것이다. 일본 도공들의 경우 타날법을 배우기 위해 한국으로 건너오는 사

나카자토 다로에몬 전시장을 잇는
나무 난간에서 내려다보이는
비오는 날의 작은 연못과 정원

조선의 냄새가 물씬 풍기는 에가라쓰

람도 적지 않고, 나카자토 가마의 14대 또칠도 이를 배우기 위해 한국에 왔었다.

가라쓰에 조선풍이 많이 남아 있는 것은 그만큼 많은 조선 사람들이 살았다

는 얘기이기도 하다. 1643년 제5차 조선통신사의 기록인 『계미동사일기癸未東槎

日記』에는 이렇게 기록하고 있다.

"임진년과 정유년에 포로로 잡혀온 사람이 히젠肥前에 많이 있었다. 나고

야名護屋에서 1식 거리가 되는 곳에 한 마을이 있는데, 임진왜란과 정유재

란에 의해 포로가 된 사람들에 의한 인가가 수백 호였다. 이 마을을 고려

촌이라 하고, 그들은 사기沙器를 굽는 것을 생업으로 삼고 있다 한다."

여기서의 '나고야'는 당연히 히젠 나고야를 말한다. 통신사 일행은 배를 타고 현해탄을 건너 히젠 나고야 성에서 하루를 지내고 이곳 가라쓰唐津를 지나 후쿠오카 하카타博多로 간 것이다.

그런데 당시 조선통신사는 일본 막부의 허락을 얻어 가라쓰의 조선 포로들을 조선에 귀국시키려 했다. 그러나 귀국 희망자가 별로 나오지 않고, 모두가 자리에 앉아서 도자기를 만드는 데 열중하고 있었다고 한다.

참 씁쓸한 이야기지만 일본에 끌려간 조선 사기장 상당수가 일본에 그대로 남은 데에는 몇 가지 이유가 있다. 당연히 다이묘 번주藩主들의 압력과 비협조가 첫 번째 이유가 될 수 있을 것이고, 둘째 이유는 이들의 신분 상승이다. 일본 땅 조선 사기장들의 이름에 '에몬衛門'이 흔한 것은 이들이 사무라이 계급을 받았기 때문이다. 고향 땅에 돌아가 보았자 조선에서는 여전히 천민 계급으로 살아갈 것이 분명한데, 일본에서는 사무라이 계급으로 녹봉까지 받으면서 양반처럼 떵떵거리며 살 수 있으니 당연히 돌아가는 사람이 적었던 것이다.

물론 다이묘들은 자신들의 필요에 의해 조선 사기장들을 대접한 것이지만, 천민이나 노비처럼 취급하지 않고 대우해 주었다는 점에서 조선과는 분명 많은 차이가 있다. 지금 한국의 도자산업이 여전히 낙후된 상태에 머물고 있는 이유 중 하나에, 혹시라도 그 옛날 조선시대부터 끈질기게 내려오고 있는 유교적 직업 차별 요소가 있는 것은 아닌지 각별히 반성하면서 마음에 새겨야 할 부분이다.

음식과의 완전한 합일을 추구한다,
가라쓰야키

사가 현은 거의 전체가 도자기 마을이라고 할 정도로 도자기 중추 산지다. 4월
29일부터 5월 5일 골든위크 연휴 기간에는 현 전체가 떠들썩하다. 바로 뒤에
서 보겠지만 아리타, 미카와치, 오가와치, 하사미, 다케오 등에서 도자기 축제
가 열린다. 가라쓰도 예외는 아니다. 가라쓰의 도자기 역사는 아리타보다 더
오래되어 400년이 훨씬 넘지만 축제는 지난 2011년부터 뒤늦게 시작했다. 경
질硬質의 하얀색이 매력인 아리타 도자기에 비해 투박한 느낌의 미감과 질감이
유혹적인 가라쓰 자기는 그 개성이 분명하기에 축제를 시작한 지 얼마 되지 않
았어도 많은 인기를 얻고 있다. 특히 가라쓰야키가 다인茶人에게 사랑받은 역
사를 가지고 있는, 예술성이 높은 제품들이라서 더욱 그러하다. 그래서 그런지
아리타처럼 전방위적이지 않고, 작지만 개성이 강한 공방들이 시내의 빈 점포
를 빌려서 하는 소규모 전시회가 주종을 이룬다.

그런 가라쓰 도자기 축제를 특화해 주는 것 중 하나는 료칸여관, 음식점, 카페
음식과 그릇의 컬래버레이션이다. 음식점이나 료칸, 카페와 가마, 작가들이 합
작해서 하나의 예술품 경지에 오른 요리를 제공한다. 예를 들어 친제이가마鎭
西窯와 미즈노료칸水野旅館과의 2014년, 시마도후점島豆腐店과의 2015년 컬래버레
이션 작품은 대단한 인기를 끌었다. 그렇지 않아도 일본 요리들은 '눈으로 먹
는다'고 하는데, 가라쓰 도자기 축제는 '눈으로 먹는 행복'을 더욱 강조하고 있
다. 그렇기 때문에 이런 컬래버레이션 작품을 직접 보고 맛보기 위해서는 미리
예약하는 것이 필수다.

이러한 컬래버레이션은 시내 전역에서 이루어지지만 그릇 전시회는 가라쓰역

● 가라쓰 도자기 축제는 빈 점포를 빌려서 여는 소규모 전시회가 주종을 이룬다.
●● 가라쓰 炎群工房, 碗健 작품

가라쓰 옛 거리인 우오야마치(魚屋町)에 있는 한 스시 집의 외부 장식

에서 도보 10분 정도의 우오야마치魚屋町 주변에서 열린다. 이곳은 흰 벽의 갤러리 우오야마치ギャラリ-魚屋町와 빨간 벽돌이 아름다운 옛 가라쓰 은행 등 옛 거리가 남아 있는 지역이다.

하마사키 세츠오,
점토 덩어리에서 주거으로 긁어내 빚은 입체 조형

가라쓰에는 하마사키 세츠오濱崎節生, 1949~라는 아주 솜씨 좋은 장인 한 명이 기타 가마喜多窯를 운영하고 있다. 그는 가라쓰의 회령자기 특성을 기반으로 멋들어진 조형 작업을 한다. 그가 처음부터 도예가를 꿈꾼 것은 아니었다. 대학 입시에 떨어진 그는 시청 임시직원으로 일자리를 구했지만, 이대로 살면 좋을지에 대한 확신이 없어 미국 농장에서 2년간 일하는 국가 연수제도가 있다는 것을 알고 지원했다.

그가 고향 구마모토 현 야마가山鹿 시에서 미국으로 건너간 것은 1967년 19세 때였다. 연수지는 중서부 네브래스카 주의 목장으로 현지 노동자들과 함께 수천 마리의 육우와 돼지를 키워 출하하는 일에 쫓겼다. 육체노동은 힘들었지만 대평원의 바람은 편안했다. 모두가 평등하고 상하의 차이가 없는 자유 기풍이 몸에 스며들었다.

귀국 후 정착하지 못하고 여기저기 떠돌았다. 규슈와 혼슈의 공장, 건설 현장에서 일해 생활비를 벌면서 친해진 사람들 중에 조각가와 도예가가 있었다. 하카타의 술집 모퉁이에서 알게 된 화가에게 데생의 손길도 받았다. 가라쓰 시 가마터에서 일하다가 서른두 살에 아내를 알게 되었고 11년간의 방랑 생활을 마쳤다.

●가라쓰 鳥菓窯, 岸田國啓 작품
●●가라쓰 殿山窯, 失野直人 작품

● 가라쓰 鏡山窯, 井上公之 작품
●● 가라쓰 陶ばう空, 府川和泉 제품

● 가라쓰 八床窯, 戶川雅尊 제품
●● 가라쓰 作礼窯, 岡本修一 제품

● 川上清美陶房, 川上清美 제품

●● 가라쓰 陶工房, 土のいぶき 제품

● 가라쓰 隆太窯, 中里太龜 작품
●● 가라쓰 佐志山窯, 西川一馬 제품

● 가라쓰 作礼窯 제품
●● 가라쓰 小杉窯, 小杉隆治 제품

외아들 카이스快素가 태어나면서 아버지가 되었다는 자각이 일고 책임감이 생겼다. 뒤늦게 도쿄조형대 조각과로 진학해 목조를 공부했다. 졸업 후 귀향하여 그릇 만드는 작가 밑에서 도제생활을 하다 2018년 독립해 가라쓰 처가의 집 한쪽에 공방을 지었다.

그의 가라쓰야키는 그릇 만들기가 주류인 가운데 인물이나 동물의 입체 조형에도 힘쓴다. 그리고 "남을 추종하는 것은 서투르다. 남에게 좌우되지 않고 자신이 좋아하는 것을 하고 싶다. 점토를 비틀어 모양을 만들어 조립해 나간다. 리얼함보다 작품의 분위기 조성을 중요시한다"라고 말한다.

물레도 돌리지만 점토 덩어리에서 주걱으로 긁어내 모양을 만드는 도려내기 기법도 구사한다. "물레로는 할 수 없는, 샤프한 형태가 매력이다." 그는 조각과도 비슷한 기술로, 여전히 자신의 가능성을 시험한다.

가라쓰 최고의 료칸 요요가쿠洋々閣와 13대 또칠의 동생 도자기

나카자토 가마 13대 또칠의 동생12대의 5남으로 역시 가라쓰에서 류타 가마隆太窯를 운영하며 도자 명인으로 손꼽히는 나카자토 다카시中里隆는 지난 2012년 부여의 한국전통문화대학교가 주최한 한일전통도자 문화교류 워크숍 참석을 위해 방한한 적이 있다.

당시 그는 "유구한 전통과 역사에도 한국인들이 도자기를 실생활에서 사용하는 걸 많이 보지 못했다. 일본에서는 꼭 정부 지원이 커서라기보다 국민 스스로 누가, 어디서 만들었는지 궁금해할 정도로 도자기에 대한 관심이 많고 실제로 집에서 도자기로 만든 식기를 애용한다"면서 "도예가들이 작업할 수 있는 환

하마사키 세츠오의 독특한 조형 작품

하마사키 세츠오의 꽃병과 조형 작품

경이 한국보다 상대적으로 나은 상황"이라고 한국의 실정을 안타깝게 바라보
았다. 도자 그릇을 멀리 하고 있는 우리 현실을 정확하게 집어낸 말이라고 하지
않을 수 없다.

류타 가마의 나카자토 다카시 작품들은 실제로 요요카쿠洋々閣라고 하는, 역사
가 100년이 넘는 가라쓰 최고 료칸旅館의 그릇으로 사용되고 있다.

요요카쿠는 주인장의 지식 수준, 료칸의 전통과 역사를 기준으로 일본에서
지정한 12대 문화재 료칸 중 하나다. 그러니 요요카쿠에서 숙박을 하면 그 자
체로 문화재인 방에서 문화재급 그릇으로 식사하는 호사를 누리는 셈이다. 이
곳에는 실내 곳곳이 류타 가마 도자기들로 장식이 돼 있고, 도자기 갤러리만
세 개가 있다.

나가자토 다카시의 작품들을 진열해 놓은 요요가쿠 료칸의 도자기 전시실

● 나가자토 다카시의 작품들을 진열해 놓은 요요가쿠 료칸의 도자기 전시실

●● 13대 또칠의 동생 나가자토 다카시가 『일본 도자기 여행 : 규슈의 7대 조선 가마』를 들고 필자와 기념사진을 찍었다.

● 요요가쿠 료칸
●● 요요가쿠 료칸 응접실

● 요요가쿠 료칸의 회랑과 정원

●● 요요가쿠 료칸의 주인 오오가와치 마사야스(大河內正康) 내외가 필자의 책 『일본 도자기 여행 : 규슈의 7대 조선 가마』와 『일본 도자기 여행 : 교토의 향기』를 들고 기념사진을 찍었다.

● 요요가쿠 료칸의 아침 식탁
●● 요요가쿠 료칸의 만찬 테이블 세팅

요요가쿠 료칸의 사시미 세팅과 후식 접시

조선가라쓰

에가라쓰

마다라가라쓰

미시마

가라쓰야키의 종류

1. 조선가라쓰(朝鮮唐津)

철유(鉄釉)와 재유약(灰釉) 두 종류의 유약을 사용하여 고온에서 굽는다. 회령 도자기처럼 유약이 자연스럽게 녹아 생긴 다양한 문양이 무궁무진한, 우연의 즐거움을 준다. 검은색이 나오는 철유를 아래에 바르고, 유백색 재유약(灰釉)을 위에 발라 마치 눈이 녹아내리듯 만든 제품을 많이 볼 수 있다.

2. 에가라쓰(絵唐津) -그림 가라쓰

가라쓰야키는 일본에서 처음으로 도자기 표면에 그림을 그려 넣었다고 한다. 에가라쓰는 '오니이타(鬼板)'라고 하는 철 용액으로 그림을 그리고 유약을 발라 구워 낸 것이다. 가라쓰야키의 대표적 양식으로 여러 그릇에 사용하고 그림 주제도 초목과 꽃, 새 등 여러 가지다.

3. 마다라가라쓰(斑唐津) -반점 가라쓰

백탁(白濁)의 지푸라기 재유약(藁灰釉)을 사용한다. 질에 포함된 철분과 연료의 소나무 재가 녹아 표면에 파란색이나 검은 반점이 생긴다. 16세기 후반부터 현대까지 계속 만들고 있는 전통적인 유형이다.

4. 구로가라쓰(黒唐津) -검정 가라쓰

철분을 많이 함유한 유약을 사용한다. 철분의 양과 산화정도에 따라 황갈색, 갈색, 깊은 검정 등 다양한 발색이 있다.

5. 미시마(三島)

조선의 유명한 도요지였던 지금의 공주시 학봉리 분청사기 가마터에서 나온 분청사기를 일본인들은 '미시마(三島)'라고 불렀다. 반건조의 질에 인화문(印花紋) 등의 선을 새긴 다음 화장흙(化粧土)을 바르고 유약을 흘려서 구워낸다. 가라쓰에서는 에도 시대부터 생산되었다.

6. 고히키(粉引き)

갈색 질이 반건조되었을 때 하얀 화장흙을 바르고 재유약을 부어 굽는다. 예부터 조선에서 사용했지만, 고가라쓰에서는 보이지 않고 현대에 도입되었다.

고히키

가라쓰 도자기 종합전시장과 나카자토 가마 찾아가기

도자기 축제 기간이 아니어도 가라쓰 도자기 종합전시장(唐津焼総合展示場)에 가면 언제든지 가라쓰야키 협동조합에 가입해 있는 주요 가마들이 생산하는 도자기들을 모두 만날 수 있고, 구입도 할 수 있으므로 가라쓰에 가면 반드시 들러야 할 곳이다. 가라쓰 도자기의 모든 것을 간략하게 설명하고 있는 게시판도 매우 유익하다. JR 가라쓰역 바로 옆 건물인 후루사토 회관(ふるさと会館) 아르피노(アルピノ) 2층에 위치하고 있으니 찾기도 매우 쉽다. 12월 30일과 31일, 1월 1일을 제외하고는 항상 문을 열고 있다. 개점 시간은 아침 9시부터 오후 6시까지다. 아래층은 향토 토산품을 파는 가게들이 있다.

가라쓰야키 종합전시장의 전시 작품

나카자토 가마 전시장은 찾기 쉬운 편은 아니지만 약도

나카자토 가마 전시장(별표 표시된 곳)

를 보면서 가면 그렇게 어렵지도 않다. JR 가라쓰역에서부터 도보로 약 10분 정도 걸린다. 연말연시 12월 30일부터 1월 4일까지만 문을 닫고, 매일 문을 연다. 영업시간은 오전 9시부터 오후 5시 30분까지다.

- 주소: 佐賀県唐津市町田三丁目6番29号
- 전화: 0955-72-8171
- Fax: 0955-73-3284
- 홈페이지: tarouemon.com

가라쓰 최고의 료칸과 꼬치구이 집

앞서 얘기한 대로 가라쓰 최고의 료칸 요요가쿠(洋々閣)는 가라쓰에 머무르는 즐거움을 최대로 선사해 주는 곳이다. 일본 관광지의 거의 모든 료칸이 그렇듯 숙박비의 부담이 있기는 하지만, 특급 호텔에 비해 그렇게 비싼 편도 아니다. 미리 예약하면 무료로 역까지 마중 나오고 송영 서비스도 한다. 한국어를 10년 넘게 배우고 있다는 주인 할머니와, 한국을 100번도 넘게 방문했다는 주인 할아버지가 따뜻하게 맞아준다.

- 주소: 佐賀県唐津市東唐津 2-4-40
- 전화: 0955-72-7181
- 홈페이지: yoyokaku.com
- e-mail: info@yoyokaku.com
- 객실 요금(1인당)

객실 종류	요금(단위: 엔)	객실 종류	요금(단위: 엔)
A	14,300	E	35,200
B	15,400	F	39,600
C	27,500	G	45,100
D	28,600		

※ 5월 3~5일 11월 2~4일 12월 30,31일 1월 1~3일은 숙박비가 비싸지니 문의 요망

이 책의 맨 처음에 나오는 꼬치구이 집인 '마타베(又兵衛)'
는 가라쓰역에서 550m 떨어져 있다. 가라쓰에 들렀다면
창립 55년이 넘는 이 집을 꼭 들러 보길 추천한다.

• 주소: 佐賀県唐津市材木町2106-36
• 전화: 0955-72-3231

가라쓰의 명물 꼬치구이 집 '마타베'

무지개 소나무 숲과 명물 '가라쓰 버거(唐津バーガー)'
가라쓰에 갔으면 빼놓지 않고 들러야 할 곳이 현해탄과
접한 해안선의 소나무 숲인 니지노 마쓰바라(虹の松原)
즉 '무지개 소나무 숲'이다. 일본 3대 송림으로, 특별명
승지로 보호받고 있다. 해안을 따라 400m에서 700m의
넓이로 약 100만 그루의 해송 숲이 5km 정도 이어진다.
면적은 약 216 ha.

이 숲은 17세기 초, 가라쓰번(唐津藩) 영주인 데라자와 히
로타카(寺沢広高)가 새로운 땅을 간척하기 위한 방풍림,
방사림(防砂林)으로 조성하기 시작한 것이다. 당시에는
나무를 자를 경우 사형을 할 정도로 엄격하게 관리했고,
연료를 위한 낙엽 채취도 금지했다.
그런데 숲 보호를 위한 아이디어가 기발하다. 히로타카
는 수많은 소나무 중에 자신이 무척 아끼는 것이 7그루
있다고 하면서 어떤 것인지는 알려주지 않았다. 그러니
숲을 관리하는 사람들은 어떤 소나무가 히로타카가 애
지중지하는 것인지 모르는 심리적 압박감으로 나무 전
체를 소중하게 여기지 않을 수 없었다. 이러한 정책은
나중에 당주나 번주가 바뀌어도 계속 유지되었다. 지금
도 숲의 소나무는 저마다 지정 번호를 갖고 보살핌을 받
는다. 그 덕택에 이렇게 장관을 연출하는 소나무 숲을
볼 수 있게 된 것이다.
옛 명칭은 그 길이에 따라 '니리 마쓰바라(二里松原)'였지
만, 메이지 시대부터 지금의 이름으로 바뀌었다. JR규
슈의 지쿠히센(筑肥線)이 서는 초미니 니지노 마쓰바라

카가미야마(鏡山) 전망대에서
바라본 '무지개 소나무 숲'

니지노 마쓰바라 숲속의
가라쓰버거 본점

에키(虹ノ松原駅)도 있다. 차로 휙 지나치기보다는 중간의 주차장에 차를 세워 두고 산책을 하거나, 숲 전체와 해안선을 함께 조망할 수 있는 카가미야마(鏡山) 전망대에서 내려다보길 추천한다. 하지만 전망대까지 가는 대중교통은 없다.

이 숲에서 또 하나 유명한 것은 이동식 햄버거 가게다. 이름하여 '가라쓰버거(唐津バーガー)'. 아시아 최초이자, 일본 최초의 맥도날드 햄버거 가게가 도쿄 긴자에서 처음 문을 연 것은 지난 1971년이다. 한국은 그로부터 17년이 지난 1988년 서울 압구정동 매장이 처음이다. 그런데 가라쓰버거의 역사는 도쿄 맥도날도보다 3년 더 빠른 1968년으로 거슬러 올라간다. 2016년 현재 창업 48년째다.

물론 일본의 햄버거 역사는 훨씬 더 오래됐다. 2차대전 후 미군이 주둔하면서 해군 기항지였던 나가사키(長崎) 현 사세보(佐世保) 항구에 햄버거도 상륙했으니 사세보 햄버거 역사는 70년이 넘었다. 나가사키 와규(和牛)와 결합한 사세보버거는 전국적인 명성을 얻고 있다.

가라쓰버거는 창업자가 사세보버거 맛을 보고 햄버거 장사를 해야겠다고 마음먹은 후 작은 캠핑카를 개조해 시작한 것이다. 그렇게 시작한 것이 이제는 규슈 전역에 지점을 가진 유명 상표가 되었고, 로손(LAWSON) 편의점에서도 판매한다.

그러니 가라쓰버거의 출발점인 '니지노 마쓰바라 본점'을 찾는 것은 꽤 인기가 있는 관광 코스다. 이곳에서는 지금도 창업 당시와 같은 장소에서 같은 형태로 햄버거를 만든다. 게다가 호젓한 숲속에 가게가 있으니 햄버거를 싸들고 소나무 사이에 앉아 상쾌한 공기와 함께 피크닉 즐기듯 버거 하나 먹는 재미가 쏠쏠하다.

가라쓰 올레와 히젠나고야성박물관
히젠나고야 성 근처에는 규슈 올레의 하나인 가라쓰 올레가 있다. 매우 뛰어난 풍광을 자랑하므로 가라쓰까지

갔다면 꼭 이 올레를 걸어보기를 적극 추천한다. 중간의 히나타 가마에서 차 한 잔도 얻어 마실 수 있고, 마지막에는 바다에 접한 포장마차에서 지역 특산물인 소라구이나 오징어회도 맛볼 수 있는 등 여러 즐거움이 많다. 히젠나고야성박물관 입구 직전에 있는 미치노에키(道の駅 도로 휴게소)에서 출발해 소라구이 포장마차 촌까지 11.2km를 걷는다. 약 4~5시간 걸린다. 반대로 버스로 종점까지 가서 미치노에키까지 와도 된다.

히젠나고야성박물관 전경

• 가라쓰 올레 코스(거리 11.2km, 소요시간 4~5시간)

미치노에키 모모야마 텐카이치(道の駅 桃山天下市) → 마에다 토시이에 진영터(0.2km) → 후루타 시게나리 진영터(1.0km) → 호리 히데하루 진영터(2.1km) → 400년 역사의 길, 구시미치(2.9km) → 찻집 '가이게쓰'(3.7km) → 다이코도(3.9km) → 히젠나고야 성터 천수대(4.5km) → 가라쓰 도자기집 히나타 가마(5.9km) → 하도미사키(波戸岬) 소년 자연의 집(7.0km) → 하도미사키 자연산책로(9.5km) → 소라구이 포장마차(11.2km)

문제는 가라쓰 오테구치 버스센터(唐津大手口バスセンター)에서 이곳까지 오가는 쇼와버스(昭和バス)의 운행 편수가 많지 않아 시간 맞추기가 까다롭다는 점이다.

• 오전: 6:37(A), 7:00(A), 7:36(B), 7:41(B), 8:00(A), 10:10(A), 11:50(B)
• 오후: 12:20(A), 12:35(B), 14:40(A), 15:30(B), 16:20(B), 16:30(A), 16:55(B), 18:00(A), 18:35(B)

A는 요부코(呼子) 항구와 나고야 성터 입구, 하도미사키(波戸岬)까지 가는 버스를 말한다. B는 요부코를 들르지 않고 나고야 성터 입구까지만 가니까 주의하자. 버스센터에서 종점인 히도미사키까지는 약 50분 정도 걸린다. 주말과 휴일에는 7시 36분이 첫차다(돌아오는 차편 시각표는 nagoyajyo-rekishi.com/pdf/bus.pdf 참조).

히젠나고야 성에서 이어지는
가라쓰 올레는 풍광이 매우 빼어나다.

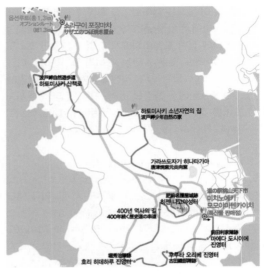

가라쓰 올레 지도

가라쓰 올레의 출발점에 해당하는 히젠나고야성박물관
은 들르지 않으면 후회할 곳이다. 고대부터 임진왜란까
지의 한일 교류사가 각종 유물과 함께 일목요연하게 잘
정리돼 있다. 입장료도 무료다. 이곳에 들어서면 박물관
복판에 커다랗게 세워져 있는 거북선 모형을 보고 놀라
게 된다.

"히젠나고야성박물관은 임진왜란과 정유재란(1592~
1598)을 침략 전쟁으로 인식하고 그 반성(反省) 위에서 일
본열도와 한반도와의 긴 '교류의 역사'를 되돌아보며,
앞으로 쌍방 교류와 우호의 추진 거점이 될 것을 목표로
1993년 10월 30일에 나고야 성터에 인접하는 곳에 개관
하였습니다."

안내서는 이 박물관의 성격을 한눈에 알려준다. 입구에

한글로 '정' 자를 써놓은 그림이 '침략 전쟁으로 인식하고 그 반성 위에서 쌍방의 교류와 우호를 추진하겠다'는 다짐을 표현하고 있다. 솔직한 마음이 느껴지지만, 총리와 정치인들, 보수단체들의 겉 다르고 속 다른 행동들은 이 다짐을 받아들이기 어렵게 만든다.

박물관 전시는 '나고야 성 이전', '역사 속의 나고야 성', '나고야 성 이후'로 구분된다. '나고야 성 이전'은 조선반도와 일본 열도에서 출토된 구석기 시대의 토기를 비교해서 전시하고 있다. 조몬(繩文, 신석기)시대에서부터 중세까지의 역사를 통해 벼농사나 불교 등 다양한 물자와 문화의 일본 전파를 소개하고 있다.

히젠나고야성박물관의 거북선 모형

'역사 속의 나고야 성' 부분은 임진왜란과 정유재란, 모모야마(桃山, 1573~1600) 문화를 소개한다. '히젠(肥前) 나고야 성도 병풍', '다이묘의 진영 배치도', 일본 군선 '아타케부네(安宅船)', '조선군 지도 병풍' 등으로 7여 년 전쟁의 역사를 담담하게 보여준다.

대한민국은 물론 피해자 의식에서 벗어나 아시아 여러 나라들과 공존하며 세계시민으로 발돋움해야 마땅할 터이다. 그러나 이도 과거의 참다운 청산에서 비롯될 수 있는 것이다. 친일파 문제와 과거사 사과 문제처럼 과거를 숨기고 감추고 비틀면서 제대로 정리하지 못한다면 세계로 나가는 도약의 길은 점점 멀어질 뿐이다.

모모야마텐카이치 휴게소
모모야마테이 카이슈 식당

나고야박물관 관람을 마치면 모모야마텐카이치(桃山天下市) 휴게소 모모야마테이 카이슈(桃山亭 海舟) 식당의 맛난 오징어회 점심 식사가 별미로 기다리고 있다. 값은 조금 비싸지만, 항상 사람들로 들끓는다.

CHAPTER

04

네 번째 가마

히라도·미카와치,
나가사키 수출 이끈
고려 할머니와
거관 후손들

히라도 성과 항구의 전경

아이고, 타국에서 죽을 몸의 괴로움이여.

哀号, 他国に死ぬ身の辛さよ.

고향을 떠나 시련을 겪는 늙은 도래인에게는 부처님의 자비도 닿지 않는

것인지

故郷を出てより絶離試練, 老いた渡来人には仏の慈悲も届かねえのか.

－아쿠타가와상 수상 작가 무라타 기요코村田喜代子의 소설 『용비어천가龍秘御天歌』중에서

나가사키 현에 속하는 히라도平戸는 일본의 서쪽 끝, 한반도와 중국 진출의 관문이 되는 섬이다. 그렇기에 서양 상선이 가장 일찍 나타나 정박한 곳으로, 일본의 근대화 개항 및 가톨릭 포교의 역사에서 빼놓을 수 없는 중요한 곳이다. 1550년부터 1641년까지 포르투갈, 네덜란드, 영국 등과의 무역항으로 해외 문화를 접촉한 곳이니 나가사키에 앞서 양풍洋風이 불기 시작한 곳이라고 생각하면 된다.

지금도 이곳에는 일본에 가톨릭을 최초로 전파한 예수회 선교사 프란시스코 사비에르Francisco Xavier 성당과 네덜란드 상인들의 무역 업무 사무실이었던 오란다 상관オランダ商館 등 16세기 서양 문물의 흔적이 뚜렷이 남아 있다.

마쓰라 시게노부松浦鎮信, 1549~1614는 마쓰라 가문의 26대 당주로, 히라도의 초대 번주다. 임진왜란 당시 마쓰라 시게노부는 가라쓰 앞바다에 있는 전략상 요충지 이키壱岐 섬에 가쓰모토 성勝本城을 쌓고 조선 침공의 안내자 역할을 했다. 동생, 아들과 함께 고니시 유키나가의 제1부대로 참여해 전쟁의 서막을 올린 이후 7년 동안 울산성 전투, 순천성 전투를 포함해 24번의 전투에서 모두 승리했다고 한다. 우리 입장에서 보자면 도요토미 히데요시만큼이나 미운 '원수'다.

마쓰라사료박물관 앞의 마쓰라
시게노부 동상

그가 남긴 진중일기『松浦法印鎭信朝鮮七ケ年間陣中日記之抄』에 의하면 조선 출정 기간 중 부하 3,000명 가운데 1,918명이 전사했지만, 돌아올 때는 오히려 인원이 7,200명으로 늘어나 있었다고 한다. 그러니 그가 귀국하면서 납치한 조선인 사기장과 양민이 얼마나 많았는지 알 수 있다.

그가 강제로 끌고 온 사람 가운데는 밀밭에 숨어 있었던 아름다운 조선 궁녀 고무기小麥도 있었다. 원래 이름은 곽청희郭淸姬였으나, 밀밭에 숨어 있다 들켰기 때문에 '고무기'라고 불리었다. 시게노부는 이 궁녀를 측실로 삼아 총애했다. 그녀는 아들 둘을 낳았는데, 모두 히라도 번의 중신으로 활약했다. 그녀는 히라도에서 많은 신망을 얻어 묘지도 두 군데에 만들어졌다. 하나는 시게노부 옆에, 또 하나는 조선이 보이는 현해탄 해변에 있다.

히데요시가 1593년선조 26년 11월 29일 시게노부에게 보낸 슈인조朱印狀의 내용을 보면 조선 기술자들의 납치를 얼마나 독려했는지 여실히 나타난다. 히라도에 있는 마쓰라松浦사료박물관은 히데요시의 이 슈인죠를 비롯해 많은 사료를 소장하고 있다. 그 내용은 다음과 같다.

> 사로잡아 놓은 조선 사람 가운데
> 세공 기술자와 바느질 잘하는 여인,
> 손재주가 좋은 여인이 있으면 곁에 두어
> 여러 가지 일을 시키고 싶으니 보내주기 바란다[01]
>
> 熊被仰出候, 朝鮮人 捕並候內

---

01 『임진왜란과 히라도 미카와치 사기장』, 동북아역사재단(서울, 2010), 미카와치에 대한 내용의 상당수는 이 책에 의존한 것임을 미리 밝혀 둔다.

도요토미 히데요시가
1587년 히라도 번주에게 보낸 슈인죠.
가톨릭 선교사를 추방하라는 내용이다.
(마쓰라사료박물관 소장)

細工任者并めいくゎん

手のき, 候女, 於在之者

可進上候, 可被召任

御用侯, 家中相改

可越並候也

시게노부가 이 슈인죠를 받아본 것은 히데요시가 이를 쓴 날짜로부터 4개월이
나 지난 후인 1594년 3월 11일이었다. 여기서 언급된 세공 기술자細工任者의 대표
적인 존재가 바로 사기장이다.

그런데 이러한 슈인죠는 시게노부 한 사람에게만 보낸 것이 아니다. 히데요시
는 지금의 건설부 장관에 해당하는 슈리노다이부修理大夫이며 가신 5인五大老 중
한 명이었던 나카가와 히데나리中川秀成에게도 비슷한 내용의 슈인죠를 보낸다.
1597년 11월 29일에 보낸 이것의 내용은 위와 비슷한데, 다만 조선 요리를 잘

하는 자를 각별히 뽑아 진사進士하고, 이들은 성내에 거주하면서 각자의 직책에 종사하도록 하라고 한 내용이 추가되었다.[02] 이러한 슈인죠는 아마도 조선에 출병한 거의 모든 다이묘들이 받았을 것이다.

이로 미루어볼 때 히데요시는 조선에서 포로로 잡혀간 여인들에게 옷을 짓게하고 음식을 만들게 한 것으로 보인다. 당시 히데요시를 비롯한 다이묘들이 입은 옷은 조선 궁궐에서 임금이 흔히 입었던 한복과 비슷했고, 당시 일본의 요리 문화는 매우 저급한 수준이었으므로 조선 궁궐에 진상했던 요리들이 히데요시를 위해 만들어진 것으로 볼 수 있다.

어찌 되었든 시게노부는 히데요시의 명령을 받고 수많은 조선 노비를 끌고 오니 그중 진해지금은 창원시에 포함 웅천熊川 출신의 사기장인 거관巨関과 종차관從次貫, 순천 출신 사기장 김영구金永久가 있었다.

1598년 43세의 나이로 끌려온 거관巨関은 조선에서의 원래 이름이 '거관'이 아니라, 일본으로 끌려간 다음 '도자기 선수'라는 뜻으로 코세키巨関라 불렀기 때문에 '거관'이 된 것이다. 그는 나카노 가마中野窯를 열어 히라도 어용 가마平戸御茶碗窯의 시조가 되었다. 그가 도자기를 만들었던 방법은 물레를 돌리는 방식이 아니라, 앞의 가라쓰에서 얘기한 것처럼 나무로 두들기며 모양을 완성하는 '다다키叩き' 방식이었다고 한다.

시게노부는 히데요시의 요청에 따라 기량이 뛰어났던 종차관을 나고야성 대본영에 있던 히데요시에게 보냈다. 종차관에 대해서는 뒤에서 알아보기로 하자.

김영구는 히라도의 에나가 가마江永窯, 구마하라 가마熊原窯, 후지와라 가마藤原

---

02 김문길, 『임진왜란은 문화전쟁이다』(도서출판 혜안, 1995), 131p.

窯의 출발점이 되었다. 김영구와 함께 온 조선인 포로는 700여 명이나 되었다. 이들은 나중에 독실한 가톨릭 신자가 되어 도쿠가와의 종교 박해 때 다수의 순교자가 발생했다.

그는 김묘구金妙久라는 이름의 부인과 같이 끌려온 듯한데, 마쓰라는 기술이 좋은 그를 무척 아껴서 요코이시 나가히사橫石永久라는 이름을 내렸다. 김영구의 가마는 1624년부터 1643년까지 미카와치에서 제일 생산량이 많았고, 번주에게 바친 세금이 번에서 제일 높았다고 한다. 그는 1654년까지 무려 101살 동안 장수했으나, 후손이 없어 그의 사망 이후 가마는 문을 닫았다.

거관과 함께 웅천에서 데려온 사람 가운데는 '에이嬰', 나중 고려할머니高麗媼, 일본어로는 고라이바바こうらいばば라 불리는 계집아이도 있었다. 한자로 '嬰'는 계집아이라는 뜻이다. 또한 일본말로 '에이'는 앳되고 예뻐 보이는 여성을 의미한다. 그러니 우리말 '계집아이' 혹은 '아이'는 일본말 '에이'와 연관 관계에 있는 말로 보인다. 마쓰라사료박물관에 소장된 『미카와치 도자기 약기三川內燒物略記』에는 '에이'에 대한 소개가 다음과 같이 나온다.

> 조선에서 빨래하러 나온 어린 여성을 데려와서 영주가 외로운 그녀에게 모든 편의를 보아주며 손으로 빚는 도예 기술을 배우게 하였는데, 1610년경 스무 살쯤 되어 보였다. 그는 이름도 나이도 밝히지 않고 혼인할 뜻도 없었다. 거관巨關이 혼인하여 1610년 아들을 낳자 어미처럼 거관의 아이를 돌보다가, 영주가 나카자토 모에몬中里茂衛門에게 의탁시켰다.[03]

03 『임진왜란과 히라도 미카와치 사기장』, 동북아역사재단(서울, 2010), 55p

마쓰라 호족의 딸인
'마쓰라 사요히메(松浦佐用姫)'의 도자기 인형
(가라쓰 근대도서관 소장)
『만엽집(萬葉集)』에 의하면 그녀는 다른 호족의 아들
오토모노 사데히코(大伴狭手彦)와 사랑에 빠지지만
그가 가야국을 구원하기 위해 신라 정벌을
떠나야 했으므로 산에 올라가
히레(領巾·옛날 일본 귀부인들이 어깨에 드리운 천)를
흔들며 이별을 아쉬워했다고 한다.

나카자토 모에몬 역시 앞 장에서 말한 바대로 고향이 울주군 청량면 중리中里
라서 성이 나카자토가 된 것이다. 그런데 동북아역사재단의 책『임진왜란과 히
라도 미카와치 사기장』에서 인용한『히라도 도자기 연혁 일람平戸焼沿革一覧04』에
의하면 에이가 1622년 남편과 사별할 당시 나이가 56세라고 밝히고 있어, 위의
『미카와치 도자기 약기』에 나온 나이와 다르다고 한다. 앞 저술에 따르면 1598
년 에이가 납치될 당시 나이가 8세인데, 뒤 저술로 보면 당시 이미 32세가 된다
는 것이다. 또한 동북아역사재단의 책은 나카자토 모에몬이 에이의 남편이 아
니라, 에이가 낳은 장남이라고 하는 나카자토 14대 종손의 새로운 증언을 싣고
있다.

04 미카와치 가마 300주년을 맞아 마쓰라 38대 당주인 마쓰라 아쓰시(松浦厚)의 요청에 의해 1918년 저술된 책

미카와치 도예촌 입구 묘지의 불상들에 바쳐진 술잔들

그러니 『임진왜란과 히라도 미카와치 사기장』은 에이가 거관과 함께 진해 웅천
에서 끌려와 거관과 가까운 사이인 것이나 거관의 아이를 돌봐 준 사실 등은
분명하지만 실제 나이는 불확실하다면서 『히라도 도자기 연혁 일람』의 내용
을 정설로 삼았다.

이를 바탕으로 하면 에이는 1610년 시이노미네椎ノ峰로 나카자토 모베에中里茂兵
衛에게 시집와서 1613년 아들 나카자토 모에몬中里茂右衛門을 낳았고, 1622년 남
편이 사망하자 미카와치三川内 나가하야마長葉山로 이주해 가마를 연다. 그렇게
해서 에이가 미카와치에 이미 와 있던 가라쓰 기시타케岸岳 출신의 사기장들과
함께 오늘날 미카와치 도예촌의 터전을 닦은 것이다.

미카와치는 오늘날 행정구역상 사세보 시에 속하지만, 거리상으로는 사가 현에 속한 아리타에 훨씬 가깝다. 아리타와 붙어 있어서 아리타 중심지에서 자동차로 15분이면 간다.

그런데 1610년 히라도에서 헤어진 에이와 거관은 1622년 미카와치에서 다시 만난다. 앞서 말한 대로 거관은 일본인 큐죠久城의 딸과 결혼하여 아들 산노조 마사이치三之丞正一를 두었다. 에이가 돌봐주었다는 그 아이다. 산노조 마사이치는 나중에 이마무라今村 성을 받아 이 가문의 초대 당주가 된다.

이삼평의 백자 생산에 자극받아 가마를 옮기다

앞서 말한 대로 거관은 처음 히라도에서 나카노 가마를 열고 가라쓰 양식의 도자기를 빚었다. 그런데 1616년에 아리타에서 이삼평이 백자토를 발견하고 일본 최초의 백자를 생산하기 시작하자 이에 자극을 받아 자신도 백자를 구우려 했지만, 히라도 주변에는 백자를 빚을 만한 도토가 없었다.

그리하여 그는 1622년 어린 아들 산노조와 함께 흙을 찾아나서 미카와치로 와 처음에는 요시노모토葭の本에 가마를 열었다. 그러나 이때도 백자토를 발견하지는 못하고 거관은 현

에도 시대 나카노 가마의 미즈사시(水指)
(미카와치야키미술관 소장)

재 사가 현 다케오^{武雄} 시 야마우치마치^{山內町}의 구로카미야마^{黑髮山}에 있는 절인 다이지인^{大智院}에 들어가 존각법인^{尊覺法印}으로 귀의하고 은거하며 오로지 도자 기술 함양에만 힘을 쏟았다.

그러다가 12년이나 지난 간에이^{寬永} 11년^{1634년}에서야 산노조가 하리오 섬^{針尾島} 미쓰다케^{三ツ岳}, 현재의 사세보 시 에가미초^{江上町}에서 양질의 아지로^{網代·あじろ} 도석을 발견하고 주거지를 옮겨 새로운 가마를 열었다.

거관과 산노조가 백자토를 발견했어도 아리타에서 이삼평이 만드는 수준의 백자를 바로 만들지는 못했던 것으로 보인다. 이마무라 집안의 가문서^{今村家文書}에 따르면 산노조는 20년 동안 히젠의 사라야마^{皿山} 즉 아리타 자기가마에서 도제 수업을 받은 것으로 돼 있다. 그 무렵 아리타 난가와라^{南川原}에는 백자와 청자의 스승으로 유명했던 조선인 사기장 다케하라 미치오리^{竹原道庵}의 아들 고로시치^{五郎七}가 초대를 받고 와 가마를 열고 있었기 때문에 산노조는 우다 곤베에^{宇田權兵衛}와 함께 그의 제자가 되었다.

우다 곤베에는 나중에 사카이다 가키에몬^{酒井田柿右衛門, 1596~1666}에게 자신의 기술을 전수한다. 사카이다 가키에몬은 오늘날 아리타 3대 명가의 하나이고, 유럽에 수출된 아리타 도자기의 가키에몬 양식에 매혹당한 독일 드레스덴 선제후 아우구스트 2세가 유럽 최초의 경질자기를 만들도록 하는 것이니, 유럽 도자기 역사가 이렇게 태동한다^{자세한 내용은 『유럽 도자기 여행: 동유럽 편』 참조}.

다케하라 미치오리는 역시 거관과 같은 웅천 출신의 조선 사기장으로 도요토미 히데요시를 섬겼는데, 1619년 하카타^{博多}를 거쳐 이마리의 시이노미네, 아리타 난가와라^{南川原}, 이와야가와치^{岩屋川內} 등에서 도자기를 구웠다는 사실 이외에는 자세한 신원이 알려져 있지 않다.

도자기 굽는 사기장들을 묘사한 미카와치 공민관(마을회관)의 타일 벽화

한편 산노조가 다케하라 고로시치에게서 가장 배우고 싶었던 것은 백자에 고스^{吳須} 즉 도자기에 무늬를 그릴 때 쓰는 남청색^{코발트블루} 잿물을 잘 그려 넣을 수 있는 유약을 만드는 방법이었지만 고로시치가 이를 비밀로 해서 알아내지 못했다. 이 시대에 고스를 잘 나타나게 하는 유약 배합 기술은 기밀 사항이었으므로 유약을 만들 때면 2층에 올라가 혼자 배합했기 때문이었다. 그런데 고로시치가 잿물을 거르는 마지막 손질에는 언제나 여자 날품팔이를 쓴다는 사실을 알아내고 자신의 아내를 고로시치 밑에서 일하게 했다. 이후 유약과 재를 2층에 가져가기 전에 물을 헤아려 두고, 배합소에 가져가서 유약으로 쓰고 남은 재의 나머지를 몰래 가져오게 하여 간신히 배합비법을 탐구해내고 그곳을 빠져나와 달아났다. 고로시치가 나중에 이 사실을 알고 이들 부부를 잡으려 사람을 보냈으나, 이들은 하사미^{波佐見}의 미쓰마타^{三ッ股} 산속으로 피신해 한동안 숨어 지냈다.

1637년이 되면 도예산업을 집중적으로 육성하라는 2대 히라도 번주 마쓰라 다카노부^{松浦隆信, 1592~1637} [05]의 명령에 따라 산노조는 다시 미카와치로 돌아와서 에이^叡가 가마를 열었던 장소인 나가하야마^{長葉山}에 히라도 어용 가마를 구축하고 양질의 백자와 청자를 만들어냈다. 뿐만 아니라 시이노미네에서 만난 사기장들에게도 참여를 요구해 '미카와치 사라야마'의 대들보가 되었다.

『히라도 도자기 연혁 일람』1637년에 기록된 당시 가마의 주요 인물을 보면 다음과 같다.

---

05 마쓰라 가문은 손자가 할아버지 이름을 물려 쓰는 경향이 있다. 2대 히라도 번주는 초대 히라도 번주 시게노부의 아버지인 다카노부로부터 이름을 물려받았고, 시게노부 역시 자기 이름을 4대 번주인 손자에게 물려주었다. 손자가 할아버지와 똑같은 이름을 쓰는 것은 유럽 왕실이나 귀족 가문에서도 종종 나타나는 현상이다.

- 두령頭領⁰⁶: 산노조 마시이치三之丞正一
- 화사畵師: 야마노우치 초베에山の内長兵衛

  마에다 도쿠자에몬前田德左衛門
- 불대장⁰⁷: 나카자토 모에몬中里茂衛門
- 보조: 후지모토 지자에몬藤本治左衛門
- 거나꾼⁰⁸: 오키타 큐베에沖田久兵衛

이 명단에서 알 수 있듯, 히라도 어용 가마의 핵심은 거관과 에이 집안사람들이 차지하고 있다. 변수를 거관의 아들인 산노조가 맡았고, 도자기 품질에 직접적인 영향을 미치는 기술적 문제와 불 때는 일을 에이의 아들인 나카자토 모에몬이 맡았다. 도자기에 그림을 그리는 화사는 떠돌이 무사 출신으로 시이노마네에서 화공이 된 야마노우치를 데려왔고, 또 다른 화공 마에다는 산노조의 장인이다.

이처럼 나가하야마의 가마가 체계를 잡고 대량생산 체제에 들어가면서 4대 히라도 번주이자 29대 당주인 마쓰라 시게노부松浦鎭信, 1622~1703⁰⁹가 1641년 미카와치 일대를 순시하면서 산노조를 불러 칭찬하고 이마무라今村 성을 하사한다. 거관 집안이 이마무라 가문이 된 것은 이때부터다.

미카와치 어용 가마가 체계를 잡으면서 마쓰라 시게노부에 의한 사무라이 다도武家茶道, 즉 지금의 '친신류鎭信流'가 생겨난 것도 특기할 사항이다. 그는 세키

06 우리말로는 '변수'라 한다. 가마 전체 일을 총감독하고 이끄는 사람
07 제품의 질을 좌우하는 불 때는 일이나 기술적 문제를 책임지는 사람
08 '꼬박'이라고도 한다. 질을 이겨 주고 대장이 바쁘면 굽 깎는 일도 한다.
09 앞에서 말한 것처럼 할아버지와 이름이 같다.

슈류石州流를 기본으로 하고 엔슈류遠州流와 산사이류三斎流 등의 장점을 더해 일파를 세웠다.

세 개의
사라야마를 열다

이마무라 산노조今村三之丞는 정말 일을 열심히 했던 모양이다. 성을 하사받고 2년이 지난 1643년 그는 번주의 허가를 얻어 기하라야마木原山와 에나가야마江永山 두 곳에 가마를 더 열어 도료棟梁, 우두머리과 다이칸代官, 번주 대행의 지역 책임자을 맡는다. 요즘 말로 얘기하자면 프랜차이즈를 낸 것이다. 번주는 이런 산노조의 공을 인정하여 히로마사廣正, 큰칼 1구와 봉토를 하사했다. 이로써 미카와치의 히라도 어용 가마는 '산사라야마三皿山' 체제를 확립하며 번영의 틀을 구축했다.

산노조의 아버지 거관은 1643년 88세로 사망한다. 당시로서는 엄청나게 장수한 셈이다. 1650년이 되면 히라도 나카노 가마에 있던 조선 사기장들 모두가 이곳으로 옮겨와, 히라도 도자기는 쇠퇴하고 미카와치가 확고부동한 중심지로 번성하기 시작한다.

미카와치야키에 혁신을 낳으며 가마를 또 한 번 크게 일으킨 것은 산노조의 아들인 이마무라 야지베今村弥次兵衛, 1635~1717였다. 산노조는 시이노미네에서 마에다 도쿠자에몬前田德左衛門의 딸과 혼인해 이듬해에 아들을 얻었는데, 그가 성장하여 명사기장 야지베가 되었다. 그는 일곱 살 때부터 할아버지 거관에게서 도예 수업을 받는 등 '영재 코스'를 밟다가, 할아버지가 사망한 다음에는 아버지 밑으로 들어왔지만 아버지의 도토가 마음에 들지 않아 자신만의 도토를 찾아나섰다.

에도 시대 전기 기하라야마(木原山)의 하얀 꽃무늬 찻사발(왼쪽)과 에나가 가마(江永窯) 유적에서 출토된 에도 시대 중기의 찻사발(오른쪽), 미카와치야키미술관 소장

그리하여 1662년 야지베는 구마모토 현의 아마쿠사天草에서 매우 좋은 도토를 발견하였으나, 이곳은 관할 번藩이 달랐으므로, 이름을 지로베次郎兵衛라고 속이고 땅 주인 우에다上田와 계약을 맺어 이를 확보할 수 있었다. 이후 이 흙과 미쓰타케三ツ岳의 돌을 조합하여 연구를 거듭한 끝에 마침내 순백의 백자를 완성하기에 이르니 명성이 하늘을 찌를 듯 올라갔다. 야지베는 이에 그치지 않고 푸른 쪽빛을 그려 넣거나염색, 세공과 조각을 더하고 히네리모노ひねり物,비틀어 만든제품 등 뛰어난 작품을 만들었다.

1664년이 되면 미카와치야키의 명성이 일본 전역에 알려지면서 도쿠가와 막부의 어용 가마로 승격하게 된다. 이에 마쓰라 시게노부 번주는 야지베를 불러 공을 칭찬하면서 신분을 100석 녹봉의 온마마와리御馬廻10 수준으로 올리고,

10 말을 관리하는 하급 무사

야지베가 발견한 아마쿠사의 도석

마쓰라 가문의 꾸지나무 잎梶の葉 문장이 그려진 삼베옷 한 벌, 철에 맞는 옷 한 벌, 산수화 한 폭과 여러 개의 그림본을 하사했다.

이때 마쓰라 번주는 나카자토 에이도 불렀으나, 이때 그녀의 나이 98세였다. 과연 '고려 할머니'라 불릴 만큼 장수한 것이다. 그리하여 고려 할머니는 너무 늙어 호출에 응하기 힘

들다고 사양하니 마쓰라는 그녀의 후손들에게도 어용 도자기 제조권리를 주었다.

히라도 번에서는 모범 그림絵手本을 만드는 어용화가들에게 '후치마이扶持米·ふちまい, 무사에게 쌀로 주는 급여'를 제공하여 도업에 전념하도록 배려했기 때문에 조선 사기장들은 생계 유지 걱정 없이 조정과 막부에 올라가는 헌상용품을 만들 수 있었다. 번은 또한 미카와치에 파견관리 사무소인 '시라야마다이칸쇼皿山代官所'를 만들어 도자기 생산과 유통의 감시와 감독을 충실히 했다.

한편 1667년 산노조는 자신과 마찬가지로 웅천에서 끌려온 사기장 종차관從次貫의 후손인 후쿠모토 야지우에몬福本弥次右衛門을 시이노미네에서 미카와치로 초빙했다. 이로써 진해 웅천 출신의 조선 3대 사기장이 모두 미카와치에서 합류하게 된 것이다. 종차관에 대해서는 잠시 뒤에 설명하겠다.

에도 시대 만들어진 히라도-미카와치야키 꽃병(마쓰라사료박물관 소장)

조선 사기장,
사무라이처럼 칼을 차고 다니다

미카와치의 도예기술은 점점 호평을 받으면서 명성도 더욱 높아져 1699년 드디
어 왕실 어용 가마로 지정된다. 이에 따라 다이묘의 각별한 보호와 감시 아래
청화백자, 양각과 투각 등 정교하고 다양한 도자기들을 구워 냈다. 신분도 격
상되어 사무라이처럼 칼을 차고 다니는 것이 허용되었다. 1702년 야지베^{弥次兵衛}
가 쇼묘^{正名}라는 법명으로 스님이 되어 마쓰라 번주를 방문했을 때 번주는 특
별히 '조엔^{如猿}'이라는 호를 지어 주었다.

미카와치가 왕실가마로 지정되면서 사라야마 세 곳에 잠입하여 비법을 캐내
가려는 다른 지역 사기장들의 염탐이 끊이지 않았다. 이런 기술 탈취 시도는 18
세기 초반에 무려 50~60년 동안이나 계속됐다고 하니, 도자기가 당시 일본 사
회에서 얼마나 각광받는 '하이테크 산업'이었는지 알 수 있다.

정보전이 치열할수록 이를 막기 위한 통제와 감시도 강화되어서 히라도 번은
사라야마 대관소를 확충하고 감시소도 여러 곳에 두었다. 제조 방법 일체를 비
밀로 하여 사기장도 장남 이외에는 이를 전수하지 못하도록 금지했고, 어용품
을 올리고 남은 것은 판매를 하지 않고 깨뜨려서 땅속에 파묻었다.

특히 미쓰타케^{三ツ岳}의 흙을 밤중에 파내 배에 실어서 다른 다이묘 지역에 판매
하는 사람이 나타나자, 도토 채굴장에도 감시소를 만들었다. 아울러 미쓰타
케 도토를 채굴하여 하이키^{早岐}, 현재 사세보 시 바닷가에 있는 창고에 저장하
여 감독했다.

미쓰타케 흙은 가장 흰 것^{上木白}을 어용토로, 그다음으로 흰 것^{上白}을 미카와치
로, 남은 것^{下白}은 기하라야마^{木原山}와 에나가야마^{江永山}, 사라야마에 보냈다.

연도	가마 수	장인 수	미카와치 인구
1910년(메이지 43년)	39호	510명	약 1,000명
1968년	20호	1,304명	300세대: 도자기 종사자 80%
2001년	18호	694명	249가구: 도자기 종사자 30%

미카와치의 가마와 사기장 변화 추이

야지베에게 도토를 판매하는 계약을 맺었던 아마쿠사天草 우에다上田 집안의 1796년 기록에 따르면, 당시 미카와치 사라야마에는 두 개의 노보리 가마, 소성 실燒成室로 사용하는 총 45채의 부옥이 있어 여기서 300명가량의 사람이 일을 했다고 한다. 또한 앞에서 말한 것처럼 이곳의 어용 가마 사기장들은 번에서 '후치마이'를 제공했고, 칼을 차는 것이 허용된 무사 신분이 많았다고 돼 있다.

아울러 어용 가마 기술은 '잇시소덴一子相伝·いっしそうでん' 즉 한 명의 자식에게만 전수하도록 엄격하게 보호되었기 때문에 대부분 장남이 이를 이어받았다는 내용도 있다. 그러나 19세기에 들어서면 뛰어난 기술을 계승시키기 위해 장남뿐만 아니라 차남이나 삼남에게도 교육을 시키기 위한 새로운 가마를 만들었다.

현재 미카와치의 서쪽 산등성이에는 도조 신사陶祖神社가 있다. 1842년에 세워진 이 신사는 이마무라 야지베 즉 조엔如猿이 대명신大命神이 된 '조엔다이묘진如猿大命神'을 모시는 신사다. 그런데 원래 이 신사 자리에는 '웅천 신사熊川神社'가 있었다. 바로 이마무라 집안의 조상인 진해 웅천 사람 거관을 씨족신으로 모시는 신사였다.

거관을 모시는 웅천 신사가 거관의 손자인 야지베를 모시는 도조 신사로 바뀐 연유는 1842년 마쓰라 가문의 35대 당주 히로무熙가 사기장 이마무라 쓰타로

도조 신사로 올라가는 입구의 도리이

今村槌太郎에게 상과 각서를 내리면서 새 신사를 짓도록 명했기 때문이다. 그 각서
의 내용은 이렇다.

> 그 조상 조엔如猿에게 옛날 한없이 입은 은덕을 세 사라야마皿山에 살고 있
> 는 자자손손 잊지 말지니, 그러므로 앞으로 도기陶器, 만족, 기원소로서 조
> 엔다이묘진如猿大命神으로 우러러 받들고 제사를 지낼지어다.

이후 1910년 거관의 후손들은 거관의 묘비와 유해를 구로카미야마黑髮山에서 미카와치 본산으로 옮겨와 조상 3대를 같은 곳에 모셨다. 또한 1917년에는 마쓰라 38대 당주인 아쓰시厚, 1864~1934 백작이 '세 사라야마 개요 기념비三皿山開窯記念碑'를 세웠다. 비문의 내용은 다음과 같다.

> 우리 35대 히젠모리히젠 태수 히로무凞공이 이마무라 제2대조祖 조엔如猿이 개요開窯한 공로에 대한 포상으로, 그 7세손에게 조엔을 영원히 잊지 않고 제사 지내기를 명하였다. 이 일을 글로 새겨둠은 옳은 일이라, 지금이라도 그 내력을 써서 기념한다.

이를 보면 마쓰라 가문의 당주들은 하나같이 거관의 후예들이 조상의 은덕을 잊지 말고 대대손손 새기라고 강조하고 있다. 기념비를 세운 아쓰시 백작은 영국 케임브리지 대학교에서 국제법을 공부하고 유럽에서 7년 동안 지낸 엘리트였다. 그의 아버지 아키라詮, 1840~1908는 여자학습원, 일본여자대학교 등에서 다도 교수를 맡고, 메이지 시대의 다도 부흥에 커다란 공헌을 한 인물이었다.
이처럼 마쓰라 가문이 대를 이어 융성하고 부를 누릴 수 있었던 데에 미카와치 가마의 도자기로 벌어들였던 엄청난 재화가 밑바탕이 되었음은 두말할 필요가 없다. 『히라도 도자기 연혁 일람』의 서문에 따르면 미카와치 가마를 연 지 300년쯤이 되는 1917년 당시 미카와치 한 해의 도자기 생산액은 20만 엔에 달했다. 이를 100년이 지난 지금 가치로 환산하면 얼마가 될지 잘 모르겠지만 엄청난 재화인 것만큼은 분명하다. 그러니 거관의 후손들에게 조상의 은덕을 잊지 말라는 각서도 내리고 기념비도 세운 것이 아니겠는가. 그러나 정작 그들이 기념비에 썼어야 할 내용은 조선 사기장들로 인해 자신들이 은덕을 입었고, 대

● 미카와치 도자기 축제 때의 가마 내부를 이용한 접시 전시장
●● 당초문(唐草文)을 현대적으로 재해석해서 디자인한 미카와치의 접시들

대로 호사를 누렸음을 감사하는 것이 되어야 당연하다. 참으로 씁쓸한 본말전도다.

자, 이제 종차관從次貫[11]과 그 후손인 후쿠모토福本 가문에 대해 알아보기로 하자. 앞에서 언급했던 대로 마쓰라 시게노부는 도요토미 히데요시의 명령대로 가장 기량이 좋았던 종차관을 히젠나고야 성에서 진을 치고 있던 히데요시에게 보내니, 히데요시는 그곳에서 가마를 차리게 하여 다기를 만들게 했다. 종차관은 찻사발뿐만 아니라 히데요시가 좋아하는 복스러운 불상도 잘 빚었다고 한다. 그리하여 히데요시는 그 공으로 종차관의 이름을 야지우에몬彌次右衛門으로 고쳐 주고 후쿠모토福本 성을 내렸다.

이렇게 히젠나고야 성에서 히데요시의 전속 사기장으로 있던 종차관은 히데요시 사후인 1608년 아들 야이치彌一를 얻었고, 1613년 조선 사기장들이 많이 모여 있던 시이노미네로 이주하여 계속 다기를 만들다가 1624년 사망했다. 그의 아들은 17세 때 아버지 이름을 이어받았는데, 찻사발 만드는 기술이 특히 뛰어났다고 한다. 거관의 아들 이마무라 산노조가 이런 그를 미카와치로 초청한 사실은 앞에서 이미 얘기했다.

거관, 에이,
종차관의 후손들

거관의 이마무라와 종차관의 후쿠모토 그리고 에이의 나카자토 세 가문은 미카와치야키의 중추세력으로 막부 시절은 물론 1871년 폐번치현 이후 민요로

---

11 종차관은 아마 정(鄭)씨 아니면 정(丁)씨였을 가능성이 크다. 그런데 일본어로는 이를 표기할 수 없어 종(從)으로 썼을 것으로 추정된다.

바뀐 이후에도 서로 협력을 통해 미카와치의 지속적인 번영에 절대적인 기여를 했다. 이 세 가문의 후손들은 지금도 이 지역 도예산업의 중추를 형성하고 있다.

19세기에 들어와 미카와치 상인들은 나가사키를 오가며 네덜란드 동인도무역회사와 거래하기 시작했는데, 당시 네덜란드 상인들에게 인기를 끌었던 것의 하나가 미카와치에서 만든 달걀 껍질처럼 얇은 도자기 '란가쿠데卵殼手, egg shell' 였다. 이런 제품 제작을 주도한 것은 거관의 후손 이마무라 쓰치타로今村槌太郎 였다. 그는 당시 번주 히로무熙에게 보고하고 열심히 커피잔이나 양주잔을 만들었다. 이에 히로무는 나가사키에 대리인을 보내 히라도도자기거래소平戸燒物産會所라는 무역회사를 설립하니, 1865년에는 종차관의 후손 후쿠모토 에이타로福本榮太郎가 이 회사의 운영을 전담했다.

1871년 폐번치현이 되면서 히라도의 마지막 번주 아키라詮는 당시의 대관代官 후루카와 쵸지古川澄二에게 히라도도자기거래소의 업무 일체를 물려주었다. 그러자 후루카와는 이를 더욱 번창시키고자 후쿠모토 에이타로와 협의하여 만포잔쇼호萬寶山商鋪를 차리고 제품에는 '만포잔시에세이萬寶山枝榮製'라고 표기했다. 1874년 도요시마 세이지豊島政治가 숙부인 후루카와 쵸지로부터 이를 물려받은 다음엔 이마무라 호쥬今村豊壽, 나카자토 쇼노스케中里庄之助, 나카자토 모리사부로中里森三郎, 나카자토 도요시로中里豊四郎 등이 주축 임원들로 해외 전시회나 박람회 출품과 판로 확장에 노력했다.

나카자토 모리사부로는 1889년 파리만국박람회에 작품을 출품했고, 1890년 메이지 일왕이 사세보를 방문했을 때 이마무라 고쿠지로今村克次郎의 닭 모양 장식물太白鷄置物을 구입했다. 또한 1900년 이마무라 시카요시今村鹿吉는 왕세자의

미카와치야키는 계란 껍질처럼
얇은 질의 도자기로
네덜란드 상인의 인기를 얻었다.

결혼식 때 사세보시의 위촉으로 투각 향로 1기를 헌상했다.

2005년 조사 집계에 의하면 미카와치의 이마무라 집안은 22가구, 나카자토 집안은 33가구, 후쿠모토 집안은 27가구가 살고 있다.

이마무라 가문은 가구 수도 제일 적고 현재 뚜렷한 도예 활동도 하지 않고 있는 듯하며, 종가도 알 수 없다. 미카와치는 1900년대 중반 약 40년 동안의 침체기를 겪었는데, 그 당시 쇠락한 것으로 보인다. 그러나 이 집안은 매년 5월 1일부터 닷새 동안 열리는 하마젠 축제ハま錢まつり는 이어가고 있다. 하마젠의 '하마'는 그릇을 구울 때 모습이 변하지 않도록 까는 밑받침으로 우리말로는 속칭 '개떡'이라고 하는 것이다. 이것은 돈처럼 둥글고 작아서 일본 아이들이 이것으로 돈놀이를 하는 데서 착안해 축제에 '하마젠'이라는 독특한 이름이 붙었다.

축제 때면 산노조가 처음 백자 도토를 발견한 하리오 섬針尾島에서 가져온 돌로 만든 미카와치의 상징이자, 조엔如猿을 대명신으로 모시는 도조 신사에서 제사를 지내면서 앞서 소개한 히로무熈 번주가 내린 각서를 읊는다.

거관보다 먼저 미카와치에 도요지를 만든 에이는 1672년 무려 106세까지 살았다. 그야말로 '고라이바바고려 할머니'답다. 그녀는 미카와치에서 작은 사당을 지어 놓고 조선의 가마신인 '니무네묘진ニ厶ネ明神'이란 산신을 모셨다고 한다. 에이는 돌아가던 해까지 제관祭女으로 해마다 제사를 지냈는데, 숨을 거두던 날에 "내가 죽으면 이 사당을 불태워라. 연기가 하늘로 오르면 조선으로 돌아가니 이 제사를 지내지 말고, 새로이 산신당을 세워서 제사를 지내라. 만약 연기가 하늘로 오르지 않고 땅에 맴돌다가 사라지면 이곳에 머물러 자손들의 도업을 돌봐줄 것이니 영원히 이 사당에 제사 지내라"고 유언을 남겼다. 에이가 숨을 거두고 자손들은 연기가 하늘로 올라가지 않기를 간절히 바라면서 사당에 불을 붙이니 과

● 미카와치 하마젠 축제 때 열리는 주민들의 도자기 경매
●● 고려 할머니를 모시는 가마야마 신사(釜山神社)의 도리이

● 고려 할머니 에이의 후예인 사토미 가문 가쿠쇼 가마의 멋진 작품들
●● 가쿠쇼 가마 접시들

연 바람대로 연기가 땅에서 머물다 사라져 그 이후 계속 이 사당에서 제사를 지냈다.[12]

현재 이 사당은 원래 위치에서 천궁하여 미카와치 동쪽 산등성이에 새로 짓고 가마야마 신사窯山神社라고 부르고 있다. 에이가 돌아가고 어느 해인가 큰 불이 일어나 사당 좌우의 큰 소나무가 불탔기 때문에 또 다른 화재와 재앙이 두려 워 옮긴 것이다. 이 신사에서는 해마다 네 번 제사를 올리는데, 그중 11월 15일 이 본제삿날이다.

그런데 이 신사의 안내판에는 가마야마窯山가 아니라 부산釜山 신사라고 돼 있 다. 신사의 선돌에 새겨진 신의 이름 역시 부산대명신釜山大明神이다. 이 때문에 흔히 고려 할머니가 부산 출신이라고 추측하기도 하는데, 이는 도자기 가마窯 와 취사용 가마釜의 일본어 훈독이 '가마'로 똑같기 때문에 생긴 오류다. 일본 에서는 '窯山'과 '釜山'을 혼용해서 쓰는 경우가 매우 잦다. 그러니 한국의 지 명인 부산과는 아무런 상관이 없는 것이다.

고려 할머니의 후손 2대 모에몬茂右衛門은 다섯 아들을 두었다. 이 중 장남이 사 망하는 바람에 차남이 나카자토中里 성을 이어받았다. 3남은 뒷날 기하라야마 木原山의 담당자가 되어 요코이시橫石라는 성을, 4남은 사토미里見 성을, 5남은 후 루카와古川 성을 만들어 분가해 모두 도예업에 종사했다.

4남의 사토미 가문에서는 사토미 세이시치里見政七가 1904년 미국 세인트루이 스 만국박람회에 작품을 출품해 1등상인 금패金牌를 수상하는 영예를 안았 다. 사토미 가문은 5대째인 사토미 요노스케里見要之助가 상호를 가쿠쇼 가마嘉

정교한 국화 문양 세공 장식은 나카자토 가문의 대표 기술이다.

久正窯로 바꿔 지금도 미카와치 마을의 중추 가마로 활약하고 있다. 청화백자로 만든 도자기들이 일품이다. 현재 사토미 주다카시里見寿隆, 1971~라는 젊은 당주가 가마를 이끌고 있다. 그는 나가사키 현 주최 도자기 전시회에서 최우수상을 받은 바 있다.

나카자토 가문은 정유재란1597년 400년을 맞아 1998년 개최한 제1회 웅천헌다회熊川献茶会에 마쓰라 가문의 현 당주인 아키라松浦章와 함께 참석해 조상의 귀향을 알리는 의식을 치렀다.

400년 동안 기술을 이어온 나카자토 가문은 1924년 히로히토^{裕仁} 일왕의 결혼식 행사에 그릇을 납품하는 영예를 얻었고, 1928년에는 궁내청^{宮內廳, 일본 국왕과 관계된 사무나 국사 행위를 담당하는 부서}에 납품하는 어용 가마로 지정되었다.

나카자토 가문의 종손으로 18대 젊은 당주인 나카자토 타이요^{中里太陽, 1977~}는 아버지 나카자토 이치로^{中里一郎}와 함께 현재 미카와치 889번지에서 '히라도 고쇼단 우에몬 가마^{平戸洸祥團右衛門窯}'를 운영하고 있다. 1622년에 창립한 이 가마는 1895년에 법인 설립을 했다. 타이요는 미카와치 도자기 작품전에서 그랑프리 대상을 수상했다. 그의 아내 나카자토 유키미^{幸美}와 어머니 나카자토 유미코^{由美子} 모두 화공으로 일하고 있다. 아버지와 자신이 물레를 돌리고 성형을 하면 어머니와 아내는 거기에 그림을 그리는 행복한 사기장 집안이다.

가마를 연 이후로 줄곧 아마쿠사 도석을 사용한 청화백자와 국화 무늬 세공의 정교한 장식용품, 무^{蕪, かぶら}와 무청 도안의 일용식기 등을 제작하고 있다. 무와 무청 도안은 나카자토 가문 특유의 것으로, 마쓰라 다카노부^{松浦隆信} 번주가 자손 번영을 기원하는 무 도안을 만들 것을 권장한 데서 유래했다. 또한 고히라도 자기에 속하는 것으로 풀과 꽃무늬를 넣어 얇게 만든 청화백자 컵과 잔, '카라코에^{唐子絵}'라고 불리는 그릇들도 제작하고 있다. '카라코에'는 바로 뒤에서 설명하겠다.

히라도 고쇼단 우에몬 가마의 홈페이지는 www.kohsyo.co.jp다. 종가임에도 홈페이지에서 '모에몬'이란 영어 표기를 하지 못하는 것은, 이미 다른 사람이 이를 사용하고 있기 때문이다.

홈페이지에서 이를 사용하고 있는 사람은 사가 현 다케오 시 야마우치 초^{武雄市 山内町} 오아자이누바시리^{大字犬走}에서 향로를 전문으로 빚고 있는 쓰지타 테루유

미카와치 히라도 고쇼단 우에몬 가마의
홈페이지

키辻田輝幸, 1943~다. 그런데 아리타에서 태어난 그는 자신도 고려 할머니의 후손
이라 주장하며 초대부터 자신까지의 가계를 정확하게 밝히고 있다. 이에 따르
면 그는 1972년에 당주를 승계한 15대 후손이다. 아마 2대 모에몬에서 갈라진
둘째 아들의 '모에몬 가마茂右ユ門窯'의 후손인 것으로 보인다.

12살 때부터 아버지가 도자기 빚는 모습을 눈동냥으로 보면서 도자기를 만들
기 시작하고 중학생 때부터 도예의 길로 나섰다는 그는 매우 열정적으로 작품
활동을 전개하고 있다. 지난 1991년과 1995년에 메이지신궁明治神宮에 작품을
헌납했다. 1999년에는 경남도박물관이 그의 작품을 소장했고, 2001년에는 프
랑스 루브르박물관에서 그의 작품을 전시했다.

1995년과 2008년에는 아키시노노미야 기코秋篠宮紀子 왕비에게, 2007년 왕세자

에게 작품을 헌상했다. 2008년에 사가 현으로부터 미술문화공로상을 수상했다. 지난 2015년 5월 도쿄 도부백화점 이케부쿠로 지점에서 개인 전시회를 개최함으로써 선대부터의 꿈이자 숙원 사업이었던 도쿄 전시회를 드디어 열었다. 작품은 도석의 선별에서부터 성형, 제작, 초벌구이, 시유와 굽기까지 전체 과정을 혼자 다루고 있다. 그렇게 실신할 정도로 시간과 노력을 들인 결과 작품에는 '잇시소덴一子相伝' 즉 한 명의 자식에게만 전승하는 히라도 도자기 기술의 세세한 부분까지 살아 숨 쉰다.

향로의 봉황이나 용 입체 부조를 부면 그 치밀한 기량이 잘 나타나는데, 꼬리 깃털과 용 비늘의 하나하나까지 절묘하게 새겨져 정성껏 배치되어 있다. 우리나라의 투각透刻 기법에 해당하는 육각형의 '스카시透かし'는 매우 고급 기법이다. 육각형의 무늬 구멍을 작은 삼각형 무늬 구멍이 또 둘러싸고 있는 이중 구조라

● 2015년 7월 9일 네덜란드 왕실에 지구형 주전자 도자기를 헌상하면서 찍은 기념사진. 왼쪽에서 두 번째가 나카자토 타이요, 그 옆은 주일본 네덜란드 대사, 그 옆은 사세보 시장. 맨 왼쪽은 마쓰라 쇼(松浦章) 현 마쓰라 가문 당주. 이로 볼 때 자신들의 조상을 조선에서 끌고 온 히라도의 마쓰라 가문과 계속 인연을 이어가고 있음을 알 수 있다.
●● 모에몬 가마의 현 당주인 쓰지타 테루유키 씨가 자신의 대표작인 향로를 들고 있다.

2015년 도쿄 도부백화점
이케부쿠로 지점에서 개최한
모에몬 전시회 포스터(위)와
모에몬 가마 향로의
부분 확대 사진(아래)

서 그만큼 정교한 손놀림이 필요하다. 이를 잘 보면 곡면에 맞게 구멍의 크기가 미묘하게 바뀌고 있는 것을 볼 수 있다. 쓰지타 테루유키 씨는 이렇게 이중 구조의 '스카시'를 정확하게 다루고 있는 사기장은 자신밖에 없다고 자부한다.

진짜 꽃처럼 장식을 다는 '꽃 세공花細工' 역시 고려 할머니의 후예다운 그의 진면목이다. 이렇게 지극히 정교한 조형 장식은 극도의 집중력이 필요하기 때문에 소음이 없는 한밤중부터 일을 시작해 아침까지 겨우 한 송이만을 만들 수 있다고 한다. 투명한 순백을 만들기 위해서는 장작을 지펴 1,300℃ 고온으로 단숨에 구워 내는데, 소성 때의 수축을 계산에 넣고 뚜껑과 몸통이 완전히 일치하도록 형성하는 일은 오로지 오랜 경험과 감각에 전적으로 의존해야 하는 작업이다.

한편 종차관의 후손인 후쿠모토 가문은 현재 14대까지 계승되었다. 14대 당주 후쿠모토 마사노리福本政則는 나가사키 현 무형문화재로 화공인 부인 후쿠모토 도요코福本豊子와 함께 미카와치역 부근에서 '교쿠센세이토玉泉製陶'를 운영하고 있다. 다케오의 '모에몬 가마'처럼 '스카시透かし' 향로나 탑 등의 작품을 주로 만들고 있다.

도자기로 만든 의자가 있는
미카와치역.
근무자가 없는 무인역이다.

미카와치 마을 고려 할머니 후손들 찾아가기

1. 미카와치로 가는 길

– 후쿠오카에서 자동차로 가면 약 90분이 걸린다.
니시규슈(西九州) 도로의 '사세보 미카와치 인터체인지
(佐世保三川内インター)'에서 사세보 방면으로 약 10분.

– 나가사키 공항에서 사세보 행 버스를 타고 70분을 가
서 하이키타코노우라(早岐田子の浦)에서 내려 택시로
약 10분.

– 후쿠오카 공항에서는 사세보 행 버스를 타고 2시간을
가서 오로시혼마치입구(卸本町入口)에서 내려 택시로
20분.

– 사세보 시내에서는 차로 30분,
하우스텐보스(ハウステンボス)에서는 차로 20분.

– JR 특급 기차로 하카타역에서 약 90분을 가서 하이키
역(早岐駅)에서 내려 택시로 10분. 미카와치역(三川内駅)
은 급행은 서지 않는 무인역으로 사세보나 아리타에서
출발하는 완행열차가 선다. 그러나 미카와치역에서 내
려도 미카와치 마을로 가려면 다시 택시를 타야 한다.

도자기 축제가 열릴 때는 미카와치역에서 가까운 미카
와치 미술관에서 마을을 오가는 무료 셔틀버스를 운행
한다. 축제에 관한 자세한 내용은 미카와치도자기협동
조합의 홈페이지(www.mikawachi-utsuwa.net) 참조. 현재 미
카와치도자기공업협동조합에는 16개의 대표적인 가마
가 등록돼 있다.

2. 가쿠쇼 가마(嘉久正窯)의 주소

• 주소: 〒859-3155 長崎県佐世保市三川内町689
• 전화: 0956-30-8765
• 전시장 이용시간: 아침 9시~오후 5시(주말, 공휴일은 휴무)

3. 히라도 고쇼단 우에몬 가마(平戸洸祥團右衛門窯)

• 주소: 〒859-3155 長崎県佐世保市三川内町889
• 전화: 0956-30-8606

• 이메일: info@kohsyo.co.jp, hiradokohsyo@yahoo.co.jp
• 홈페이지: www.kohsyo.co.jp

4. 모에몬 가마(茂右고門窯)
• 주소: 〒849-2301 佐賀県武雄市山内町犬走6923-5
• 전화: 0954-45-2235

5. 교쿠센세이토(玉泉製陶)
• 주소: 〒859-3151 長崎県佐世保市三川内本町189-2
• 전화: 0956-30-8637

타일로 제작한 미카와치 안내도

미카와치야키의 대표 상품
'카라코에'

미카와치야키 대표 상품의 하나는 '카라코에 자기唐子繪燒'라는 것이다. 이는 중국 전통 복장의 어린이가 소나무 아래에서 모란꽃, 나비와 노닥거리며 뛰노는 그림이 그려져 있다.

처음에는 100명의 어린이가 무리 지어 노는 그림百子嬉戲으로부터 시작했으나, 어용품이 되고 난 다음부터 도자기에 그려지는 어린아이 숫자가 엄격하게 제한되었다. 그리하여 왕실과 막부에 헌상하는 것에는 7명, 번에 헌상하는 것에는 5명, 일반 용도로 사용하는 것에는 3명의 아이가 그려졌다.

카라코에는 에이 즉 고려 할머니가 처음 만든 것으로 알려지고 있다. 해맑게 노는 아이들의 천진난만한 모습은 사실 남성보다는 여성의 그림이라는 게 더 설득력이 있다. 언제부터 왜 중국옷을 입은 어린이들을 도자기에 그려 넣었는지는 밝혀지지 않았지만, 미카와치는 물론 중국인들의 왕래가 찾았던 가라쓰와 히라도 지역에서는 중국 어린이들을 심심치 않게 볼 수 있었으므로, 그들을 볼 때마다 고국의 땅과 고국에 두고 온 조카들이며 동네 아이들에 대한 그리움이 사무쳐서 그렇게나마 그림을 그려 마음을 달래곤 했던 것이 아닌가 생각한다.

아무튼 마쓰라 번주도 이 카라코에를 각별히 아껴서 '오토메야키레이お止め燒き令'라는 훈령까지 내린다. 이 훈령은 다른 도자기 업자들이 고려 할머니의 카라코에를 흉내 내어 만들지 못하도록 금지한 것이다.[13]

---

13 김문길, 『임진왜란은 문화전쟁이다』(도서출판 혜안, 1995), 216p.

- 미카와치 도자기의 대표 상품
  '카라코에', 히라도에서는
  카라코에가 일상 식기로
  널리 사용된다.
- 고려 할머니의 후손인
  나카자토 미마타
  (中里己年太, 1870~1941)의
  왕실 진상품

● 현대적 감각으로 재해석한 미카와치 카라코에　　●● 가쿠쇼 가마의 카라코에 찻주전자(위)와 접시(아래)
🌿 테두리에 '고(高)'자 문양이 둘러져 있는 카라코에 접시

이 카라코에 대해서는 1905년 미국 시카고A.C. McClurg & Co.에서 출간한『일본 미술사Arts and Crafts of Old Japan』의 저자로 일본 도자기 전문가인 스튜어트 딕Stewart Dick도 '란가쿠데卵殼手'와 더불어 미카와치야키 가운데 가장 유명한 것으로 꼽으며, 자신이 가장 좋아하는 상품이라고 말했다.

그런데 사발이나 꽃병, 접시 등의 여러 용도로 만들어진 카라코에를 자세히 들여다보면 도자기의 위쪽 입술 아랫부분에 '고高' 자가 띠 모양의 영락瓔珞, 구슬을 꿰어 만든 목걸이나 가슴치레걸이 형태로 둘러져 있는 것을 볼 수 있다. 이는 히라도에 있는 고려묘비의 '高' 자 문양과 같은 것으로 조선 도공이 만들었다는 표식이다. 글자에 디자인적인 변형을 주어, 그것이 '高' 자임을 모르게 한 것이다. 이 문양은 카라코에와 더불어 미카와치 도자기의 대표적인 상징이자, 조선 사기장의 정신을 나타내는 것이라 할 수 있다.

미카와치 아카에 세계를 보여 주는 타이잔 가마

위에서 본 것처럼 미카와치 도자기의 주류는 백자에 푸른 문양 즉 청화백자들이다. 히라도에서 적당한 흙이 없어 회색이나 갈색의 그릇만 만들다가 이삼평의 백자에 자극받아 백토를 찾아 나선 사기장들의 역사가 그대로 전승된 대목이다.

그런데 이런 미카와치에서 유독 아카에赤繪 즉 붉은 색깔의 도자기를 만드는 사기장이 있다. 바로 타이잔 가마泰山窯의 후카노 쇼로深野昌郎라는 사람이다. 그는 블루로 가득 찬 미카와치의 바다에서 홀로 붉게 빛난다. 그래서 그런지 미카와치도자공업협동조합에도 속해 있지 않다. 그러나 그가 만드는 다구茶具와

타이잔 가마의
향로

타이잔 가마의 화려한 향로들

향구香具 위주의 작품들은 정말로 감탄을 금치 못할 만큼 빼어나다.

필자가 그의 작품들을 보게 된 것은 순전히 우연이었다. 길가에서 '아카에의 세계'로 초청한다는 팻말을 보고 단순한 호기심으로 들른 것이었다. 그러나 이 우연은 나를 환희의 세계로 이끌었다.

후카노 쇼로 씨는 필자에게 차 한 잔을 내놓았다. 그리고 자신들의 조상도 히라도에서 온 사기장이라고 말했다. 그런데 뭔가 말할 듯 말할 듯 쉽사리 입을 열지 않다가, 좀 시간이 흐르자 자신의 집안도 역시 조선의 후예라고 털어놓았다. 그렇지만 구체적으로 조선 땅의 어디서 온 것인지는 모른다고 했다. 그러면서 보관하고 있었던 가문서를 꺼내 보여 주었다. 그는 가문서의 자세한 내용을

필자에게 가문서를 꺼내 보여 주는 타이잔 가마의 후카노 쇼로 씨

타이잔가마의
찻주전자들

더 이상 화려할 수 없는 타이잔 가마의 찻잔들

해독할 여력이 없는 듯 보였다. 필자가 그 가문서를 해독하는 것은 불가능한 일이어서 후카노 씨 가문의 역사를 현재로서는 알 길이 없다.

후카노 씨의 타이잔 가마는 이제껏 알려지지 않은 새로운 조선 가마인 듯하다. 그러니 이 책을 읽은 누군가가 나서서 가문서 해석을 통해 그의 집안 역사를 밝혀주었으면 하는 바람이다. 그리고 히라도야키의 청화백자 사이에서 무슨 연유로 그의 집안만 이렇게 화려한 '아카에의 세계'로 나갔는지도 정말 궁금하다.

미카와치 도자기는 근대 초기까지만 해도 아리타나 사쓰마 도자기를 능가하는 세계적인 명품이었다. 일본 왕실의 어용품御用品이었을 뿐만 아니라, 동인도회사의 무역을 통하여 세계로 전파되었다. 이런 연유로 영국박물관The British Museum, 터키 이스탄불의 톱카프 궁전 박물관Topkapi Palace Museum, 네덜란드의 레이던 국립민속학박물관National Museum of Ethnology, Leiden에는 다수의 미카와치 도자기가 소장되어 있다. 이런 가치로 하여 덴마크 국립박물관장 에밀 한 노바 박사나 스튜어트 딕도 일찍이 미카와치 청화백자가 일본에서 최고라고 품평한 바 있다. 그러나 이러한 사실은 우리에게 별로 알려져 있지 않다.

미카와치 마을 앞을 지나는 개울은 구마가와熊川, 곧 진해의 웅천熊川에서 유래한 것이다. 웅천은 우리말로 곧 '곰내'다. '진해 웅천 향토문화연구회'의 황정덕 회장은 고려 할머니를 모시는 신사가 있는 지역을 일본인들이 '산바바라게さんばばらげ'라고 부른다는 사실에 착안해 고려 할머니는 곧 '삼포 할머니'라 추정한다. '산'은 '삼三'이고, 강이나 내에 바닷물이 드나드는 '포浦'는 한국말로 '개'로 '게'와 발음이 유사하기 때문이다. 우연찮게도 진해에는 삼포三浦가 있고, 그 마을은 또 임진왜란 당시 히라도 영주 마쓰라 시게노부가 진을 치고 있었던 사

● 사세보 시 탄생 100주년을 기념해 에이와 거관의 후손들이 공동으로 만든 대형 접시. 접시 상단에 도조 신사가 있고 그 밑에 고려 할머니와 갓을 쓴 거관이 있다. 왼쪽 상단 붉은색은 조선의 해를 의미하고, 중앙 노란색은 부의 상징이다.

●● 가쿠쇼 가마의 백자와 대형 청화백자 사발

화랑산 왜성과 가까우니, 고려 할머니는 곧 삼포 할머니라는 것이다.

그러나 에이, 고려 할머니가 진짜 삼포 할머니인지 아닌지는 그리 중요하지 않은 듯하다. 미카와치 마을 그 자체가 히라도에서 시작한 조선 사기장들의 넋과 체취가 고스란히 전해지고 있는 명백한 증거이기 때문이다.

특히 미카와치의 나가하야마長葉山의 옛 가마터미카와치 마을 223번지에서 출토된 도자기에서는 찻사발들이 많이 발견되는데, 이는 진해 웅천 가마터에서 발굴된 '웅천형 사발'과 거의 비슷한 것으로, 일본 국보 '기자에몬 이도다완喜左衛門井戶茶碗'과 같다고 추정되고 있다. 적어도 유력한 '원류源流'의 하나인 것이다.

히라도의 정성공 동상.
뒤에 보이는 계단 위 건물이
마쓰라사료박물관이다.

히라도(平戸)와 정성공(鄭成功), 히젠 도자기 수출

중국 선박에 의한 히젠(肥前国: 사가 현과 나가사키 현을 지칭)
도자기의 최초 해외 수출은 1647년에 이루어진 것으로
알려져 있다. 거칠게 만들어진 174포대의 도자기가 시
암(태국)을 거쳐 캄보디아로 수출됐다. 1650년에는 한 네
덜란드 회사가 히젠 도자기를 동남아시아로 수출하기
시작했으며, 1657년에 3,040점의 히젠 도자기와 '다양
한 샘플이 들어 있는 상자'를 네덜란드에 보냈다. 1659
년에는 33,910점의 히젠 도자기가 네덜란드 선박에 의
해 네덜란드, 동남아시아, 인도 그리고 아라비아 지역에
수출되었다.

네덜란드는 원래 자신들이 발트해 주변에서 갖고 온 상
품들을 리스본(Lisbon)에 가져와 포르투갈 상선이 동양
에서 갖고 온 물품들과 맞바꾸는 등의 방식으로 교역을
했다. 그러나 이에 대해 스페인이 압력을 가하자 네덜란
드는 자신들이 직접 동양과 교역을 추진하는 쪽으로 방
향을 잡았다.

히젠 도자기 해외 수출의 배후에는 동아시아의 정치적
상황이 있다. 만주족 누르하치(努爾哈赤)가 청(淸, 1636~
1912)의 국호를 걸고 세력을 넓히기 시작하더니 급기야
명나라(1368~1644)를 무너뜨리고 1644년 베이징에 입성
한 것이다. 그러나 중국 남부의 명나라 세력, 특히 진먼
(金門)과 샤먼(廈門:아모이) 두 섬을 근거지로 한 해상무역
으로 막강한 부와 권력을 쌓은 정성공(鄭成功, 1624~1662)
이 멸청복명(滅淸復明)을 내걸고 강력하게 저항했다.

정성공은 중국과 일본을 오가며 해상무역을 했던 정지
룽(鄭芝龍)과 일본 하급무사 다가가와 시치자에몬(田川七
左衛門)의 딸 사이에서 난 자식으로, 일본 히라도에서 태
어나 7살 때까지 후쿠마쓰(福松)라는 성으로 자랐다. 이
런 연유로 히라도에 가면 정성공과 관련된 유적과 동상
이 여기저기에 있다.

정성공은 청나라가 해안지역 주민을 내륙으로 이주시
키는 정책으로 정성공의 발판을 끊자, 1662년 2월 1일

타이완을 정복함으로써 타이완의 38년 네덜란드 식민 시대를 종결했다. 지금 타이완이 갖는 국가적 정체성은 이때부터 뿌리를 내리는 것이니, 네덜란드에게는 해적으로 취급받던 정성공이 타이완에서는 국가적 영웅으로 추앙받는다.

네덜란드가 명나라에 접근했다 교섭에 실패하여 타이완 남부 타이난(臺南) 일원에 근거지를 구축하고 식민지 경영을 시작한 것은 1624년의 일이었다. 이는 동인도회사가 타이완 서쪽 펑후제도(澎湖諸島)를 무력으로 정복하고 이를 포기하는 대신 타이완 남부에 상업지역을 만들기로 명나라와 합의에 성공한 전과였다. 2년 후에는 스페인이 타이페이(臺北)를 위시한 북부를 점령했는데, 네덜란드는 나중에 스페인마저 쫓아내 버리고 타이완 전체를 차지했다.

히라도 특산품인 보리 소주 '히라도난칸(平戶蘭館)'. 네덜란드 동인도 회사의 마크가 그려져 있다.

하여튼 명·청 교체기의 정치적 혼란은 결국 일본 도자기의 수출로 이어졌다. 청나라는 1656년과 1661년에 해외무역을 강력하게 금지함으로써 중국 도자기 수출을 중지했다. 이로 인해 중국 도자기 무역으로 이익을 얻고 있었던 네덜란드는 그 대안으로서 아리타에 주문을 하게 된 것이다. 중국 본토로 갈 수 없는 정성공의 선박들도 나가사키에 들러 히젠 도자기를 사들였다.

고려 할머니 즉 에이가 만든 미카와치야키의 대표 상품인 '카라코에 자기(唐子繪燒)'도 이처럼 히라도와 타이완이 특수한 관계에 있었기 때문에 나올 수 있었을 것이다. 나가사키 데지마(出島)는 1634년 에도 막부가 해외 무역을 위해 만든 곳으로, 처음에는 포르투갈 상인을 수용했다가 나중에 네덜란드 상관을 히라도에서 이전하였다. 일본의 쇄국시대인 200여 년 동안 해외 무역은 데지마에서만 이루어졌다. 네덜란드는 흔히 아리타와 이마리(伊萬里) 도자기와의 관계에 대해서만 알려져 있는데, 사실 따지고 보면 히라도(平戶)에서 출발한 미카와치 도자기가 더 가까운 관계라고 할 수 있다.

CHAPTER

05.

다섯 번째 가마

후쿠오카·고이시와라,
팔산의
다카토리 가마

재 속 화롯불 사그라드네, 눈물 끓는 소리

埋火もきゆやなみだの烹る音

–마쓰오 바쇼松尾芭蕉, 1644~1694의 하이쿠

일본 규슈 지방의 관문은 후쿠오카福岡다. 저가항공의 영향으로 최근에는 사가 공항을 이용한 여행도 빈번해졌으나, 역시 후쿠오카를 통한 출입국이 가장 일반적이다. 그러므로 이 책의 출발도 후쿠오카에서 시작하도록 하겠다.

후쿠오카 공항을 거쳐 중앙역에 도착하면 역의 기둥이 모두 타일로 덮여 있고, 이를 다시 투명 강화유리로 보호한 모습을 볼 수 있다. 후쿠오카 시민들은

후쿠오카 중앙역의 타일 장식 벽

그 옆을 무심히 지나쳐 가지만 외지인인 내게는 중앙역의 타일 장식 기둥이 매우 신선하고 인상적으로 다가왔다. 『유럽 도자기 여행: 서유럽 편』에 잘 나와 있듯 포르투갈과 스페인을 여행하면서 타일로 장식한 성당을 비롯해 타일 건축물은 질릴 정도로 많이 보았다. 그러나 이곳은 이베리아 반도와는 또 다른 일본이다. 당연히 똑같은 타일이라고 하더라도 느낌이 다르다.

후쿠오카 중앙역의 타일 기둥은 규슈가 일본의 대표적인 도자기 지방임을 알려주는 상징이다. 우리나라 사람들은 후쿠오카를 쇼핑하러 가는 곳이거나 온천 여행의 출발점 정도로만 인식하는 경향이 많은 듯하다. 개성이 충분치 않은 일본의 수많은 도시 가운데 하나로만 여기는 것이다. 그래서 후쿠오카에도 역시 아리타나 가라쓰에 뒤지지 않는 명가마가 있다는 사실을 아는 사람은 별로 없다. 그 가마의 이름은 바로 다카토리 가마高取窯다.

다카토리 가마는 정유재란 당시 왜군 제3선봉장인 구로다 나가마사黑田長政, 1568~1623가 경상도에서 끌고 간 팔산八山이란 인물에서 비롯했다. '팔산'은 원래 이름이 아니라 지명이다. 오늘날 경북 고령군高靈郡 운수면雲水面 팔산리八山里에서 사기장을 끌고 갔으므로 지명을 따서 '팔산'이라는 이름으로 부르게 된 것이다. 구로다 나가마사는 도요토미 히데요시의 편을 들어 지금의 오이타 현 북부를 제외한 대부분이 속한 분고국豊後国과 지금의 미야자키 현인 휴가국日向国을 점령한 공을 인정받아 지금의 후쿠오카 현 동부를 중심으로 오이타 현의 북부까지 걸쳐 있던 지역인 부젠국豊前国의 영주가 된 인물이다.

앞서 말했듯 그는 도자기를 만들고 있던 팔산을 납치하라는 명을 내렸고, 수하를 시켜 팔산과 그의 아들을 후쿠오카 현 북서부에 해당하는 지쿠젠국筑前国에 있는 에이만지永滿寺, 지금의 노가타直方 시 동쪽 다카토리 산鷹取山 기슭에

후쿠오카 현 아시쿠라 군
도호무라 고이시와라의
다카토리 종가

데려가 정착하게 했다. 게이초慶長 5년 1600년의 일이다. 이때 나가마사는 팔산을 사무라이 계급으로 책봉하면서 50석의 녹봉祿俸과 함께 다카토리高取란 성을 주고, 이름도 하치조八藏로 바꾸게 했는데, '다카토리'라는 성의 발음은 이들이 처음 정착한 산 이름과 같지만 고려인高麗人에서 '高' 자를, 응취산鷹取山에서 '取' 자를 따서 지은 것이라고 한다.[01]

다카토리 성을 부여받은 다음 팔산 가족은 1614년에 에이만지 인근 우치가소內ヶ磯로 이주해 10여 년 동안 생활했다. 이 시기의 도자기는 이전 것에 비해 보다 세련되게 변화한 것으로 평가받는다. 초기 다카토리 도자기는 짚재 유약[02]의 사용 등 16세기 가라쓰 도자기의 기술과 공통점이 많아 간혹 혼돈되는 경우도 있는데, 이 시기의 것은 백탁白濁한 짚재유나 적갈색인 철유鐵釉 등을 보다 능숙하게 사용해서 넘치는 힘을 잘 조절한 작품이 많다.

한편 팔산 가문은 자신들 이름을 '하치조'나 '팔산'의 일본식 발음인 '하치야마' 혹은 '야쓰야마'가 아니라, '팔산'이라는 한국 발음 그대로 고수해왔다. 그리하여 명함에는 '八山'이라는 한문 옆에 "ハルセン"이란 훈독음을 따로 적어 놓았다. 이는 자신들의 뿌리와 정체성을 잊지 않기 위한 눈물겨운 투쟁이자 노력이었다.

팔산 가족은 아내와 아들 셋이 모두 일본으로 끌려온 매우 드문 경우다. 이 사

---

01 다카토리 가마의 시작에 대해서는 몇 편의 논문과 저술이 있으나, 약간씩 내용이 다르다. 여기서는 지난 1992년 「서울신문」이 임진왜란 400주년을 맞아 '일본에서 꽃핀 한국 도자기'란 제목으로 연재했던 기사를 가장 우선적으로 참고했음을 밝혀둔다. 왜냐하면 이 연재물이 당시 12대 다카토리 팔산을 직접 만나 인터뷰한 내용을 바탕으로 작성되었기 때문이다. 또한 이 당시 연재물을 대표 집필했던 방송작가 윤혁민(尹赫民) 씨가 자신의 블로그(blog.daum.net/durigihan)에 보충한 내용 역시 참고했다. 다만 「서울신문」 기사에서는 응취산(鷹取山)을 앵취산(鶯取山)으로 잘못 표기했기에 필자가 이를 바로잡았다.

02 말 그대로 짚을 태워 남은 재를 사용한 유약이다. 재유약은 처음에는 나무나 풀로 도자기를 굽다가 재가 날아가서 기물 위에 앉아 반들반들하게 된 것을 보고 만들기 시작했을 것으로 본다. 재는 나무, 풀, 짚에서 얻는다. 재는 나무가 자란 장소에 따라 화학 구성이 달라지므로 매우 다양한 효과를 얻을 수 있다.

12대 팔산이 쓴
'팔산' 휘호

연에는 매우 극적인 드라마가 있다. 전쟁이 나면서 팔산은 자신의 부인을 친정으로 돌려보냈는데, 부인마저 장인과 함께 구마모토 성주에게 붙잡혀 온 것이다. 그 옛날에 어떻게 해서 부인이 끌려온 사실을 알 수 있었는지 모르겠지만, 하여튼 팔산은 자신의 기술을 총애한 구로다 나가마사에게 청원해서 부인과 감격적인 재회를 하고 살림을 합칠 수 있었다.

이처럼 팔산의 고향이 경남 고령군 성상면 팔산리라는 사실과 가족사를 정확하게 알 수 있는 것은 팔산 가족에게 대대로 가문서家文書인 「다카토리 역대 기록高取歷代記錄」이 전해 내려왔기 때문이다. 이는 1820년, 다카토리 가문 6대 팔산다카토리 세이우에몬이 작성한 것으로 1979년에 단행본으로도 출간되었다. 이 기록을 바탕으로 12대 팔산은 틈만 나면 한국에 와서 초대 팔산 부부가 잡혀온 길을 추적했고, 마침내 부부가 끌려온 두 길 모두 팔산리로 이어진다는 사실을 밝혀냈다.

초대 팔산은 비록 억류 생활을 했다고 해도 부인, 아들과 가정을 이루고 살 수 있었다는 점에서 매우 행운이었다. 그렇지만 그는 고향을 못 잊어 늘 탈출 기회를 엿보았다. 그러던 1624년^{인조 2년} 강홍중姜弘重⁰³ 등이 조선통신사로 일본에 온 사실을 알게 되었다. 그래서 그는 조국으로 보내달라는 피맺힌 탄원서를 써 들고 인원이 300명이었던 통신사 일원과 접촉하기 위해 집을 나섰는데, 불운하게도 그의 동태를 감시하던 번藩의 군사들에게 잡혀 몸에 지닌 탄원서가 발각되었다.

이 탄원서로 인해 구로다 나가마사의 아들로 대를 이어 부젠국을 다스리던 번주藩主 구로다 다다유키黑田忠之, 1602~1654는 크게 분노했다. 그는 처음에 팔산의 목을 벨 것처럼 하다가 선대^{아버지}가 팔산을 매우 아꼈던 점 때문인지, 아니면 도자기로 인한 막대한 수입이 끊어질 것을 생각해서인지 79석의 녹봉을 몰수하고 다카토리 산의 도진다니唐人谷 야마다무라山田村에 칩거할 것을 명령했다. 이에 따라 가까스로 목숨을 건진 팔산은 아들과 함께 인적 없는 도진다니 숲에 은거하여 작은 가마를 짓고 생활 잡기와 용기 등을 구워 생계를 유지하며 7년을 갇혀 지냈다.

간에이寬永 7년^{1630년}이 돼서 그제야 분이 풀린 구로다 다다유키는 그를 다시 불러 녹봉을 주고 고보리 엔슈小堀遠州, 1579~1647의 다기를 만드는 관요官窯를 맡겼다. 이에 그는 호나미 군穗波郡 나카무라中村의 시라하다야마白旗山 북쪽 산기슭, 현재 이즈카飯塚 시 고부쿠로幸袋에 어용御用 시라하다야마 가마白旗山窯를 열어 찻사발과 식기 등을 구웠다. 이에 사용된 가마는 모두 열효율이 좋은 조선식의 연방식 등요連房式登窯였으며 '마다라가라쓰斑唐津'라고 불리는 백색의 실투유

---

03 이 역시 「서울신문」 기사에서는 강홍립(姜弘立)이라고 잘못 표기했다. 강홍립은 명나라와 후금(後金) 사이에서 외교적 줄타기를 하던 광해군의 명령으로 후금에게 거짓 투항했던 무신이다.

失透釉04가 주로 쓰였다. 이때 에이만지 근방에서 같이 일을 시작했던 제자들 일부가 합류했다.

후루타 오리베와
고보리 엔슈

여기서 센노 리큐의 뒤를 이어 일본의 대표적인 다도 스승으로 꼽히는 고보리 엔슈에 대해 잠시 공부할 필요가 있다. 그의 본명은 고보리 마사카즈小堀政一로 다인이자 뛰어난 정원 설계사이며, 다원 건축가였다.

그의 아버지 고보리 마사쓰구小堀正次는 오미국近江国 사카타坂田 군 고보리小堀 촌, 현재의 시가滋賀 현 나가하마長浜 시의 토호土豪로 하시바 히데나가羽柴秀長의 가신이 되었다.

하시바 히데나가는 도요토미 히데요시의 배다른 동생05으로 나중의 도요토미 히데나가豊臣秀長, 1540~1591다. 천하통일을 이룩하는 데 크게 공헌했으므로 히데요시의 신뢰가 두터웠고, 정권 안정에 매우 중요해서 히데요시에게 이의를 제기할 수 있는 유일한 인물이었다.

이 무렵 히데나가는 고리야마郡山 성에 머물렀는데, 그 역시 다도에 열심이어서 센노 리큐에게 가르침을 받았다. 그의 영향을 받아서인지 고리야마는 교토, 사카이堺, 나라奈良와 나란히 다도가 융성한 곳이 되었다. 마사쓰구가 주군을 따라 고리야마 성에 거처했으므로, 아들 마사카즈 역시 히데나가의 시동이 되었다가 자연스레 히데요시의 사환이 되었다. 이들 부자는 임진왜란 1년 전인

04 불투명한 유약이며, 주로 볏짚의 재로 만든다. '실투'는 유약 내부에서 결정화가 일어나는 현상을 말한다.
05 아버지가 다르다는 설도 있다.

● 고보리 엔슈의 초상 　　　　　　　　　　●● 후루타 오리베의 초상

1591년에 히데나가가 사망하자 이번에는 히데요시의 직신直臣이 되어 다시 후시미伏見로 이주했는데, 여기서 마사카즈는 센노 리큐의 뒤를 이은 후루타 오리베古田織部, 1544~1615에게 다도를 배우게 되었다.

후루타 오리베의 본명은 시게나리重然로, 야마시로山城 지방 니시가오카西ヶ丘 번의 2대 번주이자, 다인이다. 종5위하 오리베노카미織部正 지위를 하사받았기 때문에 오리베로 불리었다. 그는 센노 리큐가 자결한 다음에 대표적인 다도 지도자로 떠올랐는데, 역시 사무라이답게 스승인 리큐의 '정靜의 다도'와는 상반된 호방하고 동적인 미의식을 추구했다. 한 예를 들자면 다음과 같다.

도요토미 히데요시가 조선 정복을 확신하고 조선 땅에 발을 들일 때 타고 갈 배를 만들어 '고쇼마루御所丸'라는 이름을 붙였는데, 정작 자신은 이를 타보지도 못하고 죽고 말았다. 그런데 히데요시의 뒤를 이어 패권을 잡은 도쿠가와 이에

야스의 다도 사범이 된 오리베가 히데요시의 한을 풀어준다면서 '고쇼마루'의 모양을 본뜬 찻사발을 자신이 직접 디자인해서 만들게 하고 이름도 역시 '고쇼마루'라고 지었다. 정녕 간소하고 차분하며 정갈한 정신 세계를 추구하는 와비 わび의 가르침과는 거리가 멀다. 그 역시 스승의 운명처럼 나이 일흔이 되던 해에 반역을 도모했다는 모함을 받고 도쿠가와 이에야스의 명령에 따라 자결했다.[06]

오리베는 '오리베야키織部燒'로 불리는 부정형不定形의 찻사발 제작과 정원 조성에도 솜씨를 발휘했다. '야키燒き'는 도자기를 뜻하는 일본어다. '오리베야키'는 현재 기후岐阜 현 미노야키美濃燒의 한 종류에 속한다. 이에 대해서는 다음 책인 『일본 도자기 여행 교토의 향기』에서 자세히 다뤘으니 참조하기 바란다.

게이초 3년1598년 히데요시가 사망하자 마사카즈 부자는 다시 도쿠가와 이에야스를 섬기게 되었고, 마사쓰구는 저 유명한 1600년 세키가하라 전투関ケ原の戦い[07]에서 공을 세움으로써 빗추마쓰야마備中松山 성을 하사받았다. 1604년 마사쓰구가 사망함에 따라 마사카즈는 영지 1만 2,460석을 물려받았다. 이후 1608년 순푸駿府 성의 토목공사를 담당하는 관리인 후신부교普請奉行가 되어 성을 세운 공을 인정받아 오늘날의 시즈오카静岡 현 서부인 도토미국遠江国의 지

06 그의 생애에 대해서는 유명한 만화가 야마다 요시히로(山田芳裕)의 만화「효게모노(へうげもの)」로도 나와 있다. 이 만화는 2009년 '일본 문화청 미디어예술제' 만화부문 우수상과 2010년 일본에서 가장 권위 있는 만화상인 '데즈카오사무 문화상' 만화대상을 수상했다.

07 소위 천하를 판가름하는 전투로 불리는 세키가하라 전투는 센고쿠 시대(戰國時代)를 완전히 마감했다는 의미가 있다. 이는 도요토미 히데요시의 6살 난 아들 히데요리(秀賴)를 옹립하면서 충절을 지킨 이시다 미쓰나리(石田三成, 1560~1600)와 도쿠가와 이에야스의 싸움이었다. 도쿠가와는 아직 센고쿠 시대가 끝나지 않은 진행형이라고 생각했지만, 이시다는 일본 통일은 이미 히데요시가 이루어낸 완료형이어서 히데요리를 보필해야 한다고 생각했다.

싸움은 도쿠가와가 이끄는 7만 동군(東軍)과 이시다 미쓰나리가 이끄는 8만 서군(西軍)의 싸움이었다. 딱 한나절 만에 결판난 이 전투는 처음에는 동군이 포진이나 군세 면에서 절대적으로 불리한 위치에 있었지만, 고바야카와 히데아키(小早川秀秋, 1582~1602)의 배반으로 전세가 결정적으로 역전됐다. 이 전투는 동일본의 쌀 중심 경제와 서일본 은(銀) 중심 경제가 부딪힌 전쟁으로도 유명하다. 결국은 농업 중심 경제가 패권을 쥐고 일본을 다스리게 됐다. 세키가하라 전투에서 승리한 지 3년이 지나 이에야스는 쇼군(将軍)이 되어 막부를 개설한다.

방 수령이 되었다. 그런데 도토미는 엔슈遠州라고도 불리었다. 고보리 엔슈라는 이름은 바로 여기에서 비롯된 것이다.

고보리 엔슈의 다도는 '기레이사비綺麗さび'라 불리는데, 이는 리큐의 '와비사비わびさび, 정적인 외로움과 고독의 미학'와 귀족적인 화려함을 적당하게 절충한 개념이라고 보면 된다. 즉 리큐가 세속을 초월한 극도의 경지를 추구했다면, 엔슈는 화려함 속에서 약간의 청한淸閑과 청초淸楚를 섞은 '멋'을 강조했다고 볼 수 있다. 역시 어린 나이부터 도요토미 히데나가, 도요토미 히데요시, 도쿠가와 이에야스로 이어지는 절대 권력자 곁에서 살아온 삶이 반영된 것이다.

엔슈가 생애 동안 약 400번의 다회를 개최하고, 초대한 손님이 2,000여 명에 달한 사실도 이러한 '엔슈류遠州流'의 특징을 잘 보여준다. 도도한 아름다움을 추구한 그의 다기는 나중에 '주코메이부쓰中興名物'란 이름이 붙었다. 차제구의 명기名器로 센노 리큐 이전의 것은 '오메이부쓰大名物', 리큐 시대의 것은 '메이부쓰名物'라고 부르니 이 칭호를 잘 기억하도록 하자. 고보리 엔슈의 다기를 '주코메이부쓰'라고 칭하는 것은, 리큐 이후에 새롭게 다기를 중흥시킨 탓이 아닌가 싶다.

귀족 취향을 저버릴 수 없었던 엔슈의 미의식은 꽃꽂이 세계에도 반영되어 다도처럼 '가도華道'라고 하는 하나의 형식으로 정립되어 에도 시대 후기에 특히 번성했다. 이는 나중에 세이후류正風流, 니혼바시류日本橋流, 아사쿠사淺草流의 3대 유파로 계승되었다.

● 17세기 초 모모야마 시대의 중요문화재인 검정오리베 찻사발
●● 엔슈 다도 13대 종가 고보리 소지쓰(小堀宗実) 집안의 다도 시범

고보리 엔슈와 다카토리 가마의
콜라보레이션

이러한 고보리 엔슈와 다카토리 가마가 만나 탄생한 것이 바로 '엔슈-다카토리遠州高取'다. 즉 '엔슈-다카토리'는 고보리 엔슈의 취향으로 만든 다카토리 찻사발이라고 할 수 있다.

앞에서 살펴본 오리베나 엔슈처럼 '센노 리큐의 일곱 제자들利休七哲'은 저마다 자신이 추구하는 정신세계를 담은 찻사발을 만드는 가마를 지정하고, 이를 통해 세력을 확장하는 한편 돈벌이에 나서게 된다. 엔슈의 경우 기품 있고 단정한 형상과 유약의 절묘한 섬세함이 사람들의 마음을 사로잡아 매료시키는 다카토리 도자기를 자신의 파트너로 정한 것이다. 정확한 내용은 전해지지 않지만, 구로다 다다유키가 팔산의 은거를 풀어주고 녹봉을 다시 준 것은 역시 엔슈와의 '거래' 때문이 아니었나 싶다.

이렇게 고보리 엔슈가 직접 자신의 취향에 맞게 다기나 찻사발을 만들도록 지정한 가마는 모두 일곱 곳이었다.

지역	옛 해당 국가	가마 이름
후쿠오카현	지쿠젠국(筑前国)	다카토리(高取)
	부젠국(豊前国)	아가노(上野)
오사카부	셋쓰국(摂津国)	고소베(古曾部)
교토 부	야마시로국(山城国)	아사히(朝日)
나라 현	야마토국(大和国)	아카하다(赤膚)
시가 현	오미국(近江国)	제제(膳所)
시즈오카현	도토미국(遠江国)	시토로(志戸呂)

엔슈의 7개 가마

이들은 오늘날 후쿠오카 현에서 2개 가마, 오사카 부에서 1개, 나라 현에서 1개, 교토 부에서 1개, 시가 현에서 1개, 시즈오카 현에서 1개다.

이리하여 6년여의 세월 동안 산속에서 칩거하며 세월을 흘려보냈던 다카토리 가마는 다시 명성을 얻기 시작하고, 당시 일본의 7대 가마 중 하나로 손꼽히게 된다. 다카토리 가마는 이후로 엔슈와의 협조 아래 차제구를 집중적으로 만들게 되어 '엔슈-다카토리'라는 영예스런 칭호를 얻고, 일본 도자계의 큰 별로 추앙받으면서 지금까지 그 명맥을 유지하고 있다. 물론 이 가문 역시 우여곡절을 거듭했으나, 이에 대해서는 조금 뒤에 이야기하도록 하자.

'엔슈-다카토리'에서 유명한 차제구는 찻사발 이외에 '차이레茶入'라는 것이 있다. 이는 말차抹茶08를 담는 통Tea Caddy을 말한다. 다카토리의 차이레는 당대 최고의 것으로 정평이 나 있었다.

'차이레' 중에서는 가라쓰 차이레唐津茶入도 유명한데, 이는 백지장처럼 얇고 가벼우며, 굽이 거의 없게 잘라내는 등 높은 기술을 구현하고 있기 때문이다. 도자기를 만들 때 밑부분에 필연적으로 생길 수밖에 없는 굽을 실로 잘라내 거의 없는 것처럼 보이게 만드는 것을 '이토키리糸切, 실끊기'라고 하여 높게 평가한다. 차이레 제작은 심하게 표현하자면 과연 한국에 이를 제대로 알고 만들 수 있는 사람이 있을까, 하는 의문이 들 정도로 고도의 기술을 필요로 하는 작업이라고 한다. 그러므로 좋은 차이레는 대단한 고가로 거래된다. 종류 또한 108가지나 될 정도로 다양하다.

한편 초대 팔산의 사망 이후 2대 팔산八蔵貞明은 1665년 시라하다야마 가마에서

---

08 시루에서 쪄낸 찻잎을 그늘에서 말린 후 잎맥을 제거한 나머지를 맷돌에 곱게 갈아 분말 형태로 만들어 이를 물에 타 마시는 가루차

11대 팔산(위)과 12대 팔산(아래)의 차이레 작품

조자上座 군 쓰즈미무라鼓村, 현재의 후쿠오카 현 아사쿠라朝倉 군 도호東峰 촌 고이시와라小石原로 이주해 쓰즈미 가마鼓窯를 새롭게 연다. 이곳이 지금 다카토리 가마의 종가宗家다. 그러니 처음의 다카토리 산에서 8년, 인근 우치가소 가마에서 10년, 도진다니에서 칩거 7년, 시라하다야마 가마에서 40년, 합해서 65년의 세월이 지난 다음이다.

다카토리 가마는 어용 가마에다 고보리 엔슈의 전용 가마였으므로 민간의 일상 식기는 거의 만들지 않았고, 차이레 등 다도茶陶와 영주가 사용하거나 선물하는 그릇 제작에 힘을 쏟았다. 이후 겐로쿠元祿 17년1704년 무렵까지 지쿠젠 번

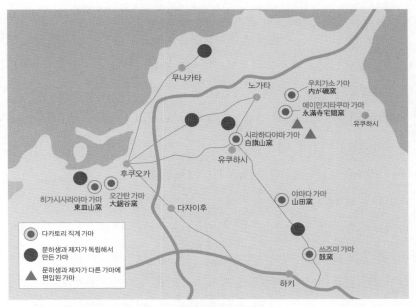

다카토리 가마 이전도. 빨간 원으로 표시된 곳이 종가 가마를 열었던 곳이다.

의 어용 가마로 차제구를 전용으로 구웠다.

폐요의 위기를 넘어
가문의 중흥을 이룩한 딸

그러나 이렇게 잘나가던 다카토리 가마에도 불운이 찾아온다. 메이지유신에 의해 전국의 번藩이 없어지고 현県으로 바뀌는 폐번치현廃藩置県 정책에 따라 1871년, 274명의 다이묘들이 영지를 반환하는 일이 벌어진 것이다. 이에 따라 다이묘들이 운영하고 있던 전국의 관요어용 가마도 폐쇄해야 하는 운명에 처했다.

뒤에서 다시 말하겠지만 일본의 메이지유신이 성공할 수 있었던 가장 큰 원동력은 도자기로 돈을 벌어들였던 조슈 번長州藩, 지금의 야마구치山口 현과 사쓰마 번薩摩藩, 지금의 가고시마鹿兒島 현의 동맹 즉 '삿초맹약薩長盟約'이었다. 이 두 번이 유럽에 도자기를 수출해 얻은 자금력을 바탕으로 총으로 무장한 연합군을 조직해서 1868년 무사들이 주도하던 막부를 타도하고, 존왕운동尊王運動을 이끌면서 중앙 정치를 장악했던 것이다.

메이지유신 성공의 바탕이 도자기였건만 이제는 거꾸로 그 메이지유신에 의해 전국의 관요들이 문을 닫게 된 것이니 참 기구한 운명이요, 역사다. 이처럼 역사는 고삐 풀린 망아지처럼 한 치 앞을 알기 어렵다.

어쨌든 관요 폐쇄는 다카토리 가마에도 청천벽력이었다. 이로 인해 9대 팔산 다카토리 세이지로高取淸次郎와 10대 다카토리 도미키高取富基 부자 사이에는 의견 차이로 인한 갈등이 극심했다.

살아남기 위해 다시 가마에 불을 지피고, 민간에서 쓰이는 자기라도 만들어 팔아야 한다는 아들과 달리 대대로 헌상물용 명기를 만들어왔다는 자부심으

로 살아왔기에 입에 풀칠하기 위한 그
릇을 만들 수 없다는 아버지 9대 팔산
의 고집과 장인 정신은 아무도 꺾지 못
했다. 아버지의 마음을 돌리는 데 실패
한 아들은 마침 자신들의 옛 가마에서
일하던 사람이 연 가마에서 일을 배웠
다. 그러던 어느 날 아들의 행동을 수상
하게 여긴 아버지가 아들을 미행해서
이 일을 알아차렸다.

11대 팔산 다카토리 세이잔 여사

아버지의 노여움은 대단했다. 아비의
뜻을 거역한 데 대한 분노도 그러했지만 옛 하수인의 밑에 들어가 일을 배운
다는 사실에 더 큰 실망감을 느꼈다. 그날로 아버지는 아들과 부자의 인연을
끊고 칩거했다. 극심한 생활고와 심화心火로 몸져눕게 되자 아들이 찾아와 무
릎을 꿇고 용서를 빌었지만, 아버지는 아들을 받아들이지 않았다. 밤새워 용
서를 빌던 아들은 새벽녘에 다시 발길을 돌렸는데, 아버지는 바로 그날 오후에
세상을 떠났다.

장례식에서 통한의 눈물을 쏟은 10대 팔산은 다시 가마에 불을 지폈다. 그러
나 그가 배워 온 기술은 조잡한 막그릇에 써먹을 것이지 다카토리의 전통 기법
은 결코 아니었다. 그래서 10대 팔산은 침식을 잊고 연구에 몰두했다. 다카토리
전통 기법을 재현해내기까지 극심한 생활고에 시달리며 10대 팔산이 기울인
노력은 사투 그 자체였다.

마침내 10대 팔산은 1938년 7월 도쿄에서 작품전을 열게 되었다. 그러나 개막

다카토리 종가의 노보리 가마(오름가마)

을 며칠 앞둔 7월 13일, 향년 60세인 그는 영양실조와 과로에 겹친 폐렴으로 세상을 떠난다. 작품전은 자연히 유작전이 되었다. 그러나 다카토리 도자기를 다시 재현했다는 사실에 일약 매스컴의 스포트라이트를 받았고, 다카토리 가마는 다시 세상의 주목을 받을 수 있었다.

이토록 힘겹게 세상의 빛을 다시 본 다카토리의 본격적인 중흥을 일궈낸 사람은 아들이 아니라 딸인 11대 팔산, 다카토리 세이잔高取静山, 1907~1983 여사였다. 쓰즈미무라에서 태어난 세이잔 여사는 할아버지와 아버지의 불화 틈에서 어린 시절을 보냈다. 할아버지한테서 쫓겨난 아버지를 몰래 만나러 가는 것이 그녀에겐 크나큰 기쁨이었다고 한다.

그녀는 1926년 공부를 위해 상경해 일본대학 야간학부에서 국문학을 배웠다. 이후 아르바이트로 다니던 보험 회사의 선배와 도쿄에서 스물한 살에 결혼했다. 두 아들과 딸 한 명을 두었지만, 남편의 바람기 때문에 결혼생활이 평탄하지 못했고, 곧잘 친정에 와서 지냈다. 친정살이를 하면서 자연스레 아버지 10대 팔산의 전통 기법 재현 작업을 도왔고, 아버지가 타계하자 운명적으로 가업을 계승하게 되었다. 그러던 와중에 중일전쟁이 일어나고 태평양전쟁이 터졌다. 가마의 불은 다시 꺼졌고, 전쟁 후의 극심한 가난 때문에 보험사원으로 나서지 않으면 안 됐다. 큰아들과 딸을 친정에 맡기고, 작은아들을 남의 집에 양자로 보냈다. 작은아들은 전염병으로 세상을 떠나 세이잔 여사의 가슴에 한을 남겼다.

전후의 복구 붐을 타고 보험 영업은 세이잔 여사가 많은 돈을 버는 기회가 되었다. 이 정도 돈이면 다시 가마를 열 수 있다고 생각한 그녀는 살림을 정리해 친정 고향으로 돌아왔다. 그녀의 아버지는 딸만 둘을 두었는데 동생은 가마에 대해서 관심이 없었고, 아무리 둘러보아도 대를 계승할 사람은 맏딸인 자기뿐이었다. 일본식으로 사위를 양자로 맞이하여 대를 잇는 방법도 있었지만 남편은 도업엔 관심이 없었고, 천성적인 바람기로 외도에만 열중했다. 가업을 계승하기 위해선 일체의 구속에서 자유로워져야 된다고 생각한 그녀는 남편과 이혼하고, 아들과 함께 다카토리 가마 중흥을 위한 일에만 혼신의 노력을 기울이게 된다. 그녀 나이 48세가 되던 1957년의 일이었다.

그녀는 선대들의 한을 풀기 위해 친정 뒷산에 가마를 열었다. 다행히 당시 25세였던 아들 미치오道雄가 도자기에 남다른 관심을 가지고 어머니의 외로운 일을 도와주었다. 선대들의 문서를 정리하다가 그들 모자는 중요한 기록 하나를 찾아냈다. 바로 대대로 물려오던 비전서祕傳書였다. 다카토리야키의 전통 기법이 모두 그 비전서 안에 적혀 있었다. 그야말로 천지신명의 도움이었다. 세이잔 여사와 아들은 비전서를 토대로 하나하나 정성 들여 작품을 완성해 나갔다. 꼬박 2년의 세월이 지나자 이만하면 다시 선대들의 명성을 찾을 수 있다는 자신감이 생겼다.

1959년 마침내 다카토리 세이잔 모자는 9대와 10대의 한이 서린 초목에 '다카토리 가마 종가高取窯宗家' 현판을 걸면서 끌어안고 울었다. 그녀 나이 51세였다. 1961년에는 미쓰코시백화점 본점에서 제1회 개인전도 열었다. 이를 계기로 엔슈류 종가遠州流宗家를 잇는 11대 종가장인宗明宗匠으로 '세이잔'이라는 호를 얻었다.

일본 땅의 조선식 무덤

이 종가의 뒷산에는 일본식이 아니라 한국식으로 만든 무덤들이 있다. 바로 초대 팔산 부부의 무덤이다. 원래의 묘소는 도진다니 야마다무라의 칩거로부터 풀려나 두 번째로 가마를 만든 이즈카 시 고부쿠로 시라하다야마에 있었다. 그런데 시에서 그 지역에 공영주택을 짓기 위해 묘소 철거를 요청했다. 세이잔 여사는 초대 팔산이 다카토리 가문만 아니라 일본 도예의 상징이나 다름없는 인물임을 내세워 강력하게 반대했지만, 결국 이장을 하지 않을 수 없었다.

초대 팔산의 묘소에 첫 삽을 댄 것은 그의 사후 370여 년 만인 1966년 11월의 일이었다. 무덤에서는 다수의 깨진 도자기들과 함께 다행히 2대 팔산이 만든 도자기 1점을 포함해서 모두 3점의 온전한 부장품을 거두었다. 관은 이미 썩어버렸지만 모든 뼈는 말짱하게 제자리에 있었다. 세이잔 여사는 눈물을 쏟으며 말했다.

"팔산 할아버지, 이제 할아버지의 후손들이 모여 살고 있는 고이시와라로 돌

● 초대 팔산 부부의 조선식 봉분
●● 팔산 가문과 구로다 다이묘 가문은
　참 끈질긴 역사의 인연으로
　이어져 있다.

아가시는 겁니다. 제가 이보다 더 좋은 조선식 묘를 만들어 영원히 편안한 잠을
주무시도록 해드리겠습니다."

세이잔 모자는 초대 팔산의 뼈를 근처 절에 맡겨놓고 조선식 분묘에 대해서 잘
아는 사람을 수소문해서 명당자리를 찾았다. 고이시와라 일대를 다 뒤졌지만,
그런 길지吉地가 나오지 않았는데 등잔 밑이 어둡다는 속담 그대로 집 뒤가 바
로 그런 땅이었다. 그리하여 바로 집 뒤의 야산에 봉분을 마련했다.

그런데 이장을 마치고 절에서 법요식을 가질 때 뜻밖에도 구로다 가문의 당주
가 찾아왔다고 한다. 그리고는 산소 근처의 조경을 하는 데 보태라면서 금일봉
을 내놓았다는 것이다. 초대 팔산을 끌고 온 장본인이 구로다 나가마사였지만,
팔산을 비호하고 총애한 사람 역시 그였다. 그러니 구로다 가문과 팔산은 이래
저래 은원이 얽힐 수밖에 없는데, 이제 그 구로다의 후손이 찾아온 것이다. 초
대 팔산이 지닌 망향의 한이 그렇게 풀리지는 않겠지만, 세이잔 여사는 할아버
지의 혼을 만 분의 일이나마 위로하는 데 뜻이 있다고 생각해 받았다고 한다.

세이잔 여사가 처음 한국에 알려지기 시작한 것은 1967년의 일이다. 나중 문화
공보부 장관을 지내기도 했던 이원홍李元洪 씨가 한국일보 도쿄 특파원으로 재
직하던 시절 초대 팔산의 조선식 봉분과 세이잔 여사까지 다카토리 가문의 사
연을 기사화했다.

이 기사가 나가고 세이잔 여사는 100여 통이 넘는 재일교포들의 편지를 받았
는데, 그 내용은 한결같이 '일본에 살고 있는 한국인들은 갖은 어려움 속에서
자신들이 한국인이라는 사실조차 떳떳이 밝히지 못하고 살아간다. 그럼에도
자신이 한국인의 후손임을 당당하게 밝히고, 또한 선조들의 뜻을 기리고 받드
는 데 최선을 다하여 오늘의 팔산가를 이룩한 여사를 자랑스럽게 생각한다'라

는 것이었다고 한다.

이 일이 계기가 되어 세이잔 여사는 언젠가 조국 땅에서 자신의 작품 전시회를 열겠다는 열망을 품게 된다. 이는 초대 팔산이 평생을 지니고 살았던 망향의 한을 풀어드리기 위해서 그 영혼만이라도 고국으로 돌려보내야 하고, 일본에 모조리 뺏겨 맥이 끊긴 한국의 기술을 이제라도 다시 한국으로 돌려보내야 한다는 집념으로 이어졌다.

375년 만에
고국으로 돌아온 초대 팔산

마침내 1973년, 서울 신세계백화점에서 세이잔 여사의 작품전이 열리게 되었다. 세이잔 여사는 주최 측에서 보낸 비행기를 마다하고 일부러 부산행 배를 탔다. 초대 팔산이 붙잡혀 온 길을 따라 되돌아감으로써 그 영혼을 고국으로 돌려보내고 싶었기 때문이었다. 그 배에는 세이잔 여사의 작품은 물론이고, 초대 팔산을 비롯한 선조들의 작품이 실려 있었다. 또한 세이잔 여사의 품엔 작은 손거울이 하나 들어 있었다. 그 손거울은 초대 할머니가 친정아버지와 함께 일본으로 잡혀올 때 지니고 있었던 팔산 가문의 가보였다.

현해탄을 건너는 부산행 여객선의 갑판에서 세이잔 여사는 손거울과 초대 팔산의 작품을 어루만지며 오열했다. "할아버지, 이제 고국으로 가시는 겁니다. 그토록 가시고 싶었던 고국으로 돌아가시는 겁니다."

당시 그녀의 방문과 작품전에 대해 1973년 5월 5일 「동아일보」 7면의 기사는 '375년 만에 환국하는 팔산의 도자기 120점'이라는 제목으로 이렇게 전하고 있다.

세이잔 여사의 물항아리(水差) 작품

임진왜란 때 일본으로 끌려간 우리나라 도자기공 팔산의 11대 후손인 다카토리 세이잔 여사가 팔산이 끌려간 지 375년 만인 5일 오전 8시, 그 후예들이 만든 선조의 얼이 담긴 도자기 120점을 갖고 우리나라에서 전시하기 위해 페리호 편으로 부산에 도착했다. 팔산 씨는 1596년 당시 왜장 구로다黑田에 의해 일본으로 끌려가 '다카토리'로 성을 바꿔 후쿠오카 현 아사쿠라 군 고이시와라에서 정착, 도자기를 만들면서 살아왔다. 다카토리 여사는 오는 7일부터 13일까지 서울 신세계백화점에서 조상의 얼이 담긴 120점의 도자기를 전시한 후 학계에 이를 기증하겠다고 말했다.

세이잔 여사의 작품전은 대단한 반응을 일으켰다. 그때 세이잔 여사는 기자들 앞에서 이렇게 말했다.

"일본이 약탈해간 한국의 도자기 기술은 우리 다카토리야키를 비롯해서 일본의 도자기 예술을 크게 발달시켰습니다. 그 반면에 뛰어난 도공들을 모조리 빼앗겨버린 조선은 도예의 맥이 끊기고 내리막길을 걷게 되었지요. 일본이 한국에서 뺏어온 것은 모두 돌려보내야 된다는 게 제 신념입니다. 저는 한국의 젊은이를 제자로 받아들여 다카토리야키의 비법만이라도 본래의 자리로 되돌리고 싶습니다."

이런 사실이 언론에 보도되자 제자가 되겠다고 자원하는 젊은이가 무려 2,500여 명이나 되었다. 세이잔 여사는 그중에서 2명을 선발했다. 당시 서라벌고등학교 이규탁李圭卓 군과 중앙고등학교 최홍석崔弘奭 군이었다. 도예 명장이 되어 선조들의 한을 풀겠다는 결심으로 그들이 일본에 간 것은 1978년 6월 14일의 일이었다.

당시 서라벌고등학교 3학년생인 이규탁이 바로 지금의 이천시 명장 이규탁이다. 그는 2017년 '이천시도자기명장'으로 선정됐다.

"그때 경쟁이 매우 치열했다. 필기와 그림 그리고 면접 모두 세 번의 시험을 치렀다. 나는 어려서부터 그림 그리는 것을 좋아해 사생대회^{미술대회}에 자주 나갔고, 집에서 초를 녹여 조각을 하기도 했다. 대학에 진학해 산업디자인을 전공하겠다는 꿈이 있었지만 어려운 가정형편 때문에 엄두를 못 내고 있었는데, 무슨 운명의 장난인지 마침 세이잔 할머니^{이규탁은 일본에서도 세이잔을 선생님이 아니라 할머니라 불렀다고 한다} 이야기가 실린 기사를 보고 결심을 하게 됐다. 당연히 부모님이 반대했지만 내 뜻을 꺾지는 못했다."

다카토리 가마가 있는 고이시와라는 도예촌이 형성된 곳이 으레 그렇듯 첩첩 산중의 시골이다. 후쿠오카에서 자동차로 2시간 남짓이면 갈 수 있지만 지금도 마땅한 대중교통이 없는 곳이다. 그런 오지 낯선 곳에서 이규탁의 도예 공부가 시작됐다. 막막하기로 말하자면 일본에 끌려왔던 초대 팔산의 처음 심정과 똑

다카토리 가마에서 수학 후
이천에서 자리잡은 이규탁 명장

같았을 것이다.

"아침 6시에 일어나 집 앞에 있는 중학교에 가서 운동을 하는 것으로 하루 일과가 시작됐다. 운동을 하고 돌아오면 1시간 정도 참선을 꼭 해야 했다. 그러고는 일본어 공부를 했다. 틈틈이 흙 수비도 하고, 발 물레 차는 법을 배우기도 했다. 그렇게 1년 정도 지나니까 일본어도 어느 정도 되고 요령도 생겨서 본격적으로 일을 배웠다. 처음 2년 동안에는 명절을 제외하고는 휴일도 없었다. 2년이 지나니까 명절과 매달 15일 딱 하루가 휴일로 주어졌다. 그만큼 강훈련이었다. 만약 한국에서 그런 과정을 거쳤다면 뛰쳐나왔을지도 모른다. 하지만 먼 타국이기에 그럴 수도 없었다."

자상하면서도 엄격한 세이잔 여사의 헌신적인 지도 아래 그들은 흙 다루기, 빻기, 체 치기, 섞기 등의 순서로 기술을 익혀갔다. 다음 순서인 흙 반죽에서 그들은 단 한 점의 공기가 남아 있는 것도 허용하지 않는 세이잔 여사의 교육에 허리가 부러지고, 팔다리가 떨어져 나가는 듯한 고생을 했다고 한다. 10년을 배워야 사기장 소리를 듣는다고 했지만 1년 만에 그들은 회전대에 앉아 술잔, 접시, 호리병 등 작은 물건들을 만들 수가 있었다.

3년째 되던 해, 그들은 후쿠오카에서 작품전을 열었다. 그들은 그때 "앞길이 창창한 명도공감"이라는 찬사와 주목을 받았다. 세이잔 여사 역시 손님들이 찾아올 때마다 두 제자가 만든 작품을 들고 나와 자랑하곤 했다. 그러면서 "이 선에 우리 조상들의 얼이 스며 있습니다. 그들의 핏속에 선조들의 혼이 깃들어 있는 것을 보고 정말 감격했습니다"라고 하면서 눈물을 흘렸다고 한다.

세이잔 여사는 아들에게 다음 같은 말을 늘 강조했다고 한다. "내가 도예가가 되려는 게 아니다. 초대 할아버지가 뿌린 씨앗을 다시 가꾸는 '묘밭'이 되려는

거다. 그 할아버지를 능가하는 훌륭한 도예가가 되는 것은 너와 네 후손들의
문제다."

그러나 이 군과 최 군은 사기장 수업을 계속할 수 없었다. 징집 영장이 나온 것
이었다. 3년, 5년이 아니라 20년, 30년이 걸리더라도 명사기장이 되기 전엔 돌아
오지 않겠다고 결심했던 본인들은 물론이고, 세이잔 여사의 실의는 옆에서 보
기에도 딱할 정도였다. 당시 그녀의 나이 72세, 자신이 죽기 전 제자들에게 그
비법을 다 전수해줄 수 있을까 하는 초조감 때문에 더욱 그랬다.

여러 곳에 진정을 내고 탄원서를 제출하여 1차 연기는 되었지만 병역 면제의
특례는 주어지지 않아, 결국 이 군과 최 군은 5년 만에 수업을 중단하고 귀국
할 수밖에 없었다. 그들이 귀국하는 날 후쿠오카 공항에는 사쓰마에서 400년
명맥을 이어온 심수관沈壽官 가문의 14대도 자리를 같이했다.

다카토리 화병들

팔산 가문을 잇는 손
그리고 다카토리 화병들

북한 회령자기의 특색이 그대로 묻어나는 13대 팔산의 접시들

이들이 귀국한 이후 세이잔 여사는 그들이 군에서 제대하면 가마를 차려 주기 위해서 경북 경주에 터를 마련하고 기념관과 함께 '팔산 기념비'를 건립했다. 1983년 6월 5일이었다. 전면의 비문은 그녀가 직접 짓고 썼다. "우리 시조 팔산, 여기에 되살아나다. 붉은 바다를 건너…".

이에 대해 1983년 6월 6일자 「경향신문」 11면은 '조선 때 도일 도공 팔산 기념비 제막'이라는 제목으로 다음처럼 보도했다.

> 임진왜란 때 일본으로 잡혀간 조선조의 명도공 팔산의 넋을 달래기 위해 경북 월성군 현곡면 금장3리 속칭 가산골에 팔산 기념비가 세워져 5일 오후 4시 팔산의 11대 후손인 다카토리 세이잔高取靜山75세, 여과 그의 한국인 제자 이규탁23세, 최홍석21세 씨를 비롯해, 많은 친지들이 참석한 가운데 제막됐다.

13대 팔산의 부인인
다카토리 나나에 씨

세이잔 여사는 그날 380년 만에 비로소 초대 할아버지와 할머니께서 고국으로 귀향했다고 믿었다. 그러나 세이잔 여사는 팔산의 넋을 이어줄 제자들이 사회에 복귀하는 것을 보지 못하고 같은 해 10월 5일 오후 3시 55분, 향년 75세에 뇌출혈로 타계했다.

현재 팔산 기념비는 그 자리에 없다. 현재 그 자리에는 아파트가 들어섰다. 그곳에 세워졌던 팔산 기념비는 현재 이천 이규탁의 가마 옆으로 옮겨져 있다.

현재 다카토리야키는 13대 팔산인 다카토리 에이사쿠^{高取榮作}에 의해 그 명맥을 이어가고 있다. 그러나 필자가 고이시와라를 방문했을 당시 그는 지독한 감기에 걸려 몸져누운 상태라서 대신 그의 부인인 다카토리 나나에^{高取七繪}를 만날 수 있었다. 그녀에게 뒷산의 초대 팔산 묘소를 보고 싶다고 요청하자, 그녀는 필자를 묘소로 안내했다. 전시실에서 뒷산으로 가는 출입구를 나서자 유약이 들어 있는 커다란 항아리들이 즐비하게 늘어서 있고, 다시 그 뒤로 커다란 오름가마^{登窯}가 있었다. 산은 가마 뒤에서부터 시작되는데, 묘소로 가는 조그만 길은 이끼로 잔뜩 덮여 있어 고색창연한 분위기가 완연하고 절로 숙연해지는 느낌이 들었다.

이윽고 봉분이 나타나는 순간 필자는 나도 모르게, 탄식을 내뱉었다. 너무나도 확연한 우리 양식의 무덤, 조선식의 쌍분^{雙墳}이 거기에 있었다. 세이잔 여사가 370년 만에 모신 초대 팔산 부부의 무덤이다. 이야말로 일본 땅에 도자기 문화를 발흥시킨, 조선의 피로 전해 내려온 우리 얼의 가장 명확한 존재였다.

세이잔 여사와 12대 팔산의 무덤은 따로 없고, 그 옆에 비석만 세워져 있다. 비석은 산의 나무줄기가 내려와 덮고 있어서 잘 보이지 않았는데, 나나에 씨는 눈이 너무 내려 나무줄기들이 자꾸 밑으로 처진다고 했다.

묘소로 가는 길의 바로 옆은 산
에서 내려오는 물이 지나는 꽤
깊은 개울인데, 개울 건너편에 커
다란 물방아 두 대가 있다. 지금
은 한국 땅에서도 거의 자취를
감춘 물방아다. 그런 물방아가
눈앞에 등장하자 초대 팔산의 조
선식 무덤만큼이나 감개가 무량
했다. 바로 도자기를 빚는 흙을
빻는 방아다. 나나에 씨는 지금
도 여전히 이렇게 물방아로 일일
이 흙을 빻아서 사용한다고 강조
했다.

유약이 흘러내리는 자연스러움을 강조한
13대 팔산의 회령식 차이레

사실 물방아로 흙을 빻아 도토로 사용하려면 족히 한두 달은 걸린다. 전기를
사용하면 하루에 끝날 일이 몹시 번거로워진다. 그러나 다가토리 가마에서 이
런 수고를 감당하는 것은 '흙의 품격'이 달라지기 때문이라고 한다. 다시 말해
전기를 사용해 빻은 흙과 정성을 들여 물방아로 빻은 흙은 그 '품격'이 달라서
도자기에도 그 영향이 고스란히 전해진다는 것이다. 양식 물고기와 자연산 물
고기의 맛이 차이가 나듯 말이다. 그러니 편안한 방법만 좇다가는 좋은 도자
기를 구울 수 없는 법이다.

나나에 씨의 말에 의하면 세이잔 여사가 거두어 교육시켰던 두 명의 한국인 제
자, 즉 이규탁과 최홍석 가운데 최홍석은 일본인 여자와 결혼해 현재 규슈 남

● 다카토리 가마의 물방아
●● 눈 내리는 다카토리 종가

단 가고시마 현에서 자신의 가마를 열고 도자기를 굽고 있다고 한다.

다카토리 나나에 씨에게 감사의 마음을 전하고 다카토리 가마의 문을 나서는데 눈이 펑펑 내리면서 시야가 금방 가려졌다. 사위를 적막하게 만드는 그 눈을 뚫고 13대 팔산의 콜록거리는 기침 소리가 들렸다. 그 기침 소리가 왠지 아련했다.

후쿠오카 시내의
또 다른 다카토리 가마

그런데 고이시와라가 아닌 후쿠오카 시내에도 다카토리 가마가 있다. 이 가마는 '다카토리야키 가메이미라쿠高取燒亀井味楽'라고 한다. 이는 정확히 말해 고이시와라의 다가토리야키와 형제지간이다.

다카토리 가문의 가계도를 보면 3대 팔산부터 2개의 가마가 운영된다. 2대 팔산은 양쪽 모두 하치조八藏貞明이지만, 3대에 이르면 고이시와라는 하치로八郎重房가, 후쿠오카는 하치조八藏貞久가 각각 당주로 등장한다. 그러니 이들은 서로 형제라는 사실을 알 수 있다. 성이 하치로와 하치조로 서로 다르지만 당시에는 성도 바뀌었으므로 이상한 일은 아니다.

이렇게 다카토리 가문이 분화한 것은 1687년의 일로, 다카토리야키 가메이미라쿠가 새롭게 가마를 연 곳은 시와라 군早良郡, 지금의 후쿠오카 오가타니大鋸谷였다.

그런데 1716년에 이르면 당시 이 지역의 3대 번주 구로다 미쓰유키黑田光之가 고이시와라의 4대 팔산인 겐베에 가쓰토시源兵衛勝利에게 가마를 분리해서 또 하나를 만들라고 지시한다. 기존 고이시와라는 관요의 성격을 유지하면서 번주에

● 후쿠오카 시내에 있는 다카토리야키 가메이미라쿠 가마. 2대 팔산 이후 갈라져 나간 형제 다카토리 가마다.

●● 다카토리 가메이미라쿠의 물항아리들

●●● 사발 안쪽에 독특한 무늬를 강조한 다카토리 가메이미라쿠의 찻사발들

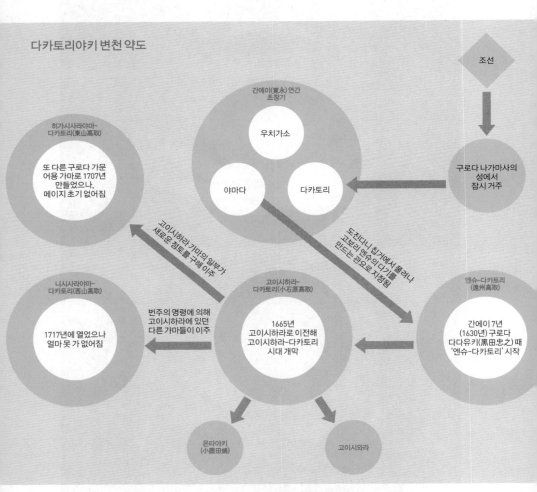

다카토리야키 변천 약도

조선

구로다 나가마사의 성에서 잠시 거주

간에이(寬永) 연간 초창기

우치가소

야마다

다카토리

히가시사라야마-다카토리(東山高取)

또 다른 구로다 가문 어용 가마로 1707년 만들었으나, 메이지 초기 없어짐

고이시하라 가마의 일부가 새로운 점토를 구해 이주

도진다니 히가에서 풀려나 고보리 엔슈의 다기를 만드는 관요로 지정됨

엔슈-다카토리 (遠州高取)

번주의 명령에 의해 고이시하라에 있던 다른 가마들이 이주

니시사라야마-다카토리(西山高取)

1717년에 열었으나 얼마 못 가 없어짐

고이시하라-다카토리(小石原高取)

1665년 고이시하라로 이전해 고이시하라-다카토리 시대 개막

간에이 7년 (1630년) 구로다 다다유키(黑田忠之) 때 '엔슈-다카토리' 시작

온타야키 (小鹿田燒)

고이시와라

다카토리 가마의 이번과 변천을 보여주는 변천도

게 바칠 헌상물만 만들고, 새로 열 가마에서는 기타 일용 잡기들을 굽는 것으로 가마의 특성을 분리하라는 명령이었다. 이렇게 해서 다카토리야키 가메이미라쿠 가마가 문을 연 곳에서 가까운 시와라 군 소하라무라龜原村, 오늘날의 후쿠오카 시와라구早良區에 '히가시사라야마東皿山'를 새롭게 연다. 또한 나중에 고이 시와라 가문의 제자 가운데 한 명이 이 인근에 또 '니시사라야마西皿山'를 열었다. 그러나 이들 두 가마는 1870년 폐번과 함께 문을 닫았다.

후쿠오카의 다카토리야키 가메이미라쿠는 기특하게도 도자기를 빚는 일을 대물림하고 기법 역시 연면히 전승하는 데 성공했다. 전쟁 등 그동안 우여곡절이 많았겠으나 13대 야타로 미라쿠彌太郎味楽, 1883~1956가 폐번과 함께 가마 문을 닫는 시련을 극복하고 개인 사업을 하다가 다시 가마의 불을 지펴 1944년 농림수산성이 인정하는 기술 보유자가 되었다.

이어 1977년에는 14대 겐하치로 미라쿠源八郎味楽, 1931~2014가 후쿠오카 시 무형문화재 공예기술 보유자 제1호로 지정되었다. 그는 1993년 인터아트InterArt 특별상, 1996년에 후쿠오카시문화상을 받았고, 교토의 다이토쿠지大德寺 본산에 출가해 승려가 되던 2001년에는 황수포장黃綬褒章을 받았다. 그는 1992년 미국의 센츄리대학Century College에서 예술학 박사를 받은 엘리트이기도 했다.

이 가마는 지금도 옛 어용 가마 시절에 도자기를 빚던 흙을 그대로 사용하면서 무지개색 유약을 사용해 활발히 작품 활동을 전개하고 있다. 지금은 15대 마사히사 미라쿠正久味楽, 1960~가 2001년부터 가마를 맡고 있다. 그는 아버지의 영향을 받아 도쿄의 사가미술대학嵯峨美術大學 도예과를 졸업하고, 역시 아버지와 같은 학교인 센츄리대학 박사를 받았다. 그의 이름 마사히사는 불교계에서 아버지의 영향력에 의해 나라奈良의 유명한 절인 도다이지東大寺 주지가 지어준 것이다.

다카토리야키 가메이미라쿠 항아리

다카토리야키 가메이미라쿠를 찾아가는 길
다카토리야키 가메이미라쿠를 찾아가는 길은 다카토리
고이시와라처럼 어렵지 않다. 후쿠오카 시내에 있기 때
문에 훨씬 편하다. 주소는 후쿠오카 시 사와라 구 다카
토리1-26-62-1(福岡市 早良区 高取 1-26-62-1)이다. 지하철
공항선(空港線) 후지사키 역(藤崎駅)에서 내려 하나밖에
없는 입구를 나오면 후지사키 상점가가 시작되는 도리
이(鳥居)가 보이고, 그 도리이에서 우회전해서 모미지하
치만궁(紅葉八幡宮) 신사로 가는 길을 따라가면 바로 나
온다. 도보로 8분 정도 소요된다.

• 전화: 092-821-0457
• 홈페이지: www.takatoriyaki.jp

고이시와라 도자기와 마을 찾아가기
1682년 이 지역의 3대 번주인 구로다 미쓰유키는 이마
리의 사기장들을 데려다가 다카토리의 3대 팔산과 함
께 명나라 도자기 제조법을 모방한 제품을 만들도록 했
다. 이는 주로 일상생활 잡기들이었으나, 이후 이 지역
에 다른 사기장들이 자리를 잡는 계기가 되었다.
1901년 통계자료에 따르면 가마가 10개, 공동 오름가마
가 2개로 가내수공업과 공동체적 생산 구조 형태가 오
랫동안 유지된 것으로 볼 수 있다. 고이시와라야키에
큰 전환기가 온 것은 제2차 세계대전 이후부터다. 패전
후 물자 부족으로 절구나 항아리 등의 수요가 확대되고,
1948년 '규슈 민예협회'가 설립되면서 규슈의 민예 운
동이 활발해짐에 따라 고이시와라야키가 민속 도자기
로 소비자들에게 널리 알려진 것이다.
그러던 1958년 브뤼셀에서 열린 만국박람회에서 고이
시와라야키의 '쓸모의 아름다움(用の美)'이란 제품이 그
랑프리를 수상하면서 일약 각광을 받기 시작한다. 1960
년에는 일본민예협단이 일본 공예관 고이시와라 분관
(현재 고이시와라공예관)을 사라야마에 짓고, 1962년 10월

에 도자기축제(民陶祭)를 처음으로 개최했다.

1965년대에 들어서면서 활황기를 맞아 가마 수는 10년 동안 약 15가구나 증가했고, 공동 가마에서 개인 가마가 늘어나면서 제품도 주문 생산 형태에서 전망 생산 형태로 바뀐다. 1975년에는 도자기로서는 처음으로 통산성의 '전통 공예품'으로 지정되었다. 고이시와라 가마수는 현재 50호까지 늘어난 상태다.

1987년에 고이시와라 옛 가마터 발굴 조사를 시작하고, 1989년에 문헌의 설명을 뒷받침하는 귀중한 그림의 도자기 출토품이 발굴되었다. 1998년에는 고이시와라 도자기박물관이 고이시와라 전통산업회관과 도로 휴게소에서 문을 열었다. 그러나 현재는 가마 수와 생산량이 감소하는 추세에 있다.

고이시와라 마을을 찾아가는 길은 몹시 힘들다. 차를 빌려 가면 2시간 안에 쉽게 도달할 수 있는 곳이지만 대중교통을 이용하자면 매우 번거로운 절차를 거쳐야 한다. 일단 후쿠오카 공항에 내려 국제선 터미널에서 국내선 터미널로 이동한다. 이는 무료로 운영하는 셔틀버스를 이용하면 된다. 국내선 1터미널이나 3터미널에서 히타(日田)로 가는 니시테쓰 고속버스(西鉄高速バス)를 타고 도중에 하키(杷木) 버스 정류장에서 내린다. 공항에서 하키까지는 약 1시간 정도 걸리고, 요금은 1800엔이다. 하카타 역 옆의 버스터미널에서 출발해 공항을 거쳐 히타로 가는 고속버스는 거의 매시간 있으므로 별로 걱정할 일이 없다. 그러나 하키에서 고이시와라를 오가는 버스가 문제다.

일단 하키에서 고이시와라를 가는 버스는 평일이 하루 7편, 토·일요일과 공휴일이 하루 6편에 불과하다. 약 2시간 간격의 시간표는 다음과 같다.

- 평일 – 07:16 | 9:37 | 11:40 | 13:40 | 15:46 | 17:40 | 19:33
- 토·일요일과 공휴일 – 08:44 | 10:46 | 12:40 | 14:50 |
  16:40 | 18:40

고이시와라의 또 다른
다카토리야키인 오니마루(鬼丸)
가마의 다실과 정원

고이시와라 도자기박물관과
전통산업회관이 있는
고이시와라 도로 휴게소

고이시와라 도자기박물관에서
전시·판매하는 제품

고이시와라에서 하키로 나오는 버스도 비슷하다.

- **평일 –** 6:17 | 8:11 | 10:33 | 12:36 | 14:33 | 16:39 | 18:33
- **토·일요일과 공휴일 –** 7:38 | 9:37 | 11:40 | 13:40 | 15:45 |
  17:38

상황이 이러하므로 당일치기로 고이시와라를 갔다 후
쿠오카로 다시 나오기는 거의 불가능하다. 국내에서 후
쿠오카에 가장 빨리 도착하는 비행기를 이용한다 한들
12시 이전에 히타행 고속버스를 타기는 힘들고, 오후에
고이시와라에 들어갔다고 해도 시내로 다시 나오기가
어렵다. 고이시와라에는 대중 숙박시설이 없다.
그러므로 고이시와라를 방문하기 위해서는 후쿠오카나
히타에서 하룻밤 머물고 아침 일찍 가는 것이 거의 필수
적이라 할 수 있는데, 하키까지는 히타에서 더 가까우므로
필자도 히타에서 머물고 가는 방법을 선택했다. 하키에서
고이시와라까지는 편도 570엔에 50분 정도 소요된다.
그런데 사실 고이시와라 마을에 갔어도 문제다. 규슈 지
역 주요 도자기 생산지가 거의 그렇듯 이 마을 역시 커
다란 계곡에 둘러싸인 지형이다. 나중에 다시 설명하겠
지만 이런 곳에 도자기 생산지를 만든 것은 사기장들이
도망치는 것을 막고 출입을 엄격히 단속하기 위해서였
겠다. 어쨌든 고이시와라 마을도 높낮이가 심하려니와
계곡을 따라 마을이 길게 형성돼 있어, 전통산업회관과
도로 휴게소가 있는 마을 중심지와 다카토리 가마까지
는 꽤 멀리 떨어져 있으며, 걸어갈 수 있는 거리가 아니
다. 종점 가까운 곳의 정류장은 다음과 같은데, 다카토
리 가마는 '釜床' 정류장에서 내리면 된다.

- 谷 – 鶴 – 釜床 – 宝ケ谷 – 役場前 – 小石原

버스가 아닌 철도로 가려면 JR 히타히코산센(日田彦山線)
의 히코산 역(彦山駅)에서 내려 고이시와라까지 택시를
타야 한다. 택시로 약 10분 걸린다.

고이시와라야키와 민예운동

일본의 민예운동은 야나기 무네요시(柳宗悅, 1889~1961)
가 중심이 되어 시작한 공예를 둘러싼 움직임이다. 야
나기 무네요시는 일본의 근대 공예운동가, 수집가이면
서 일본 문예운동의 창시자고 미술평론가이기도 하다.
특히 조선을 수십 차례 방문해 조선의 도자기와 공예품
을 수집했고, 1924년 서울에 조선민족미술관을 개설하
며, '일상잡기의 아름다움'을 재발견하는 작업에 몰두한
인물이다. 1931년 잡지 「공예」를 창간했으며, 1936년에
도쿄 고마바에 일본민예관을 창립했다.

다카토리야키와 사촌지간의
온타야키는 그릇 표면에선 모양의
작은 무늬를 반복적으로
넣은 게 특징이다.
사진은 고이시와라 도자기박물관에서
판매하는 제품

일본에서의 민예운동은 두 개 단체가 주도하고 있는데,
하나는 야나기 무네요시를 회장으로 1934년에 조직된
일본민속학회이고, 또 하나는 민속학회 회원이었다가
야나기의 생각에 반발하고 협회를 탈퇴한 미야케 주이
치(三宅忠一)를 중심으로 1959년에 조직된 일본민예협단
이다. 일본민예협단은 오사카에 있는 일본 공예관을 활
동 거점으로 하고 있다. 고이시와라 도자기는 이 두 민
예운동 모두와 깊은 관계가 있다.

야나기에 의하면, 민속예술(民藝)은 자연의 아름다움, 전
통의 아름다움, 소박한 아름다움, 기능의 아름다움을 갖
고, 건강하고, 대량 생산이 가능하며, 저렴하고, 이름을
가진 공예품이라야 한다. 민예운동에 의한 고이시와라
야키 재발견은 흥미롭게도 히타에서 출발한다.

야나기는 1927년 구루메(久留米)의 아라모노야(荒物屋)라
는 곳에서 온타야키(小鹿田燒)를 처음 보았을 때 그 아름
다움에 반해 4년 후 1931년에 히타를 방문했다.

온타는 히타에서 1시간가량 더 들어가는 산골 마을이
다. 나중에 야나기는 '히타의 사라야마(日田の皿山)'에 대
해 언급하면서 온타야키와 고이시와라와의 관련성을
말하고 있다. 온타야키는 고이시와라의 사기장이 온타
로 이주해 새로운 가마를 연 데서 출발한 것이다. 1933
년에는 민예운동 초기부터의 중심인물로 구라시키(倉
敷) 민예관 관장을 지낸 도노무라 기치노스케(外村吉之介)

히타의 도자기 접시
'하나모노가타리(꽃 이야기)'

도 고이시와라를 방문해 '고이시와라에서 온타까지'라는 글을 남겼다.

민예운동 동인은 민예의 대상이 되는 각지의 가마(요업지)를 '민요(民窯)'라고 불렀는데, 1934년 「공예」 39호에서 전국의 민요를 소개하고 있다. 이들은 지금도 여전히 '일본의 민요'라는 특집을 지속하고 있으며, 고이시와라도 그중의 하나로 소개되고 있다. 또한 1944년 「월간민예」 제59호도 '현대일본민예총람'에서 고이시와라를 다루는 등 고이시와라는 민예운동과 연관성이 높은 산지로서 위치를 확립해 나갔다.

고이시와라 마을 주민(사기장들)이 이러한 민예운동을 자각한 것은 1954년 야나기 무네요시와 그의 절친한 친구로 홍콩 출신의 영국 도예가인 버나드 리치(Bernard Howell Leach, 1887~1979)가 함께 고이시와라 마을을 방문한 것이 계기가 되었다. 버나드는 1909년 동판화(etching) 강사로 일본에 방문한 이후 야나기와 지속적인 교류를 하면서 함께 도예의 길을 걷는 일생의 친구가 되었다. 버나드는 1954년 4월 온타에 약 3주 동안 머물면서 도자기를 제작했는데, 이때 고이시와라의 사기장들이 버나드에게 지속적인 도움을 주었다.

또한 그해 5월에는 당시 67세로 이미 도예가로서 큰 명성을 얻고 있었던 야나기가 고이시와라를 방문했는데, 이런 내용들이 언론에 크게 보도되면서 온타와 고이시와라 도자기의 지명도가 크게 높아지는 계기가 되었다. 일본민예협단의 미야케 주이치는 고이시와라에 더 큰 영향을 주었다. 일본민예협단은 새로 재건된 오사카 일본공예관를 거점으로 전국에서 50개 이상의 지부를 가진 큰 조직으로, 미야케가 가장 적극적으로 자신의 사상 실천을 시도하고 간 곳이 고이시와라였다.

1991년 고이시와라 도자기협동조합장 가지와라 후지노리(梶原藤德)는 당시 고이시와라의 경기가 확대되고 있다면서 그 이유로 다음의 네 가지를 들고 있다. 첫째는

1960년 미야케에 의해 일본공예관 고이시와라 분관이 설립된 것이고, 둘째는 공예관과 도자기협동조합에 의한 발안으로 도자기 축제가 개최되어 계속되고 있기 때문이며, 셋째는 1975년 통산성의 전통공예품으로 지정되었고, 마지막으로 가마의 후계자들이 '만들면 팔린다'는 시대가 지났음에도 진지하게 자신의 작업에 임하고 있기 때문이다. 이러한 요인 중 첫 번째에서 세 번째까지가 직접 또는 간접적으로 미야케가 주도한 내용이다. 또한 미야케는 대물(大物) 위주의 제조 경향을 민예적 소품으로 전환시키는 등 계몽적 운동을 주도하면서 사비를 들인 경제적 지원도 했다. 고이시와라를 사랑하고 발전을 기원한 미야케의 열정이 없었다면 고이시와라야키의 오늘도 없었다는 것이 일반적 평가다.

• 이상의 내용은 도호촌 홈페이지(toho.main.jp/takatoriyaki-rekishi) '다카토리 도자기의 역사'를 참조

하카다 역의 덮밥 식당들과 오차즈케

후쿠오카를 떠나기 전에 마지막으로 하카다 역에 있는 백화점이나 쇼핑센터의 식당가에서 해물덮밥 식당들을 꼭 가보자. 후쿠오카 일원에서 맛있는 식당들은 거의 여기에 모여 있다. 덮밥에 녹차를 부어 먹는 오차즈케(ぉ茶漬け)는 약간 색다른 경험이지만 정말 권장할 만하다. 가게마다 그 집만의 독특한 자기 그릇을 사용하므로, 정갈하고도 세련된 그릇들이 음식의 맛을 배가시킨다. 식당에서 사용하는 그릇을 판매도 한다.

하카다 역 한 가게의 성게 연어알 덮밥

덮밥에 녹차를 부어 먹는 오차즈케

CHAPTER

06

여섯 번째 가마

야쓰시로,
존해의
고다 가마

우리 두 사람의 생애, 그 사이에 벚꽃의 생애가 있다.

命二つの中に生きたる櫻哉

-마쓰오 바쇼의 하이쿠

아가노上野01는 지금의 기타큐슈北九州 고쿠라小倉 시에 해당하는 곳이다. 아가노는 다카토리 가마가 처음에 터를 잡았던 다카토리 산鷹取山의 동쪽이다. 다카토리 산과 후쿠치 산福智山이 붙어 있고, 그 옆이 바로 아가노다. 그러니 다카토리야키와 아가노야키는 서로 이웃에 있는 가마들이다. 그러나 다카토리는 앞서 말한 것처럼 구로다 나가마사의 영지였고, 아가노는 호소카와 다다오키細川忠興, 1563~1645의 영지였다.

여기서 잠시 호소카와 다다오키에 대해 살펴보자면, 그의 이름 다다오키忠興의 '다다忠'는 오다 노부나가의 적자 오다 노부타다織田信忠의 이름 중 하나를 물려받은 것이다. 그만큼 오다 노부나가의 측근이었지만, 천하통일을 눈앞에 두고 있던 오다 노부나가가 최측근 중신 아케치 미쓰히데明智光秀, 1526~1582가 일으킨 모반 사건인 '혼노지의 변本能寺の変'에 의해 분통하게 자결한 이후 도요토미 히데요시를 섬김으로써 히데요시에게도 하시바羽柴 씨를 하사받았다. 또한 히데요시 사망 이후에는 도쿠가와 이에야스를 섬겨 오늘날까지 이어지는 명문가 '히고 호소카와 가문肥後細川家'의 기초를 다졌다.

일본 자민당의 55년 체제를 끝내고 최초의 비자민당 제79대 총리재임 1993.8.9~

---

01 도쿄의 '우에노'와 한문이 같지만 그렇게 읽지 않는다.

● 메이지 시대의 우키요에(浮世絵) 화가인
  요사이 노부가즈(楊斎延一)가
  '혼노지의 변'을 그린〈本能寺燒討之図〉
  (나고야시 소장)

●● 교토 쇼류지(勝竜寺) 공원 안에 있는
  호소카와 다다오키와 그의 부인 가라사 동상

1994.4.28가 된 호소카와 모리히로細川護熙, 1938~가 이 가문 후손으로 제18대 당주
다. 모리히로가 비정치인인 아사히신문 기자 출신이고 참의원 재선, 중의원 초
선이라는 짧은 경력에다 55세라는 '무척 젊은' 나이에 총리가 될 수 있었던 것
은 결국 전통적인 다이묘 출신 호소카와 가문의 후광 덕택이라고 할 수 있다.
호소카와 전 총리와 한국 도자기의 인연에 대해서는 조금 있다 보기로 하자.

호소카와 다다오키는 리큐의 일곱 제자 중 한 명으로, 일본 다도의 유파인 '산사이류三斎流02'의 개조開祖가 될 정도로 다도에 조예가 깊은 것으로 유명했다. 『호소카와 산사이 다서細川三斎茶書』라는 책을 쓸 만큼, 와카和哥03나 노가쿠能樂04, 회화 등에 뛰어나서 일곱 제자 가운데서도 리큐의 총애를 가장 많이 받았다고 한다. 그래서인지 리큐가 히데요시에게 할복하라는 명을 받았을 때, 리큐와 친분이 있던 수많은 다이묘 가운데 리큐에게 위로 문안을 간 사람은 그와 후루타 시게나리古田重然뿐이었다고 전해진다. 그의 아버지 호소카와 후지타카細川藤孝 역시 고려 찻잔을 애장한 차인인 동시에 와카和哥의 명인으로, 무장이면서도 드물게 지식을 갖춘 교양인이었다고 알려져 있다.

호소카와 다다오키는 게이초 5년1600년의 세키가하라 전투에서 도쿠가와 이에야스 쪽인 동군에 섰다. 당시 다다오키는 히데요시에게서 은혜를 입은 유력한 다이묘인 데다가 아버지와 정실부인이 서군의 영향력 안에 있었기 때문에 그의 거취가 매우 주목을 받았다. 그러나 그는 동군 편에 선다는 사실을 재빨리 표명함으로써 히데요시에게 은혜를 입은 다른 유력 다이묘들에게도 영향을 끼쳤다. 이렇게 자신의 명예와 의리는 지켰지만, 후시미伏見에 있던 아내 가라샤ガラシャ는 서군이 저택을 포위하자 인질이 되는 것을 피하기 위해 가톨릭 신자였음에도 자결을 한다. 아버지 또한 적장의 포로가 되는 대가를 치렀다.

---

02 '산사이(三斎)'는 다다오키의 호

03 와카는 '야마토우타(大和歌)', 즉 '일본의 노래'의 준말로서 일본의 사계절과 남녀간 사랑을 주로 노래한 5·7·5·7·7의 31자로 된 일본의 정형시다.

04 노(能)와 교겐(狂言)을 총칭하여 노가쿠(能樂)라 하는데, 에도 시대까지는 사루가쿠(猿樂)로 불렸다. 노는 일본에서 가장 오래된 연극으로 약 700년의 전통을 가지고 있다. 나라 시대에 중국 당나라에서 대중예술로 들어온 노가쿠가 가마쿠라 시대에 노래와 춤의 노와, 이야기극인 교겐으로 나뉘게 되었다. 노가 고전에서 나온 말을 사용하는 것에 비해, 교겐은 현대 일본어의 대화체에 가까운 말을 많이 사용하기 때문에 친근감을 준다.

가라샤는 '혼노지의 변'을 일으킨 아케치 미쓰히데의 셋째 딸로 본명은 오다

마코이고 가라샤는 세례명 '그라시에'의 일본어 표기다. 전국시대 최고의 미녀

이자 재녀였다고 한다. 그런데 호소카와 다다오키는 아케치의 사위였음에도

히데요시 편에 선 것이다.

다다오키는 9월 15일의 세키가하라 결전에서 히데요시 치하 오봉행五奉行05의

한 명이었던 서군 대장 이시다 미쓰나리 부대와 격전을 벌인 공적으로 전쟁이

끝나고 1602년에 부젠국 나가쓰中津 번으로 이봉移封되었고, 얼마 지나지 않아

다시 고쿠라 번의 초대 번주가 되어 고쿠라성小倉城을 쌓았다.

모리 요시나리 후손,
400년 만에 사천 출신 사기장 존해를 납치한 비밀을 밝히다

명지대 윤용이 교수도자사의 논문에 따르면 아가노야키의 도조陶祖 존해尊楷, 일본

발음으로는 손카이는 부산 성주 존익尊益의 아들06로 원래 경상남도 사천四川 십시향十

時鄕에 살고 있었다 하며 이름은 보결甫決이었다. 그런데 '십시향'의 원래 이름은

'보짓골'이다. 동네 생김새가 여성 성기를 닮은 지형이어서 붙여진 이름으로, 이

를 한자로 표시하면 십시十時 씨가 된다.

존해는 1598년 가토 기요마사가 퇴각할 때 그의 휘하에 있던 모리 요시나리森吉

成.?~1611에 의해07 200여 명의 조선인 포로와 함께 끌려와 히젠肥前의 가라쓰에

---

05 도요토미 히데요시 정권에서 실무관료를 봉행(奉行:부교)이라 했는데, 오봉행이란 그중에서도 특히 중요한 업무를 담당
하며 활약한 5인을 말하며, '고부교'라고도 한다. 당시에 '고부교'라는 지칭은 없었지만, 나중에 5명을 강조하기 위해 붙여진 명
칭이다. 인원수도 5명으로 확정된 것은 아니었으며, 6인 체제로 시행된 시기도 있다.
06 이는 일본 기록에 의한 것으로 사천에 사는 사기장이 부산 성주의 아들이었다는 사실은 납득하기 힘들다. 이도 자신들의
행위를 돋보이게 만들고 정당화하려는 의도적 역사 왜곡에 의한 것으로 보인다.
07 모리 요시나리가 아닌 가토 기요마사가 납치했다는 설도 있었다.

살았는데, 일부 일본 기록에 의하면 다시 조선으로 건너와 청자를 만드는 기법을 습득한 이후 일본으로 또 다시 건너간 것으로 돼 있다. 첫 번째 가마로 소개한 다카토리 가마의 팔산 역시 일부 일본 저술에 따르면 조선에서 우연하게 구로다 나가마사의 길 안내를 했기 때문에 나중에 그를 따라 제 발로 일본에 건너왔다고 기록돼 있다. 모두 제 의지로 일본에서 도자기 만드는 일을 도왔다는 것이다. 그러나 이는 태평양전쟁 때 우리 땅의 처녀들이 자발적으로 위안부가 됐다는 논리와 비슷한 얘기로, 일본식 역사 왜곡의 전형이라고 보인다.

그런데 모리 료타로毛利亮太郎 전 일본농업교육학회 회장이 지난 2009년 출간한 저술인 「아가노 존해의 도래 연구」는 모리 요시나리에 의해 존해가 납치된 것임을 밝히면서, 존해를 '연행連行'했다고 표현하고 있어 강압적으로 데려간 것

2009년에 출간된
「아가노 존해의 도래 연구」

임을 분명히 하고 있다.

고쿠라 번주였던 모리 요시나리는 1600년 세키가하라 전투에서 서군에 가담함으로써 패전 이후 가문이 멸족의 화를 당했다. 이렇게 해서 도쿠가와 편에섰던 호소카와가 부젠국의 새 다이묘가 되면서 가라쓰에 있던 존해를 고쿠라로 데려오게 된 것이다. 존해가 고쿠라에 와서 아가노 기조 다카쿠니上野喜蔵高国,あがのきぞうたかくに라는 새 이름과 녹봉을 받고 아가노 가마上野窯를 연 것은 1602년의 일이었다.

이 대목에서 모시 요시나리에 대해 좀 더 자세히 알아볼 필요가 있다. 존해의피랍은 이미 임진왜란이 시작되기 전부터 모리 요시나리에 의해 의도되었던'계획적 납치'였다는 사실이 밝혀졌기 때문이다.

이야기는 다시 오다 노부나가가 원통한 죽음을 당한 '혼노지의 변'으로 올라간다. 오다 오부나가는 천하 통일을 앞두고 마지막으로 복속시키지 못한 츄고쿠中國08와 규슈 일대의 정벌을 위해 도요토미 히데요시에게 이곳 영주인 모리데루모토毛利輝元, 1553~1625를 치게 한다. 이후 오다 노부나가가 이 전쟁을 지원하기 위해 가던 중 교토의 혼노지에서 머무르는데, 당시 핵심 참모였던 아케치 미쓰히데의 휘하 병사 1,300여 명에게 포위당해 저항하다 불을 지르고 자결하게된다1582년 6월 2일.

당시 오다 노부나가는 70~80여 명의 부하밖에 없었다. 이때 오다 노부나가를끝까지 지키다 함께 생을 마감한 부하 장수가 있었으니 바로 모리 요시나리의선조였다. 한편 혼노지의 변에 대해 소식을 접한 히데요시는 모리 데루모토와

08 일본 본토 서쪽의 돗토리 현, 시네마 현, 오카야마 현, 히로시마 현, 야마구치 현의 5개 현. 편의상 부르는 지역 구분으로 행정구역 구분은 아니다.

타협하고 급히 군사를 끌고 교토로 입성해 반역자 미쓰히데를 징벌하고 자신이 후계자로 나선다. 이후 히데요시는 오다 노부나가를 끝까지 지키다 함께 죽은 모리 요시나리 가문을 충절의 집안으로 극진히 대우하면서 측근에 두고 신임했다. 그 후손을 고쿠라 번주로 봉임하고, 다이묘 모리 데루모토의 성과 규모가 같은 성을 사용하도록 해서 최대한의 예우를 베풀었다.[09]

모리 요시나리는 임진왜란 때는 제4군 대장으로 출전해 울산 방면을 거쳐 강원도 쪽을 공격해 조선에서 공포의 대상으로 떠올랐는데, 존해는 바로 이때 데려갔다. 그는 정유재란 때도 사천에 모리 데루모토, 시마즈 요시히로 등과 함께 진주하면서 이 지역의 수많은 사기장들을 납치해 갔다.

그런데 이 대목에서 매우 중요한 사실이 있다. 모리 요시나리의 18대 후손인 모리 카즈야스森—康 씨는 지난 2004년 9월 4일 한국을 방문해 다음과 같은 내용을 증언했다. 즉 모리 요시나리는 도요토미 히데요시가 좋아해 일본에서 명물로 숭상받는 찻사발고려다완을 만든 사람이 조선 사천 땅의 존해라는 사람임을 사전에 알았으며, 그 정보를 갖고 존해를 계획적으로 납치해 갔다는 것이다.

그러니 모리 요시나리는 히데요시의 다회에서 조선 찻사발을 보고, 이를 만드는 사람을 데려와 일본 땅에서도 만들겠다고 하는 욕망을 품고 있었던 셈이다. 이 사실은 임진왜란이 조선 도자기를 갖고 싶어 하면서, 이를 일본에서도 만들고 싶어 한 당시 일본 주도 세력의 간절한 열망이 주요한 배경의 하나로 작용했

---

09 모리 요시나리와 모리 데루모토는 성이 같아도 전혀 다른 가문이다. 패권이 히데요시에게 넘어가자, 모리 데루모토는 자신의 숙부을 인질로 보내 신하의 예를 표했다. 그 후 히데요시의 명을 받아 시코쿠(四國)와 규슈 정벌에 선봉으로 출전해 히데요시의 천하통일에 크게 기여했다. 그 보답으로 츄고쿠(中國) 6국 120만5천 석의 다이묘로 봉해졌다. 1589년 히데요시의 주라쿠다이를 본따 히로시마성을 축성했다. 임진왜란 때는 자신의 주력 부대를 파견해 1597년 히데요시로부터 고다이로(五大老)에 임명되었고, 1598년 히데요시가 임종을 맞이할 즈음 히데요시의 아들 히데요리의 보좌를 부탁받았다.

2004년 방한해서 경남 사천 우천리가
일본 '고려다완'의 고향임을 확인하고 있는
모리 카즈야스 씨

다는 사실을 여실히 증명해 준다. 그리하여 모리 요시나리는 존해를 끌고 가
자신의 영지 안에서 도자기를 굽게 하는 데 결국 성공한 것이다.

일본군은 어떻게 조선 각지에 흩어져 있는 사기장들을 파악하고 납치할 수 있
었을까? 당시 조선의 찻사발을 비롯한 차제구들은 환금성이 뛰어난 재산으로
인식되었고, '명물은 오사카 성과도 바꾸지 않는다'라는 말이 생겨날 정도로
거의 모든 다이묘가 차제구 수집에 혈안이 돼 있었으므로 이를 얻을 수 있는
방법에 대해서도 상당한 정보를 수집해 놓고 있었으리라는 게 정설이다. 고려
다완 자체가 부와 명예를 상징하는 보물로 인정되었고, 명물 한두 점만 가져도
유명한 다인으로 통하는 마당에 이를 확보할 길을 모색하지 않는다면 그게 오
히려 이상한 일이지 않겠는가.

한 예로 임진왜란 당시 선봉장을 맡았던 고니시 유키나가小西行長, 1558~1600는 조
선 사정에 밝고 조선어에 능통한 첩보 부대를 거느리고 있었는데, 그 수가 무려
200여 명에 달했다. 이들은 대부분 조선에 왕래가 잦았던 규슈 출신 상인들이

었다. 고니시 유키나가는 센노 리큐처럼 오사카 근처 사카이堺: 현재 간사이공항 근처의 상인약재상 출신으로 상인들을 부리는 데 능통했으므로 첩보 부대를 운영하는 데도 제격이었다. 그가 선봉장을 맡은 것도 다른 다이묘보다 조선 땅과 사기장들에 대해 월등하게 많은 정보를 획득하고 있었던 점이 작용했을 터였다.

그런데 이러한 정보원에는 조선인도 포함돼 있었을 것이다. 실제로 나베시마 나오시게 부대의 경우 함경도 길주 출신인 이종환李宗歡이라고 하는 첩보원이 있었다. 1591년부터 나오시게를 섬기면서 임진왜란 때 큰 공을 세운 그 역시 조선인 사기장 현황을 파악하는 데 관여했을 가능성이 높다. 일본군이 조선에서 퇴각한 다음 사가 번이 그에게 저택과 함께 10여 명의 부하를 하사하고, 도자기 무역을 독점할 수 있는 특혜를 준 사실이 이를 증명한다.[10]

그렇다면 모리 요시나리의 18대 후손인 모리 카즈야스 씨는 왜 이 같은 일을 털어놓았을까? 그것은 모리森 가문에게 호소카와細川 가문은 원수의 집안이기 때문이다.

앞에서 잠깐 얘기했듯 오다 노부나가에 이어 도요토미 히데요시를 모시게 된 모리 가문은 '충절의 집안'답게 세키가하라 전투1600년에서도 도요토미 가문의 서군 편에 섰고, 히데요시의 아들 히데요리가 최후를 맞는 오사카 전투1615년에서도 모리 요시나리는 가장 용맹하게 자기 주군을 지키면서 장렬히 전사한다. 그러나 주군을 배신하지 않은 충절의 대가는 너무나 혹독했다. 모리 요시나리의 전 집안이 멸족의 화를 당했고, 가문의 성은 호소카와 군대에 의해 세 차례나 불탔다. 이때 집안의 거의 모든 기록도 사라졌다.

---

10 구태훈, 『일본에서 꽃핀 조선의 도자기 문화』, p.177

그런데 당시 유일하게 한 사람만이 살아남아 대를 이은 일족이 시코쿠^{四國} 고치^{高智} 현에서 400여 년을 숨어 살았으니, 그 일족의 한 명이 바로 18대손 모리 카즈야스 씨였던 것이다. 시코쿠 고치 현은 혼슈 밑의 커다란 섬으로 오지 중의 오지였다. 이 지역은 오늘날 히로시마^{広島}와 고베^{神戸} 방면 양쪽으로 커다란 다리로 연결되어 있음에도 '시골'의 느낌이 강한 곳이니만큼 당시로서는 도망쳐 살아가기에 제격이었을 것이다.

또 하나의 흥미로운 사실은 모리 요시나리가 찻사발을 만들기 위해 조선 사천 땅에서 흙까지 가져왔는데, 이를 모리 데루모토가 야마구치^{山口} 현으로 가져가[11], 오늘날 하기야키^{萩燒}의 토대를 만들게 되니 이는 잠시 뒤에 살펴보자.

어쨌든 이렇게 해서 존해는 호소카와 가문 차지가 되었다. 그런데 호소카와는 아가노 가마를 연 이후 존해에게 조선 흔적이 남은 찻사발은 절대로 빚지 못하게 했다. 이는 아마도 자신의 손에 멸문지화를 당한 모리의 공적^{일본 다도계의 보물인} ^{찻사발을 만든 존해를 조선 땅에서 데려온 것}을 인정하기 싫었기 때문인 듯하다.

모리 카즈야스 씨로 하여금 역사적 증언을 하게끔 만든 도예가인 사천 구룡요^{九龍窯}의 토승^{土昇} 김남진^{金南珍} 대표는 바로 이런 역사적 배경 때문에 아가노야키와 고려다완은 지금껏 별개로 알려져 왔고 지금도 그렇게 알고 있는 것이라고 강조한다.

김남진 대표와 모리 카즈야스 씨가 연결된 사연도 매우 흥미롭다. 이는 아마도 우연이 아니라 '역사적인 필연'이라고밖에 말할 수 없는 이야기다.

김남진 대표는 일본이 현재 국보로 떠받들고 있는 '이도다완^{井戸茶碗}'이 자신이

---

11 세키가하라 전투에서 패배한 모리 데루모토는 히로시마에서 쫓겨나 현재 야마구치(山口) 현으로 옮겨갔다.

16세기 조선 찻사발로 일본 국보인 대명물(大名物) '오이도다완(大井戸茶碗)' 일명(銘) '기자에몬이도(喜左衛門井戸)'. 무게 370g, 높이 8.9cm, 입지름 15.4cm, 굽지름 5.5cm, 굽높이 1.4cm, 교토 다이토쿠지(大德寺) 고호안(孤蓬庵) 소장

1996년에 발견한 사천시 사남면 우천리의 구룡요 가마터 일대에서 제조되었다고 확신하며, 이를 거듭 주장하고 있다. '이도다완'에 대해서는 여러 가지 이론이 제기되고 있는 가운데, 김 대표의 '사천 구룡요설'은 매우 신빙성 높고 유력한 주장의 하나다.

김남진 대표가 이렇게 확신하는 이유는 자신이 찾은 우천리 가마터의 녹유綠柚 도편陶片이 이도다완의 것과 동일하기 때문이다. 또한 가마터의 흙도 이를 증명하고 있다고 주장한다.

이러한 김 대표 주장에 가장 먼저 주목한 것은 후쿠오카 현에서 아가노야키를 만드는 사람들이었다. 이들은 나중에 설명하겠지만, 존해의 직계 자손은 아니

2002년 10월 5일 '아가노야키 400년제' 행사 때
실행위원회가 김남진 씨에게 수여한 감사장

고 사위로 들인 사람의 후손과 인근 도예가들로 오늘날 후쿠오카 현 다가와田
川 군 후쿠치福智町에서 아가노야키협동조합을 만들어 활동하고 있다. 이들은
지난 2002년 10월 아가노야키 400주년 기념회를 열면서 김남진 대표를 초청했
고, 김 대표는 이 행사에서 사천에서 자신이 발견한 녹유 도편을 전달했다.

그런데 이 행사를 어찌 알고 모리 카즈야스 씨가 이곳까지 찾아와 김 대표를
만나고 그 자리에서 자신의 선조가 존해를 납치해 간 장본인인 모리 요시나리
라는 사실을 밝힌 것이다. 김 대표에 의하면 그는 아마도 일본에서 국보급 대
접을 받는 아가노야키가 일본에 전파된 공적을 세운 것이 호소카와 가문이 아
니라 모리 가문이며, '이도다완'이 실제로 아가노야키의 뿌리라는 사실을 밝혀
줄 사람이 김 대표라고 생각했던 것 같다고 한다.

이렇게 맺어진 인연으로 해서 모리 카즈야스 씨는 지난 2004년 9월 4일 한국
사천을 방문해 김 대표, 당시 이곳의 강기갑 국회의원과 함께 우천리 가마터를
돌아보고 난 다음 '존해가 고려다완을 만든 장본인이라는 사실을 알고 일본이

납치해간 것'이라는 사실을 400년 만에 밝힌 것이다. 그리고 자기 조상의 침략 행위를 공식 사죄했다. 이날 증언과 공개 사죄는 KBS와 '오마이뉴스'에 보도 됐다. 그는 이후 두 차례나 더 사천 김 대표의 구룡요를 방문했다.

지난 2005년 김 대표가 일본 시즈오카에서 열린 세계 차문화 대전에 한국을 대표해 참가했을 때는 그가 자신이 사는 고치 시로 초청해 그 지역의 다도 회원 들과 함께 자리를 했는데, 이 자리서 그들은 '고려다완의 역사는 이제 모리 카 즈야스 씨의 400년 만의 증언과 김 대표가 발견한 흙 그리고 가마터가 있으니 정리됐다'라는 역사적 평가를 내렸다고 한다. 2004년 한국을 방문했을 당시 76세의 고령이었던 모리 카즈야스 씨는 2015년에 사망했다.

호소카와의 후손과
한국 사기장의 만남

그런데 2002년 10월 아가노야키 개요 400년을 기념하는 일본 현지 행사 때 그 자리에는 호소카와 모리히로 전 총리가 참석하고 있었다. 앞에서 언급했듯 1993년 7월 일본은 자민당 집권 55년을 무너뜨리고 비자민당 최초의 총리가 탄생하는데, 그가 바로 호소카와 가문의 후손인 호소카와 모리히로였다.

1993년 8월 그는 중의원 본회의에서의 소신 표명 연설을 통해서 국정 운영 방 향을 밝히면서 일본 총리로서는 처음으로 "일본의 침략 행위로 견디기 힘든 고통과 슬픔을 준 데 깊이 반성하고 사과한다"라며 과거 일본의 침략 행위에 대해서 사죄의 심정을 밝힌다고 말했다. 그는 재임 기간인 1994년 1월에 일본 정치의 숙원이었던 소선거구제와 비례대표제를 핵심으로 하는 정치 개혁 법안 을 국회에서 통과시켰다. 그러나 국민 복지세 파문과 리크루트 스캔들로 인해

호소카와 모리히로 전 총리의 도예전 포스터

1994년 4월 총리직을 사임했다.

1996년 선거에서 중의원에 당선됐으나 1998년 4월 정계를 은퇴해 현재는 도예에 전념하고 있다. 그는 구마모토에 공방을 소유하고 있으며, 2001년부터 해마다 서너 차례씩 개인전을 열고 있다. 일본 미술 잡지사에서 그의 작품을 담은 작품집을 낼 정도다. 그의 도예 작업은 역시 가문의 전통이 크게 작용했을 것으로 보인다.

김남진 대표는 사천 지역에서 가져간 흙, 도자기 파편, 재현한 그릇을 기증하면서 고려다완이 아가노야키의 뿌리라는 사실을 역설하는 단상에서 그와 첫 대면을 가졌다. 호소카와 전 총리는 그 자리에서 그 지역의 곤노 의원을 통해 자신의 도자기 전시회 팸플릿을 김 대표에게 전하면서 사천 지역의 흙에 대해 관심을 보였다. 그 이후 곤노 의원이 수차례 김 대표 집을 방문했고, 김 대표는 실험만 할 수 있는 정도의 흙을 조금 전달했다고 한다. 이후 호소카와는 그 답례로 김 대표를 초청했는데, 다음은 2003년 10월 교토에서 김 대표와 호소카와 전 총리가 만나 나눈 대화록이다.

호소카와: 선생이 준 흙으로 고려다완을 빚어 봤습니다. 정말 좋은 흙이더군요. 고려다완 흙이 맞습니다. 여기 전시한 찻잔들은 선생이 준 흙을 주원료로 사용했습니다. 하지만 흙은 바로 성형하기가 힘들어서 다른 흙을

섞어서 만들 수밖에 없었습니다. 다른 흙을 섞어 만드니 고려다완 본래의 맛이 안 나더군요. 이 흙은 분명히 고려다완 고유의 모습이 나오는데, 단미單味:다른것과섞지않은것로서는 빚을 수 없습니다. 선생이 그것을 가르쳐 주셨으면 합니다.

김남진: 당연한 이치입니다. 고려다완 흙은 단미에서만 그 독특한 모습이 나타나지요. 다른 흙을 섞으면 안 된다는 것은 직접 실험했으니 증명된 것이며, 이 흙으로 빚고 굽는다는 것은 기능적인 문제가 아닙니다. 고려다완을 탄생시킨 원래 그곳, 고향에서 만들어야만 합니다. 그렇게 할 수 있겠는지요?

호소카와: 그렇게 하겠습니다. 이 흙으로 빚을 수만 있다면 선생이 주문한 대로 선생의 가마에서 직접 작업하고 싶습니다. 조속한 시일 내에 선생의 작업장에 가고 싶군요.

결과적으로 호소카와 전 총리는 김 대표를 찾아가겠다는 약속을 지키지 않았다. 대신 곤노 의원을 통해서 상당한 양의 흙을 줄 수 없겠느냐는 부탁만 했다고 한다. 성형 기술을 익혀야 하고, 연습이 필요하다는 이유 때문이었다. 그러나 김 대표는 그렇게 많은 양은 줄 수 없다고 거절했다. 도자기의 본고장에 와서 직접 빚어 보겠다고 약속해 놓고, 왜 흙을 요구하는지 알 수 없는 일이기 때문이었다. 그 뒤 호소카와 전 총리는 일본 흙 30%를 섞어 빚은 그릇 한 점, 고려다완 흙이 맞다는 친필로 쓴 도록과 자신이 사천 흙으로 빚어 힘들게 성공시킨 작은 잔, 자신이 프랑스 전시회를 열어 프랑스 대통령 내외에게 홍보한 사진 등을 곁들여 보내왔다고 한다.

그런데 엉뚱하게도 호소카와 전 총리가 찾은 곳은 김 대표의 구룡요가 아니라, 지리산 자락에 있는 도예가 소강素崗 민영기閔泳麒, 1947~ 선생의 경남 산청군 단성면 방목리 산청요山靑窯였다. 호소카와는 2004년 4월과 8월, 두 차례나 이곳을 찾아와 자신의 작품전에 내놓을 찻사발들을 빚었다.

그가 구룡요 대신 산청요를 찾은 정확한 이유는 알 수 없지만, 민영기 씨가 가라쓰를 대표하는 조선 가마로 일본 인간문화재의 명성을 얻은 나카자토 다로에몬의 유일한 한국인 문하생이라는 사실이 작용하지 않았나 싶다. 가라쓰야키와 나카자토 다로에몬에 대해서는 3장에 자세히 설명해놓았다.

호소카와 전 총리와 산청요 민영기 씨의 인연은 2001년 민 씨가 도쿄 니혼바시日本橋의 코추쿄壺中居12에서 '고려다완전'을 열고 있었을 때 도쿄박물관장을 지낸 도예전문가 하야시야 세이조林屋晴三의 소개로 호소카와 전 총리가 전시실을 찾은 것이 계기가 됐다.

당시 민 씨의 작품을 본 그는 "한국 작가로 기품 있는 다완을 만든다는 소개를 받았는데, 가서 보니 감촉이 좋았고 멋진 도자기가 출품되었다고 생각했다"고 술회했다. 또 그는 "흙의 감촉과 물레 자국 그리고 깨끗하게 나타낸 단풍잎, 표고버섯 뒷면과 같은 무늬가 새겨진 굽高台 등이 훌륭하게 표현되었다"면서 "그런 작가의 작업실을 보고 싶었다"라고 말했다.

12 창업 120년이 넘은 일본 제일의 갤러리. 1층과 2층에서는 주로 한국과 중국의 옛 도자기를 취급하고 3층에 일반 갤러리가 있는데, 좋은 작품이 있으면 1년에 한 번 또는 몇 번 기획전을 연다. 일본 도예가들은 이곳에서 전시하는 것을 큰 영광으로 생각하며, 여기서 전시회를 열고 나면 일본 어디서든 전시를 할 수 있다.

호소카와 모리히로 전 총리의 작품을
판매하는 사이트
'가라쓰구이노미(唐津ぐい呑)'
(www.gallery-enishi.com)

호소카와 전 총리는 일본에서 작업할 때는 일본 흙과 유약을 썼지만, 산청요 작업에서는 민영기 씨가 사용하던 흙과 유약을 그대로 썼다. 그는 당시 "도자기의 본고장이라서 그런지 흙의 질감이 좋고, 자연환경도 좋아 매우 마음에 든다"고 말했다. 또 "조선 사발은 한국의 흙으로 빚어야 제 멋이 난다"며 "여기서 만든 작품을 오는 10월 일본 개인전에서 선보일 생각"이라고 말했다.

아가노 가마와
고다 가마가 갈라진 사연

호소카와 가문은 도쿠가와 이에야스의 편에 선 이후 승승장구해 계속 녹봉을 늘려 나간다. 그리하여 1632년에는 다시 히고 국肥後国 구마모토熊本 번 54만 석의 영주가 되어 구마모토성으로 이봉하게 된다. 그야말로 명실상부한 대다이묘가 된 것이다. 그러나 다다오키는 1620년에 셋째 아들인 다다토시細川忠利

에게 당주 자리를 물려주고 은거한 상태였으므로 자신은 구마모토로 가지 않고 구마모토 동남쪽의 야쓰시로성八代城에 은거했다. 야쓰시로에서 구마모토까지는 차로 약 40분 거리다.

이에 따라 30여 년 동안 호소카와 다다오키 밑에서 도자기를 만들던 존해 일가도 구마모토로 이주해야만 했는데, 존해는 첫째 아들 츄베에忠兵衛와 셋째 아들 도시로藤四郎를 이끌고, 다다오키를 따라 구마모토가 아닌 야쓰시로 군八代郡 고다高田, 현재의 야쓰시로 나라기마치奈良木町에 정착해서 새 가마를 열게 되니, 이것이 바로 고다야키高田燒의 시작이다.

존해가 야쓰시로로 이주하면서 아가노 가마는 둘째 아들 도도키마 고자에몬十時孫左衛門, とときまござえもん과 사위인 와타리 규자에몬渡久左衛門, わたりきゅうざえもん이 물려받았다. 아가노에 남은 둘째 아들이 조선 고향 땅의 이름을 빌려 '도도키十時' 성을 붙인 것이 이채롭다. 이렇게 남은 둘째와 매부 일가족은 아가노야키를 계승하였으나, 폐번과 함께 가마 문을 닫았는데 사위 쪽의 후손들이 다시 가마에 불을 붙였다.

사위의 성인 '와타리渡'는 원래 딸에게 붙인 성이었다. 바다를 건너왔다는 뜻을 남겨 정체성을 잃지 않도록 해놓

존해의 사위 후손이 후쿠오카 현 후쿠치(福智町)에서
재건한 '아가노야키' 홈페이지

은 일종의 '설정'인 셈인데, 이를 사위가 그대로 쓴 것을 볼 때 그는 데릴사위였음을 알 수 있다. 앞에서 말했듯 이들은 1889년 문을 닫은 가마를 1938년 10대 후손인 와타리 다카오키渡高興가 다시 재건해 후쿠오카 현 다가와田川 군 후쿠치福智町에서 '와타리 가마渡窯'를 열었다. 11대인 와타리 큐베에渡久兵衛, 1929~2014는 이 가마를 부흥시켰고, 현재 12대 와타리 진渡仁, 1968~가 이를 물려받았다. 도쿄 조형대학 조각과를 나온 그는 1999년 한국에서 김칫독을 만드는 '때림 기법' 즉 타제打製 기법을 배워 돌아가는 등 활발하게 활동하고 있다.

'때림 기법'은 손으로 흙을 빚어 도자기를 만드는 것이 아니라 나무 막대기 등으로 흙을 때려 가며 표피에 투박한 질감을 그대로 표현하는 우리 고유의 도자기 제작법이다. 삼국시대 이전부터 조선 중기까지 우리나라에서 사용돼 왔으나 임진왜란 이후 그 맥이 끊어졌다는 것이 정설이다.

안타깝게도 와타리 가마는 예술적 성취에서 그리 큰 성과는 거두지 못하고 있는 듯하다. 제품들도 술과 관련된 도쿠리술병나 술잔이 대부분이다. 다만 이들의 제품에서도 유약이 넘쳐 흐르는 듯한 아가노 가마의 특성은 고스란히 느껴진다.

그런데 지금의 구마모토 현 아라오시荒尾市 난칸초南関町에는 이토 신구로韋登新九郎라는 일본 이름을 가진 조선 사기장이 이미 있었으므로 그와 존해, 두 사람이 고다야키의 주축을 형성하게 되었다. 이도 신구로의 이 가마는 쇼다이야키小代燒, 나중에는 小岱燒라고도 쓰임라는 것으로 지금은 흔적을 거의 찾을 수 없지만, 쇼다이산小岱山 기슭에서는 1590~1610년경의 가라쓰야키와 유사한 기술에 의한 가마가 존재했다는 것이 확인되었다. 또한 최근 구마모토 현에서는 도자기를 굽는 힌노코지牝小路, 카쓰라키葛城, 세노우에瀬上 가문도 그동안 집안이 간직했던 문서를 내놓고, 그들의 시조도 아가노에서 왔다고 주장하고 있는데, 이들은 이도 신구로의 후손이거나 존해와 함께 아가노에서 이주해 온 사기장들일 것으로 추정된다.

한편 호소카와 다다오키는 넷째 아들 다쓰타카細川立孝를 야쓰시로성에 살게 하면서 9만 5,000석을 물려주어 번주로 세울 생각이었으나 1645년 젊은 나이에 사망하고, 다다오키 역시 그해 12월 12일 향년 83세에 죽었다. 존해는 다다오키가 사망하자마자 불가에 귀의해 소세이宗淸, そうせい라 칭하고 1654년, 89세의 생을 마감했다.

현재 야쓰시로 중심부에 있는 시립박물관이 아가노 도자기와 고다 도자기를 상설 전시하고 있는 까닭은 이처럼 야쓰시로가 이 두 도자기의 중심이 되었기 때문이다. 그러니 아가노와 고다 도자기를 알기 위해서는 구마모토 박물관이 아니라, 야쓰시로시립박물관을 찾아야 한다.

또한 야쓰시로에 가면 박물관 말고도 반드시 들러야 하는 곳이 있으니, 그곳은 박물관 바로 건너편에 있는 쇼힌켄松濱軒이다. 쇼힌켄은 마쓰이松井 가문의 유명한 다실茶室로 역사가 330년이나 된다. 그런데 이 쇼힌켄의 주인은 원래 마쓰이 가문이 아니라, 호소카와 가문이었다. 주인이 바뀐 사연은 이렇다.

호소카와 다다오키와 그의 4남 다쓰타카가 사망한 이후 야쓰시로 성에는 다쓰타카의 아들인 유키타카細川行孝가 남아 있었지만, 다다토시細川忠利의 장남으로 당시 구마모토 번주인 미쓰나오細川光尚는 우토宇土 군과 마시키益城 군에서 3만 석을 떼어 새로운 지번支藩인 우토 번宇土藩을 세우고, 이를 유키타카에게 주었다. 이로써 유키타카는 우토시 호소카와宇土の細川 가문의 초대 당주가 되었다. 그 대신 야쓰시로에게는 집안 대대로 우두머리 가로家老를 맡아 온 마쓰이

혼례도구전이 열리고 있는 야쓰시로(八代)시립박물관

오키나가 松井興長를 보내 다스리게 하였다.

오늘날 쇼힌켄을 방문하면 마쓰이 가문의 이름만 나오는 것은 바로 이런 까닭이다. 그러나 쇼힌켄에서 다실과 함께 가장 유명한 것은 와룡매臥龍梅, 가류바이라고 하는 매화나무인데 이는 호소카와 다다오키가 직접 심었다고 전해지며, 매년 2월 말에 담홍색과 백색의 커다란 꽃을 피운다. 물론 쇼힌켄의 전시실에도 아가노 도자기는 빠지지 않고 전시돼 있다.

필자가 쇼힌켄을 방문했을 때는 3월 말이어서 와룡매에는 꽃이 거의 남아 있지 않았다. 대신 비가 촉촉이 내리는, 찾는 사람이 아무도 없는 한적한 다실 앞 오솔길에 붉은 동백꽃이 마치 주단처럼 깔려 있었다. 비를 머금어 더 빨갛게 빛

쇼힌켄 다실과
점점이 흩뿌려진 동백꽃

나는 그 동백꽃들이 내게는 꼭 존해의 후손들이 토해 낸 설움과 고난의 눈물처럼 보였다.

아가노 도자기와
고다 도자기의 차이

위에서 보았듯 초기의 아가노 가마는 다카토리 가마와 이웃이었고, 이곳으로 오기 전에 이미 가라쓰에서 도자기를 만들고 있던 상태였으므로 옛 가라쓰풍古唐津風이 강한 제품들이 대부분이었다. 그러나 시간이 흐르면서 아가노 도자기는 후기로 갈수록 크림색이 도는 백자에 녹유綠釉 중에서 밝은 동록유銅綠釉 혹은 청동색 녹유를 칠하거나 철유鐵釉, 회유灰釉, 동유銅釉를 함께 시유한 아가노 삼채三彩를 많이 빚었다녹유에 대해서는 Tip 내용 참조.

그런데 그 자신이 직접 도자기를 굽는 사기장이면서 저술가인 신한균申翰均 씨에

질박한 외형의 17세기 철유 통다완 야쓰시로야키
(쇼힌켄 보물관 소장)

회령자기의 특색에 상감 기법이 더해진 고다야키 나뭇잎 문양 상감 갈색 주전자, 아가노 도시로(上野藤四郎, 1695~1766)의 18세기 전반 작품(야쓰시로시립박물관 소장)

의하면 아가노 도자기와 다카토리 도자기는 북한 회령자기라고 한다. 임진왜란 당시 조선 도자기는 백자 아니면 분청사기가 대부분이었는데, 아가노와 다카토리 도자기는 외형과 도자기 빚는 기법을 볼 때 분청사기나 백자가 아닌, 함경도의 회령자기와 매우 흡사하다는 것이다. 아마 임진왜란 훨씬 이전에 왜구로부터 납치되어 온 북녘 땅의 사기장들이 빚었던 도자기였으리라. 또한 그는 일본에서도 현재 아가노야키의 원조가 회령임을 분명히 밝히고 있다고 강조한다.

그러면 회령 도자기는 어떠한 것인가. 회령 지역에선 예부터 두만강 유역에서

● 철유로 처리한 물고기 모양의 사물함, 18세기 야쓰시로야키(야쓰시로시립박물관)

●● 18세기 말의 나뭇잎 모양 야쓰시로야키 접시(야쓰시로시립박물관 소장)

나온 질 좋은 점토를 이용해 깊은 유약 색과 개성 있는 형태의 도자기를 만들어왔다. 그래서 회령자기는 경북 청송백자, 강원도 양구백자 그리고 황해도 해주백자와 함께 조선시대 4대 지방요로 꼽혀 왔다.

그런데 회령자기의 뿌리는 중국 허난성河南省의 균요鈞窯, 송나라 때의 유명한 도자기 집단촌로 추정된다. 균요는 허난성 위셴禹縣이 중심지로 황허강 중류 뤄양洛陽과 카이펑開封 중간의 남쪽에 있다. 금나라가 지배하던 12세기엔 균요의 생산품을 주로 금 왕실에서 사용했다. 금나라의 세력이 약화되면서 자신의 근거지인 헤이룽장성黑龍江省 일대로 균요의 도공들을 이주시켰고, 이들은 질 좋은 점토와 땔감이 많은 회령 운두산雲頭山 자락에 가마를 짓고, 도자기를 생산했다. 그러다가 조선 세종 때 6진六鎭 개척으로 이곳이 우리 영토로 편입된 뒤 회령자기는 한반도 북부지방 사람들의 생활 용기로 자리 잡았다. 회령 이외에 명천과 경성에도 가마가 들어섰는데, 여기서 나온 도자기를 통틀어 회령자기라 칭한다.

1,300℃ 고온에서 구워 열에 잘 견디고, 굽과 밑바닥엔 유약을 바르지 않은 회령자기는 추운 날씨 탓에 그릇을 불 위에 바로 올려 사용하는 이들의 생활 특성에 잘 맞았다. 그렇게 만들어진 도자기는 물병과 항아리, 그릇, 주전자, 화병 등으로 일상에서 쓰였다.

회령자기는 백자의 우아함이나 청자의 청아함과는 다르다. 일상에서 쉽게 구할 수 있는 지푸라기 재로 유약을 만들고, 장석을 이용한 유색으로 자연적인 문양을 넣었으며, 전반적으로 회갈색의 느낌이 강하다. 자신의 예술혼을 각인시키기보다 천지의 우연스러운 조화가 깃드는 제조 방식이다. 이는 가마의 영향, 유약, 극도로 아름다운 색을 창조하는 우연에 오롯이 의존하는 균요의 특성이 그대로 전해진 것이다. 이런 제작 방법은 중국 도자기에서는 아주 독특한

● 국화 문양 상감을 넣은 조개 모양의 18세기 후반 고다야키 접시(야쓰시로시립박물관)

●● 파도 위에 배가 있는 모습을 상감으로 새긴 18세기 후반 고다야키 도쿠리(술병)

● 초기적인 상감의 19세기 전반 단지(ツボツボ, 쓰보쓰보)

●● 아가노 야구마(上野野熊, 1796~1871)의 대나무 문양 19세기 상감 주전자

🔊 복숭아 문양 상감의 19세기 후반 고다야키 가쿠자라(角皿)와 국화 문양 상감의 청자 대접시. 대접시는 아가노 겐타로 (上野源太郎, 1815~1892)의 19세기 작품(야쓰시로시립박물관)

상감 자기 제작 단계를 보여 주는 전시물(야쓰시로시립박물관)

방식이다.

유약은 그저 마음대로 흘러내려 문양과 빛깔이 무작위로 꾸며진다. 인위적인 기교를 배제했기에 유약의 점도와 가마의 환경에 따라 천차만별의 무늬와 색이 나온다. 장식품처럼 쓰이는 백자나 청자, 분청사기와 달리 일상과 어우러지면서도 은근한 존재감을 내뿜는다. 그래서 남쪽에선 청자나 백자에 견줘 전혀 대접받지 못했다.

그러나 이들은 임진왜란 이전부터 가라쓰로 전해지면서 일본에서 인기가 많은 찻사발이나 차이레 등으로 뿌리내렸다. 언뜻 보기에는 필자가 어릴 적 흔하게 보았던 장독, 옹기, 뚝배기 같은 질박한 외형을 갖고 있는데, 명물로 대접받으면서 고가에 팔리는 제품들도 부지기수다. 일제강점기와 남북 분단을 거치면서 그 명맥이 끊어진 우리와 대조적이다.

19세기에 제작한 독특한 색감으로 매우 드문 날줄긋기 상감 고다야키 항아리.
매실 설탕절임(梅砂糖漬, 우메사도즈게)을 담는 용도의 헌상용품이다.

앞서 보았던 다카토리야키들은 실제로 위에서 말한 회령자기의 특징을 고스란히 지니고 있다. 아가노야키도 비슷하다. 가장 두드러지는 특징은 도자 표면 위에 여기저기 유약이 자연스레 흘러내린 자국이다. 유약은 마치 화산에서 마그마가 흘러내린 것처럼 전혀 인위적이지 않게 눈물을 흘리고 있다. 다만 훨씬 대범하고 자유분방했을 '북방 그릇의 흔적'은 일본에서는 많이 지워졌다. 그네들의 평소 일상처럼 매우 조심스럽고 간결하다. 북방 회령자기의 거칠고 남성적인 기풍이 남방의 다카토리야키나 아가노야키에서는 좀 더 세련되어지고 고분고분한 맛으로 변했다고 보면 될 듯하다.

그런데 현재 고다 도자기는 아가노 도자기와 같은 뿌리에서 한 단계 더 진화했

야쓰시로시 히나구에 있는 고다야키(高田窯) 종가

● 일본에서는 보기 힘든 고다야키만의 희귀한 상감 찻사발

●● 단풍과 은행잎을 상감 처리한 우아한 청자

❸ 시로고다(白高田) 사물함

다. 아가노 도자기의 몸체에 상감象嵌이라는 기법을 더해 단조로움을 피한 것이다. 여기에서 더 나아가 청자 계열의 작품이 주종을 이루기 시작하면 형제지간이라는 사실이 의심스러울 정도로 다르게 보인다.

원래 균요에서도 북방청자北方靑瓷라고 하는 청색 유약의 제품들을 많이 만들었다. 북방청자는 송·원나라 때 화북華北에서 만든 청자의 총칭인데, 둔한 황색을 띤 석기태石器胎에 획화劃花 등 북방 특유의 무늬가 있다. 화남華南의 월주요越州窯와 용천요龍泉窯 등의 청자와는 다른, 거칠고 깊이가 있는 색조와 안정된 형태가 송대宋代 도자기의 특색을 잘 나타낸다.

일본인에 의한
청자 재현

존해는 장남의 야쓰시로 고다야키에 우리나라 도자기의 대표적 특징이라 할 수 있는 상감청자 기법을 그대로 전수했다. 그의 장남과 후손들은 호소카와의 어용 가마로 야쓰시로 고다나라기高田奈良木의 히라야마 가마平山窯를 거쳐 8대손 아가노 단지上野丹次에 이르러서는 구마모토 마쓰오 정松尾町의 카미마쓰오上松尾에서 마쓰오 가마松尾窯를 새롭게 열어 메이지유신 때까지 구마모토 번의 어용 가마 역할을 이어갔다.

장남의 가마 역시 메이지유신 때 역시 문을 닫아야 했으나, 1892년메이지 25년에 7대 후손 아가노 사이베에上野才兵衛가 가마를 도토 산지인 현 야쓰시로 히나구日奈久로 옮겨 와 부활시켰다. 10대 아가노 다이라上野平는 1928년 꽃병 한 쌍을 일왕에게 헌상하는 등 명품 자격을 다시 인정받았고, 1971년에 6등 훈장인 즈이호우쇼우瑞宝章를 수상했다. 대를 이은 11대 아가노 사이스케上野才助도 1997

고다야키의 상감청자들

년에 7등 훈장 세이쇼쿠도우요우쇼우靑色桐葉章를 수상했다.

현재 히나구 주택가 2층 가옥의 가게와 공방에서는 12대 당주 아가노 히로유키上野浩之, 1956~가 도쿄예술대학에서 공예학을 전공한 아들 코헤이浩平와 함께 일본 유일의 고려청자 400여 년의 전통을 잇기 위해 애쓰는 모습을 볼 수 있다. 고다야키는 가장 기본적 재료인 질[13] 관리의 어려움과 상감이라는 특수기법을 구현하기 위해 힘든 시간이 필요하기 때문에 소량밖에 생산할 수 없다. 많은 공정 중에서도 특히 중요한 것은 질 만들기다. 고다야키의 청자는 유약 자체에서 색을 만드는發色 일반적 청자와 달리 철분을 많이 함유한 질을 가스 가마에 의한 환원법으로 구워 흙 자체의 색상을 살린다. 질 만들기에 의해 색상이 결정되므로 그 조합과 가마의 온도 관리가 중요하다. 백토와 철분이 많은 적토를 7:3의 비율로 배합하고 이를 물에 걸러 질 좋은 토양만을 선택한다. 이렇게 질을 만드는 데만 1개월 이상 시간이 걸린다.

아가노 히로유키는 "요즘은 흙을 손쉽게 구할 수 있지만, 고다야키에 적합한 섬세함과 상감 청자의 발색에 적합한 점토는 직접 손으로 정제하지 않으면 만들 수 없다"고 강조한다. 고다야키는 막부幕府 말기부터 150년에 걸쳐 가마가 있는 히나구의 흙을 사용하고 있다. 그래서 희소성이 있고, 전통 기법의 전승에 자부심을 가지면서 소중히 지켜온 것이다.

상감청자는 이렇게 작업이 힘들기 때문에 이를 생산하는 가마가 거의 늘어나지 않는 편이다. 다카토리야키처럼 고보리 엔슈가 아가노야키 찻사발 빚는 법을 지도한 것은 아가노야키가 다른 가마들과 달리 상감의 희귀성을 지니고 있

---

13 도자기를 만드는 흙을 뜻하는 태토(胎土)나 일본말 소지는 우리말로 '질'이다. 앞으로 '질'이라는 말로 통일하겠다.

었기 때문인지도 모른다. 흰색 몸통에 검정색 상감이 들어간 제품들은 '시로고 다白高田'라고 하여 에도 시대부터 아주 귀하게 여겼다.

일본인에 의한
조선청자의 재현

앞에서 말한 대로 존해 후손인 아가노 세 가문上野三家 중 장남 가문은 히라야마 가마平山窯를 열어 계속 도자기를 만들다가 1892년메이지 25년 히나구日奈久로 이주해 현재 위치인 JR 히나구역JR 日奈久駅 부근에서 400년 전통을 잇고 있다.

존해가 야쓰시로로 이주하면서 아가노 가마는 둘째아들 도도키마 고자에몬과 사위 와타리 교자에몬이 물려받았다. 둘째아들은 조선 고향 땅 이름을 빌려 도도키 성을 사용했으며 폐번과 함께 가마 문을 닫았는데, 사위 쪽 후손들이 다시 가마에 불을 붙여 오늘날에 이르고 있다.

막내 가문은 나가노 야이치로弥一郎가 1902년 가고시마 현鹿児島県의 가와나베川辺로 이주하여 가와나베야키川辺焼를 시작했으나, 아들 대에 이르러 가마의 불을 끄고 평범한 일본인의 삶 속으로 스며들어갔다.

그런데 아가노야키는 존해 후손들에게 기술을 배워 세워진 방계 가마들이 있다. 요시하라 가마吉原窯, 야마시타 가마山下窯, 하마다 가마浜田窯가 바로 그것이다.

요시하라 가마는 아가노 사이헤上野才兵衛의 제자였던 나가사키 출신 요시하라 니분조吉原二分造, 1847~1933가 독립하여 히나구 다케노우치竹の内에 만든 가마로 지금은 없어졌다.

야마시타 가마는 양질의 백토 산지로 유명한 아마쿠사天草 미즈노타이라야키水の平焼의 사기장 야마시타 이겐山下唯彦, 1898~1972이 나가노 집안에서 기술을 습득

1602년 개업한 야쓰시로야키 아가노 가마의 13대 아가노 고헤이 청자 상감 작품들

해 히나구에 세운 가마다.

현재도 그의 후손들이 야쓰시로 시내에서 '야쓰시로야키 아가노 가마八代燒上
野窯', '야쓰시로야키 고다 가마八代燒高田窯'라고 '아가노 가마'나 '고다 가마'를 강
조한 이름으로 가마를 열어 장사를 계속하고 있다.

하마다 가마를 만든 하마다 로쿠로浜田六郎, 1865~1911는 요시하라 가마의 요시하
라 니분조에게 기술을 습득하고, 나중에는 아가노 데이조上野庭三에게 사사받
았다.

하마다 로쿠로는 제1회 아리타공업학교 졸업생으로 후에 조선에 가서 청자를
만들게 되는 하마다 요시노리의 아버지다. 존해의 후손에게 청자를 배운 사람
의 아들이 일제강점기에 조선으로 들어가, 명맥이 끊어진 조선청자를 재현하
는 일에 나선 것이다. 이 얼마나 비통하고 처절한 사연인가. 국내 어느 매체에서
도 발표된 적 없는 이 사실을 이 책에서 처음으로 밝히는 것이다.

아래에 소개하는 이야기는 아리타역사민속자료관歷史民俗資料館의 관보인 계간
『사라야마皿山』78호2008년 여름호에 실린 데라우치 겐이치寺內謙一의 글 「고려청자
와 하마다 요시노리 전高麗靑磁と濱田義德伝」에서 일부 발췌한 내용이다. 데라우치
겐이치는 성씨와 글의 내용으로 보아 초대 조선 총독이었던 데라우치 마사타
케寺內正毅, 1852~1919와 같은 가문 사람으로 보인다.

1910년메이지43년 조선이 일본에 병탄된 직후 데라우치 마사타케가 조선 총독으
로 취임했을 무렵 도미타 기사쿠富田儀作, 1858~1930가 데라우치 총독에게 "첨단
도자 기술을 도입해 고려청자를 부흥시키고 조선에서의 산업 육성을 위해 사
업 생명을 걸고 노력하겠다"며 이를 위한 사기장 파견을 요청했다.

오사카 북서쪽 효고 현兵庫県 이나가와초猪名川町 출신인 도미타 기사쿠는 열여

덟 살에 인천으로 건너갔다가 다시 진남포로 이주하여 평생을 조선에서 보내
는데, 매우 이례적인 사연들을 갖고 있다.

도미타 기사쿠는 평안남도 남부에 위치한 진남포鎭南浦의 '지역적 특수성'을 이
용하여 자본을 축적해간 대표적인 일본인이었다. 진남포는 부산·원산·인천보
다 훨씬 늦은 1897년 목포와 함께 개항된 곳이다. 대동강 하류의 한적한 시골
마을에 불과했던 이곳은 개항 전에는 일본인들이 크게 주목하지 않았지만 개
항 이후 개발이 기대되는 곳이었기에 일본인들이 많이 몰려왔다.

그는 진남포에 '삼화고려소'를 만들고, 1908년부터 자신이 수집한 고려청자를
모델로 재현 청자를 만들어 일본으로 보냈다. 그는 재현 청자를 만들 도공을
일본에서 데리고 왔는데, 그 당시 조선에는 청자를 만들 줄 아는 사기장이 없
었기 때문이다.

우리나라 사기장들은 고려청자의 맥이 끊어진 이후 경기도 광주 분원리의 관요
나 지방의 민요에서 주로 백자와 분청
사기를 만들었다. 따라서 이들은 대부
분 고려청자의 존재를 몰랐고 어떻게
생겼는지, 어떻게 만드는지도 알지 못
했다.

고려청자 제작법은 오히려 일본에서
전해져왔다. 임진왜란 때 일본으로 끌
려간 사기장 후예들이 '일본식 청자'
를 만들고 있었다. 그래서 일본인들
이 먼저 고려청자의 진가를 알아본 것

도미타 기사쿠

이고, 재현 청자도 일본에서 더 인기를 끌었다. 기술자가 일본인이고 시장도 일본임에도 불구하고 일본 자본가들이 우리나라에 공장을 세운 이유는 청자를 만들 수 있는 흙이 우리나라에 훨씬 많았기 때문이다.

데라우치는 당시 일본 최대의 실력자이자 야마구치 현 고향 선배로 그의 후원자이기도 했던 이토 히로부미伊藤博文, 1841~1909가 조선 도자기, 특히 청자라면 사족을 못 쓸 정도로 좋아한다는 사실을 잘 알고 있었기에 도미타 기사쿠의 말은 아주 솔깃한 제안이었다.

고려청자에 대한 관심을 불러일으킨 장본인으로 유명한 이토 히로부미는 1906년 3월 통감에 취임한 이후 수집에 진력하여 1,000여 점이 넘는 고려청자를 수집했다고 전한다. 그가 반출한 도자기 중 우수한 103점은 일본 왕실에 헌상되었다가 1966년 한·일회담 때 그 중 일부가 우리나라로 반환되었다. 이때 반환된 문화재 가운데 대표적인 것은 국보 96호 청자 거북모양 주전자청자귀형수주, 靑磁龜形水注, 고려 12세기다. 연꽃 위에 거북이 앉아 있는 모양으로 고려청자 명품의 하나로 꼽힌다.

아무튼 데라우치는 마침 아리타공업학교 교장으로 있던 친척 데라우치 신이치寺内信一에게 적합한 기술자 파견을 요청했고, 1904년 아리타공업학교 1회 졸업생인 하마다 요시노리濱田義德, 1882~1920가 적임자로 추천되었다.

하마다는 구마모토 현熊本県 야쓰시로八代의 하마다 가마에서 청자를 만들고 있던 하마다 로쿠濱田六郞의 장남이다. 야쓰시로중학교를 중퇴하고 요장에서 아버지 기술을 전수받고 있다가, 1900년 파리만국박람회 작품을 출품해 상위에 입상한 하마다 가마의 상황을 들러보기 위해 들른 데라우치 신이치의 눈에 들었다.

일본에서 돌려받은
국보 96호 청자 거북모양 주전자

요시노리의 비범함을 단박에 알아본 데라우치 신이치는 아버지 하마다 로쿠에게 아리타에서 배우는 것이 좋겠다고 권유해서, 아리타공업학교에 들어가게 되었다. 요시노리의 동급생으로는 일본 요업계의 지도자 에조에 마고에몬江副孫右衛門이 있다. 마고에몬은 일본애자사장, 동양도자현재의 TOTO 사장 등을 지냈다.

요시노리는 아리타공업학교를 졸업하고 요업 기술자가 되어 야마구치 현이나 가라쓰 등지의 가마에 지도를 다녔다. 이후 청나라 베이징의 '예도학당芸徒学堂'에 일 년 동안 파견되어 교습을 받은 후 다시 야쓰시로로 돌아갔다. 이 시점에 데라우치 신이치의 추천을 받은 것이다.

요시노리가 도미타가 기다리는 진남포 공장에 아내와 아이를 데리고 간 것은 1911년 8월이었다. 그는 도미타에게서 고려청자 부흥을 위해 결의에 찬 말을 듣고서는 '신명을 걸고 반드시 성공시킵시다'라고 답했다고 한다.

진남포의 '삼화고려소三和高麗燒'는 처음에 도미타 농장이 있던 한두리에 있었으나 1920년에 억양기리로 옮겼다. 조선의 전통을 살려 도자기 사업의 개량과 진보를 위하고 있다는 명목으로 조선총독부로부터 2천 엔의 보조금을 받았고, 평안남도도 매년 사업비로 700엔을 보조했다.[14]

당시 조선에서 고려청자는 고분에서 도굴된 것이 아니면 새롭게 등장하는 물건이 없었다. 조선에서 산출되는 원료와 함께 숙련된 기술이 합쳐져야 비로소 고려청자가 만들어지는 것인데, 그런 필요충분 조건을 충족시킬 수 없었던 것이다.

이에 하마다도 침식을 잊고 연구에 연구를 거듭하고, 계속되는 실패를 맛보는

14 前田力 編著, 『鎭南浦府史』, 鎭南浦府史發行所, 1926

삼화고려소의 사발(위)과 청자 향로(아래)

한양고려소 찻잔과 제품 상자. 뚜껑에 '漢陽高麗燒'라고 표기돼 있다.

고투 끝에 약간의 희망이 보이기까지는 2년여의 세월이 흘렀다고 한다. 그리고
어느 날 신불神仏에게 빌다 가마를 열어보니 마침내 훌륭한 청자가 얼굴을 내비
쳤다는 것이다.

이에 도미타는 요시노리의 노력에 감사하며 첫 작품들을 총독부에 선물했고,
청자들은 총독부 귀빈실을 장식했다. 진남포의 삼화고려소 실적이 증가하고
어느 정도 수익을 내자, 도미타는 경성에도 '한양고려소'를 설립해 고려자기를
생산했다.

요시노리의 동생 요시카쯔도 아리타공업학교를 졸업하고 1915년 6월 진남포
를 방문했다. 데라우치 총독은 하마다 형제를 총독부에 초청하여 요시노리에
게 '려산麗山', 요시카쯔에게 '려봉麗峰'이란 호를 내렸다. 일제강점기 조선에서

이런 일화를 낳은 아가노 가마의 후예, 하마다 가마의 흔적은 현재 야쓰시로 하치만마치八幡町에 남아 있다.

통한의 사연은 이어진다. 잘 알려진 대로 고려청자를 재현해낸 우리나라 대표적인 사기장은 해강海剛 유근형柳根瀅, 1894~1993이다. 해강은 열여덟 살이던 1911년 일본인이 운영하는 한양고려소漢陽高麗燒에 취직해 도자기 일을 시작했다.

그런데 한양고려소가 바로 도미타 기사쿠가 1911년 서울 묵정동에 세운 청자 공방이다. 해강은 도미타의 초청으로 조선에 건너온 하마다 요시노리를 통해 처음으로 청자에 눈을 뜬 셈이다.

다시 정리하자면, 임진왜란 때 조선 땅 경남 사천에서 끌려간 사기장 존해가 일본 땅 구마모토 옆 야쓰시로에 뿌리를 내렸는데, 존해 후손에게 청자 만드는 법을 배운 일본 사람의 아들이 다시 사기장이 되어 조선에 건너와 우리 민족에게 청자를 만드는 길을 터놓은 것이다. 그러니 이 사실이 어찌 회한이 아닐 수 있으며, 깊고도 깊은 역사의 통절이자 처참함이지 않을 수 있겠는가.

당시 일본인 공장에서는 조선인들에게 기술을 가르치지 않고 단순 작업만 시켰다. 해강 역시 도자기를 칼로 파내 무늬를 만드는 상감 작업을 하면서도 일본인 기술자의 유약 배합을 곁눈질로 익혔다고 한다.

그런데도 위에서 언급한 『사라야마皿山』 78호의 글은 '요시카쯔가 나중 인간문화재가 되는 유근형에게 고려청자 기법을 3년에 걸쳐 전달한 것으로 알려졌다美勝は後に人間文化財となる柳海剛に高麗青磁の技法を3年にわたり伝えたという'고 기술하고 있다.

지적하지 않을 수 없는 것은 이 기술이 명백한 오류이자 심각한 역사 왜곡이라는 사실이다. 글에는 해강에게 고려청자 기법을 전달한 주체가 요시노리도 아닌 그의 동생 요시카쯔로 돼 있다. 요시노리는 1920년 1월에 유행했던 스페인

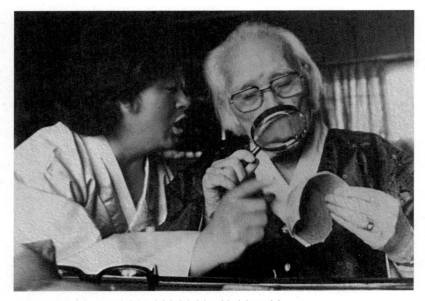

살아생전 해강 유근형(오른쪽)이 장남 유강렬과 함께 청자 도편을 살펴보고 있다.

독감에 걸려 37세 젊은 나이에 사망했기 때문에 그의 동생이 형이 했던 일을
이어받았다. 그러나 해강이 한양고려소에서 일한 것은 1911년부터 1916년까지
의 5년간이고 요시카쯔가 조선에 들어온 것은 1915년의 일이었다. 그러니 요시
카쯔가 해강을 지도했다는 것은 성립될 수 없고, 설사 해강이 가르침을 받았다
고 해도 요시카쯔가 아닌 그의 형 요시노리여야 한다.

그런데 지난 2002년 10월 아가노야키 개요開窯 400주년을 기념하는 일본 현지
행사가 후쿠오카福岡 현 다가와田川 군 후쿠치福智町에서 열렸을 때 그 자리에는
호소카와 모리히로細川護熙, 1938~ 전 총리가 참석했다.

앞서 이야기했듯 1993년 7월 일본은 자민당 집권 55년을 무너뜨리고 비자민당 최초의 총리가 탄생하는데 그가 바로 호소카와 모리히로였다. 그는 한 달 후 8월 중의원 본회의 소신표명 연설을 통해 일본 총리로서는 처음으로 "일본의 침략행위로 견디기 힘든 고통과 슬픔을 준데 깊이 반성하고 사과한다"며 과거 일본의 침략 행위에 대해서 사죄의 심정을 밝힌다고 말했다.

그는 전임 총리들이 결코 하지 않았던 일을 왜 했을까. 여러 가지 이유가 있겠지만, 그 중에는 그의 선조들과 조선인 사기장들과 얽힌 질기고도 긴 인연이 작용하지 않았을까 싶다.

8세기 전반 당삼채
천왕상(天王像)

녹유란 무엇인가

녹유(綠柚)는 말 그대로 녹색 유약이다. 도자기를 굽는 온도가 낮고, 납이 들어 있는 잿물(鉛釉)로 청색·녹색 및 황갈색을 내기 위해 사용했다. 연유는 잿물이나 규산(硅酸)에 연단(鉛丹)을 섞고 발색제로는 동 또는 철을 섞은 것이다. 동은 산화염(酸化焰)에서 구우면 청록색이 되고 산소가 부족하거나 철분이 많으면 갈색 계통으로 되며, 용해도가 700~800℃ 정도여서 가마 온도가 그 이상으로 올라가면 모두 타 없어진다.

따라서 녹유를 사용한 토기는 저화도(低火度)의 산화염으로 구워야 하기 때문에, 질이 약한 회색 또는 적갈색 연질토기(軟質土器)가 주종을 이룬다. 이러한 녹유는 귀가 네 개 달린 항아리인 사이호(四耳壺), 도깨비 형상의 기와인 귀면와(鬼面瓦), 접시 모양의 잔 받침인 탁잔(托盞), 합(盒) 등 특수 토기에만 사용되어 그 예가 많지 않다.

서양에서는 로마가 지배했던 지역, 동양에서는 중국 한나라 영토에서 유행·보급되었다. 로마의 녹유는 서아시아와 유럽에 전파되면서 이슬람 세계를 비롯한 중세 영국과 독일에 특색 있는 그릇과 채유(彩釉) 타일 생산에 기여했다.

한나라 녹유는 기와, 연와를 비롯해 도용(陶俑), 항아리(壺) 등에 많이 보이며 낙랑군과 고구려에도 영향을 미쳤다. 남북조 시대에 다시 쓰임새가 빈번해져서 당나라의 화려한 당삼채(唐三彩) 제작에 사용되었다. 이후 요(遼)의 녹유, 송나라 자주요(磁州窯)계의 각종 녹유, 명의 교지(交趾: 오늘날 베트남 북부 지방) 녹유 등으로 다양하게 전개되었다.

삼국시대(386~668)의 한국에서도 녹유가 제조되었고, 통일신라시대에는 단단하게 구운 질에 녹유를 바른 기물이 많다. 청기와도 그 한 예이다. 그러나 통일신라에서 고려시대까지만 사용되었으며, 높은 온도에서 사용하는 청자유(靑瓷釉)가 발명되자 자취를 감추게 되었다.

야쓰시로 고다 가마 종가 찾아가기

야쓰시로 히나구(日奈久)는 유명한 온천 지역이다. 1409
년 하마다 로쿠로우라는 사람이 부친의 병을 낫게 해달
라고 기도했는데, 꿈에서 신의 계시를 받은 장소를 찾아
갔더니 그곳에 온천이 샘솟고 있었다고 전해진다.
신통한 효험이 있는 것으로 알려지면서 요양하러 오는
사람이 많아지자, 에도 초기에는 호소카와 가문이 운영
하는 '번영(藩營)' 온천15으로 지정됐다. 방랑의 하이쿠
시인 타네다 산토카(種田山頭火)도 이곳에 머물며 "온천
은 좋아. 정말이지 좋아. 이곳은 산도 좋고 바다도 좋고,
할 수만 있다면 머물고 싶지만, 아니 평생 유유자적 세
월을 보내고 싶지만…"이란 노래를 남겼다.

고다 가마(高田窯) 종가는 이런 온천 지역의 한가운데에
있다. 바로 옆에도 유명한 히나구온천센터 한페이유(は
んぺい湯)가 있다. 그러나 히나구는 야쓰시로 시내에서
한참 멀리 떨어진 곳이다. JR 야쓰시로역에서는 차로
20분, 신야쓰시로 역에서는 차로 30분 걸린다. 미나미
큐슈(南九州) 자동차도의 야쓰시로 미나미인터체인지에
서는 차로 7분 거리다.

15 번(藩)에서 직접 운영하는 온천

야쓰시로 히나구온천센터 한페이유(はんぺい湯)

다만 JR 야쓰시로역에서 히나구온천역까지 가는 기차
가 한 시간에 하나 꼴로 있으니, 차가 없어도 그리 불편
하지는 않다. 히나구온천역에서 고다 가마 종가까지는
걸어서 8분 정도 소요된다. 온천과 우리 조상의 숨결을
느낄 수 있는 도자기 감상을 동시에 즐길 수 있는 일석
이조의 관광지다.

- 주소: 야쓰시로 히나구 히가시마치 174
  (熊本県 八代市 日奈久東町 174)
- 전화: 0965-38-0416
- 홈페이지: www.aganogama.jp

야쓰시로시립박물관과 쇼힌켄 찾아가기
야쓰시로시립박물관은 시내 중심에 있다. 한적한 지방
의 박물관이지만 콘텐츠가 충실하다. '혼례도구전(婚禮
道具展)'등 옛 일본의 생활상을 볼 수 있는 다채로운 특
별전도 꽤 자주 열린다. 특히 아가노야키와 고다야키
의 이모저모를 알아보기 위해서는 반드시 들러야 할
곳이다.

- 주소: 야쓰시로 니시마쯔에조마치 12-35
  (熊本県 八代市 西松江城町 12-35)
- 전화: 0965-34-5555
- 홈페이지: www.city.yatsushiro.kumamoto.jp/
  museum/index.jsp
- 개관 시간: 9:00~17:00(월요일 휴관)
- 입장료: 310엔(어른) 200엔(대학생, 고등학생)

쇼힌켄(松濱軒)은 시립박물관 바로 건너편이므로 못 찾
을 일은 없다. 박물관에서 전경이 한눈에 내려다보인
다. 쇼힌켄은 마쓰이 집안의 3대 당주인 마쓰이 나오유
키가 호소카와 가문으로부터 영지를 하사받은 후 비구
니가 된 생모를 위해 1688년 지후쿠지 절터에 세운 다

원이다.

야쓰시로 성에서 북서쪽으로 약 300m 떨어진 곳에 있고, 정원 넓이는 약 9천㎡이다. 원래 이 다원을 만들 때는 바로 뒤편이 야쓰시로 해안이어서 소나무가 많았고, 이 집의 이름도 소나무 숲을 지나가는 바람 소리에서 유래했다. 그러나 현재는 간척으로 해안선에서 멀어졌고, 송림도 사라졌다.

정원 사계절의 꽃들이 아름다워 철쭉과 야마후지, 제비붓꽃, 개연꽃, 가시연꽃 등의 명소이기도 하다. 특히 매년 6월경에는 연못을 메우는 창포꽃으로 특히 유명하다. 문 옆에 마구간을 개조한 보물관을 설치해 마쓰이 집안의 문화재와 미술품 등을 전시하고 있다. 1949년 일본 왕 부부가 구마모토를 방문했을 때의 숙소였고, 2002년 국가 명승으로 지정되었다.

- 주소: 야쓰시로 기타노마루마치 3-15
    (八代市 北の丸町 3-15)
- 전화: 0965-33-0171
- 개관 시간: 9:00~17:00(월요일 휴관)
- 입장료: 500엔(어른) 250엔(초중학생)

쇼힌켄 보물관의 조개 모양 카시이레(菓子入, 과자 보관함)

CHAPTER

07

일곱 번째 가마

하기·나가토,
이작광·이경 형제의
후카가와 가마
고라이사에손 가마

이슬의 세상은 이슬의 세상이라고 한다만.

露の世は露の世ながらさりながら

-고바야시 잇사^{小林一茶, 1763~1827}의 하이쿠

하기^萩가 속해 있는 야마구치^{山口} 현은 규슈가 아니라 혼슈^{本州}의 츄고쿠^{中國} 지방에 있지만, 규슈에 인접해 역사적으로 가까웠기 때문에 규슈에 포함시키기도 한다. 문물이나 사람의 교류도 츄고쿠 남쪽보다는 시모노세키나 후쿠오카와 더 활발하게 진행되었고, 이는 지금도 마찬가지다.

모리 데루모토 가문은 원래 아키노쿠니^{安芸国}의 번주였다. 이곳은 현재 히로시마^{廣島} 현 서부에 해당하는 지역으로, 게이슈^{芸州}라고도 했다. 그는 시코쿠^{四国}와 규슈 정벌에 선봉으로 출진하였고, 무공을 세워 도요토미 히데요시의 천하통일에 크게 기여하였다. 그 결과 히데요시로부터 오늘날 야마구치, 히로시마, 오카야마^{岡山}, 시마네^{島根}, 돗토리^{鳥取} 5개 현^{당시 8개국}을 관할하는 츄고쿠 지방 '고쿠다카^{石高}' 즉 곡물 수확량인 120만5천 석의 녹봉을 받는 다이묘가 되었다.

앞에서도 잠깐 이야기한 것처럼 도요토미 히데요시의 '고다이로^{五大老}' 중 한 명이었던 모리 데루모토는 세키가하라 전투에서 서군 총대장으로 추대되었으나, 도쿠가와의 동군과 직접 맞서 싸우지는 않았고, 자신 대신 친지를 보내는 성의만 보였다. 서군이 패한 다음에도 가문 내부의 주전론을 거부하고 도쿠가와에게 더 이상 싸울 의사가 없음을 나타내 가문과 자신의 목숨을 지키고, 녹봉을 삭감 받는 선에서 화를 모면할 수 있었다. 그리하여 그는 히로시마 성을 포기하고 잠시 머물러 있던 오사카 성을 떠나 나가토노쿠니^{長門国} 즉 지금의 야마구치

● 하기 성터와 모리 데루모토 동상

●● 하기 성 밑은 하기야키의 첫 가마가 들어선 곳이었다. 하기 성터에 있는 '하기야키 자료관'

현 서부로 옮기게 된다.

모리는 거대 영지의 다이묘였지만 센노 리큐의 제자 중 한 사람으로 유명한 다인茶人이기도 했기에 1593년 임진왜란 당시 경남 진주성 근처의 유서 깊은 가마에서 조선 사기장 이작광李勺光, 이경李敬, 1568~1643 형제를 납치해 왔다. 또한 이들을 오사카에서 하기로 함께 데리고 간다. 그들은 하기성 밑에 있는 마쓰모토무라松本村의 나카노쿠라中之倉, 현재의 친토나카노쿠라椿東中の倉에 가마를 세웠으니, 조선의 도자기 기술과 전통이 이곳 하기에 전해지게 되었다. 최고의 명품으로 손꼽히는 '이치 라쿠一樂, 니 하기二萩, 산 가라쓰三唐津'라 일컬어졌던 하기야키萩窯의 명성은 이렇게 시작했다.

하여튼 모리는 1603년 에도로 가서 도쿠가와에게 사죄하고, 다음 해인 게이초 9년1604년 나가토노쿠니에 하기성을 축성하여 거성으로 삼았다. 그러므로 이작광일본어로는 리 샤쿠코과 이경 형제의 구체적인 활동은 모리가 하기에 입성한 1604년부터 시작됐다고 할 수 있다. 그런데 이들이 납치되어 끌려온 시점이 1593년이니까, 이때부터 1604년까지는 약 11년의 세월이 빈다. 이 기간 동안의 행적이 묘연한 것이다.

이와 관련해 일본 학계 일부에서는 이작광이 1593~1604년에 히로시마 인근의 아키노쿠니安芸国에서 '황태옥 사발'을 빚었고, 그때 빚은 황태옥 사발 중에 지금 일본 국보인 대명물大名物 '오이도다완大井戸茶碗' 즉 '기자에몬이도喜左衛門井戸'가 있다는 주장도 내놓는다. '황태옥 사발'에 대해서는 잠시 뒤에 보기로 하자.

이작광, 이경 형제는 도진야마唐人山라고 부르는 산의 나무를 베어 번요藩窯를 일으켰는데, 산의 이름 역시 '도진야마'라는 사실이 특별하다. 아마도 이 산의 원래 이름은 이렇지 않았을 것이나, 도진唐人 즉 한반도에서 온 사람이 가마에

불 피울 나무를 벤다 하여 이런 이름으로 불렸을 가능성이 높다.

이작광은 모리 데루모토에 의해 야마무라山村 성을 받았고, 1625년에는 데루모토에게 번주를 물려받은 아들 모리 히데나리毛利秀就가 이작광의 아들인 야마무라 미쓰마사山村光政에게 나카노쿠라 가마中之倉窯를 통솔하는 '사쿠노죠우作之允'에 임명했다. 부자 2대에 걸쳐 하기 도자기의 대표적 지위를 확립했던 것이다.

일본 성씨 사카坂를 하사받아 사카 스케하치坂助八, 1615~1668라 불린 동생 이경의 아들도 같은 해인 1625년에 히데나리로부터 '코라이자에몬高麗左衛門'에 임명되었다. 이경 가문은 고난을 잘 참고 마쓰모토에서 '나카노쿠라中之倉' 혹은 '마쓰모토松本' 도자기의 법통을 이었다. 그러나 하기야키는 어용요御用窯로 영주의 가마였기 때문에 일반인들과는 관련이 없었다.

마쓰모토 가마는 그 밖에도 몇 명의 조선 사기장을 고용해 데리고 있었다. 1645년 하기 번의 사료에 따르면 사카코라이자에몬坂高麗左衛門 이외에도 마쓰모토의 하치자에몬松本ノ八左衛門과 스케자에몬松本ノ介左衛門, 이치에몬松本ノ市右衛門, 쿠라사키 고로자에몬蔵崎五郎左衛門, 간베에松本ノ勘兵衛, 로쿠우에몬松本ノ肋右衛門, 야마무라 쇼안山村松庵의 이름이 나온다. 맨 뒤의 야마무라 쇼안은 사카코라이자에몬의 조카형의아들인 야마무라 미쓰토시山村光俊를 말한다. '쇼안松庵'은 그가 불교에 출가한 다음의 법명이다.

그런데 야마무리 미쓰토시가 삼촌 밑에 잠시 있다가 독립한 것은 다음의 사연과 관련이 있는 듯하다. 1657년 야마무라 미쓰토시는 제자들과 함께 후카가와 유모토深川湯本 즉 현재의 나가토로 이주하고, 삼촌인 사카다의 도움을 얻어 하

● 하기야키의 특징을 잘 보여 주는 전시물
●● 이경의 후손인 사카 코라이자에몬 종가 입구의 대문

기에는 제2의 어용 가마인 소노세야키모노쇼三之瀨燒物所를 또 열었다. 그러나 이 가마는 전적인 어용 가마는 아니었고, '반관반민半官半民'의 형태로 운영되었다.

이작광의 손자인 야마무라 미쓰토시가 나가토로 옮기게 된 이유는 아버지인 미쓰마사가 사고를 쳤기 때문이라는 이야기가 있다. 미쓰마사도 성인이 되어 앞에서 말한 것처럼 사기장의 우두머리인 '사쿠노죠우作之允'에 임명되었는데, 그는 매우 교만해져서 일본 사무라이의 부인을 탐하고 결국은 그 사무라이를 살해하기에 이르렀다는 것이다. 그럼에도 그가 도자기를 빚는 매우 중요한 인물이라서 중형을 받지 않고 그냥 지나갔는데 세월이 흘러 그에게 살해당한 일본 사무라이의 자식들이 그를 죽이고 아버지의 원수를 갚았다고 한다. 아무튼 이 일화는 당시 조선 사기장들의 몸값이 얼마나 대단했는지 잘 알려준다.

이러한 연유로 해서 미쓰토시는 하기를 떠나 인근의 나가토로 옮겼고, 도자기를 굽기 시작하니 이것이 후카가와소노세야키深川三之瀨燒다. 보통은 후카가와야키深川燒라고 한다. 후카가와 도자기는 같은 어용요이면서도 가마를 만들 당시부터 자신이 사용할 것 이외에 생활 잡기를 구워 근방의 사람들에게 팔아 살림에 보태는 등 두 가지 일을 겸하고 있었다.

그러나 이작광 가문은 5대에 이르러 그 맥이 단절되었고, 미쓰토시를 따라 같이 나가토로 이주한 세공인들의 후손들이 여전히 후카가와소노세야키를 굽고 있다. 전통을 지키며 명성을 이어가고 있는 이곳의 대표적인 4개 가마는 사카타데이카 가마坂田泥華窯, 사카쿠라 신베에 가마坂倉新兵衛窯, 타하라 토베에 가마田原陶兵衛窯, 신죠 스케에몬 가마新庄助右衛門窯다.

한편 2대 코라이자에몬인 사카 스케하치가 주도하는 하기의 마쓰모토松本 어용가마는 1663년에 사에키 한로쿠佐伯半六, 1630~1682와 미와 큐세쓰三輪休雪를 세

萩焼・深川窯の里
古くから茶陶の優品として名声を博してまいりました
萩焼は、江戸時代のはじめ、毛利氏三十六万石の萩城下
松本村に、朝鮮李朝の帰化陶工とその弟子達によって
萩藩の御用窯として始まりました。
半世紀後の明暦三年（一六五七年）御用窯焼物師の
主流が、ここ大津郡深川村三之瀬（現・長門市深川湯本
三ノ瀬）の渓谷に移住して、萩藩御用窯「深川・三之瀬
焼物所」を創業しました。
以来、藩内では深川焼、あるいは三之瀬焼とも称して
繁栄し、江戸時代末には十二軒を数え、本窯・東ノ新窯
・西ノ窯などの窯跡をとどめています。
今日、「深川・三之瀬焼物所」以来の五つの窯元が
三百五十余年の歴史と伝統を継承し、現代の萩焼の創造
に窯煙をたなびかせています。
窯元 坂倉 新兵衛窯
坂倉 善右衛門窯
坂田 泥華 窯
新庄 助右衛門窯
田原 陶兵衛窯
二〇一三年 長門市

● 나가토의 후카가와 가마 마을을 알리는 표지판
●● 나가토 타하라 토베에 가마의 다실 모습

공인으로 고용한다. 이들은 나중에 독립해서 자신들의 가마를 새롭게 열었다. 3대 영주인 모리 쓰나히로毛利綱弘, 1639~1689 때 하기의 가마는 4개로 늘어나 생산 능력의 증대와 함께 질적인 발전을 이룩하면서 전성기를 맞이했다. 1676년에는 배 7척에 찻사발을 가득 실은 배가 하기를 떠날 정도였다.

특히 가문 대대로 선대의 이름인 '큐세쓰休雪'를 계승하는 미와 가마三輪窯의 초대 큐세쓰인 미와 츄베에三輪忠兵衛는 80세가 되는 1700년게 번의 명령으로 교토로 가서 라쿠 가마楽焼의 기술을 습득해 이를 하기야키에 접목했다. 초기의 하기 찻사발이 고려다완이나 오리베織部 풍이었다면, 그는 하기야키에 처음으로 고유의 일본풍和風을 도입한 명공이었다. 하기는 이후 막부 말기에 이르기까지 와비侘び 풍류와 어울리는 다양한 다기들을 생산했다.

미와 가마의 선조는 모리 가문의 중신으로 모리 모토나리毛利元就의 외손자인 시시도 모토쓰구宍戸元続에게 끌려온 조선 사기장이다. 일본 이름이 아카아나 우치쿠라노스케赤穴内蔵之助였던 그는 처음에는 이와미노쿠니石見国, 현재의 시마네島根 현에서 도자기를 빚다가 하기로 이주했다고 하는데 안타깝게도 조선의 이름은 전해지지 않는다.

하기 도자기들이 지명을 넣어 '하기야키'라고 불리게 된 것은 메이지 이후부터이고, 에도 시대에는 생산지 이름을 넣어 마쓰모토야키松本焼, 소노세야키三之瀬焼 혹은 후카가와야키深川焼라고 세분해서 불렀다. 또한 마쓰모토야키는 사카坂, 미와三輪, 하야시林 세 개의 가마가 있고, 후카가와야키는 사카쿠라坂倉, 쿠라사키倉崎, 아카가와赤川의 세 종류로 나뉜다.

또한 '고하기古萩'는 아주 초기의 하기야키를 말하는 것으로, 마쓰모토 가문의 초대부터 3대까지의 작품을 말한다. '고하기'는 비파색枇杷色 유약과 백색하기白萩

형제 인간국보를 배출한 명문 미와 가마의 제품을 판매하는 미와세이가도(三輪淸雅堂) 점포

유약이 특징이다.

이는 질을 빚는 흙의 종류로도 구별할 수 있다. '고하기'는 오바타^{小畑}, 마쓰모토^{松本}, 후카가와^{深川}의 흙을 사용했었는데, 에도 시대인 교호^{享保} 연간^{1716~1736} 하기로부터 60여km 떨어진 스오노쿠니^{周防国} 요시키군^{吉敷郡} 다이도오손^{大道村}, 현재의 호후시^{防府市} 다이도^{台道}에서 새하얗고 꼼꼼한 점토인 '다이도쓰치^{大道土}'가 발견되어 고급 다기를 활발하게 굽기 시작한다. 그러므로 '다이도쓰치'를 사용하기 이전에 만든 것이 '고하기'다.

조선 도자기가 가진 뛰어난 특징 중 하나는 흙이 주는 멋이다. 그러므로 일본으로 끌려간 조선 사기장들에게 가장 중요한 일은 앞서 누누이 보았지만 조선 도자기에서 사용한 흙과 비슷한 도토를 찾는 것이었다. 하기야키의 경우 대표적인 것이 위에서 말한 호후시의 '다이도쓰치'다. 모래와 자갈이 많이 섞인 백색 점토인 이 도토가 중요했던 이유는 하기 도자기 본래의 색으로 알려진 비파색의 유색을 낼 수 있기 때문이었다. 지금까지도 일본의 다인들에게 많은 사랑을 받고 있는 것은 역시 이 도토로 만든 찻사발들이다.

이 밖에 하기야키에 사용하는 흙은 다이도 토양에 혼합하여 내화도를 높이는 미다게쓰치^{金峯土}, 하기 앞바다의 미시마^{見島}에서 채취한 철분이 많은 미시마쓰치가 있다.

앞서 보았던 많은 어용 가마들과 마찬가지로 하기야키 역시 번의 극진한 보호를 받았지만, 메이지유신 이후 후원자를 잃고 곤경에 처했다. 또한 사회가 서구화하면서 많은 가마가 차례로 소멸해 갔다. 그런 가운데 메이지유신 후기에 일본 전통문화에 대한 재평가 운동이 거세게 일어났다. 이런 움직임의 하나로 다도 붐이 일었던 다이쇼^{大正} 시대에는 후카가와야키의 12대 사카쿠라 신베에^坂

- ● 2대 코라이자에몬인 사카 스케하치(坂助八)가 만든 '고하기(古萩)'
- ●● 하기야키의 도토인 '다이도쓰치(大道土)'　　　　●● 내화도를 높이는 '미다케쓰치(金峯土)'

倉新兵衛가 도쿄의 유명한 다도 가문으로 센노 리큐의 일파인 오모테센케表千家에 입문하여 자기 집안의 전래 명품과 다도와의 조화를 이루어 내는 브랜드 이미지를 확립했다.

사카쿠라 신베에야말로 하기 찻사발을 쇠퇴의 질곡에서 구해낸 하기야키 중흥의 선조라 할 수 있다. '이치 라쿠一樂, 니 하기二萩, 산 가라쓰三唐津'의 지명도가 다시 널리 알려지기 시작한 것도 이때부터다.

하기의 두 가마가 불황에 허덕이면서도 가마의 연기를 올리고 있던 무렵인 1912년, 나고야名古屋에서 간사이부關西府의 현연합공진회縣連合共進会가 열렸는데 그 자리에서 사카坂와 미와三輪 두 가마가 출품한 다구들이 인기를 얻었다. 나

창밖 전원 풍경을 배경으로 한 타하라 토베에 가마(田原陶兵衛窯)의 도자기 전시

고야는 유명한 차의 중심지이고, 때마침 전국적으로 다도가 부흥 조짐을 보이기 시작하던 참이라 하기야키의 격조 높은 찻사발의 판매가 올라갔다. 마차 5대에 삼나무 껍질杉皮로 두른 상자에 가득 담아서 발송한 하기야키들은 고객들의 눈길을 끌면서 순식간에 매진됐다.

이에 따라 9대 사카 코라이자에몬坂高麗左衛門인 카라타케韓岳, 1849~1921와 미와 가마三輪窯의 8대 당주인 미와 세쓰잔三輪雪山, 1840~1921은 반년 동안의 공진회 기간 중 두 번이나 가마에 불을 피워 제품들을 나고야에 급파해야 했고, 하기야키의 명성은 전국적으로 퍼져 나갔다. 여기서 한 가지 특기할 점은 9대 코라이자에몬이 자신의 아호를 '카라타케韓岳' 즉 '한국의 산'이라 지었다는 사실이다. 조선으로부터 끌려간 지 250년이 지난 이때에도 이들은 여전히 자신들의 뿌리를 잊지 않으려 노력한 것이다.

하기야키가 차 도자기로 본격적인 명성을 높이는 것은 태평양전쟁 이후다. 하기야키 기술이 1957년 문화재보호법에 따른 기록 작성 등의 조치를 강구해야 하는 무형문화재로 선정된 데 이어, 미와 가마의 10대 큐와休和, 1895~1981는 하기야키의 원류인 고려다완에 대한 연구를 심화시켜 일본풍을 접목한 자신만의 작풍을 수립하니, 이것을 세상에서는 '큐세쓰지로休雪白'라 일컬었다. 이는 백색 유약으로 소성 방법을 옛것과 달리한 독특한 기법으로 만든 제품으로, 쇼와 45년1970년에 마침내 하기야키를 중요무형문화재로 지정되게 했고, 그 제조 기술을 보유한 큐와도 인간문화재인간국보가 되었다. 하기야키는 2002년 경제산업성이 지정하는 전통공예품으로 선정되었다.

1972년에는 11대 미와 큐세쓰三輪休雪, 후카가와 가마深川燒의 사카타 데이카坂田泥華, 14대 사카쿠라 신베에가 야마구치 현 지정 무형문화재로 인정되었고,

하얀 눈이 내린 듯한
미와 가마의 찻사발들

미와 가마의 '큐세쓰지로(休雪白)'. 왜 당주 이름이 대대로 '큐세쓰(休雪)'인지 잘 알려 준다.

1975년에는 11대 사카 코라이자에몬, 1982년에는 12대 타하라 토베에田原陶兵衛가 각각 무형문화재로 인정받았다. 또한 같은 해에 백색 하기 유약白萩釉의 독특한 발색을 완성해 예술원상을 받은 요시카 타이비吉賀大眉, 1915~1991가 예술원 회원으로 추대되고 1990년에는 문화공로자로 선정되었다.

다음 해인 1983년에는 11대 미와 주세쓰三輪壽雪, 1910~2012가 형 큐와休和의 업적을 잇는 중요무형문화재 보유자로 인정되어 일본 전통공예 사상 처음으로 형제 인간 국보가 탄생해 주목을 받았다. 다시 말해 조선 사기장의 후예인 형제가 나란히 인간 국보가 되는 영예를 안은 것이다. 이 두 장인의 경우 형은 중학교를 중퇴하고, 동생은 중학교 졸업 후 오로지 도예의 한길로 정진했다는 공통점이 있다.

미와三輪 가문은 당주들이 '큐세쓰休雪'라는 이름을 대대로 물려받는다. 그러니까 큐세쓰가 습명襲名인 것이다. 따라서 11대 주세쓰도 원래 이름은 세쓰오節夫인데, 1967년 형에게서 호칭을 계승하면서 큐세쓰가 된 것이고, 2003년에는 그도 큐세쓰 호칭을 장남 류사쿠龍作, 1940~에게 물려주고 자신의 이름을 주세쓰壽雪라 부른 것이다.

주세쓰는 이후에도 도자기 제작에 대한 탐구를 계속하고 거친 자갈을 섞은 흙을 원료로 한 오래된 기법인 '오니하기鬼萩'를 스스로의 기술로 승화시켰다. 그는 질도 흙 반죽기를 이용하지 않고 흙을 밟아 질을 만드는 등 도자기 제작의 모든 과정을 자신의 손으로 할 것을 고집했다. 2012년 노환으로 사망할 때 그의 나이 102세였다.

한편 이경의 후손인 사카 코라이자에몬坂高麗左衛門 집안은 가문의 위세와는 달리 그동안 매우 위태위태하게 대를 이어왔다. 적자로 이어지는 실질적인 맥은

● 백색 하기 유약의 발색을 나타내는 미와 가마의 찻사발들
●● 미와세이가도(三輪淸雅堂) 전시실

사카 코라이자에몬
종가의 다실

회령자기처럼 유약이 자연스레 흘러내리는 사카 코라이자에몬 가마의 찻사발들

사실상 초대에서 끊긴 것이나 마찬가지다. 왜냐하면 2대 코라이자에몬인 사카 스케하치^{坂助八}부터 양자였기 때문이다.

인간 국보였던 11대 사카 코라이자에몬^{1912~1981} 역시 1948년 10대의 둘째 딸과 결혼한 양자로 1958년에 습명^{襲名}을 했다. 도쿄예술대학에서 회화를 전공한 12대^{1949~2004} 또한 11대가 1981년 사망한 다음 해인 1982년 그의 딸과 결혼한 양자로, 1984년부터 뒤늦게 도자기를 만들기 시작했다. 그가 코라이자에몬 명 칭을 계승한 것은 1987년이다. 그런데 불운하게도 12대는 2004년 교통사고로 54세의 젊은 나이에 사망하고 만다. 2대에 걸쳐 양자로 이어진 가계마저 끊어 지고 만 것이다.

그리하여 13대는 11대의 넷째 딸인 사카 준코^{坂純子, 1952~2014} 여사가 맡게 된다. 아마도 일본에서 여성이 도자기 명가의 당주를 맡은 것은 다카토리 가마와 더 불어 매우 드문 사건이다. 무사시노^{武藏野}미술대학에서 일본화를 전공하고 졸 업 후 12대 당주 아래서 그림 그리기를 배운 사카 준코 여사는 2004년에 형부 인 12대가 급사한 이후 본격적으로 도자기를 배우고, 7년 후인 2011년에 13대 당주를 계승했다. 그러나 그녀 역시 2014년 11월에 62세의 나이에 폐렴으로 세 상을 떠나니, 이제는 400여 년 사카 가마^{坂窯}의 미래가 불확실한 지경에 놓이 고 말았다.

필자는 하기의 사카 가마를 두 번 방문했다. 한 번은 필자가 기자로 일하던 시절 인 지난 2001년 취재를 위해서 들렀다. 이작광·이경 형제가 하기에서 가마를 일 군 지 400년이 다 돼 가는 시점이었다. 그때 12대 사카 코라이자에몬을 인터뷰했 었는데, 당시에도 후손이 없어 여동생 아들이나 문하생에게 가마를 물려줄 예 정이라고 고민을 털어놓았었다. 지금도 그렇지만 지금부터 22년 전인 당시에는

● 투박한 몸체에
신묘한 유약의 흐름을 보여 주는
사카 가마의 미즈사시(水指)

●● 그 어느 곳에서도 볼 수 없는
독특하고도 오묘한 질감과
색감을 나타낸 사카 가마의 접시

사카 가마 다실의 꽃꽂이

하기의 사카 가문이 국내에 거의 알려지지 않았었다. 그런 탓인지 그의 말에서는 진한 페이소스가 묻어났었다. 타국 땅에서 힘들게 정체성을 지키려 애쓰면서 나름의 지위를 얻고 명성도 떨쳤지만, 정작 조국의 고향 땅에서는 잘 알아주지 않는 섭섭함이랄까…. 14대 후계자는 아마 그의 말대로 이어질지 모르겠다.

또 한 번의 방문은 2015년 3월 봄으로, 13대 당주인 사카 준코 여사가 지난겨울 세상을 떠나고 난 다음이었다. 주인이 반겨 주지 않는 쓸쓸한 사카 가문의 텅 빈 다실에서 말차 한 잔을 앞에 놓고 바깥을 바라보니 정원과 앞산에는 화려한 봄꽃에다 신록이 푸르렀지만 마음은 텅 빈 듯 한없이 허전했다.

아리타 속담에는 '三度不窯を出したら火鉢屋は身上つぶす'라는 말이 있다. 우리말로 번역하면, '화로의 불이 세 번 꺼지면 가마가 크게 망가진다'라는 뜻이다. 다시 말해 가마가 망한다는 의미다. 아리타에서는 제대로 가업을 잇지 못한 이삼평 가문을 언급할 때 이 말을 가끔 사용한다. 사카 가문도 한때는 하기 동쪽에서 사카 집안의 땅을 밟지 않고는 지나다니지 못할 정도의 권세를 누렸다. 사카 가마의 불은 이제 몇 번이나 꺼진 것일까. 가슴이 답답해졌다.

하기야키의 가마는 히젠이나 후쿠오카의 가마와 유사한 것으로 많은 소성실이 이어져 있는 전형적인 조선의 오름가마다. 회유나 화장토를 바른 도기 위에 투명유 및 짚재유를 입히는 방식, 물레를 사용한 성형 등 제작 방식 역시 가라쓰야키와 비슷하다. 하기야키는 다도茶陶로 높은 평가를 받았지만 실제로는 일상적인 도기도 많이 생산했는데, 특히 18세기 후반 이후 뽀얀 백색의 짚재유를 입힌 작은 그릇을 널리 유행시켰다.

지금도 발견되는 초기의 도자기 사금파리들은 그 깎은 모양이 대범하여 조선 도자기를 그대로 연상케 하며 특히 진해 웅천熊川 찻사발과 닮은 예도 많아 이들의 선조가 진해 출신이라는 점을 여실히 증명해 준다. 특히 웅천 두동리 가마와 관련된 기술이 이전된 것으로 보인다. 웅천 도요지는 극심한 도굴의 대상이 되어 왔는데, 그 이유의 하나는 이곳이 이도다완의 생산과 관련이 있을 것으로 강력하게 추정되기 때문이었다.

이작광과 이경은 남쪽 지방 사기장이지만, 하기 도자기 역시 북쪽 회령지방의 도자기 기술이 합쳐져 발전했다. 사카 가마의 찻사발을 보면 유약이 자연스럽게 흘러내리는 회령자기의 특성이 그대로 이어지고 있다. 특히 고려다완高麗茶碗의 작풍이나 기법 그대로 이도井戸, 코히키粉引, 하케메刷毛目, 호리미시마彫三島 01 등을 만들고 있다. 현재 우리나라 도예가들이 만들어 놓은 조선시대의 찻사발을 관람한 일본 사람들이 그들의 하기야키와 비슷하다고 말하는 데에는 이러한 이유가 있다.

하기야키의 큰 특징은 질의 부드러움과 흡수성에 있다. 가마의 낮은 불에서 오랜 시간 천천히 구워 제품의 감촉이 부드럽고, 또한 질이 덜 구워졌기 때문에 무거우며 보습성을 가진다. 바로 그래서 오래 사용하다 보면 차나 술이 침투하고 그릇의 색상이 달라진다. 이 점이 다인들 사이에서 '차나레茶馴れ'라고 불리는데, 이는 다인과 찻사발이 서로 조우해서 익숙해지는 과정을 말하는 것으로, 그만큼 정이 들어 애지중지하게 된다는 표현이다. 그래서 곁에 두는 찻사발은 오랜 세월을 같이 견뎌 준 문방사우文房四友와 같은 동지처럼 느껴지는 것이다.

이렇게 찻사발의 색이 달라지는 직접적인 이유는 사발 표면이 유약 상태에 의해 갈라진 것 같은 상태가 되는 데 따른 것으로, 이를 '간뉴貫入'라고 하고, 간니

---

01 조선 찻사발의 일본식 분류. 코히키는 우리의 덤벙분청사기, 하케메는 귀얄분청사기, 호리미시마는 박지분청(剝地粉青) 사기에 해당한다.

● 사카 코라이자에몬의 오름가마는 15년 전이나 지금이나 그 모습 그대로지만 사람은 간데없다.
●● 하기야키의 특성은 오래 사용하다 보면 차가 배어들어 색상이 변하는 '차나레'에 있다.

유에 의해 색이 7번 변한다 하여 '나나바케七化け'라 표현한다. 하기야키는 사용하면 사용할수록 그릇의 변화가 계속되어 깊고도 미묘한 맛이 난다고 하여 '하기의 일곱 가지 변화'라는 뜻의 '하기노나나바케萩の七化'라는 말도 생겨났다. 한편 우리 사기장인 신한균은 우리 민족이 애용하던 사발들에 우리말 이름이 없어 일본인들이 마음대로 붙인 이름을 우리가 그대로 쓰는 실정을 안타까워하면서 이도다완을 '황태옥 사발'이라 부르고 있다. 처음에는 이를 '진주사발'이라 불렀는데, 만든 장소로만으로는 특징을 드러내지 못하기 때문에 '황태옥 사발'로 바꿨다고 한다. 물론 이도다완이 진주에서 만든 것이라는 주장이 모두의 객관적 동의를 얻은 것은 아니다.

'황태옥黃太玉'이란 사발의 바탕색이 노랗고 굽 부분에 유약 방울이 맺혀 있는 것이 가장 큰 특징이라서 붙여진 이름이다. 거칠게 손질한 그릇 표면특히굽주변의 유약이 소성할 때 불균일하게 뭉쳐서 그릇 바닥에 맺힌 매화꽃 모양의 유방울은 일본말로 '카이라기かいらぎ' 즉 매화피梅花皮라 한다. 일본 다인들은 카이라기를 찻사발이 지닌 커다란 매력으로 여긴다.

카이라기는 본래 노랑가오리를 닮은 상어의 말린 가죽으로서 매화 모양의 딱딱한 돌기가 있어 이를 일본도日本刀의 칼집과 손잡이를 만드는 데 사용했는데 흔히들 매화피라 불렀다. 전국시대 일본의 무장들은 유방울이 뭉쳐 있는 조선의 이도다완을 손에 감싸 쥐었을 때 그 느낌이 마치 칼자루를 쥔 느낌과 너무나 흡사하여 조선의 다완을 좋아하게 되었다는 가설도 있다.

도예가 신한균은 '유방울 현상은 숙련된 옛 사기장들이 지니고 있던 다양한 기교 중 하나이며 의도적 결과'라고 생각한다. 조선 사기장에 의해 일본 곳곳에 도자기 마을이 탄생하지만, 황태옥 사발을 만들었노라고 큰 소리 치는 곳은

● 굽 부분에 '카이라기'의 특성을 나타낸 미와 가마의 찻사발

●● 아직 이름을 알리지 못한 하기의 젊은 도예인이 만든 조선식 사발

없는데, 오직 하기야키에서 비슷한 것을 빚는 데 성공했다.

그러나 신한균은 황태옥 사발과 하기의 것이 비슷하지만, 흙에서 풍기는 맛은 전혀 다르다고 한다. 하기야키는 억지로 노란 맛을 풍기기 위해 노란 화장토를 입혀 구운 것으로, 불에 의해 질 자체에서 발색된 노란색이 아니라는 것이다. 또한 하기의 황태옥 사발은 1,210℃ 정도의 약한 불 때기로 탄생하지만, 우리의 옛 황태옥 사발은 1,250~1,270℃ 정도의 고온에서 탄생되었기에 강도에서 하기야키보다 한 차원 높다고 한다.

신한균은 "진정한 황태옥 사발은 우리 한반도의 흙에다 한반도의 심성을 가진 한국인이 빚을 수 있는 것이다. 일본인이 아무리 황태옥 사발을 빚는다 해

요시카 타이비 기념관의 정원 풍경

도 그것은 조선의 황태옥 사발을 흉내 내는 것에 불과할 뿐이다"라고 말한다. 과거 우리 조상들이 만들었을 '황태옥 사발'의 재현 부분만 국한해서 말한다면 이렇게 얘기할 수도 있다. 그러나 엄격하고 솔직한 잣대로 판단했을 때 지금 일본의 하기야키가 과연 흉내에 불과하다고 말할 수 있을지는 매우 의문이다. 사카 가문이나 미와 가문 모두 옛 황태옥 사발의 한계를 벗어나 더욱 진일보한 새로운 창조의 세계로 나아간 것으로 보이기 때문이다.

조선 사기장의 후예는 아니지만 앞에서 잠깐 언급했던 요시카 타이비의 경우만 보아도 그렇다. 그는 하기야키의 뿌리를 버리지 않되 전통의 관념에 얽매이지 않고, 전통의 한계를 뛰어넘는 도자기 미학을 추구해 커다란 성취를 이룩했다고 평가받는다.

요시카는 하기의 한 도예가 아들로 태어났다. 어릴 적 이름은 토시오寿男다. 하기 상업학교를 졸업한 요시카는 예술의 한 범주로서가 아니라, 전통공예라는 틀 안에 갇혀 있는 도예의 위상에 대해 의문을 느끼고 도쿄미술대학現도쿄예술대學에서 조각을 전공했다. 그 후 고향에 돌아와 1942년부터 아버지의 센류잔 가마泉流山窯에서 도자기 제작에 전념하면서 하기야키에 혁신을 몰고 오는 한편 하기야키를 예술의 경지로 승화시키는 데 주력했다. 1953년 무렵부터 '교운曉雲·새벽녘의구름' 시리즈를 발표하고 예술적 방향성을 확립한다. 이 연작이 그의 명성을 높여 1961년 일본예술원상을 수상한다.

1962년에 예술원 회원으로 선임되었고, 1965년에는 일왕에게 도자기에 대해 특별강의를 하는 영광을 얻기도 했다. 이후 수많은 상을 수상하고 1971년에 문화공로자 지위를 획득했다. 1974년에 종합도자기박물관인 '요시카 타이비 기념관吉賀大眉記念館'을 개관했다.

- 1969년 총리대신상을 받은 '교운' 연작 꽃항아리(왼쪽), 1970년 예술원상을 받은 '교운' 연작(오른쪽)
- 1977년에 제작한 평단지 '운카이(雲海)'   1976년에 제작한 좁은 주둥이 꽃병 '교운'

요시카 타이비 기념관 전시실 모습. 유리 안에 가둬 두지 않고 실물을 직접 느낄 수 있도록 밖에 내놓았다.

센류잔 가마泉流山窯는 1826년, 막부 말기에 창립됐다. 초창기에는 현재는 만들지 않는 '오바타야키小畑燒'를 주로 생산했다가, 나중에 하기야키로 전환하여 시대의 변화와 함께 다양한 변천을 거쳐 현재에 이르고 있다. 센류잔 가마 역시 하기야키의 장점인 사기장의 손과 불꽃의 조우가 만들어 내는 우연성에 따른 깊은 맛을 충실히 따른다.

이를테면 가라쓰와 마찬가지로 조선 특유의 발물레足蹴り轆轤를 사용하는 것이 그렇다. 일부 대형 작품에서는 어쩔 수 없이 전동물레를 사용하지만, 대부분 조선 사기장들이 해왔던 '발물레'로 기계에 의존하지 않고 물레와 맞추는 장인의 숨결을 점토에 반영시킴으로써 사람의 손맛과 온기를 새겨 넣는다. 이러

센류잔 가마의
장식장

● 조선 사기장의 후예는 아니지만 하기야키 전통을 충실히 잇고 있는 센류잔 가마

●● 찻사발이 주종을 이루는 센류잔 가마 전시실

한 발물레는 가라쓰와 하기가 아닌 일본의 다른 곳에서는 거의 볼 수 없다. 이렇게 가라쓰처럼 조선의 향취가 많이 느껴지는 하기이기에 사카 가문이나 미와 가문처럼 유명 가마가 아니더라도 조선의 냄새가 나는 그릇들을 파는 상점이 시내 곳곳에서 눈에 띈다.

센류잔의 조선식 오름가마는 소성을 할 때 불을 조절하기 어려워 결함이 있는 것도 많이 나오는 한편 그만큼 고급 완성품도 많이 나온다. 매우 드문 밝은 핑크 색상은 보통 '요헨窯変'이라고 부르는 오름가마의 우연성에서 나온다.

한편 현재 센류잔 가마의 당주는 요시카 타이비의 장남인 요시카 하타오吉賀將夫, 1943~가 맡고 있다. 그도 아버지처럼 도쿄예술대학에서 미술학을 전공하고 야마구치山口대학교 교수를 지내는 한편 도예에 정진해서 30회가 넘는 개인전을 열었다. 그 역시 아버지처럼 문부대신상과 예술원상을 받았다.

요시카 타이비가 평소 교분을 나눈 두 명의 화가, 가즈키 야스오香月泰男, 1911~1974와 다카시마 홋카이高嶋北海, 1850~1931의 그림을 도자기로 만든 제품들도 한번 볼 필요가 있다.

가즈키 야스오는 야마구치 현 오쓰군大津郡 출신으로 도쿄예술대학에서 서양화를 전공했는데 1943년 전쟁 중 시베리아에 포로로 억류되었다. 4년 후 그는 극적으로 고향에 다시 돌아와 시모노세키 여고 교사로 일하면서 도자기를 굽기 시작했다. 이후 이쪽에서 이름을 날리며 1968년에 서일본문화상, 1969년에 제1회 일본예술대상을 받았다. 그의 도자 작품을 보고 있노라면 왠지 이중섭1916~1956이 생각난다. 이중섭의 그림이 그의 도자기 속에서 살아난 듯하다.

이중섭은 길지 않은 생애를 이 땅에 살면서 식민지 백성으로, 피난민으로, 아내와 아이들을 멀리 떠나보낸 외로운 사람으로 살았다. 그는 평안남도 평원에

가즈키 야스오의 '소'

서 태어나 평양과 정주, 원산 등을 거쳐 도쿄와 서울, 부산과 서귀포, 통영과 진주 등을 떠돌며 유랑민의 삶을 살았다. 18살 때 이미 화가로서의 재능을 인정받았고, 일본 유학 시절에도 늘 촉망받는 예술가였다.

이중섭과 동시대를 살았던 가즈키 야스오는 당시 그를 알고 있었을지 모른다는 생각이 들 정도로 도자기 그림이 이중섭을 떠올리게 한다.

아니면 시베리아에 4년여 동안 억류되었던 고난이 이중섭과 비슷한 화풍으로 굳어진 것인지도 모른다. 이중섭 역시 전쟁 후 고향에 가족을 두고 왔으며, 일본으로 아내와 아이들까지 떠나보낸 탓에 남은 생애 내내 고독과 외로움을 껴안고 살아야 했던 고통이 작품 속에 녹아들었다.

다카시마 홋카이는 특이하게 도자기에 자기 고장의 명승지를 그려 넣었다. 이는 중국 도자기에서는 흔하게 나타나는 양상이지만, 일본 도자기에서는 거의 찾아

● 가즈키 야스오의 작품 '카레이(カレイ·가자미)'
●● 가즈키 야스오의 작품 '생선 구이(燒魚)'

보기 힘들다. 그런데 다카시마의 약력을 살펴보니 그는 일본화가이면서 식물학자이기도 했다. 메이지 8년인 1875년에 이미 스코틀랜드 유학을 갔고, 일본 미술을 프랑스에 소개한 공로로 프랑스로부터 교육공로훈장도 받는다.

그런데 1800년대 초와 중반에는 영국에서 로열 우스터Royal Worcester의 모노크롬흑백 그림 풍경화 도자기가 커다란 인기를 끌었다. 귀족을 비롯한 상류층 소비자가 자신의 집이나 영지, 고향 등의 풍경을 담은 도자기를 원하면 이에 맞춘 그림을 넣은 맞춤형 서비스도 도입되어 커다란 반향을 일으키면서 귀족들이 그림에 넣을 아름다운 풍경을 답사하기 위해 영국 전역을 여행하는 일도 생겨났다자세한 내용은 『유럽 도자기 여행: 서유럽 편』 참조.

아마도 19세기 중반 영국 도자기의 이러한 유행이 다카시마에게 영향을 주었다고도 볼 수 있다. 다카시마 역시 일본 화단의 중진이자 원로로 활약하던 노년기에는 일본 전역의 경승지를 도자기에 넣어 소개하려 노력했으니 말이다.

18세기 초중반 영국에서 크게 유행한 것처럼
도자기에 전국 각지의 명승지를 그려 넣은
다카시마의 작품

타하라 토베에 가마 전경

나가토 시 후카가와의 네 가마 찾아가기

앞에서 말한 대로 나가토(長門) 시의 후카가와(深川)의 네 가마는 이작광 가문이 나가토로 이주할 때 같이 데려간 세공인들이 이작광 집안의 대가 끊어지고 난 다음 독립해서 일군 도방들이다. 그러므로 이들 네 가마들은 모두 나가토 후카가와유모토(深川湯本) 소노세(三ノ瀬)에 모여 있다. JR 나가토유모토역(長門湯本駅)에서 도보로 약 15분 거리다. 그러나 찾아가기 쉽지 않으므로 택시를 이용할 것을 권장한다.

1. 사카쿠라 신베에 가마(坂倉新兵衛窯)
• 주소: 〒759-4103 山口県長門市深川湯本三ノ瀬1487
• 전화: 0837-25-3626

2. 타하라 토베에 가마(田原陶兵衛窯)
• 주소: 〒759-4103 山口県長門市深川湯本三ノ瀬1423
• 전화: 0837-25-3406

3. 신죠 스케에몬 가마(新庄助右衛門窯)
• 주소: 〒759-4103 山口県長門市深川湯本三ノ瀬1480
• 전화: 0837-25-3603

4. 사카타 데이카 가마(坂田泥華窯)
• 주소: 〒759-4103 山口県長門市深川湯本三ノ瀬1403
• 전화: 0837-25-3903

사카 가마와 미와 가마 찾아가기

사카 가마(坂窯) 역시 대중교통으로는 찾아가기가 쉽지 않다. 친토나카노쿠라(椿東中の倉)는 시내 중심에서 꽤 떨어져 있다. 히가시하기(東萩)역에서 택시를 탈 것을 권장한다.

미와 가마는 12대 미와 큐세쓰가 '큐세쓰 가마(休雪窯)'

라는 이름으로 운영하고 있다. 그는 두 명의 인간 국보인 큰아버지(10대 큐와)와 아버지(11대 주세쓰)의 도자기 제작 자세는 물론 고유의 소재와 기법을 가까이서 바라보며 성장했으므로, 누구보다 하기야키의 전통에 가깝게 있지만 옛 규범에 얽매이지 않고 자신의 내발적인 감각을 바탕으로 혁신적인 제작 활동을 펼쳐 왔다.

도쿄예술대학 대학원 수료 전시회에 하이힐을 묘사한 도자기를 '에이미의 우아한 생활'이라는 전위적 제목으로 발표한 1967년 이후, 때로는 정념의 적나라한 노출로, 또 어떤 때는 숭고한 관념의 감각적인 계시로 도자기에 대한 고정된 개념을 깨면서 소비자들의 정감을 격렬하게 흔들고 있다. 그의 대표작 가운데 하나인 '히미코(卑弥呼)' 시리즈에서는 이집트 등 고대의 환상적인 역사를 금채(金彩)와 검은색 도자의 대비로 웅장한 스케일로 만들어내 보는 사람을 압도하면서 도예의 가능성에 새로운 페이지를 열었다.

12대 큐세쓰의
'고대 왕비의 묘(古代の人·王妃墓)'

1. 사카 코라이자에몬(坂高麗左衛門)
• 주소: 〒758-0011 山口県萩市大字椿東中の倉 1922
• 전화: 0838-22-0236

2. 큐세쓰 가마(休雪窯)
• 주소: 〒758-0011 山口県萩市椿東858-9
• 전화: 0838-25-3388
• 홈페이지: hagi-yaki.net/kyusetsu

센류잔 가마와 요시카 타이비 기념관 찾아가기
센류잔 가마는 큰길가에 있어 상대적으로 찾기 쉽다. 더구나 특이하게도 이 가마의 오름가마 역시 공방 내부에 있는 것이 아니라, 가마 전시장 옆 길가에 그대로 드러나 있다. 유적지가 아닌 이상 이렇게 가마가 외부에 노출돼 있는 것은 규슈의 어느 곳에서도 찾아보기 힘들다.

요시카 타이비 기념관은 오름가마의 위쪽에 자리 잡고 있다. 이 기념관의 특징은 모든 작품을 유리 안에 전시하지 않고 그냥 자연스레 노출시켜 놓았다는 점이다. 그러므로 작품이 가지고 있는 고유의 특성과 재질의 느낌을 있는 그대로 느낄 수 있다. 건축과 설계는 다실 건축의 권위자인 나카무라 마사오(中村昌生)가 했고, 바닥과 벽면에 사용한 타일 도판 2만여 장은 모두 요시카의 제자들이 제작한 것이다.

제1전시실에는 '교운(曉雲) 시리즈'를 비롯해 요시카의 대표작과 수상작을 전시하고 있다. 연대별로 전시해 놓아 작품의 변화를 알 수 있다. 제2전시실에는 요시카의 후기 작품과 이도다완을 비롯한 찻사발과 차제구를 전시하고 있다. 제3전시실은 요시카와 평소 친교를 나누며 협업을 한 화가들의 작품을 전시하고 있다. 앞에서 소개한 가즈키 야스오나 다카시마 홋카이 등이 그들이다. 이렇게 기념관은 요시카의 유작 100여 점을 중심으로 하기야키 도자 자료 및 요시카와 친분이 있던 수많은 유명 작가의 작품을 다양하게 전시하고 있다.

• 주소: 〒758-0011 山口県萩市 大字椿東前小畑426－1
• 전화: +81 838-26-5180

센류잔 가마의 오름가마

일본 최고의 찻사발을 만든 고장에서 싹튼
정한론과 메이지유신

하기는 이렇듯 가라쓰처럼 조선의 냄새가 물씬 풍기는 곳이지만, 가라쓰의 히젠나고야 성처럼 우리 역사가 결코 잊어서는 안 되는 교훈을 주는 고장이기도 하다. 서문에서도 잠깐 말했듯 하기는 메이지유신을 성공시킨 주역들이 즐비하게 태어난 본고장이고, 결국은 조선 침공을 통해 대한제국을 강제로 병합한 정한론征韓論의 중심지이기 때문이다.

우선 보아야 할 사람은 요시다 쇼인吉田松陰, 1830~1859이다. 그는 에도 시대 존왕파尊王派 사상가이자 교육자이면서 메이지유신의 정신적 지도자이자 이론가다. 페리호의 내항 이후 양이洋夷 사상을 버리고 외국으로부터 배워야 한다는 사고의

1837년 아리타에서 제작한 백자
요시다 쇼인 상
(규슈 현립도자문화관 소장)

전환을 한다. 페리호를 타고 밀항하려 했으나 붙잡혀 옥에 갇혀서 쓴 『유수록幽囚錄』을 통해 정한론과 대동아공영론大東亞共榮論을 주창하여 일본의 제국주의 팽창에 큰 영향을 끼쳤다. 이 책에서 그는 다음과 같이 밝히고 있다.

> '무력 준비를 서둘러 군함과 포대를 갖추고 즉시 홋카이도를 개척하여 제후諸侯를 봉건封建하여 캄차카와 오호츠크를 빼앗고, 오카나와琉球와 조선朝鮮을 정벌하여 북으로는 만주滿州를 점령하고, 남으로는 타이완臺灣과 필리핀 루손呂宋 일대의 섬들을 노획하여 옛날의 영화를 되찾기 위한 진취적인 기세를 드러내야 한다.'

그는 1855년 출옥하였으나 영지에 유폐되는 처분을 받은 뒤 1857년 숙부가 운영하던 글방의 이름을 물려받아 쇼카손주쿠松下村塾를 열었다. 바로 여기에서 이토 히로부미伊藤博文02, 다카스기 신사쿠高杉晉作03, 구사카 겐즈이久坂玄瑞04 등 뒷날 메이지유신의 주역이 되는 지도자들을 다수 배출했다.

1858년 미일수호통상조약美日修好通商条約이 조정朝廷의 허락도 없이 체결되자 각

---

02 1841~1909. 무사 지위도 얻지 못한 하급 신분이었지만 일본의 초대 수상까지 올랐다. 존왕양이 활동을 하다 영국 유학을 거치면서 개국론자로 변신, 일본의 개국과 식산흥업을 통한 부국강병을 실현하기 위해 노력하고, 근대 독일을 국가 모델로 삼아 각종 정책 및 제도개혁을 추진했다. 45세에 초대 총리가 되어 천황 아래 최고의 자리에 올랐지만 독단적 국정 운영으로 많은 적을 만들었다. 정계의 중심에서 물러난 후엔 조선통감부 초대 통감으로 아시아 침략에 앞장서면서 조선에 을사늑약(乙巳勒約)을 강요하고 헤이그특사사건을 빌미로 고종을 강제로 퇴위시켜 한일합방의 기초를 구축했다. 러시아 방문 중 안중근 의사에게 저격당하여 사망했다.

03 1839~1867. 조슈 번의 사무라이였지만, 25세의 나이에 조슈 번에 일본 최초로 사무라이가 아닌 농민, 상공인, 승려까지도 참여한 군대를 조직하여 근대적 군대제도를 확립했다. 그 군대에 이토 히로부미도 있었다. 그의 지휘 아래 조슈 번 군대는 막부군을 격파하여, 그때까지 관망만 하던 사쓰마 번이 동맹에 가담하게 만들었고 이 동맹으로 메이지유신에 성공했다. 28세에 폐결핵으로 사망했다.

04 1840~1864. 조슈 번 사무라이로 존왕양이파의 선두에 섰다. 다카스기 신사쿠, 요시다 토시마로(吉田稔麿)와 함께 손주쿠의 3명의 수재(三秀)라고 일컬어졌다. 쇼인은 구사카를 조슈 제일의 준재라고 생각했기 때문에 여동생 후미(文)와 결혼시켰다. 그러나 그는 막부군과의 전투에서 패하고 25세의 나이로 자결했다.

메이지유신 주역들의 사진이 걸려 있는 쇼카손주쿠(松下村塾)의 모습

지에서 반막부 운동이 활발히 전개되었다. 요시다 쇼인도 막부 토벌을 위해 나섰으나, 막부 반대 세력을 대대적으로 탄압한 이른바 '안세이安政의 대옥大獄'이 시작되자 감옥에 갇혔고, 1859년 에도에서 처형되었다.

이처럼 조선의 사기장들이 도요토미 히데요시를 비롯한 다이묘들이 소장하기를 열렬히 소망해 마지않았던, 일본에서 으뜸가는 찻사발을 만들어 냈던 지방에서 또 다른 정한론이 일어난 것은 역사적 아이러니이자 비극이라 할 수 있다. 요시다 쇼인의 『유수록』은 다음과 같이 분명히 기록하고 있다.

'지금 시급히 군비를 정비하여 함선과 대포가 갖추어지면 바로 … 조선을

● 페리호를 타고 밀항을 시도한 사실을 묘사한 요시다 쇼인 기념관의 밀랍 인형
●● 이토 히로부미의 집 별채 응접실. 그가 영친왕과 함께 찍은 사진도 보인다.

> 공략하고 인질과 조공을 바치게 하여 옛날과 같은 성시盛時를…'

이를 통해 과거 도요토미 히데요시의 생각에서 조금도 변하지 않았다는 사실을 알 수 있다.

그리고 도요토미 히데요시 → 요시다 쇼인 → 이토 히로부미 → 기시 노부스케岸信介로 이어지는 한반도에 대한 저들의 생각은 아베 신조安倍晋三 57대 일본 총리에 이르러서도 한 치도 어김없이 그대로 계승된다.

그는 참으로 제목이 어울리지 않는 그의 책『아름다운 나라로』에서 그의 외할아버지 기시 노부스케 전 총리에 대해 이렇게 말했다.

> '세간의 평가가 좋지 않았지만 개의치 않는다. 외할아버지처럼 확신을 갖
> 는 인생은 가치가 있다.'

'쇼와의 요괴昭和の妖怪' 05라는 별명을 가진 기시 노부스케는 조선인 징용을 주도한 A급 전범으로 총리 시절에 미일안보조약을 체결하고, 전후에 일본의 교전권을 불법으로 규정한 평화조약을 개정해서 일본의 군사력을 증강하려고 했던 장본인이다.

아베의 정치 노선도 외할아버지의 그것과 조금도 다르지 않았다. "일본의 조선 식민지 통치가 한국 국민에게 불행한 일이 아니었다"라고 말한 외할아버지를 아베 역시 충실히 뒤따랐다. 더구나 아베의 고향이 서문에서도 말했듯 하기가

---

05 쇼와는 히로히토 일왕 시대의 연호(1926~1989)

있는 야마구치山口 현, 옛 조슈 번이었음은 너무도 상징적인 대목이다. 아베가 입각하자마자 요시다 쇼인 묘소를 참배한 행동의 뿌리가 무엇인지는 명백하다. 그런데도 한국의 일부 매국노 정치인들과 관료들은 그런 아베에게 동조해 밀실협약을 맺어 과거 문제를 백지화하려고 했었다. 참으로 얼빠진 짓이요, 나라를 팔아먹는 추악한 작태다.

하기에는 지금도 이토 히로부미가 살았던 집은 물론, 그가 공부했던 쇼카손주쿠 등이 그대로 보존돼 있다. 하기는 곳곳마다 메이지유신 역사의 학습장들을 현재의 일인 것처럼 마주할 수 있다. 멀쩡히 살아 있는 항일 역사의 교훈마저 감추고 생략하고, 심지어 역사 교과서에서마저 그 자취를 지우려 하는 우리나라 일부 지도자들의 매국적이고 파렴치한 정책과는 너무나 대비된다.

이렇듯 자신들의 역사를 잘 보존하고 있고 그 계승에도 힘쓰고 있기에 야마구치 현에서 역대 총리 64명100대 가운데 무려 8명을 배출할 수 있었을 것이다. 일본 전체 43개 현 중 하나에 불과한 시골에서 말이다. 더구나 일본 정치인 가운데 야마구치 현 출신이 30%, 사쓰마薩摩가 있는 가고시마鹿兒島 현 출신이 30%라는 사실은 사쓰마 번가고시마현과 조슈 번야마구치현의 동맹 즉 1866년의 삿초동맹薩長同盟에 의해 메이지유신이 성공한 데 따른 '권력 장악'이 지금까지도 이어지고 있다는 사실을 극명하게 말해 주고 있다. 사쓰마 역시 하기와 마찬가지로 본성 아래의 70여 호 남짓한 하급무사 마을에서 사이고 다카모리西鄕隆盛, 1828~1877를 비롯한 주요 지도자 수십 명이 쏟아져 나왔다.

그러나 앞에서 강조했듯 이러한 삿초동맹도 사가 현의 군비 지원이 없었으면 아무런 쓸모도 없었을 것이었다. 조슈 번에 대한 총과 대포, 군함 지원은 겉으로는 사카모토 료마坂本龍馬, 1836~1867의 중재에 의한 것이었다. 하지만 그 뒤에는

● 하기의 요시다 쇼인 기념 동상

●● 요시다 쇼인의 수제자로 메이지유신의 행동대장이었던 다카스키 신사쿠(高杉晋作)의 하기 생가. 입구에 다카스키 신 사쿠가 이토 히로부미와 함께 찍은 사진이 걸려 있다.

● '하기야키의 숙박업소(萩燒の宿)'를 내세우는 하기 료칸 '센슈라쿠(千春樂)'의 1층 로비에 전시된 사무라이 갑옷과 대포. 하기가 메이지유신의 본고장임을 자랑스러워하는 전시물이다.

●● 료칸 '센슈라쿠(千春樂)'의 욕탕. '하기야키의 숙박업소(萩燒の宿)'임을 내세울만한 인테리어다.

- 메이지유신의 주역들이 탄생한 하기 성하마을, 하기 반사로, 쇼카손주쿠 등 '메이지 일본의 산업혁명 유산'이 세계유산으로 등록된 사실을 축하하는 안내판

- 하기에 있는 기도 다카요시(木戸孝允) 생가. 사쓰마 번과 삿초 동맹을 결성해 막부 타도의 주역이 된 '유신3걸'의 한 명으로 메이지 정부의 거두가 되어 폐번치현 등 개혁을 추진했다.

하기 거리의 흔한 풍경. 하기야키 판매가게

● 야마구치(山口) 시의 유서 깊은 요정 사이코데이(菜香亭). 1878년경부터 1996년까지 126년을 영업해온 요정을 기념
관으로 복원한 곳으로 입구에는 '메이지유신 영광의 진원지'라고 쓰인 비석이 놓여있다.

●● 이토 히로부미부터 아베 신조에 이르기까지 무려 10명 총리대신의 기념휘호가 걸려 있는 '사이코데이' 대연회실

- 나가사키의 관광 명소가 된 글로버의 저택
- 글로버 저택의 응접실

사가 번과 영국의 무기상 글로버^{Thomas Blake Glover, 1838~1911}가 있었다.

글로버가 나가사키에 처음 온 것은 그의 나이 21세 때인 1859년이었다. 그는 외국인 거주지였던 데지마^{出島}에 머물면서 1861년 글로버 무역회사^{구라바 상회, グラバー商会}를 세워 처음에는 실크와 차 거래에 주력했다. 그러나 곧 사카모토 료마가 사쓰마 번의 재정적 지원을 받아 설립한 공사^{公社}이자 상사인 가메야마사츄^{亀山社中}를 통해 사쓰마 번, 료마의 고향인 시코쿠^{四國}의 토사^{土佐} 번과 무기를 불법적으로 거래했다.

1865년에 그는 나가사키의 오우라^{大浦} 해안에서 증기기관차^{아이언 듀크}호를 달리게 했고, 1866년에는 대규모 제다^{製茶} 공장을 건설했다. 1868년^{메이지 원년}에는 사가 번과 합작으로 다카시마^{高島} 탄광 개발에 착수했고, 또한 나가사키의 고스게^{小菅}에 조선소를 건설했다. 또한 메이지유신 후 조폐소의 기계 수입에 관여하는 등 글로버는 메이지 정부와 밀접한 관계를 맺었다.

그런데 정말 아이러니하게도 메이지유신이 성공하고 막부체제가 종식되어 지방의 다이묘와 사무라이, 번 체제가 다 사라지게 되자, 중앙 정부가 더 이상은 그의 무기 거래 독점을 인정하지 않았고, 존재가 사라진 번에서의 무기 구입대금 회수가 모호해지면서 1870년에 파산하게 된다. 유신파에게 판매한 무기 거래가 결국은 자신의 발등을 찍은 셈이었다.

그래도 글로버 자신은 다카시마 탄광의 실질적 경영자로서 일본에 머물렀다. 1885년 이후는 미쓰비시^{三菱} 재벌의 고문으로 활약하고 경영 위기에 빠진 스프링 밸리 양조장의 재건을 도와 현 기린^{麒麟}맥주의 기초를 마련했다. 만년은 도쿄에서 보냈고, 1908년 외국인으로서는 파격적인 훈이등^{勳二等} '교쿠지쓰주고쇼^{旭日重光章·Order of the Rising Sun}'를 받았다. 무덤은 나가사키 시내의 사카모토 국제

대포를 만들던 공장이 있던
하기의 사적지

묘지에 있고, 그가 살던 저택은 현재 시 소유의 글로버가든으로 관광 명소가
되어 있다.

주요 하기야키는 히젠야키와 달리 모두 어용 진상품이었기에 외국 등에 실질
적으로 수출된 것은 별로 없었을 것으로 보인다. 만드는 족족 힘센 다이묘나
에도에 실려 갔으므로 사무라이들이 일부러 도자기 밑부분에 흠집을 내어 일
부를 빼돌렸다고 한다. 그렇게 해서라도 시중에 팔아 조금이나마 주머니를 채
우기 위해서였다.

그러나 쌀농사가 아니면 아무것도 없는 시골의 가난한 일개 현에서 '감히, 용
감하게, 노골적으로' 에도 막부에 반기를 들고 1867년의 '다이세이호우칸^{대정}
^{봉환·大政奉還}'을 주도할 수 있었던 것은 도자기로 인한 건실한 재정이 아니었으면
아마 불가능했을 터이다. 실제로 죠슈 번^{야마구치 현}은 사가 번이 1851년에 금속

제련을 위한 최초의 반사로를 만든 이후 1856년에 대포를 만들기 위한 반사로를 건설한다. 곳간에 넉넉하게 물자가 차 있어야 군대도 꾸리고, 권력을 찬탈할 야심도 가지기 마련이다. 그러니 이래저래 조선 사기장에 의한 도자기는 이곳 조슈 번에서도 일본 세상을 뒤엎는 데 도움을 준 셈이다.

CHAPTER

08

여덟 번째 가마

가고시마 미야마,
심수관·박평의의
나에시로가와 가마

이 숯도 한때는 흰 눈이 얹힌 나뭇가지였겠지.

白炭や焼かぬ昔の雪の枝

- 칸노 타다토모^{神野忠知, ?~1676}의 하이쿠

이 책에서 살펴본 조선 사기장들의 명가마를 표로 정리하면 다음과 같다.

현	옛 나라	옛 번(藩)	가마 이름
사가(佐賀)	히젠(肥前)	나베시마(鍋島)	가라쓰야키(唐津燒)
			이마리야키(伊万里燒)
			오카와치야마야키(大川内山燒)
나가사키(長崎)		오무라(大村)	하사미야키(波佐見燒)
		마쓰라(松浦)	미카와치야키(三川内燒)
후쿠오카(福岡)	지쿠젠(筑前)	구로다(黑田)	다카토리야키(高取燒)
	부젠(豊前)	호소카와(細川)	아가노야키(上野燒)
구마모토(熊本)	히고(肥後)		야쓰시로야키(八代燒)
가고시마(鹿兒島)	사쓰마(薩摩)	시마즈(島津)	나에시로가와야키(苗代川燒)
야마구치(山口)	나가토(長戶)	모리(毛利)	하기야키(萩燒)

이제 마지막으로 사쓰마야키^{薩摩燒}를 살펴볼 차례다.

가고시마 현에 해당하는 지역의 옛 이름은 사쓰마^{薩摩}·오스미^{大隅}다. 사쓰마야
키^{薩摩燒}는 이 지역을 다스리던 시마즈 가문의 18대 당주 시마즈 요시히로^{島津義}
^{弘, 1535~1619}가 역시 정유재란 때 많은 조선 사기장들을 납치해 온 것으로 시작
한다.

12대 심수관의 니시키데(錦手) 사쓰마야키 사발(사쓰마전승관 소장)

시마즈 요시히로는 둘째 아들로 태어나 가문의 당주가 아니면서도 다이묘가
된 좀 특별한 경우다. 그는 각종 전투에서도 형을 대신하여 총대장 격으로 군
대를 지휘하는 일이 많았다. 1587년 천하통일을 눈앞에 둔 도요토미 히데요시
가 규슈에 10만 대군을 투입하여 시마즈 가문을 공격할 때 마지막까지 분전했
지만, 먼저 무릎을 꿇은 형이 직접 항복을 요청하자 그도 가문의 존속을 위해
아들 히사야스久保를 인질로 바치는 조건으로 항복했다. 그러자 히데요시는
크게 기뻐하며 원래 시마즈 가문의 땅이었던 사쓰마와 오스미에다 휴가日向 지

방을 더 보태 영지로 하사했다. 형은 이 전투의 패배를 책임지고 당주에서 물러나 요시히로가 이를 물려받았다.

임진왜란 때 요시히로는 가문을 대표하여 참전했지만, 히데요시에 대한 반감이 여전한 가문의 비협조로 인해 병력과 선박이 모이기를 기다리다가 결국 다른 가문의 배를 빌려 조선으로 건너갔고, 조선에 가장 늦게 도착한 군대가 되었다. 요시히로는 강원도에 주둔하다가 강화 교섭이 시작되자 남쪽으로 후퇴하여 거제도에 머물렀다. 아들 히사야스는 여기서 사망했다.

요시히로는 1595년 잠시 귀국했다가 정유재란 때 제4군^{1만 5,000여 명의 병력}으로 다시 참전해 사천 지방에 주둔하면서 1598년 9월과 10월의 사천 전투에서 명나라 군사를 물리쳤다. 이후 순천성에서 조·명 연합군에 포위된 고니시 유키나가가 탈출을 기도했지만 이순신 장군에 의해 퇴로를 봉쇄당하자, 유키나가는 사천 왜성에 주둔하고 있던 요시히로에게 화급하게 구원을 요청했다. 요시히로는 고

심수관 가마가 있는 히오키(日置)시
이주인(伊集院)역 앞의
시마즈 요시히로 동상

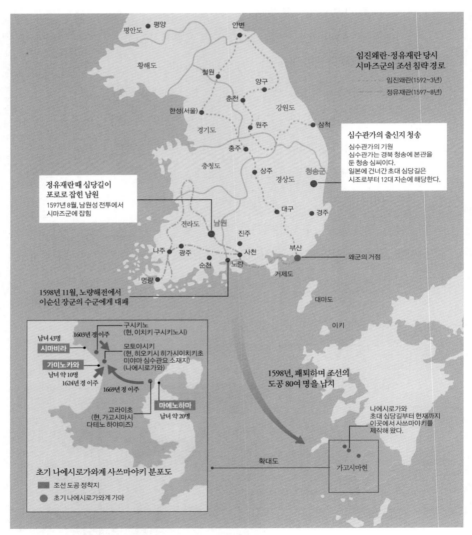

임진왜란·정유재란 당시
시마즈군의 조선 침략 경로

임진왜란(1592~3년)

정유재란(1597~8년)

심수관가의 출신지 청송

심수관가의 기원
심수관가는 경북 청송에 본관을
둔 청송 심씨이다.
일본에 건너간 초대 심당길은
시조로부터 12대 자손에 해당한다.

**정유재란 때 심당길이
포로로 잡힌 남원**

1597년 8월, 남원성 전투에서
시마즈군에 잡힘

평안도 평양

안변

황해도

철원

양구

춘천

한성(서울)

강원도

삼척

경기도

원주

충주

충청도

상주

청송군

경상도

대구

경주

전라도 남원

진주

나주 광주

사천

부산

순천

노량

왜군의 거점

명량

거제도

1598년 11월, 노량해전에서
이순신 장군의 수군에게 대패

대마도

이키

구시키노
(현, 이치키 구시키노시)

남녀 43명
1603년 경 이주

시마비라

모토야시키
(현, 히오키시 히가시이치키초
미야마 심수관요 소재지)
(나에시로가와)

가미노카와

남녀 약 10명
1624년 경 이주

1669년 경 이주

고라이초
(현, 가고시마시
다테노 하야미즈)

마에노하마

남녀 약 20명

1598년, 패퇴하며 조선의
도공 80여 명을 납치

나에시로가와
초대 심당길부터 현재까지
이곳에서 사쓰마야키를
제작해 왔다.

확대도

가고시마현

초기 나에시로가와계 사쓰마야키 분포도

■ 조선도공 정착지

● 초기 나에시로가와계 가마

시마즈 부대의 침략 경로

니시를 구원하기 위해 500척의 대함대를 거느리고 순천 방면으로 출진했다.

시마즈 함대가 서진西進해 오자 이순신 장군은 지금의 남해대교 해역에서 격파했는데, 이것이 정유재란의 마지막 전투였던 노량해전1598년 11월 19일이다. 요시히로는 500여 척의 전함 중에서 450여 척을 이순신의 조선 수군에 격파 혹은 납포당하고 50여 척만 수습하여 부산으로 겨우 도망쳤다. 이때 한 척의 배라도 더 격파하기 위해 이들을 뒤쫓다가 이순신 장군이 하늘도 무심하게, 적군의 유탄에 맞고 말았다.

이 전투를 마지막으로 정유재란은 종식되었고, 요시히로는 남원성 점령 당시 납치한 박평의朴平意, 1560~1624, 심당길沈當吉?~1628 등과 진해 웅천, 김해 등지서 연행한 또 다른 조선 사기장 80여 명을 데리고 부산에서 고향으로 가는 배를 탔다.

요시히로의 사기장 납치 역시 앞에서 말한 바대로 도요토미 히데요시의 지시에 따른 것이었을 가능성이 높다. 1595년 6월 요시히로가 잠시 귀국했을 때 히데요시가 그를 불러 직접 차를 따라 주고 다기도 하사하면서 조선인 사기장의 납치를 지시했다는 이야기가 전해 내려온다. 작가 시바 료타로도 정유재란 때 시마즈 요시히로가 전라도 남원으로 쳐들어간 이유 중 하나가 조선 사기장을 잡아가기 위해서였던 것 같다고 주장한 바 있다. 그러나 요시히로는 센노 리큐의 제자로 조선 찻사발을 광적으로 좋아했기에 히데요시의 지시가 없었더라도 그 자신부터 먼저 사기장을 확보하려 혈안이 되었을 것이다.

1600년 9월의 세키가하라 전투 때는 도쿠가와 이에야스가 자신의 편에 설 것을 요청하여 그의 말대로 교토 후시미伏見 성에 들어가려 했지만, 성을 지키고 있던 이에야스의 가신 토리이 모토타다鳥居元忠의 거부로 성에 들어가지 못했다. 이후 서군의 필두에 섰던 이시다 미쓰나리의 요청에 따라 반대편인 서군에 참여하는 매우 희극적인 상황이 벌어졌다.

그러나 요시히로는 전투에 적극적으로 참여하지 않고 수비적 대응으로 일관하다가 전세가 동군으로 기울자 목숨을 걸고 가까스로 전장을 탈출하여 영지로 돌아왔다. 1,500여 명의 부하 중 살아 돌아온 자는 고작 80여 명에 불과했다고 한다. 고향 땅에 돌아온 요시히로는 다시 한 번 시마즈 가문의 존속을 위해 이에야스와 강화 교섭을 시작했고, 1602년 아들 다다쓰네島津忠恒·사쓰마 번 초대 번주가 상경하여 이에야스에게 항복을 표시하는 것으로 영지를 존속할 수 있었다.

이후 은거에 들어간 요시히로가 사망했을 때는 다다쓰네가 금지했음에도 가신 13명이 스스로 목숨을 끊었다고 한다. 그만큼 가신들에게는 그의 품성이 좋았다는 얘기다.

시마즈 요시히로는 기특하게도 조선인 사기장들이 조선 문화와 언어를 지키면서 생활하지 않으면 조선 도자기와 같은 격조 높은 제품들을 생산하지 못할 것이라고 생각했다. 그래서 조선인 도예촌 나에시로가와苗代川를 조선 문화가 온전하게 보전된 공간으로 만드는 정책을 추진했다.

먼저 나에시로가와苗代川에 일본인들의 출입을 통제했다. 조선인이 일본인과 결혼하는 것도, 일본 이름을 사용하는 것도 금지했다. 조선인 마을에서는 조선 말을 사용하고 조선 옷을 입고 조선식 상투를 틀도록 했다. 이렇게 해서 나에시로가와는 조선의 말과 풍속이 원형 그대로 보존된 '일본 속 조선'이 될 수 있었다.

요시히로의 이 같은 정책을 어떻게 볼 것인가. 비판적으로 보자면 도자기 생산을 위해 효율성 장려 정책으로 생산성을 높이려 했으며, 또 다른 차별 정책을

나에시로가와 미야마 마을의
환영 표지판

실시했다고 볼 수도 있겠다. 그러나 평소 그의 품성을 보자면 그렇게 보이지는
않는다.

그는 명나라 출신 의원에게 의술을 배우고, 다도茶道와 학문에도 뛰어난 재능
을 가진 문화인이었다. 가신을 소중히 여겨 아랫사람이라고 하대하지 않고 때
로는 병졸과 함께 불을 쬐기도 했다. 그래서 왜란 때 조선에 주둔했던 일본군
상당수가 겨울철에 얼어 죽었는데, 요시히로 부대에서는 단 한 명도 얼어 죽은
병사가 나오지 않았다고 한다.

가신의 집에 아이가 새로 태어나면 생후 한 달 남짓 되었을 때 부모와 함께 저
택으로 불러서 아이를 자신의 무릎에 앉히고 "아이는 보물이다"라며 탄생을

축하해 주고, 부하들을 만날 때도 그 아비가 공훈이 있는 사람이면 "아버지를 닮아 아버지만큼 활약을 보여주겠지?"라거나, 공훈이 없는 사람이면 "자네 아버지는 운이 안 좋아 공훈을 세우지 못했지만, 자네는 아버지보다 우수해 보이니 공훈을 세울 수 있을 게야"라고 한 사람 한 사람을 따뜻하게 격려했다고 한다.

인간미 넘치는 그의 품성은 조선에 주둔하던 당시 아내에게 보낸 편지에서도 그대로 드러난다.

> "3년이나 조선의 진중에서 고생한 것도 시마즈의 집이나 아이들을 위해 서였소. 하지만 만약 내가 죽으면 아이들은 어떻게 될지, 생각하면 눈물이 멈추지 않소. 당신에게는 많은 아이가 있으니까, 내가 죽더라도 아이들을 위해서 강하게 살아주기 바라오. 그렇게 해 주는 것이 불경 1만 부를 읊어 주는 것보다 더 기쁜 일이요."[01]

이런 일화들을 볼 때 요시히로가 조선인 사기장들을 위한 조선인 마을을 보전해 준 것은 그만이 할 수 있었던, 차별화된 문화정책이라 할 수 있다. 이런 예는 더 있다. 나에시로가와 도예촌이 규슈 다른 번의 도자기 마을들과 다른 점이 있다면 기술과 학문을 병행해서 습득하는 것이 의무화됐다는 사실이다.

요시히로는 처음부터 사기장 아들에게 가업을 무조건 상속시키지 않고 시험제도를 만들어 기법이 능한 자에게만 녹봉을 내리고 가업을 계승시켰다. 무

---

01 구태훈, 「일본에서 꽃핀 조선의 도자기 문화 -임진왜란 당시 납치된 조선인 도공 이야기」, 『역사비평 제85권(2008년 겨울)』, 역사문제연구소, 168~201p.

능한 자는 비록 장남이라 할지라도 가업을 잇지 못하게 했다. 나베시마 번의 '잇시소덴'과는 많이 달랐다. 아울러 기법과 병행해 학문 성취에 대해서도 시험을 보았다. 이로 인해 이 마을 자녀들은 300년 동안 시험공부에 게으르지 않았고, 그것이 어느 새 마을의 풍습이 되었다. 이렇듯 마을 아이들이 누구랄 것도 없이 글을 읽는 습관은 13대 심수관의 소년 시절까지 계속 이어졌다고 한다.[02]

사쓰마에서는 중세까지 도기를 만든 적이 없었다. 그러니 이곳에서의 도자 활동은 임진왜란 때 조선인 사기장들이 가마를 열면서 비로소 시작되었다고 할 수 있다.

요시히로가 남원, 진해, 김해 등지의 조선인 사기장을 데리고 일본으로 건너올 때 이들은 3척의 배에 나눠 타고 사쓰마로 향했다. 이 중에서 박평의朴平意가 인솔하는 무리 43명은 사쓰마 구시키노串木野에 닻을 내렸다. 또 다른 무리인 김방중金芳仲, 신무신申武信, 신주석申主碩 등 10여 명은 이치키市来에 도착했고, 맨 나중에 20여 명이 마에노하마前之浜에 상륙했다.

박평의와 심당길은 원래 다테노立野에 내려 그곳에 먼저 거주하고 있던 조선인들과 합류시키기로 돼 있었다. 그런데 다테노에 있는 주가의朱嘉儀라고 하는 조선인이 문제가 됐다. 그가 바로 1597년 8월 13일에 시작된 남원성 전투에서 요시히로 부대의 길잡이를 했던 스파이였던 것이다. 남원성 전투는 진주성 전투와 함께 조선에게 가장 참혹했던 전쟁이었다. 약 10만 명의 일본군이 집결한 그 전투에서 조선의 병사와 양민은 거의 떼죽음을 당했다. 주가의는 그 싸움에서

● 심수관 가마 뒤뜰의 옹기와 동백꽃의 낙화
●● 심수관 가마 지붕의 장식물. 원숭이가 탄 것은 옛날 도자기를 운송하던 방식의 모습이다.

성안의 내부 기밀을 요시히로에게 알려줘 승리에 결정적인 기여를 했다.

남원 사기장들은 포로로 압송되어야 했기에 죽음은 모면할 수 있었지만, 그들의 기억에 주가의는 결코 용서할 수 없고 잊을 수 없는 매국노로 각인되었다. 그런 주가의가 한발 먼저 일본에 건너와 호의호식하며 살고 있다고 하니, 그런 소식을 전해 들은 박평의 일행은 그런 자와 같은 곳에서 살 수 없다며 다테노에서 내리기를 한사코 거부했던 것이다.

앞에서도 나베시마 나오시게 부대의 앞잡이로 활동한 함경도 길주 출신인 이종환李宗歡이라고 하는 밀정 얘기를 했었다. 그가 조선의 사기장들에 대해 많은 정보를 알려 준 것으로 추정되는 것처럼, 주가의 역시 요시히로에게 남원 일대의 솜씨 좋은 사기장들에 대해 알려 주었을 가능성이 높다.

박평의 일행의 반발이 커지자 요시히로는 43명의 방향을 구시키노로 틀었다. 이런 우여곡절을 거쳐 사쓰마 시마비라島平 바닷가에 내려진 사기장들의 성은 심沈, 이李, 박朴, 변卞, 임林, 정鄭, 차車, 강姜, 진陳, 최崔, 김金, 정丁, 하何, 주朱, 노盧, 신伸, 백白 씨의 17개[03]였다. 여기에 없는 장씨와 안씨는 사쓰마 번의 명령으로 오키나와琉球로 또 바로 이주하여 오키나와야키의 개조가 되었다.

사쓰마로 납치된 사기장들에게는 『나에시로가와분쇼토메쵸苗代川文書留帳』라는 일종의 역사 자료집인 전래 문서가 있다. 언제 작성된 것인지 확실치는 않으나, 이에 따르면 구시키노에 정착한 조선인 사기장들은 지옥과 같은 비참한 나날을 보냈다. 황무지나 다름없던 곳에 내던져진 사기장들은 굶주림에 허덕이

---

03 이는 1700년대 후반 교토의 의사 겸 여행가였던 다치바나 난케이(橘南谿)가 나에시로가와 마을을 다녀간 뒤 쓴 여행기에 나온 성씨를 기준으로 한 것으로, 연구자마다 성씨와 성씨 개수를 조금씩 다르게 저술한다. 성씨가 18개가 되거나, 나(羅) 씨, 황(黃) 씨 등이 포함되기도 한다.

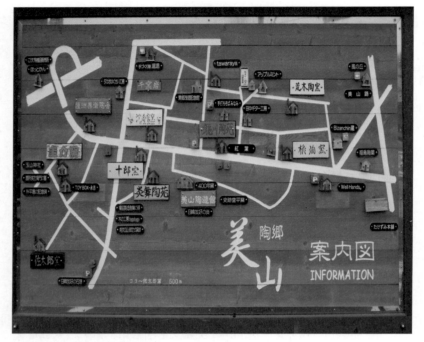

나에시로가와 미야마 마을의 가마 안내도

고 병마와 싸우면서 목숨을 부지하는 데 급급했다. 그들은 황무지를 개간하는 한편 가마터를 마련하여 일상생활에 필요한 잡기를 만들어서 주변에 거주하는 일본인과 물물교환 형식으로 거래를 하여 먹을거리를 마련했다.

그러나 말이 통하지 않았기에 토착민들과 충돌하거나, 외국인이라는 이유로 괴롭힘을 당하는 일이 잦았다. 어느 날 도기 작업을 하는 시설에 한 일본인이 들어와 소란을 부렸다. 그를 만류했지만 말도 통하지 않고 안하무인으로 행동하기에, 한 조선인이 그를 때렸다. 그러자 이후 토착민들이 떼로 몰려와 보복하면서 충돌하는 일이 많아졌다. 특히 매우 다혈질의 성격으로 자존심이 강했던 지도자 박평의는 일본인의 행패를 그냥 보고 있지 않았지만, 결국 토착민들을 피해 나에시로가와, 현재의 히가시이치기초東市來町로 이주하니 그게 1603년 12월의 일이다. 시마비라의 황량한 바닷가에 내동댕이쳐진 지 5년 만이었다.

시마즈 요시히로가 자신들이 직접 붙잡아온 사기장들을 이렇게 방치한 데에는 이유가 있었다. 그 자신도 여유가 없었던 것이다. 바로 1600년 9월의 세키가하라 전투 때문이었다. 앞서 말한 대로 그는 싸움에 패해 '사쿠라지마櫻島'에 숨어 있다가 우여곡절 끝에 도쿠가와 이에야스의 용서를 받아 가문을 지킬 수 있었다. 이 일을 매듭짓고 나서야 그는 겨우 조선인 사기장들에게 관심을 돌리고, 보호정책을 쓰기 시작했다. 우선 나에시로가와에 정착하고 싶다는 청원을 받아들여 조선인 사기장 마을의 건설을 허용했다.

이렇게 안정을 찾은 박평의 일행은 다시 '모토무로元室 가마'를 만들고 일상 잡기를 굽기 시작했다. 나중에 발굴된 이때의 가마는 길이가 약 15m, 높이가 2m, 폭이 1.2m 정도가 되는 터널식 반월형 가마였다.

제품으로 분류하면 사쓰마야키는 시로모노白物薩摩, 구로모노黑物薩摩, 자기磁器의 3가지로 분류된다. 시로모노는 옅은 황토에 무색 유약을 바른 도기며, 구로모노는 검은색이나 갈색 유약을 바른 도기다.

그런데 시로모노는 원래 한반도에서 가져간 흰 흙고령토을 사용해서 만들었다. 그래서 '히바카리火計リ'라고 부른다. 이 단어 자체가 흙은 한국서 가져오고 '불'만 일본 소나무를 때어 구웠다는 데서 유래한 말이다. 사기장과 흙을 조선에서 가져오고, 일본 것은 그야말로 '불밖에 없다'는 뜻이다. 이처럼 조선에서 고령

●심수관 가마의 구로모노 꽃병
●●박평의 가마의 전통을 이은 미야마 아라키토 가마의 구로모노 단지

아라키토 가마의
시로모노 꽃병

토마저 가져간 사실은 사쓰마의 옛 가마 발굴 조사 때 조선의 백토 세 덩어리가 출토되어 확실히 입증되었다.

현재도 활화산이 숨 쉬는 가고시마 지역의 흙은 두꺼운 화산재가 많이 덮여 있어서, 철분이 많은 흑토가 대부분이다. 따라서 조선에서와 같이 정결한 백자를 구우려고 하여도 사쓰마 지역에는 백자를 만들 흙이 없었기에, 초기의 사쓰마 사기장들은 검은색의 질그릇을 구울 수밖에 없었다. 그리고 영주에게 바칠 진상품^{沙鉢과 大楪}만을 조선의 고령토로 만들어 올렸다. 그러나 유약을 발라 구운 이 투박한 질그릇마저도 나무그릇과 토기만을 사용하던 당시의 일본 사람들의 생활에 일대 변혁을 불러일으켰고, 매우 갖고 싶어 하는 그릇이 되었다. 구시키노에서는 타날법에 의한 얇은 항아리, 옹기, 단지, 스리바치^{摺鉢} 등이 만들어졌다.

요시히로는 시로모노의 희소성을 유지하기 위해 시마즈 가문에서 사용하는 것 이외에는 굽지 못하게 했다. 그러나 어용 구로모노 즉 '고젠구로^{御前黑}'는 일반 수요를 허락했다. 그 바람에 다른 번의 거상들은 만금을 주고도 '시로사쓰마'를 구할 수 없자 그 주가는 더욱 높아만 갔다.

그렇지만 조선에서 가져온 고령토는 얼마 가지 않아 곧 바닥을 드러냈다. 이때는 사가 번의 아리타에서 이삼평이 백자토를 발견한 다음이었기 때문에 영주 요시히로는 박평의에게 번내에서 백토와 유약을 찾으라고 지시하고, 어디든 마음대로 다닐 수 있는 통행증을 주었다. 이렇게 해서 박평의는 아들 정용^{貞用}, 심당길 등 마을 주민들과 함께 백자토를 구하러 다녔으나, 용암이 분출하면서 형성된 토질이 워낙 많았기에 쉬운 일이 아니었다. 그렇게 번내를 샅샅이 돌아다닌 지 10여 년 만인 1614년 봄 기리시마^{霧島} 산의 이부스키^{指宿}에서 드디어 양

질의 백자토를 발견하고, 이어 가세다^{加世田} 인근에서 유약으로 쓸 수 있는 광석
도 찾아냈다.

백자토 발견을 학수고대했던 요시히로는 자신이 직접 흙을 확인하고 즉시 나
에시로가와에 자기 공장을 세우라고 지시했다. 이렇게 해서 박평의와 심당길이
오랜 시행착오 끝에 색이 순연^{純然}하여 질이 고아^{高雅}한 자기를 만들어 번주에
게 진상하니, 요시히로는 "조선의 웅천 자기와 똑같다"고 뛸 듯이 기뻐하며 박
평의에게 세이에몬^{淸右衛門}이라는 이름과 네 가마의 녹봉을 하사하고, 조선인
마을을 대신 다스릴 장로에 해당하는 쇼야^{庄屋}에 임명했다.

아울러 심당길 등의 신분을 사무라이 반열에 올려 주는 한편 나에시로가와
가미노카와^{神之川} 조선인 전체에게 집 25채와 각기 5호^畝의 토지를 하사했고, 생
활 유지에 필요한 녹봉 형식으로 매년 17석의 미곡 또한 지급했다. 또한 도자기
에 사쓰마의 번명^{藩名}을 붙이게 하고 가마의 이름도 정식으로 '사쓰마야키^{薩摩}
^燒'라고 부르게 했다.

요시히로는 시간 날 때마다 도방에 들러 직접 도자기를 빚고, 날인도 하면서
남다른 애정을 쏟았다. 그의 조선인 사기장 보호정책은 다른 번과 비교할 때
좀 유별난 구석이 있는 것이 사실이다. 어용 사기장의 경우 전쟁에 차출되지도
않고, 논밭에 나가 일하지 않아도 되는 것은 다른 번과 같았지만, 조선인 사기
장에게 위해를 가하는 일본인들을 엄벌에 처하고, 이런 경우 본인은 물론 일
족에게도 책임을 묻는 연좌제까지 시행한 데서 그야말로 엄격하고 막중했던
도자산업 보호정책의 무게를 알 수 있다.

박평의는 나에시로가와로 이주한 다음 해인 1604년, 그가 45세가 되던 해에
마을 동산에 조국의 건국신 단군을 모시는 '교쿠잔진구^{玉山神宮}'를 세우고, 추

나에시로가와 마을에서 단군을 모셨던 '교쿠잔진구'

석이면 마을 사람들과 함께 바다 건너 한국을 향하여 '코라이모치高麗餅'라는
콩이 섞인 시루떡을 차려 놓고 제사를 지낸 뒤, 손에 손을 잡고 춤추며 『청구
영언靑丘永言』에 나오는 '오늘이 오늘이소서'를 부르며 조국과 조상을 회상했다.
후배 양성에 힘을 쏟던 박평의는 간에이寬永 원년인 1624년 5월 1일, 65세를 일
기로 눈을 감았다.

'교쿠잔진구'는 이제 '교쿠진자玉山神社'로 바뀌어 있다. 지난 1917년 개축하면서
조선식 사당에서 일본식 신사로 변모한 것이다. 신전에는 조선 시대의 한글소
설 「숙향전」이 단군 위패와 영정과 함께 모셔져 있었다고 하나 지금은 어디로

갔는지 사라졌다. 신전은 또한 일본 특유의 '에마도오繪馬堂'[04]를 겸하고 있어 마을의 소학생 붓글씨도 액자로 걸려 있다_{옥산신궁에 대해서는 뒤의 팁 참조}.

그러나 심수관沈壽官 가문에 내려오는 이야기는 위에서 말한 것과 조금 다르다. 현재의 15대 심수관 역시 위와 약간 다른 주장을 내세우고 있다. 이에 따르면 정유재란 당시 패주하던 요시히로는 1598년 12월 약 80명의 조선인을 3척의 배에 나누어 싣고 탈출했다. 이 중 40여 명이 사기장이고 나머지 반은 측량, 양봉, 방충약 제조 등 도자기 일과는 전혀 관련 없는 사람들이었다.

3척 중 첫 번째 배는 20여 명을 태우고 가고시마 만에 도착했으나 사쓰마 번으로부터 아무런 도움을 받지 못해 무사나 상인 집으로 분산되어 노비처럼 혹사당하며 생명만을 겨우 부지하다가 70여 년이나 지난 뒤에야 일부 사기장들이 마을 한 귀퉁이에 가마를 만들어 힘겨운 자립의 토대를 마련할 수가 있었다.

10여 명을 태운 두 번째 배는 현재 심수관 가문이 대를 이어오고 있는 미야마美山 마을에서 가까운 히오키군日置郡 이치키市来 마을 해변에 표착했다. 이 배에 탄 조선인 중에는 뒷날 사쓰마관요薩摩官窯의 시조로 크게 성공한 김해金海라는 이름을 가진 사기장이 있었다. 김해에 대해서는 잠시 뒤에 살펴보자.

그리고 마지막 40여 명의 도공을 실은 세 번째 배는 생사를 넘나드는 표류 끝에 구시키노 시마비라串木野島平에 닻을 내렸다. 바로 그 배에 심수관 가마의 창시자인 심당길?~1628이 포함돼 있었다.

조선에서 심당길의 원래 이름은 심찬이었다. 그런데 그는 포로로 잡힌 신세를

● 14대 심수관 가마의 작품 〈소와 소년〉
●● 심수관 가마의 시로모노 술잔

한탄하며 일본에서 평생 아명児名이었던 '당길'만 쓴 것이다. 심당길의 본관은 경북 청송인데, 대학자를 배출한 명문가 출신으로 원래 사기장이 아니라 사옹원司饔院 관리였고, 일본에 와서 도자기 굽는 것을 배웠다는 설도 있다. 또 한편으로는 그가 무관으로 피난하는 왕족을 호위하다가 시마즈 요시히로에 의해 체포된 것이라는 설도 있다.

심수관 가문은 2대 심당수, 3대 심도길, 4대 심도원, 5대 심당길, 6대 심당관, 7대 심당수, 8대 심당원, 9대 심당영, 10대 심당진, 11대 심수장으로 이어 오다가, 12대 심수관 때부터 심수관이란 이름을 습명했다.

이들 역시 사쓰마 번으로부터 아무런 도움을 받지 못해 고초를 겪다가 끝내 그곳 정착을 포기하고 5년 뒤인 1603년 지금 그들의 후손들이 400년 넘게 살고 있는 나에시로가와 미야마 마을로 이주해 2년 뒤인 1605년에 가마를 개설했다. 이들은 일본말을 몰라 번과의 의사소통에 불편이 많아 요시히로가 지금의 구마모토 현 아마쿠사天草 마을에 살던 박평의를 통역으로 미야마에 이주시켜 심당길과 함께 오늘의 사쓰마야키를 만들도록 했다는 것이다. 다시 말해 박평의는 심당길과 함께 오지 않았으며, 사쓰마야키의 개조 역시 박평의가 아닌 심당길이라는 주장이다.

이렇게 사쓰마야키의 개조가 박평의인지, 심당길인지에 대해서는 이견이 있다. 어쨌든 심당길은 1614년 갖은 노력 끝에 박평의와 더불어 백토白土를 발굴해 시로모노, 곧 오늘날의 사쓰마 도자기를 만들어 냈다. 심당길은 1615년 박평의와 같이 어용 도자기처의 책임자가 되어 1628년까지 종사하면서 '나에시로가와 히바카리차완苗代川火計リ茶碗'을 남겼다. 그의 아들 심당수沈當壽도 1628년부터 1648년까지 그곳 책임자로 있었다.

나에시로가와의 조선인 도자기 마을이 자리를 잡으면서 이치키에 거주하던 다른 조선 사기장 10여 명이 나에시로가와로 이주해 왔다. 1624년에는 김방중金芳仲을 중심으로 뭉쳐 있던 카미노카와神之川의 사기장 160여 명도 이곳으로 왔다. 원래 김방중은 조선의 관요에서 일하던 사기장이었기에, 요시히로는 그에게 녹봉 15석을 주고 어용 가마의 책임을 맡겼는데 1621년 그가 사망하자, 번주는 효율적인 관리를 위해 카미노카와 조선인들을 이주시켜 한군데 모은 것이다.

지역과 전통으로 분류한 사쓰마야키는 나에시로가와苗代川계, 다테노竪野계, 니시모치다西餅田계, 류몬지竜門司계, 히라사平佐계, 다네가시마種子島계의 여섯 종류가 있다. 조선인 사기장들을 태운 배는 사쓰마에서 도착한 곳이 서로 달랐기 때문에 배가 처음 상륙한 곳에 따라 4개 지역에서 나에시로가와계, 다테노계, 류몬지계, 니시모치다계의 4개 계보를 형성했다. 지금까지 살펴본 박평의와 심당길은 당연히 나에시로가와계이고, 김해金海 일파는 다테노계竪野系라 일컫는다.

'김해金海'라는 지명이 곧 이름이 된 그 역시 매우 중요한 인물이다. 박평의나 심당길보다 이전인 1595년에 요시히로에 의해 납치되어 이치키의 카미노카와에 도착한 후 쿠리노栗野에서 가마를 시작했다고 한다. 1601년 무렵 현재의 아이라始良 시로 이주하여 초사우토帖佐宇都에서 번주의 어용 가마가 되었다. 요시히로가 그에게 사무라이 직위를 주며 호시야마 추지星山仲次라는 일본 이름도 주었다.

조선인 도공들은 도자기는 잘 빚었지만 일본인들이 좋아하는 찻사발이나 다기는 잘 몰랐기에, 요시히로는 김해에게 혼슈의 세토瀬戸와 미노美濃에서 다도

류몬지계의 18세기 검정 유약 꽃병(사쓰마전승관 소장)

심수관 가마의 19세기 시로사쓰마 문수보살상

茶陶 관련 기술을 익히게 했다. 다른 번으로 일종의 유학을 보낸 셈이다. 이후 사쓰마로 돌아가서 다테노에 이주하여 차이레 등 다기를 굽기 시작했다고 한다. 그는 52세 나이로 사망했다.

2대 호시야마 주지인 아들 김화金和도 계속 대를 이어 다른 조선 사기장과 협력해 사쓰마야키를 더욱 발전시키고, 손자는 아리타 백자 기술과 일본의 교토 도자기 만드는 기법도 도입하여 이백 수십 년간 많은 변천을 거치면서 사쓰마 도자기의 골격을 완성했다. 그러나 메이지유신 직전인 1862년 사쓰마 번과 영국 해군 사이에 벌어진 전투에 휘말려 멸문의 화를 입었으며 그 후로 후손의 행방도 알 수 없게 되고 말았다고 한다.

김방중과 함께 이치키에 도착했던 신주석申主碩은 타와라 토모스케田原友助라는 이름을 얻고 다테노계의 일원이 되었고, 동생인 신무신申武信 역시 타와라 만스케田原万助라는 이름을 얻어 다테노계를 함께 일구었다. 그러나 김방중은 추지로仲次良라는 이름으로 아이라 시에 가마를 연 류몬지계의 시발점이 되었다. 나에시로가와계와 함께 일용품을 많이 만들었으며 현재도 전통적인 민예도기로 활동하고 있다. 이 가마의 옛 작품엔 '용龍' 글자가 그려져 있다.

이렇게 사기장들이 구시키노, 이치키 등지로 흩어져서 조선인 집단촌, 즉 도진마치唐人町를 형성함에 따라 종류가 매우 다양한 사쓰마야키의 특징이 형성되었다. 니시모치다계는 예외적으로 조선인이 아닌 오노 겐류小野元立가 1663년 가마를 연 이래 일명 겐류인元立院 자기라는 이름으로 알려졌다. 히라사계, 다네가시마계는 다소 늦은 시기에 가마를 연 것이다.

17세기 중반에 이르러 같은 규슈 지역이라도 가라쓰를 제외한 히젠에서는 급속히 초기 기술이 사라지지만 사쓰마에서는 완만하게 변화해 갔다. 구로모노라 불리는 생활 그릇은 타날법보다 물레 성형으로 사발과 접시를 중점적으로 만든 겐류인 가마와 야마모토山元 가마 등에서 생산되었으며 여기에 새로운 히젠의 기술이 도입되는 경우도 있었다. 18세기 후반 이후에는 자기 생산도 늘어났으며 사쓰마에 있는 가마 간의 기술 교류도 빈번해지면서 다양한 작품이 만들어졌다. 막부시대 말기에 니시키데錦手나 킨란데金欄手 기술을 도입하면서 화려한 채색 도자기인 '이로에사쓰마彩繪薩摩'가 시작되었다.

1867년에는 박평의의 후손인 박정관朴正官이 파리박람회에 '니시키데오카빈錦手大花瓶'을 출품해 사쓰마 도자기를 알리면서 해외에 수출할 수 있는 기회를 얻었다. 이는 당시 유럽에서 유행하던 '자포네스리Japonaiserie, 일본 취향'에 큰 영향을 미쳤고, 그 후 'SATSUMA'라는 브랜드로 국제적으로 널리 알려지게 되었다.

초대부터 11대까지가 심수관 가마의 정착기였다면, 12대1835~1906는 도약기를 이끌어 '사쓰마웨어'로서 세계적 명성을 획득했다. 12대 심수관은 사쓰마 어용 가마 사기장일 때부터 시마즈 번주의 후원에 힘입어 고화도 백자와 청화백자를 생산했고 킨란데 등으로 제작의 폭을 넓혔다. 그런데 1868년 메이지유신으로 번요가 폐지되자 현재의 미야마에 사재를 털어 개인 가마를 만들었다.

12대 심수관은 1873년메이지 6년에 오스트리아 비엔나 만국박람회에 6척이 넘는약 190㎝ 킨란데 큰 꽃병大花瓶을 출품하여 호평을 받았고 이로 인하여 유럽과 호주·러시아·미국 등 세계 각국에 도자기를 수출하게 되었다. 또한 일본 문화를 상징하는 예술작품으로 인식되는 등 가마가 크게 융성하여 1900년 프랑스 파리만국박람회에도 도자기를 출품하여 사쓰마웨어의 명성을 굳혔다. 1901년에는 시조 당길이 창시한 '시로사쓰마白薩摩의 스카시보리透彫'를 개발한 공로로 '료쿠주호쇼綠綬褒章'를 받았다. 심수관이라는 이름으로 대를 잇게 된 것도

- 12대 심수관의 킨란데
  〈쥐를 보고 있는 모녀상〉
- 12대 심수관의 킨란데
  나팔꽃 모양 향로

12대 심수관의 킨란데 국화무늬 항아리(사쓰마전승관 소장)

킨란데 '스카시보리(透彫)' 향로(심수관박물관 소장)

12대부터다. 이후 13대부터 15대 현재까지는 전통과 혁신이 어우러진 명품을 지속적으로 생산해 오고 있다.

1940년대 초 태평양 전쟁 시기에 가세가 기울자 심수관도 대대로 내려오는 가보 도자기를 팔려고 한 적이 있었다. 그러나 그들은 '산과 전답은 돈만 있으면 나중에 얼마든지 살 수 있으나 우리 집 도자기는 초대 이래 조선 도공의 혼이 깃든 것이다. 목숨을 걸어서라도 지켜야 한다'며 팔지 않았다. 그런 뚝심 덕택인지 1954년에는 13대 심수관이 미국의 디자인전에 1위로 입상했다.

1964년 이름을 물려받은 제14대 심수관본명: 심혜길沈惠吉은 사립 명문 와세다대학 정경학부를 졸업해 정치에 뜻을 두고 국회의원 비서로 일했다. 하지만 아버지가 병석에 누워 사쓰마야키의 대가 끊어질 위기에 처하자 미련 없이 자신의 꿈을 접고 고향으로 내려가 가업을 이어받았다. 1970년 오사카 만국박람회에 대화병을 출품했으며 전국에서 '심수관전'을 개최했다. 도자기를 통하여 한일 양국의 문화교류와 친선에 많은 공헌을 했고 1988년 일본인으로는 처음으로 대한민국 명예총영사로 임명되었다.

그는 소설가 시바 료타로의 『어찌 고향을 잊으랴故郷亡じカたく候』라는 작품의 주인공으로도 널리 알려졌다. 『어찌 고향을 잊으랴』는 고국을 등지고 떠나온 조선 사기장들의 애환을 가슴 저리게 그린 소설인데, NHK TV는 이를 토대로 8시간짜리 특집 프로그램을 만들었고 그 바람에 심수관 도자기는 일본 전역에서 명품으로 대접받게 되었다.

시바 료타로가 1968년 6월호 월간 「분게이순쥬文藝春秋」에 발표하기 시작한 『어찌 고향을 잊으랴』는 사쓰마야키 탐방기에서 시작한다. 1968년 봄의 어느 날, 시바 료타로는 여행으로 들른 가고시마 여관에 묵고 있었다. 비행기 출발 시간

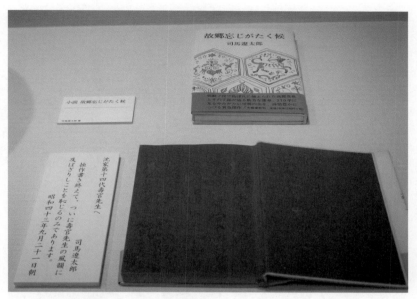

시바 료타로의 『어찌 고향을 잊으랴』(심수관박물관 소장)

까지 4시간쯤 여유가 있었다. 그는 그동안 어디 둘러볼 곳이 없을까 하고 지도
를 펼쳤다. 사쓰마 반도가 남쪽으로 뻗어 긴코만錦江灣을 에워싸고 있다. 바로
그 긴코만 해안에 가고시마 시가지가 있고, 서쪽을 가로질러 어항 구시키노가
있으며, 그 바로 앞 구릉지대에 나에시로가와라는 이름의 조그만 마을이 있었
다. 27년 전 어느 절에서 백자 항아리 조각을 발견했을 당시 처음 들었던 이름,
나에시로가와. 70여 가구가 사는 조선 도자기의 고향. 시바 료타로는 군말 없이
일어나 그곳으로 향했다. 그는 『어찌 고향을 잊으랴』에 '심수관 가문이 대대로
이어내려 오며 도자기를 굽는 곳'이라고 썼다.

14대 심수관의 순금칠보연속눈결정문양 큰꽃병

15대 심수관의 칠보 '스카시보리(透彫)' 향로

1998년 7월 14대 심수관은 서울 세종로 동아일보사의 일민미술관에서 도예전을 열었다. 당시 일민미술관에는 '400년 만의 귀향 -일본 속에 꽃피운 심수관가 도예전'이라는 현수막이 걸렸다. 앞에서 보았듯 1998년은 그의 선조 심당길이 사쓰마로 끌려간 지 꼭 400년이 되는 해였던 것이다. 14대 심수관은 1999년에 대한민국에서 은관문화훈장을 받았고, 2008년에는 남원명예시민이 되었다. 가고시마 현이 만든 관광용 안내 책자에 그의 사진이 실려 있었을 만큼 14대 심수관은 일본 내에서도 인정을 받았다.

15대 심수관본명 沈一輝, 1959~ 역시 아버지가 다녔던 와세다 대학 교육학과를 1983에 졸업하고 가업을 잇기 위해 2년 후 교토부립 도공고등기술전문학교를 마쳤다. 이후 이탈리아 파엔차 국립미술도예학교를 거쳐 1990년에 다시 한국으로 와서 경기도 여주의 김일만 토기 공장에서 1년 동안 김칫독 만드는 기술을 배우는 등 사기장으로서의 이론과 실기를 닦았다. 수련 기간을 끝낸 그는 아버지 밑에서 흙을 개고 장작불을 피우는 등 밑바닥 일부터 새로 시작했으며 9년 뒤인 1999년 1월 15일 제15대 심수관의 이름을 정식으로 이어받았다. 그도 지금은 아버지 못지않게 국내외에 걸쳐 수시로 전시회를 갖는 등 왕성한 작품 활동을 벌이고 있다.

외아들인 그는 일찍이 중·고교시절 방학 때면 친구들과 어울려 여행이나 캠핑을 가고 싶은 생각이 굴뚝같았으나, 아버지의 허락이 떨어지지 않아 한 번도 제대로 뜻을 이루지 못했고, 대신 어김없이 아버지 밑에서 온갖 잡일을 거들며 흙으로 작품을 만드는 일과 질긴 인연을 감내할 수밖에 없었다고 했다. 심수관가는 희한하게도 1대부터 14대까지 계속 외아들로 내려왔으며, 지금의 15대 심수관만 두 아들을 두고 있었다. 두 아들도 틈만 나면 일을 돕고 있어 가업을 잇는 데는 전혀 문제가 없다고 한다.

심수관 가문의 대학 교육에는 하나의 원칙이 있었다. 대학에서는 도예와 전혀 다른 분야를 택한다는 것이다. 14대 심수관이 대학 진학 때 미술과를 희망했으나 아버지의 거부로 뜻을 이루지 못했다. 어차피 대학 졸업 후 가업을 이어받아 생을 마감하는 날까지 흙을 만지며 살아야 할 운명인데 젊은 시절 대학에서까지 같은 계통을 택하면 인생이 너무 가엾으니까 대학 시절이나마 다른 분야를 공부하면서 마음껏 즐기라는 것이 그 이유라고 한다. 15대 심수관도 마찬가지였다.

15대는 1998년 14대와 함께 남원 도자기의 '혼불'을 채취해 사쓰마에 안치하는 이벤트 '400년 만의 귀향'을 기획, 추진했다. 2011년에는 남원의 '심수관도예전시관'에 12~15대의 작품 13점을 기증했다. 15대 심수관은 일본 가고시마현 미야마 집에 매일 아침 태극기와 일장기를 나란히 게양한다. 일본으로 건너간 거의 모든 조선인 사기장이 일본 이름을 사용하고 있지만, 심수관 가문은

2016년 5월 '문경 전통 찻사발 축제'에서
자신의 가문에 대해 얘기하는
15대 심수관

유일하게 한국 이름을 고수하고 있다. 그들의 몸속에는 아직도 조선의 뜨거운 피가 면면히 흐르고 있는 것이다.

다음은 도자기를 만드는 마음을 담은 15대 심수관이 쓴 글이다.

> 맹렬히 타는 도가니 속에서도
>
> 담담하게 인간은
>
> 슬픔을 마음속에 담고 살아야 한다.
>
> 피를 따르나 피에 물들지 않고
>
> 기술을 따르나 기술에 기대지 않으며
>
> 불을 따르나 불에 빠지지 않는다.

박평의 가문은 왜 스스로 가마의 불을 꺼버렸을까?

미야마 마을에는 심수관 가마를 비롯해 현재 가마를 열고 있는 곳이 14개에 이르며 마을 주민은 모두 600명 정도이다. 불행하게도 박평의 가문은 6대를 마지막으로 도예에서 완전히 손을 뗐다. 박씨 가문은 왜 가마의 불을 스스로 꺼버렸을까? 거기에는 다음과 같은 아픔이 있다.

1871년 나에시로가와를 보호하던 사쓰마 번이 소멸되면서 조선인을 차별하고 억압하는 일본인들의 습성이 다시 도졌다. 미야마의 조선인 사기장들은 차별을 견뎌내며 일본인으로 살아남기 위해 무진 노력했다. '유신삼걸維新三傑'의 한 명인 사이고 다카모리가 에도의 막부 정권을 타도하기 위한 전쟁을 벌였을 때도 조선인 마을에서 장정들이 2개 소대를 편성하여 참전했다. 또한 메이지유신에 의해 결과적으로 사족의 입지가 좁아지고 무사들의 불만이 극에 달하자 이를 해소할 방책으로 다카모리가 또 다시 정한론征韓論을 주장했다가 받아들여지지 않아 귀향하였다가 정부와의 갈등이 격화되어 1877년 세이난전쟁西南戰爭 05을 일으켰을 때도 미야마에서는 1개 소대 96명이 참전했다. 조선인 마을은 사무라이 신분에 걸맞게 사회적 책임을 다하면서 시대 변화에 능동적으로 대응하고자 애썼던 것이다.

사이고 다카모리 초상

메이지 정부의 새로운 신분 질서는 미야마의 조선인들에게 일대 충격을 몰고 왔다. 메이지 정부는 봉건 신분제도를 타파하고 새 계층 질서를 세웠다. 다이묘와 귀족은 화족和族, 사무라이는 사족士族, 일반 서민은 모두 평민이라고 구분

05 메이지 10년인 1877년 1월부터 9월 사이에 벌어진 일본의 마지막 내전. 사이고 다카모리는 가고시마로 돌아간 후 사학(私學)을 설립하고 사족들의 자제들을 교육시키는 일에 전념하였다. 각지에서 학생들이 모여들어 1877년 즈음에 재학생이 2만 명에 이르렀다. 메이지 정부 입장에서는 아직 정부의 권력이 미치지 못하고 사족들의 지배체제가 유지되는 유일한 지역이었던 가고시마 현이 큰 걱정거리였다. 게다가 사이고 다카모리를 중심으로 사학의 규모가 날로 커지자 위기감이 높아졌다.
그러자 새 정부의 핵심 인물로 같은 사쓰마 번 무사 출신인 오쿠보 도시미치(大久保利通, 1830~1878)는 가고시마를 공격할 구실을 만들기 위해 1877년 1월 '가고시마 현이 보유하고 있는 병기와 탄약을 오사카로 운반할 것'을 명해 사이고 다카모리를 도발했다. 그러자 사학교 학생들이 앞장서서 가고시마의 군수 공장과 해군 기지를 공격했고, 1877년 2월 15일 사이고 다카모리를 옹립하여 군사를 일으켰다. 군사를 이끌고 도쿄로 향하던 사이고 다카모리는 구마모토(熊本)에서 정부군과 맞닥뜨려 6개월 동안 치열한 전투를 벌였다. 이후 규슈 전 지역에서 공방전이 벌어졌다. 패퇴한 사이고 다카모리는 가고시마 현에 돌아와 저항하다가 1877년 9월 24일 동굴에서 할복자살했다.
그러나 오쿠보 도시미치 역시 이듬해에 이시카와(石川) 현 사족들에 의해 암살됐고, 이후 조슈 번 출신들이 메이지 신정부의 실권을 장악하게 되었다.

메이지 정부군과 사이고 다카모리의 사쓰마 군이 충돌한 '세이난 전쟁'을 묘사한 그림(사쓰마전승관 소장)

했다. 그런데 이 질서를 조선인 사기장들은 받아들일 수 없었다. 지난 300여 년 동안 사무라이 계급으로 살아왔기 때문이었다. 사무라이로서 늘 전쟁에 참여했고, 수많은 사상자들을 내면서도 계급에 걸맞는 의무노블리스 오블리제를 다해왔으므로 사족으로 구분되는 것이 당연하다고 생각했다. 여러 번에 걸쳐 사족 편입을 요구하는 청원을 가고시마 현에 제출하기도 했다. 그러나 메이지 정부는 번번이 이를 받아들이지 않았다.

박평의의 직계 후손으로 나에시로가와 주민인 박수승朴壽勝, 1855~1936이라는 사람이 있었다. 그도 처음에는 사족 편입 운동에 열심이었지만 결국 조선인 차별

정책에 의해 거부되자 이를 포기하고 1887년에 재산을 털어 사족의 족보를 사서 도고東鄕씨로 성을 바꾸었다.

박수승은 왜 300년 가문의 전통과 사쓰마야키 시조라는 긍지에도 박씨 성을 저버렸을까? 그에게는 박무덕朴茂德이라고 하는 아들이 있었는데, 어려서부터 수재였다. 만약 세상이 바뀌지 않고 아들이 자신의 뒤를 이어 도자기를 구울 수밖에 없었다면, 그는 성을 버리지 않았을 것이다. 그런데 불행하게도 세상이 바뀌어서 더 이상은 사무라이가 아니었기 때문에, 자신의 영재 아들은 학교에 가면 차별과 놀림을 받으며 업신여김을 당할 것이 분명했다. 아버지는 더 이상 사기장으로서의 삶을 아이에게 물려주기 싫었다. 그래서 재물의 힘으로 사족 편입을 달성하고, 사기장의 업을 끊어버린 것이었다. 박무덕이 5살 때의 일이었다. 마침 그의 아버지는 가업을 산업화하여 도자기를 이국에 수출하는 등 사업가로 성공해서 돈이 있었다.

독문학과 교수와 문예평론가를 꿈꿨던 박무덕, 나중의 도고 시게노리東鄕茂德, 1882~1950는 도쿄제국대학의 독문과에 진학했다가, 하숙집에 불이 나 책이 모두 타버리는 바람에 꿈을 접고 재학 중 외교관 시험에 합격했다. 독문학을 좋아했던 것은 어머니의 영향이 있을 수 있다. 어머니 박토메 역시 임진왜란 때 끌려온 사기장 박씨의 후손이나 독일인의 피가 섞인 혼혈인이었다.

관보에 외교관 시험 합격자 발표가 나자 아버지 박수승은 나에시로가와 마을과 인연을 끊고, 가고시마로 주소도 이전하여 300년 가까이 지켜 온 조선 핏줄과 완전하게 결별한다. 이렇게 해서 사쓰마야키의 한 축이 무너지게 되었다.

도고 시게노리는 겉으로는 조선인 사기장 박씨의 후손이라는 것을 숨겼지만 한 번도 가 보지 못한 조선을 그리워했다고 한다. 일제강점기 그가 국장으로 있던 시절 조선에서 최초로 외교관 시험에 합격해 일본 외무성에 부임한 직원에게 자신도 조선의 피를 이어받았다고 토로하며 격려하기도 했다. 경주 출신의 그에게 독립된 한국을 위해 봉사하려면 열심히 배우라고 충고해 주기도 했다는 것이다.

도고는 '조선인 핏줄'이라는 약점에도 독일 대사, 소련 대사를 거쳐 외무대신을 두 번 지냈다. 독일 대사로 있을 때는 일본-독일-이탈리아의 3국동맹을 반대했고, 내각의 외상으로서는 일제의 전쟁 확대를 반대해 끝내 사표를 던졌지만 태평양전쟁 패전 후 A급 전범이 되어 1946년 금고 20년 형을 받고 스가모 형무소에 수감되었다. 당시 와세다 대학에 다니던 14대 심수관 심혜길은 아버지의 부탁으로 아홉 차례나 도고를 면회하러 갔다고 한다. 심혜길은 늘 고향의 과자들을 싸들고 갔고, 도고는 그를 반갑게 맞아줬다고 한다. 도고는 옥살이를 하면서 『시대의 일면時代の一面』이라고 이름 붙인 회고록을 집필하던 중 병으로 사망했다.

사쓰마 미야마 마을 어귀에는 현재 그의 생가 터가 있고 거기에 기념관과 동상이 서 있다. 기념관 뒤에는 초등학교가 있고 그 입구에 다음과 같은 글귀가 쓰인 나무 표지판이 있었다고 하나 지금은 찾아볼 수 없다.

"거짓말을 하지 마라. 지지마라. 약한 자를 괴롭히지 마라. 도고東鄕 선배를 본받아라. 미야마의 소년들이여."

그런데 도고의 사위이자 양자인 도고 후미히코東鄕文彦 역시 외교관이었다. 후미히코는 김대중 납치 사건과 문세광 사건 당시 한국의 반일 감정과 일본의 반

● 히라사(平佐)계
　이로에(色繪)
　가을꽃 향로
●● 미야마 마을의
　도고 시게노리 생가 터의
　기념관과 동상

한 감정 확산을 막고 사태 조절에 힘썼다. 1973년 한일각료회의 때 외무성 심의관으로 한국을 방문해 김대중납치사건을 처리했다. 문세광의 1974년 육영수 여사 저격사건 뒤에도 한국을 재방문해서 사건 수습에 진력했다고 한다.

그런데 도고 시게노리의 고향 마을에는 또 한 사람의 유명한 '도고'가 있다. 성씨의 한자도 같다. 해군제독을 지낸 도고 헤이하치로東鄉平八郎, 1848~1934가 바로 그다. 그는 러일전쟁1904 때 우리의 독도 부근에서 러시아의 발틱함대를 전멸시켜 '구국의 영웅'이 된 전설의 해군 총사령관이다. 그가 박씨 혈통은 아니지만, 아마도 도고 시게노리의 아버지 박수승이 샀던 사쓰마 사족의 족보는 도고 헤이하치로 집안과 관련이 있을 개연성이 있다. "일본이 도자기나 만드는 야만국인 줄 알았는데, 러시아 발틱함대를 이긴 것을 보고서야 문명국임을 알게 되었다"라는 윈스턴 처칠Winston Churchill 영국 수상의 발언처럼 러일전쟁 승리는 일본 전쟁사뿐만 아니라, 아시아의 향후 운명을 결정한 엄청난 사건이었다. 이후 도고는 군신軍神이라 떠받들어지고, 일본 역사 10대 영웅 중의 한 명으로 그 이름이 올라갔다.

러일전쟁 승전 축하연이 있던 날 밤, 어떤 신문기자가 도고 제독에게 "각하의 업적은 영국의 넬슨 제독, 조선의 이순신 장군에 비견할 만합니다"라고 아부성 발언을 하자 도고가 그 기자를 즉각 야단쳤다는 기록은 매우 유명한 일화다. 도고는 이렇게 말했다.

> "나를 이순신 장군에 비교하지 마시오. 그분은 전쟁에 관한 한 신의 경지에 오른 분이오. 그분은 국가의 지원도 제대로 받지 않고, 훨씬 더 나쁜 상황에서 매번 승리를 이끌었소. 나를 전쟁의 신이자 바다의 신이신 이순신

심수관 가마의 킨란데 꽃무늬 다기

장군에게 비유하는 것은 신에 대한 모독이오."

이처럼 근대 일본과 사쓰마 그리고 사쓰마의 조선인 사기장들은 떼려야 뗄 수
없는 불가분의 관계로 서로 얽혀 있다. 임진왜란과 정유재란이 끝나면서 '에키
役, 부역의 의무'가 해소되자, 조선 침략에 동원되었던 영주들은 저마다 납치한 조
선인을 부족해진 군사력에 보강했다. 사쓰마에서만 3만여 명의 조선인들이 조
총과 창검술을 익힌 정예병으로 양성되고 있다는 전이생全以生의 보고나, 포술
과 검술을 익힌 납치 조선인을 일본 전역에서 모두 찾아보면 3~4만 명이 될 것

심수관 가마의 이로에(色繪).
구름과 학, 파도 그림의 사면 꽃병

이라는 정희득鄭希得의 상소가 이를 뒷받침하고 있다.

『광해군일기』 9년 4월 19일자 기록에 보면 일본으로 납치된 전이생의 서한이 소개되고 있는데, 이에 따르면 사쓰마의 피랍 조선인들이 일정 지역에 집단적으로 거주하면서 창검술과 진법만을 연마하고 있다는 내용이 나온다. 그 숫자가 무려 3만 700명이다.

임진왜란과 정유재란을 통해 많은 왜군들이 죽었다. 임진왜란에서 왜군 19만 8,000명이 참전하여 이 중 8만 8,000명이 전사하고, 정유재란에서는 14만 1,000명 중에 3만 명이 전사했다는 보고가 있다. 임진왜란에 참전했다가 살아 돌아간 왜군은 정유재란 때 다시 참전했을 가능성이 높으니, 이를 가정한다면 살아 돌아간 왜군은 훨씬 줄어들 것이다. 게다가 약 1만여 명의 왜군이 조선에 귀순했다는 주장도 있다.

그렇게 일본 무사들의 수가 줄어든 상태에서 3만 명은 엄청난 숫자다. 임진왜란에 참전한 사쓰마군은 약 1만 명이었다. 그중 절반만 전사 혹은 귀순했다고 가정해도 남은 사쓰마 번의 군대는 5,000여 명에 불과하다. 그런데 이 사쓰마에 무려 3만 명이나 조선인 부대가 생겨난 것이다. 그렇다면 결국 막부 말기부터 메이지유신에 이르는 기간 중 사쓰마 번의 사무라이들은 대부분 조선인과 그들의 후예가 된다는 결론이 나온다. 신분제도가 엄격했던 막부 시절의 일본에서 사무라이 또한 대대로 세습된 사실을 염두에 두면 더 그렇게 생각할 수밖에 없다.

또한 일본에 끌려갔다가 송환되어 돌아온 정희득의 1599년 6월 상소에 이런 내용이 나온다.

> "조선 남자로 일본에 잡혀간 자가 포술과 검술을 익히고, 배 부리는 것이나 달리기도 익혀서, 강장強壯하고 용맹하기가 왜인보다 나으니, 비록 조선에서 10년 동안 훈련해도 이러한 정예는 쉽게 얻을 수 없습니다. 이제 모조리 찾아 모으면 3~4만 명이 되고 노인과 어린이 및 여자의 수는 갑절이나 됩니다."[06]

조선인 부대가 왜군보다 더 강장하고 용맹해서 정예가 되었다는 내용이다. 이를 보면 사쓰마 번이 조슈 번과 동맹을 맺어 에도 막부를 격파할 때 사쓰마 부대의 주력 역시 조선인이었다는 얘기가 된다. 메이지유신이 성공하고 1869년 메이지 일왕이 권력을 되찾는 데에 공적이 있는 인물들에게 위계位階를 수여할 때 사이고 다카모리는 가장 높은 위계를 받으면서 1871년 정부군 사령관이 되었는데, 그때 그가 이끌었던 사쓰마의 군사 숫자가 1만 명이었다. 그러니 아무

---

06 이상의 내용은 다음의 논문을 참조했다. 민덕기, 「임진왜란 때 납치된 조선인의 일본 생활 -왜 납치되었고 어떻게 살았을까」, 『역사와 담론 제36집(2003)』, 호서사학회

리 깎아서 생각해 봐도 메이지유신의 성공에 조선인 부대가 엄청난 공헌을 했다는 사실은 바뀔 수 없다. 너무나 엄청난 이 역사적 아이러니라니!

게다가 막부 말기 사쓰마 번의 10대 번주이자 마지막 번주로 메이지 내각에서 사다이진左大臣을 지낸 시마즈 히사미쓰島津久光, 1817~1887는 나에시로가와에 대규모 백자공장을 차리고 10대 심수관을 주임으로 임명해 커피잔, 양식기洋食器를 생산했다. 앞의 사가 번 경우에서도 보았듯 이는 나가사키의 데지마를 통해 해외에 팔려 나가 막대한 이익을 가져다주었다. 그것이 후일 막부를 타도하는 도막倒幕의 재원財源으로 쓰였으니, 이 또한 너무 씁쓸한 아이러니다.

게다가 시마즈 히사미쓰는 조선인 사기장들을 끌고 갔던 시마즈 요시히로의 11대손이고, 하급무사인 사이고 다카모리를 중용해 함께 막부 척결을 모의한 장본인이다. 결국 할아버지가 11대 손자의 '위업'까지 연결되는 안배를 해놓은 셈이니, 이 또한 기가 막히고도 억장이 무너지는 역사의 전개 아닌가!

조상의 혼이 깃든 꽃병의 귀환

앞에서 잠깐 이야기했듯 1867년 파리만국박람회에 사쓰마 번은 막부의 의지와 상관없이 지방 번주의 자격으로 작품을 출품시켰다. 그중 이채를 띤 것 중 하나가 12대 심수관의 '시로사쓰마'였다.

그리고 6년 후인 1873년메이지 6년 오스트리아 비엔나만국박람회에서는 심수관의 작품「니시키데보탄몬카빈錦手牧丹紋花瓶」이 입선하여, 이미 유럽에서 명성을

● 시마즈 가문의 문장이 새겨진 19세기 킨란데 모란 당초문 꽃병　　●● 킨란데 올빼미 꽃병
❦ 19세기 후반에 제작된 이로에 킨란데 국화 무늬 항아리　　❈ 19세기 킨란데 모란 꽃병

사쓰마야키의 분파인 교토의 교사쓰마(京薩摩)에서 19세기 후반에 생산된 꽃병

19세기 후반에 제작된
인물 그림의
사자 뚜껑 큰항아리

이부스키 하쿠스이칸의 사쓰마덴쇼칸'의 1층 전시실 자체도 명품이다.

떨친 사쓰마야키의 명성을 한층 더 드높였다. 그런데 14대 심수관은 1970년대 유럽 여행을 가서 12대 심수관의 '모란화병'을 무려 2억 엔^{한화로 약 21억 원}에 되찾아 왔다.

이처럼 조상의 혼이 깃든 화병의 귀환은 사쓰마에 하나의 역사적 소명으로 인식되는 듯하다. 물론 전후 일본이 경제적 급성장을 하고 세계 2위의 경제 대국이 되면서 가능해진 일이지만, 과거 개화기에 유럽으로 팔려 나갔던 작품 가운데 그 가치가 높다고 판단되는 것들의 상당수가 이렇게 일본에 되돌아와 있다.

그렇게 일본 땅으로 귀환한 사쓰마야키 '불세출의 걸작'들은 모래찜질로 유명한 관광 명소 이부스키指宿 하쿠스이칸白水館의 '사쓰마덴쇼칸薩摩伝承館'에 모여 있다. '하쿠스이칸'은 지난 2004년 한일정상회담 당시 고 노무현 대통령이 머물렀던 일본 최고 료칸 중 하나다. 사쓰마덴쇼칸은 사쓰마야키를 자랑하기 위한 목적의 박물관으로 지난 2008년에 개관했다.

사쓰마덴쇼칸 1층은 니시키데錦手 사쓰마야키와 12대 심수관 작품들의 전시관, 2층은 사쓰마 근대화와 관련한 각종 사료, 사쓰마야키를 종류별로 구분한 실물 그리고 중국의 대표적인 가마의 실물로 채워져 있다. 이곳에 들어서면 바로 그 순간 입이 떡 벌어져서 움직이기 힘들다. 숨 쉬는 것조차 힘겹게 느낄 정도다. 그야말로 지상의 것이 아닌, 천상의 명물이라고 해야 할 만한 명품 자기들이 즐비하게 놓여 있기 때문이다. 하나하나가 감탄과 경탄을 금치 못할, 정말 세기의 걸작들이다.

주차장에서 올라가는
심수관 가마의 입구

사쓰마야키 종가인 심수관 가마
가고시마 시에서 미야마까지는 25km 남짓한 거리다.
마을 가까이까지 고속도로가 나 있어 차를 타면 금방 간
다. 고속도로를 벗어나 국도로 조금 가면 사쓰마야키의
마을 미야마에 온 것을 환영한다는 커다란 안내판이 조
선식 기와를 얹고 서 있다. '어서 오세요'라고 한글로 쓰
인 글 밑에는 백자 달항아리 하나가 환하게 웃고 있다.
나지막한 고갯길을 넘어서자 숲으로 둘러싸인 동네 가운
데로 좁은 2차선 도로가 곧게 뻗어있고 내려가면서
각 집으로 들어가는 골목길이 흡사 가느다란 나뭇가지
처럼 차례차례로 갈라져 나갔다. 왼쪽으로 낮은 산이,
그리고 오른쪽엔 약간 펀펀한 지세인 주변 모습이 뒷산
을 등지고 앞으로 실개천이 흐르는 우리나라 남도 어느
농촌마을을 빼닮았다.

작가 시바 료타로도 『어찌 고향을 잊으랴』에서 마을 모
습을 이렇게 묘사하고 있다.

"나지막한 구릉과 넓은 하늘, 그 아래로 바다가 숨어있
는 듯 주변은 바닷물의 반사로 눈이 부실 것만 같다. 길
은 화산재 때문일까 바랜 듯 하얗고 나무 또한 일부러
그렇게 만든 것처럼 연녹색이다. 영락없는 조선의 산하
(山河)다."

집집마다 울타리 나무가 빛바랜 길 양쪽으로 이어져 있
다. 가느다란 대나무와 나한송으로 둘러싸인 산울타리
는 마치 숨은 마을이라고 해도 좋을 듯 마을 풍경에 신
비로움을 더해 준다. 그러다가 문득 심수관 가마를 알리
는 표지판과 사무라이 대문이 나타난다. 이 마을을 들른
어느 고명한 도예가는 "마을 자체가 벌써 명품이구나"
라고 말했다 한다.

심수관 가마는 마을 중간쯤에 있다. 널따란 주차장에서
도방으로 들어가는 작은 길 화단에 짙은 갈색 바탕에 흰

글씨로 '심수관요(沈壽官窯)'라고 쓴 간판은 매우 작았다. 정문의 기둥 오른쪽에 '사쓰마 가마의 종가14대 심수관 (薩摩燒家14代沈壽官)' 그리고 왼쪽에는 '대한민국명예총 영사관(大韓民國名譽總領事館)'이라고 쓰인 나무 문패가 부착되어 있다. 대문을 들어서면 바로 높이가 2m 남짓 한 목재 담이 안쪽을 막고 있는 좀 색다른 구조다. 옛날 에는 돌담이 있던 자리였다. 사무라이 집은 외부로부터 적이 침입해 올 때 1차 방어를 위한 일종의 방어벽으로 대문 쪽 가까운 내정 입구에 돌담을 쌓았다. 일반 백성 들 집에는 없는 이 방어벽이 허용된 것은 메이지유신 이 전까지 그가 사무라이 대우를 받았다는 사실을 알려 준 다.

안뜰로 들어서면 왼쪽에 대한민국명예총영사관 현판 이 걸린 아담한 건물이, 오른쪽에는 조상들 작품을 전시 해 놓은 수장고(收藏庫)가, 정면에는 제품을 파는 전시실 이 자리 잡고 있다. 심수관가의 자랑인 수장고에는 초대 심당길로부터 15대 심수관에 이르기까지 대를 내려오 면서 만든 대표적인 작품들이 질서 있게 진열되어 있다. 도자기 외에도 한글 훈몽과 조선어집, 표민대화록(漂民 對話錄) 등 소중한 사료들도 전시되어 있다.

심수관 도방의 조선식 오름가마

초대에서 9대까지의 작품은 대체로 화려하기보다 질박한 편이다. 특히 초대 심당길이 만든 찻잔은 흙과 유약 등 재료를 모두 조선에서 가져왔고 불과 물만 일본 것으로 은은한 황백색에 꾸밈없는 소박한 생김새다. 그러나 12대 심수관부터는 그림과 색채가 형언할 수 없을 정도로 화려해지고 작품 종류도 다양해진다.

전시실 뒤편으로는 얕은 언덕으로 조선식 오름가마가 보이는데, 그 옆에 쌓아 둔 장작이 처마에 닿아 있다. 그 뒤편으로 나란히 서 있는 2개 동의 넓은 공방에는 30여 명의 사기장들이 작품 제작에 몰두하고 있다.

사쓰마 사기장들의 정신적 지주 '교쿠잔진구'
구시키노에서 나에시로가와로 들어간 조선인 사기장들은 한민족의 명맥과 혼을 잇기 위해 미야마(美山) 뒷산 근처에 옥산신궁(玉山神宮, 일본어로 '교쿠잔진구')을 세워 단군을 제신으로 모셨다. 옥산(玉山)이란 이름은 평양에 단군릉이 있는 지역의 이름이다. 이는 환웅과 단군을 모시

옥산 신사로 올라가는 어귀의 첫 도리이

고 있다 해서 환단신궁(桓檀神宮)으로 부르기도 했다.

단군을 모셨던
'교쿠잔진구(玉山神宮)'

그런데 이곳에는 다음과 같은 전설이 내려오고 있다. 옛날 조선에서 끌려온 사기장들은 고향이 그리우면 마을 뒷산의 산마우다케(三舞岳)라는 자연석 바위에 올라가 눈물을 흘리며 향수를 달랬다. 헌데 어느 날 묘한 일이 생겼다. 바다 건너에서 불덩어리(火光)가 날아와 산봉우리에서 몇 밤을 머무른 것이다. 마침 사기장 중에 태점(太占)을 치는 이가 있어 점괘를 짚어 보니 이 '화광'은 한민족의 시조 단군(檀君) 신령으로 사기장들을 지켜주기 위해 백두산에서 날아왔다고 했다. 그래서 도공들은 이곳에 사당을 짓고 마을의 수호신으로 받들었다.

그런데 1867년 기록된 『옥산궁유래기』에 의하면, 평양 옥산묘의 신인 단군 성조가 바다를 건너와서 그들을 보호하는 신이 되었다고 나온다. 그런데 보호 신으로 모셔진 단군 성조는 "밤마다 산 위에서 불기(炎氣)를 뿜어대며 기이한 현상을 많이 나타내는" 신이다. 나에시로가와의 그들은 단군 성조를 국조로서가 아니라 직업과 관련해 도자기를 굽는 '불의 신'으로 모셨던 것이다.

사쓰마의 사기장들은 해마다 음력 8월 14일에는 한민족 고유의 제천의식과 같은 풍습으로 단군 성조를 모셨다. 제주(祭主)는 한민족의 도포를 입고, 한국 음식과 함께 제기(祭器)와 악기도 한국 고유의 것을 썼다.

한편 나에시로가와의 인구가 증가하면서 1704년 일부 조선 사기장들이 가노야 시(鹿屋市) 카사노하라(笠野原)로 강제 이주되는데, 이들 이주민들이 1707년 나에시로가와의 옥산궁과 이름이 같은 사당을 짓는다. 이주 후 가끔씩 나타나는 밝은 빛이 나에시로가와의 단군 신령이 이주민을 수호하기 위해 날아드는 것으로 여기고, 이주민이 번주(藩主)에게 건의해 지은 것이라는데, 이곳에서는 아직도 매년 음력 8월 14일이면 제례를 올린다고 한다.

또한 이곳에서 남쪽으로 8km 정도 떨어진 곳에 또 다른 옥산 신사가 있는데, 카사노하라 350명의 주민이 이주해 1866년 지은 것이라고 전해진다. 이처럼 사쓰마에는 단군을 모신 옥산궁이 3개나 있다. 낯선 이국땅에서 갖은 박해를 당할 때마다 이들은 단군을 구심점으로 서로 단결하여 조국을 잊지 않으며 어려움을 헤쳐 나갈 힘을 얻곤 했던 것이다.

그러나 옥산신궁은 메이지 시대(1868~1912)로 들어서면서 신사(神社) 정리 정책에 따라 '촌사(村社)'로 대우가 낮아지고, 조금씩 조선식 궁전의 건물 형태도 신사 형식으로 바뀌었다. '촌사'는 신사의 위계 서열상 낮은 위계로 일정한 한 마을 사람들이 모시는 신사를 말한다.

1902~1903년경에 일본 정부는 일본의 고전 『일본서기』나 『고사기』 등에 이름이 나오지 않은 신사는 음사(陰社)이기 때문에 폐사해야 한다는 통보를 전국에 전했다. 1904년 러일전쟁을 눈앞에 둔 시점이었다. 일본 정부는 신사 통폐합을 통해 사상적 통일을 꾀했던 것이다. 미야마 주민들은 지혜를 모았다. 그들은 교토제국대학 출신의 엘리트였던 12대 심수관을 도쿄에 보내 정부 교관들과 교섭을 벌였다. 그리하여 옥산 신사에 다른 신사를 합사시키는 방법을 택하여 주변에 있는 검(劍) 신사가 편입되면서 신사가 폐지되는 것은 모면했다.

메이지 35년(1902년) 3월 8일 명세장을 보면, 모셔진 신(단군 성조)이 발광하여 주위에 환한 빛을 비추었을 뿐만 아니라 진동하여 주변을 흔들기까지 했다고 나온다. 이는 아마도 신사가 없어질 위기에 대응하는 마음이 그렇게 표현된 것이라 보인다. 그러나 1917년 개축할 때에는 남향으로 되어 있던 건물도 완전히 일본풍으로 변해 버렸다. 원래 신궁 입구에 있었던, 도자기로 만든 용이 감고 있는 둥근 기둥도 사라져 버렸다.

한편 제삿날 부르는 축가인 신무가(神舞歌)도 한국말 그대로 사용했다고 한다. 이 신무가는 1610년 남원의 양

십수관 가마의 시로사쓰마 커피잔 세트

덕수가 발간한 『양금신보(梁琴新譜)』를 원전으로 하고 있
는데 한국에서는 일제강점기에 소멸되었다. 그리하여
미야마 사기장 마을에 구전으로 전해 오는 이 가사는 제
목 자체가 『오노리소』로 변해 한국말도 일본어도 아닌
어중간한 형태로 이어져 온다.

오늘날 오는 날이 하루하루가
오늘 이날과 무엇이 다르리.
해가 지고 해가 뜬다. 오늘은 오늘 한세상
어느 때나 같은 그날
おおるなりい おのりら
まいるいどな おのりら
なるのん ぢるると

이 노래는 한 맺힌 조선 사기장들의 절규요, 동시에 체
념 어린 탄식 그리고 피울음이다. 그리 들리지 않는가?

27년 전의 나는
왜 아리타로
갔을까?

나무 그늘 아래 나비와 함께 앉아 있다. 이것도 전생의 인연.

木の陰やてふと宿るも他生の縁

-고바야시 잇사의 하이쿠

1996년 9월의 어느 날 후쿠오카 공항에 내린 나는 홀린 듯이 가라쓰와 아리타로 향했다. 바쁜 기자 생활 속에서 어렵사리 얻어낸 휴가의 행선지가 규슈였다. 내 마음속의 무엇이 나를 그쪽으로 이끌었는지 모른다. 팔랑팔랑 날아서 나를 그리 안내한 것이 어떤 나비였는지 모른다. 나는 그저 가라쓰라는 미지의 땅으로 가 보고 싶었을 따름이었고, 마음의 명령에 따라 하카타역에서 기차를

1996년의 일본 아리타 도자기 축제에서 필자가 산 커다란 꽃꽂이 수반

탔다. 그때도 가라쓰는 전혀 낯설지 않았다. 마치 어릴 적에 살았던 시골 마을 풍경 속으로 불쑥 걸어 들어간 듯 정겨운 느낌이었다.

가라쓰를 거쳐 아리타에 도착하니 마침 도자기 축제가 열리고 있었다. 이러한 축제가 열리고 있는지 사전에 전혀 알지 못했으므로 순전한 우연이었다. 나는 당시 가라쓰와 아리타가 도자기 역사에서 얼마나 중요한 곳인지 전혀 몰랐다. 아니, 도자기 자체를 몰랐고 아무런 상식이 없었다. 청자와 백자의 색깔을 구별할 줄만 겨우 아는 무지렁이에 지나지 않았다.

그런데 이상한 일이었다. 도자기를 구경하고 도자기를 사는 수많은 인파 속에 묻혀 이리저리 헤매고 있을 때 내 시선을 유독 잡아끄는 '물건' 하나가 있었다. 이전에는 도자기에 전혀 관심이 없었던 필자였다. 더구나 도자기를 사고 싶다는 마음은 단 한 번도 가져본 적이 없었다. 그런데 참으로 놀랍게도, 접시나 주발, 조그만 항아리 혹은 꽃병도 아니고 이렇게나 커다란 꽃꽂이용 수반水盤에 마음이 혹하고 동해버린 것이다.

필자가 꽃꽂이에 관심이 있던 것도 아니었다. 대학 시절 칙칙한 자취방의 분위기가 너무 싫어서 없는 돈에 한 끼의 식사 비용과 맞바꾸어 프리지아 한 다발 사다가 빈 소주병에 아무렇게나 꽂아 놓았던, 그나마 '연중행사'로 드문드문 부려 보았던 사치가 경험의 전부였기에, 꽃꽂이용 수반을 산다는 것은 언감생심 꿈도 못 꿀 일이었다. 더군다나 한국 땅도 아닌 일본에서, 제품을 사는 그 순간부터 귀국할 때까지 엄청난 '짐'으로 나를 괴롭힐 대형 수반을 산다?

그런데 그 '고난의 행군'을 그만 스스로 시작하고 말았다. 물론 그 커다란 수반을 사기까지 수많은 갈등이 있었다. 살까 말까, 몇 번씩 주변을 왔다 갔다 했는데 도저히 '요 녀석'을 버리고 갈 수 없었다. 참으로 신기한 경험이었다. 이 물건은 지방의 가난한 집에서 태어나 서울 유학을 거쳐 신문기자로 일하고 있는 내게는 도대체 어울릴 수 없는 거추장스러운 짐이었다. 앞으로 이사를 얼마나 더 다녀야 할 줄도 몰랐고, 이 화려한 수반에 어울릴 꽃꽂이를 할 시간적, 심적 여유는 더더욱 없었다. 사는 그 순간 바로 천덕꾸러기 취급할 줄 뻔히 아는데도, 마음은 그 녀석으로부터 떨어지길 거부하니 이를 뭐라 표현해야 할까.

구입 가격은 전혀 기억나지 않는다. 그렇게 나는 내 생애 최초의 도자기를 사들였다. 어떤 힘든 노동을 거쳐 그놈을 서울 집까지 끌고 왔는지도 모르겠다. 분명한 것은 깨지기 쉬운 그 물건을 안전하게 이송하기 위해 땀깨나 흘릴 수밖에 없었다는 사실이다. 이 녀석을 들고 다니느라 길거리와 공항 등에서 내게 쏠린 따가운 시선은 덤이었다. 당연하지만 이놈은 서울에 와서 금방 애물단지가 되었다. 어디 널따란 응접실에나 어울릴 물건이 비좁은 아파트 거실 한 구석에 처박혀 있자니 맵시도 살아나지 않았다.

그렇지만 27년이 되는 세월 동안 몇 번의 이사에도, 나는 용케 이 녀석을 깨 먹지 않고 잘 지켜냈다. 어쨌든 이 녀석은 지금도 여전히 집의 장식장 위에 자리를 잡고 앉아 이제는 제법 심미적 기능을 선사하면서 우리 가족과 평화로운 공존을 하고 있다. 단 한 번도 본연의 목적인 꽃 장식에 활용된 적은 없지만 말이다.

아리타 도자기와의 인연은 27년 전에 이렇게 시작되었다. 그런데 이 도자기를 산 것이 정확히 1996년이었다는 사실을 어떻게 기억하고 있었을까. 사실은 몰랐다.

좋은 버릇인지 나쁜 버릇인지 모르겠지만, 필자는 예전부터 여행한 모든 곳의 박물관과 미술관, 정원 등의 티켓이며 호텔을 포함한 온갖 영수증을 버리지 않고 모아 왔다. 이런 오타쿠御宅적인 행위를 시작한 것은 1993년 무렵부터였는데, 이후 70여 개에 달하는 나라를 여행했으므로 지금 필자에게는 엄청난 양의 여행 사료가 아카이브로 빼곡하게 정리돼 있다. 이 아카이브 덕택에 예전에 아리타를 방문한 것이 27년 전인 1996년이었고, 도자기를 그때 샀다는 사실도 정확하게 얘기할 수 있는 것이다.

어디 그뿐이랴! 지금 필자에게는 1996년 아리타 도자기 축제 때 샀던 입장권도 있다. 그것도 원본 그대로 완벽하게 보존된 상태다. 무려 27년이나 된 티켓이다. 물론 이 티켓을 가지고 있었다는 사실도 이 책의 에필로그를 쓰면서 새롭게 알게 된 사실이다. 전혀 기억에 없었는데, 에필로그를 쓰면서 아카이브를 뒤적여 보았더니 당시 티켓이 '짠!' 하고 온전히 제 모습을 드러내 주었다.

'세계 불꽃의 박람회世界・焱の博覽會'라는 제목이 붙었던 당시 도자기 박람회 티켓

'세계 불꽃의 박람회'라는 이름이 붙었던 1996년 도자기 축제 관람권과 '아리타 포슬린파크 (Porcelain Park)' 입장권

을 보니 관람권 가격이 무려 2,800엔이다. 당시 환율이 정확하게 어땠는지 모르지만, 원화 가치가 지금보다 절하되어 있었을 것이 분명하므로 꽤 비싼 가격이었다. 지금 환율로 보아도 싼 것은 아니다. 그런데도 선뜻 그 티켓을 사 들었던 것이 지금도 잘 이해되지 않는다.

그러면 필자는 이때부터 도자기에 관심을 갖고 알아보기 시작했을까? 천만의 말씀이다. 일본에서 서울로 다시 돌아오는 그 순간부터 도자기

는 잊혔다. 앞에서 말한 것처럼 공들여 사왔던 대형 수반은 구석에 처박혀 먼지를 뒤집어쓰고 있었고, 나는 다시 마감에 쫓기고 술 마시느라 바쁜 기자생활로 도자기는 먼 세상 딴 세상의 일이 되었다.

그런데 그로부터 27년이 지난 지금 나는 그때와 전혀 다른 사람이다. 무엇보다 유럽 도자기 3권, 일본 도자기 3권, 그리고 우리나라 도자기의 메카 이천시 도자 역사에 대해 책을 쓴 전문가가 되었다. 유럽과 일본 도자기, 일제강점기를 거치며 피폐해질 대로 피폐해져 껍데기만 남은 우리나라 도자 중흥의 역사에 대해 말하자면 국내 그 누구보다 많이 알고 있는 정통의 식견을 자부할 수도 있다.

이들 도자기 책들을 쓴 것과 27년 전의 내가 아리타를 간 것과는 어떤 상관관계가 있을까? 아마도 있을 것이다. 이 세상에 인연 아닌 것이 없다는 차원이 아니라 27년 전의 아리타는 분명 내 심연 깊은 곳에 자리하고 있으면서 희미하게 꿈틀거리며 사금파리를 향한 욕망을 자극하고 불을 지폈을 것이 틀림없다.

그러니 어찌 인과因果와 윤회輪廻의 나비에 대해 말하지 않을 수 있으랴. 이 세상 수많은 인연의 대부분은 그저 눈짓 하나 가벼운 악수로 비껴 가는 인연이다. 그런데도 도자기는 어찌하여 이렇게 내 삶의 커다란 일부분이 되었더란 말이냐. 먼 훗날 내가 한 줌의 흙이 되었을 때 어느 사기장이 그 흙으로 하나의 찻사발을 만들 수도 있을지니, 그것이 바로 억겁의 인연이 아니겠는가.

• • •

『유럽 도자기 여행』을 쓰기 위해 필자는 유럽의 수많은 나라와 도시를 다녀야 했다. 독일, 오스트리아, 폴란드, 체코, 헝가리, 네덜란드, 덴마크, 스웨덴, 핀란드, 러시아, 스페인, 포르투갈, 이탈리아, 프랑스, 영국 모두 15개국이다. 방문했던 도시들의 숫자는 헤아리기도 힘들다.

『일본 도자기 여행: 규슈 8대 조선 가마 편』도 마찬가지다. 책을 완성시키기 위해 필자는 규슈의 거의 모든 도향陶鄕과 이와 관련이 있는 도시들을 샅샅이 다녔다. 후쿠오카에서 시작해 가라쓰, 요부코, 히라도, 사가, 도호무라의 고이시와라, 히타, 야쓰시로, 구마모토, 나가사키, 하사미, 이마리, 아리타, 다쿠, 사세보의 미카와치, 우레시노, 카시마와 남쪽의 가고시마와 사쓰마, 동쪽 야마구치 현의 나가토와 하기에 이르기까지 20여 개 도시에 이른다. 이를 위해 2014년부터 최근까지 규슈 지방을 수십 번 드나들었다. 용케도 그때마다 화산이 터지고 지진이 발생한 시점을 피한 것 역시 천운이라고밖에 할 수 없다.

이 책을 내면서 가장 자랑스럽고 스스로 대견하게 여기는 대목의 하나는 일본 최초의 백자를 만들어낸 아리타 이삼평 공의 고향이 충남 공주 출신이라는 학설에 더 가깝게 다가설 수 있는 '결정적 증거'를 최초로 찾아낸 사실이다. 앞의 1장 아리타 항목에서 이미 얘기했듯, 이삼평 공의 고향에 대해 학계에서 충남 공주설과 경남 김해설이 강하게 대립하고 있는 상황에서 필자에 의한 이번 새로운 주장의 출현은 여러모로 우리나라 도예계와 학계에 큰 반향을 만들 것으로 보인다.

2016년 5월 3일 필자는 대전 KBS 다큐멘터리 제작팀과 함께 이삼평공이 아리타로 가기 전 십여 년 동안 살았던 다쿠의 시립박물관에 가서 이삼평공 무리가 도자기를 만들었을 것이라 추정되는 다쿠고라이다니 가마多久高麗谷窯의 사금파리들을 직접 확인했다. 그리고 그것이 공주 학봉리의 철화분청과 의심할 여지없이 같다는 사실을 검증받았다.

도예가로 필자와 함께 KBS 다큐
멘터리 제작팀과 동행했던 '이삼
평연구회'의 이재황 사무국장도
다쿠고라이다니 가마의 도편들
을 보고 "학봉리 가마터에서는
백자, 철화분청 그리고 철유를 온
통 덮어 구운 흑자가 함께 출토되
는데, 이처럼 다쿠 일원의 가마터
에서 흑자와 철화분청이 함께 나
오는 것은 이 가마터의 도자기들
이 공주 학봉리의 것과 같다는 사
실을 의미한다"며 "이로써 이삼
평공이 공주 출신이라는 사실이

다쿠의 옛 가마터에서 나온 사금파리들에 대해
설명하는 다쿠시립박물관장. 그는 중간에 놓인
'도침'도 일본 다른 지역에서는 나오지 않는
종류라고 강조했다.

의심할 여지없이 더욱 확실해졌다"고 필자의 주장에 힘을 보탰다.

다쿠의 가마터 사금파리와 공주 학봉리 사금파리를 서로 연결해 그것을 이삼
평공의 출신지로 생각한 필자의 새 학설은 그동안 제기되었던 이삼평공에 대
한 수많은 연구에서 놓치고 있던 부분이다. 이재황 사무국장 역시 "왜 그동안
학계가 이 부분에 대해 들여다보지 않았는지 모르겠다"고 말했다.

· · ·

이 책에서 필자가 스스로 자랑스러워하는 또 하나의 대목은 메이지유신과 관
련한 일본의 근대화 과정에서 아리타와 사가 현이 어떤 공헌을 했는지 자세하

게 밝혀낸 사실이다. 그동안 우리 학계는 아리타의 출발이 이삼평 공이었다는 사실 혹은 일본의 본격적인 도자 문화가 임진왜란 때 끌려간 조선 사기장으로부터 출발했다는 사실에만 매몰되어 일본 근대화 과정에서의 아리타와 도자기의 역할에 대해서는 거의 들여다보지 않았다.

앞의 1장에서 이미 강조했듯 메이지유신을 주도한 삿초동맹군이 막부 군대와의 전쟁에서 승리할 수 있었던 것은 도자기 수출로 막대한 자본을 축적하고 있던 사가 현이 막강한 화력의 암스트롱 대포와 근대 함선을 지원했기 때문에 가능한 일이었다. 이 사실도 국내에서는 거의 알려지지 않은 새로운 이야기다.

1867년 파리만국박람회 때 사가 번과 함께 작품을 출품했었던 사쓰마 번의 활동 상황을 보여 주는 전시물(사쓰마전승관). 오른쪽에 사쓰마 번이 받았던 훈장도 함께 전시돼 있다.

아리타와 규슈 도자기의 의미는 조선 출신 사기장에 대한 연구만으로 종결되어서는 절대 안 된다. 그것이 일본 근대화에 어떤 영향을 주고, 어떻게 도왔는지, 그리하여 현대 일본과 어떻게 연결되고 있는지 총체적 관계를 모두 풀어내야 비로소 하나의 단락, '일본에 넘어간 조선 도자기 연구'가 완성되는 것이다. 이런 점에서 우리 학계의 연구는 아직 시작도 못한 단계라 할 수 있다.

그런 점에서 필자가 쓴 『메이지유신이 조선에 묻다』는 조선 도자기가 메이지유신에 어떻게 기여했는지 인과관계를 들여다본 최초의 저술이다. 이 저술의 내용은 일본인들이 어떻게 해서라도 감추고 싶어 하는 '판도라의 상자'이기도 하다. 그만큼 그 의미가 심대하다.

우리 역사학계의 주류는 정말 통탄스럽게도 일본에 '불경스러운' 내용은 쓰지 않으려 하는 경향이 농후하다. 대신 일본의 역사관을 정당화 하고 그들의 학설을 제대로 검증하지 않은 채 베껴서 퍼뜨리는 데는 누구보다 용감하다. 이런 상황에서 외부의 무관심이라는 외로움에다, 시간적인 제약과 외부 지원 한 푼 없는 독자적 연구라는 한계 때문에 더 자세하게 들여다보지 못한 아쉬움이 크다. 기회가 주어지면 이에 대해 본격적으로 연구하고 싶다. 모쪼록 이 대목에 대해서도 필자가 물꼬를 터놓았으니, 이와 관련한 본격적 연구들이 나오길 학수고대한다.

· · ·

유럽과 일본 도자기 책을 만들기 위한 취재 과정에서 필자는 기적이라고 밖에 할 수 없는 많은 일들을 겪었다. 거의 불가능해 보이는 여정이었는데도, 길이 막히고 난관에 봉착할 때마다 어김없이 모세의 기적과 같은 일들이 벌어졌다.

● 1867년 파리만국박람회 때 출품한
　사쓰마 도자기 램프

●● 현대 사쓰마야키의 명공으로 꼽히는
　구로키 쿠니아키(黑木国昭)의 코린(光琳):
　자기나 칠기에 금속이나 청패(青貝)를
　박은 것

그런 과정을 겪으며 도자기와 필자는 전생의 질긴 끈으로 이어진 숙명이라는 생각이 강해졌다.

『일본 도자기 여행』 개정증보판을 위해 취재하러 일본에 갔을 때도 마찬가지였다. 코로나19 팬데믹으로 인해 지난 3년간 문이 닫혔던 일본의 하늘길이 열리자 취재를 위해 가장 먼저 달려간 곳은 규슈 다케오武雄였다.

임진왜란 직후인 1593년 36세의 나이에 다케오武雄 영주 고토 이에노부後藤家信에게 끌려간 사기장 중에는 김태도金泰道와 그의 부인 백파선白婆仙이 있었다. 책 내용에도 나오듯 그들은 고려다완차사발과 향로 등을 만들어 우치타 가마內田窯 또는 쿠로무타 가마黑牟田窯의 원조가 되었다.

사가 현 역사인명사전은 김태도에 대해 '아국요업계我國窯業界의 대은인大恩人으로 전해야 한다'고 기록하고 있다. 다케오 시는 지난 2018년 10월 29일 히에코바의 '기른노모리공원キルンの森公園'에 김태도를 기념하는 기념비를 건립했다.

『일본 도자기 여행 : 규슈의 7대 조선 가마』는 2016년, 일본 최초의 자기가 만들어진지 400주년이 되는 해에 출간되었기 때문에, 이 소식을 책에 담을 수 없었다. 그래서 이번에 규슈에 가자마자 제일 먼저 다케오로 간 것이다.

김태도 기념비가 있는 공원은 다케오온센온천 역에서 한참 떨어진 산 속에 있고, 일반 대중교통이 닿지 않는 곳이라서 결국 택시를 타야 했다. 일본 취재 여행에서는 이같은 택시비로 엄청난 돈이 들어간다. 가난한 '글로생활자' 입장에서는 피같은 돈이 그저 택시비로 나가야 하니 정말 안타깝다.

어쨌든 그렇게 택시로 기념비가 있는 공원에 도착한 나는 깜짝 놀랐다. 그의 기념비 앞에서 많은 사람들이 모여 제사를 지내고 있었기 때문이다. 그 사람들이 누구이고, 어떤 행사인지 물어보았더니, 그 자리에 모인 사람들은 다케오

● 다케오 김태도 공적비 앞의 가마 '비룡요(飛龍窯)'에서 이삼평 공의 14대손 가나가에 쇼헤이 씨와 함께
●● 도조 이삼평 공의 공덕비에 졸저 『일본 도자기 여행 : 규슈의 7대 가마』를 봉헌했다(2022년 10월 29일).

시 관광협회 관계자들이었고, 오늘날 다케오 시의 관광과 도자산업에 기틀을 마련한 김태도를 추모하기 위해 마련된 제사라고 했다.

나는 이 행사를 사전에 전혀 알지 못했다. 어떻게 그런 일을 알 수 있었겠는가. 그런데 내가 마침 그곳에 가자 그런 행사가 열리고 있었다!

사실 그 취재 여행 일정은 불가피한 일로 인해 원래 계획했던 것보다 2주 늦춘 것이었는데, 그런 행운이 따랐다. 그런데 행운이 또 겹쳤다. 일본 도자기의 시조 이삼평 공의 14대 후손, 산베에 쇼헤이三兵衛省平, 1961~ 씨가 마침 그 자리에 있었던 것이다. 필자는 지난 2016년 아리타 도자기 축제 당시에 그를 보았기 때문에 알아볼 수 있었다. 그래서 쇼헤이 씨와 기념사진도 찍었다. 정말 기적과 행운의 연속이었다.

이런 하늘의 안배는 정말 필자로 하여금 이 책을 쓸 수밖에 없는 필연의 과정이라고 생각한다. 더불어 이 책에 대한 서설瑞雪과 같은 축복이리라. 필자는 그저 하늘의 의지대로 움직이는 심부름꾼에 지나지 않는다.

마지막으로 부족한 필자를 항상 변함없이 진심으로 응원하고 지지하는 많은 애독자 여러분께 진심으로 감사드린다.

2023년 1월의 호일암好日庵에서

조용준

참고 문헌

『上野燒尊楷渡來の研究: 毛利吉成說の確立』, 毛利亮太郎, 歷研出版社, 2009

「唐津燒と織部燒について」, 『基礎科学論集 敎養課程紀要(23)』, 泉滋三郎, 神奈川歯科大学, 2006

『肥前名護屋城の人々』, 寺崎宗俊, 佐賀新聞社, 1993

『風土記 椎ノ峰史乗』, 松尾香, 山口印刷株式會社, 2003

「唐津市-唐人町と御用窯」, 『海路(2)』, 田島龍太, 海路編輯委員會, 2004

『肥前陶磁史考』, 中島浩氣, 肥前陶磁史考刊行會, 1936

馬渡八太郎, 「李氏は日本磁器の元祖」, 『肥前史談(10-4)』, 肥前史學會, 1937

『有田町史 陶業編(1)』, 有田町歷史編纂委員會, 有田町, 1985

『秀吉の朝鮮侵攻と民衆, 文祿の役(上)』, 中里紀元, 文獻出版, 1993

「日本の中の朝鮮文化(9) -肥前ほか肥後(長崎県, 佐賀県, 熊本県)-」, 『月刊 韓國文化(4)』, 金達壽, 自由社, 1988

「波佐見燒の成立について」, 『波佐見燒400年の歩み』, 野上建紀, 長崎縣波佐見町, 1999

『海を渡つた古伊万里』, 大橋康仁, 靑幻舍, 2011

『日本やきもの史』, 矢部良明, 美術出版社, 1999

『Japanese Export Ceramics 1860~1920』, Nancy N. Schiffer, Schiffer Publishing Ltd., 2000

「일본에서 꽃핀 조선의 도자기 문화 –임진왜란 당시 납치된 조선인 도공 이야기」, 『역사비평(85)』, 구태훈, 역사비평사. 2008

『임진왜란과 히라도 미카와치 사기장』, 황정덕, 도진순, 이윤상 저, 동북아역사재단, 2010

『임진왜란은 문화전쟁이다』, 김문길 저, 도서출판 혜안, 1995

「일본 사가현 아리타의 조선 도공에 대한 일고찰」, 『일어일문학회 42』, 노성환 저, 대한일어일문학회, 2009

「이삼평, 출신지를 둘러싼 논의」, 『공주학연구총서1: 공주, 역사와 문화콘텐츠』, 윤용혁 저, 공주대학교출판부, 2016

「도조 이삼평 그리고 아리타와 공주」, 『공주학연구총서1: 공주, 역사와 문화콘텐츠』, 윤용혁 저, 공주대학교출판부, 2016

『분청사기 연구』, 강경숙 저, 일지사, 1986

「히젠(肥前) 도자기의 해외 수출과 나가사키항」, 『로컬리티 인문학 10』, 와타나베 요시로 저, 부산대학교 한국민족문화연구소, 2013

「하사미 도자기와 조선도공」, 『일본어문학 제45집』, 노성환 저, 대한일어일문학회, 2010

「한일시대 한일도자교류」, 『한일문화교류 – 그 새로운 역사의 장을 열며』, 방병선 저, 부산박물관, 2008

「조선 도공의 류큐(琉球) 진출」, 『일본도요산책 7』, 안영진 저, 중도일보, 2009. 11. 27, 12면

『임진왜란에 납치된 조선인의 일본 생활 –왜 납치되었고 어떻게 살았을까」, 『역사와 담론 제36집』, 민덕기 저, 호서사학회, 2003

참고 사이트

www.takatoriyaki.jp
http://toho.main.jp/takatoriyaki-rekishi
www.isoragi.co.jp/
www.gallery-enishi.com
www.aganogama.jp
http://homepage3.nifty.com/tarouemon/
www.yoyokaku.com
http://nagoyajyo-rekishi.com/pdf/bus.pdf
www.kohsyo.co.jp
www.mikawachi-utsuwa.net
www.moemongama.com
http://toso-lesanpei.com
www.saga-museum.jp
www.fukagawa-seiji.co.jp
www.imaemon.co.jp
www.kakiemon.co.jp
www.gen-emon.co.jp
http://hagi-yaki.net/kyusetsu
www.senryuzan.jp

일본
도자기
여행
개정증보판

규슈의
8대 조선 가마

초판 1쇄 발행 2016년 6월 23일
초판 2쇄 발행 2017년 5월 25일
개정증보 1쇄 인쇄 2023년 4월 11일
개정증보 1쇄 발행 2023년 4월 28일

지은이 조용준

발행인 최명희
발행처 (주)퍼시픽 도도

회장 이웅현
편집 박주희, 석수영
교정 김정주, 홍진희, 석수영
디자인 김진희
일본어 감수 김철용
홍보 · 마케팅 강보람
제작 퍼시픽북스

출판등록 제 2014-000040호
주소 서울 중구 충무로 29 아시아미디어타워 503호
전자우편 dodo7788@hanmail.net
내용 및 판매문의 02-739-7656~9

ISBN 979-11-91455-75-5 03900
정가 22,000 원

잘못된 책은 구입하신 곳에서 바꾸어 드립니다.
이 책에 실린 글과 사진은 저작권법에 의해 보호되고 있으므로
무단 전재와 복제를 일절 금합니다.